谨以此书献给我的父亲和母亲

Dedicated to my parents

国家社会科学基金重大项目

A New
Theory of Social Contradiction

社会矛盾新论

（第二版）

吴忠民／著

山东人民出版社·济南
国家一级出版社 全国百佳图书出版单位

图书在版编目（CIP）数据

社会矛盾新论（第二版）/ 吴忠民著. -- 济南：山东人民出版社，2015.7（2022.10重印）
ISBN 978-7-209-08897-8

Ⅰ. ①社… Ⅱ. ①吴… Ⅲ. ①社会问题 - 研究 - 中国 Ⅳ. ①D669

中国版本图书馆CIP数据核字（2015）第058975号

社会矛盾新论（第二版）
SHEHUI MAODUN XINLUN（DIERBAN）
吴忠民 著

主管单位 山东出版传媒股份有限公司
出版发行 山东人民出版社
出 版 人 胡长青
社　　址 济南市市中区舜耕路517号
邮　　编 250003
电　　话 总编室（0531）82098914
　　　　 市场部（0531）82098027
网　　址 http://www.sd-book.com.cn
印　　装 山东新华印务有限公司
经　　销 新华书店

规　　格 16开（170mm×240mm）
印　　张 26
字　　数 410千字
版　　次 2015年7月第1版
印　　次 2022年10月第2次
ISBN 978-7-209-08897-8
定　　价 56.00元

目　录

第一章 社会矛盾概念界定

在中国现实社会和学术界当中，社会矛盾是一个使用频度很高的词语。认真厘清、辨析、界定社会矛盾的概念十分重要，可以防止人们将这一概念漫无边界而且是缺乏有效性地到处使用，以致造成这样那样的误解和误判。而且，由于种种历史的原因，社会矛盾这一概念具有中国语境的意义，因而一旦界定恰当，相比一些语义上相近的其他概念如社会冲突、社会运动等，更容易为中国学术界和民众所接受。

对社会矛盾的理解，有宏观层面、中观层面以及微观层面之分。只有中观层面上的社会矛盾，才是真正意义上的，为人们所广泛关注的，对于社会生活有着持续稳定影响的，以某种利益为联系的，相关的不同群体之间有所对应的社会矛盾。

一、宏观及微观层面上的社会矛盾概念

（一）广义和狭义上的社会矛盾

社会矛盾是普遍存在的。社会矛盾是社会一种普遍的常态现象，无处不在，无时不有。只要有人群存在的地方，就有社会矛盾。没有矛盾的社会是不存在的。正是从这个意义上讲，“没有什么事物是不包含矛盾的，没有矛盾就没有世界”。“矛盾存在于一切客观事物和主观思维的过程中，矛盾贯串于一

切过程的始终，这是矛盾的普遍性和绝对性。”①重要的是，“一定程度的冲突是群体形式和群体生活持续的基本要素”②。

社会矛盾有广义和狭义之分。广义上的社会矛盾泛指宏观层面、中观层面、微观层面上的所有社会矛盾。狭义上的社会矛盾专指中观层面上的社会矛盾。社会理论所关注的社会矛盾实际上是指中观层面上的社会矛盾。只有中观层面上的社会矛盾，才是真正意义上的社会矛盾。但这一点常常被人们所忽视。

虽然社会矛盾普遍存在于经济、社会、政治、文化等各个领域，存在于各个历史时段，但归纳起来，人们经常说的社会矛盾实际上分为宏观、中观以及微观这样三个不同层面上的社会矛盾。

（二）宏观和微观层面上的社会矛盾

宏观层面上的社会矛盾，主要是从历史演化和社会发展的基本动力，或是从时代中心主题、宏观历史背景、社会发展基本趋势以及时代发展必须解决的中心问题和症结这样一些大的视角着眼的，几乎全面覆盖了整个社会的经济、政治、文化、社会诸领域的大问题，而不是指具体影响社会的、利益相关群体之间的社会矛盾。从社会发展基本动力的角度如生产力和生产关系、经济基础与上层建筑的角度着眼，恩格斯指出，生产的社会化与交换及占有的个人性之间的矛盾，“是产生现代社会的一切矛盾的基本矛盾，现代社会就在这一切矛盾中运动，而大工业把它们明显地暴露出来了”③。毛泽东也指出：“在社会主义社会中，基本的矛盾仍然是生产关系和生产力之间的矛盾，上层建筑和经济基础之间的矛盾。”④从时代发展必须解决的中心问题和症结的角度着眼，《中国共产党第八次全国代表大会关于政治报告的决议》指出：“我们国内的主要矛盾，已经是人民对于建立先进的工业国的要求同落后的农业国的现实之间的矛盾，已经是人民对于经济文化迅速发展的需要同当前经济文化不能满足

---

①《毛泽东选集》（第一卷），人民出版社 1991 年版，第 305、336 页。
②〔美〕L. 科塞：《社会冲突的功能》，孙立平等译，华夏出版社 1989 年版，第 16 页。
③《马克思恩格斯选集》（第三卷），人民出版社 2012 年版，第 816 页。
④《毛泽东文集》（第七卷），人民出版社 1999 年版，第 214 页。

人民需要的状况之间的矛盾。"[1]陆学艺指出:"从社会各个方面测量,当前中国的社会结构尚处于工业化社会的初期阶段。社会结构滞后于经济结构,表现为社会经济发展不平衡、不协调,这已成为当前我国社会的主要矛盾,是全面建成小康社会、实现社会主义现代化的短板。"[2]

从宏观层面上谈论社会矛盾,曾经是国内学术界及理论界某种常见的习惯性做法。应当说,宏观层面上的社会矛盾概念,有助于理解社会发展的基本动力以及时代的中心主题、社会发展最为主要的症结等等,是社会哲学、社会发展理论及历史哲学中的一个有效概念工具,但是,宏观层面上的社会矛盾概念对于理解日常存在的基于某种利益关系的社会群体之间的矛盾,显然过于笼统,不能成为一个恰当有效的概念工具,难以准确地说明社会阶层结构层面上的社会矛盾。严格地讲,认识宏观层面上的社会矛盾问题,能够为真正的社会矛盾研究提供宏观的、必不可少的背景性解释,是分析认识真正社会矛盾的必要前提,但不能成为社会矛盾研究本身。

微观层面上的社会矛盾(纠纷),主要是指具体社会单元内部或具体社会单元相互间的矛盾,如家庭内部之间的矛盾、街坊邻居之间的矛盾、某一社区当中居民之间的矛盾、某个公司内管理人员与一般员工之间的矛盾、同一班级内同学之间的矛盾、某一学校内师生之间的矛盾以及某个商店当中店主与顾客之间的矛盾等等。这种现象虽然比较多见,但往往缺乏对社会阶层结构的深远影响,在社会整体生活中难以留下明显的痕迹,相互间也缺少稳定的联系,难有规律可循。因而并非偶然地,微观层面上的社会矛盾缺少明确的学理研究意义,学术界对于这一层面上的社会矛盾的相对关注度不高。

二、中观层面上的社会矛盾概念

(一)社会矛盾的概念

如果从中观层面上给社会矛盾下个定义的话,那就是:所谓社会矛盾,主

---

① 《中国共产党第八次全国代表大会关于政治报告的决议》,载中共中央文献研究室编:《建国以来重要文献选编》(第九册),中央文献出版社 1994 年版,第 341 页。

② 陆学艺:《当代中国社会建设》,社会科学文献出版社 2013 年版,《前言》。

要是指同一社会共同体（如某个国家）当中不同社会群体或社会阶层之间的矛盾，换言之，是指在某个社会共同体当中，在利益或其他重要方面相互关联的社会群体或社会阶层之间共生互补、相互合作、相互促进、共同发展，又相互排斥、对立、争斗及冲突的情形，如劳资矛盾、官民矛盾、官商矛盾、工农矛盾、贫富矛盾、民族矛盾、宗教矛盾等等。① 另外，从延展性的角度看，中观层面上的社会矛盾也指围绕着某项重要的利益，相关多个群体之间的矛盾在某个领域的集中表现，如网络社会中的矛盾问题、征地拆迁中的社会矛盾问题、历史遗留问题引发的社会矛盾问题等等。

显然，同宏观的历史哲学和社会哲学不同的是，社会（矛盾）理论所关注的社会矛盾主要侧重中观层面上的社会矛盾。有学者指出："在社会转型加速、社会分化趋势加剧、利益多元化格局鲜明的大背景下，现在的社会矛盾，几乎没有不涉及不同的利益关系和利益诉求的。"②"近一段时间以来，我国对社会管理问题的着力强调，则源于一个特殊的背景，这就是社会问题、社会矛盾以及社会冲突的不断增加和由此所形成的对社会生活的冲击。"③显然，这些学者是从中观层面上来谈论社会矛盾的。

（二）社会矛盾的构成条件

社会矛盾这一概念是有严格限定的。社会上的矛盾是一种普遍的现象。"矛盾的普遍性或绝对性这个问题有两方面的意义。其一是说，矛盾存在于一切事物的发展过程中；其二是说，每一事物的发展过程中存在着自始至终的矛盾运动。"④即使在十分微观的层面，像是邻里之间、家庭成员之间甚至是商店里顾客和售货员之间，各种各样的矛盾（纠纷）现象也比比皆是。矛盾一词几乎涵盖了社会的方方面面。但是值得注意的是，并非社会上所有的矛盾现象都具有一定的"社会影响"，它们之间也未必有持续的"相关联系"。而对不具

① 社会矛盾有时也指不同的社会共同体之间（如不同国家、不同地区之间）的互补、共生、纠纷、排斥、对立、争斗及冲突。

② 郑杭生：《降低处理我国社会矛盾成本的根本途径》，《中国党政干部论坛》2006 年第 8 期。

③ 孙立平：《走向积极的社会管理》，《社会学研究》2011 年第 3 期。

④《毛泽东选集》（第一卷），人民出版社 1991 年版，第 305 页。

有“社会影响”和持续“相关联系”的矛盾现象，显然没有必要将其作为社会理论的研究对象。我们不能将社会矛盾予以泛化，把社会上所有的矛盾现象一概视为社会矛盾。否则，对社会矛盾的把握将陷入一种无法穷尽、无所适从、无法进行的境地。

显然，社会理论所关注的社会矛盾，应当是具有重要“社会影响”和持续“相关联系”的矛盾现象。只有从中观层面上，才能够对那些具有重要“社会影响”、相互间具有一定持续“相关联系”的社会矛盾给出准确合理的界定。

就此而言，迪尔凯姆对“社会事实”的解释具有重要的启示意义。“社会事实”是社会学的重要研究内容。问题在于，并不是所有的社会现象都能够成为社会学所关注的“社会事实”。迪尔凯姆认为，“人们所使用的‘社会事实’这个术语很不准确”，“人们通常用这个术语来表示社会内部发生的几乎所有的现象，只要它们泛泛地代表着一点点社会利益。但这么一来，可以说没有一件人间的事情不可称为社会事实了”。迪尔凯姆指出，只有具有外在客观性、强制性和普遍性的社会现象，才是“社会事实”。“一切行为方式，不论它是固定的还是不固定的，凡是能从外部给予个人以约束的，或者换一句话说，普遍存在于该社会各处并具有其固有存在的，不管其在个人身上的表现如何，都叫做社会事实。”①以此反观对社会矛盾的界定，也应作出类似的必要限定。

大致说来，构成中观层面上的社会矛盾者，或者是真正意义上的社会矛盾，必须同时具备下述三个缺一不可的必要条件。

一是源自社会阶层结构层面上的问题。

我们不能把社会上出现的所有问题，包括比较严重的问题都算作社会矛盾。社会问题与社会矛盾是内容上相互交叉的两个概念，而不是同一概念。有的社会问题同时就是社会矛盾，如劳资问题这一社会问题同时就是社会矛盾。有的社会问题就不见得是社会矛盾，比如，人口问题、艾滋病问题是影响很大的社会问题，但这两个社会问题显然都不是社会矛盾范围内的事情。可见，如果将社会矛盾同社会问题混为一谈，就无从把握社会矛盾的根源，尤其是社会矛盾的原生性根源，进而无法把握社会矛盾本身的情状。社会矛盾是

---

①〔法〕E. 迪尔凯姆：《社会学方法的准则》，狄玉明译，商务印书馆 1995 年版，第 23、34 页。

一个同社会结构尤其是社会阶层结构密不可分的概念。社会结构是一个范围较大的概念。社会结构既包括人口结构、城乡结构、社区结构，也包括社会阶层结构。社会阶层结构是社会结构中最为重要的内容。而社会矛盾主要是指源自社会阶层结构层面上的问题。对社会矛盾来说，来自社会阶层结构上的问题，才是一种原生性、基础性的根源。社会阶层结构的具体状况对于整个社会的运行和发展（整体意义上的"社会"领域）具有基础性和持续的意义。社会阶层结构具体状况如何，"决定着一个社会有着怎样的建设者；决定着一个社会是否拥有合理的社会分工状况；决定着能够为这个社会的发展和运行提供怎样的社会资源和人力资源的支撑；决定着一个社会消费需求量的大小；决定着社会团结和社会整合的程度，同时也决定着社会问题和社会风险的可能空间"①。一旦社会阶层结构层面上出现明显的问题，就会引发各种各样的社会矛盾。由社会阶层结构层面所引发的社会矛盾，相对而言，其基础比较深厚，影响面比较大，持续的时间比较长，而且，基于不同的利益诉求，社会各个群体对于社会矛盾的态度和行为往往是不一致的。相比之下，各种各样的公共危机如自然灾害、公共卫生危机、环境生态危机，经济领域当中的一些危机如通货膨胀及经济大幅度波动等等，尽管对社会矛盾起着诱发和加重的作用，甚至对整个社会的安全运行会产生程度不同的有害影响，但毕竟还不是社会矛盾直接的原生性根源。而且，由于这一类问题对于各个阶层来说多是有害无益的，在这方面的利益诉求往往是相同的，因此，一般来说，在对待这一类问题时，大部分阶层都容易形成相向而行的、相同一致的态度和行为。

二是存在着在利益或其他重要方面进行互动或交往的相关方。

社会矛盾的相关方是指在社会分工、职业分工方面相互依赖，同时在利益方面相互关联的群体，如工人群体与企业主群体，官员群体与民众群体，贫困群体与富裕群体等等。这是一个事关社会矛盾主体的问题。如果没有这一最为基础性的必要条件，社会矛盾就无法成立，其他一切也无从谈起。同时还需要注意的是，一般来说，社会矛盾互动的相关方应当是中观层面上的、以大的职业分工为划分依据的社会群体，如工人群体、农民群体、官员群体以及企业

① 吴忠民：《论和谐社会的基本内容》，《中共中央党校学报》2007 年第 2 期。

主群体等等，而不是微观层面上的社会群体。原因很简单，只有中观层面上的社会群体亦即与大的职业分工相连的社会群体之间的社会矛盾，才有可能反映出社会力量配置的基本状况，才有可能对微观层面上的社会群体产生重要影响，才有可能从整体上对社会运行和社会发展产生较大的影响、留下一定的社会印记。同时，只有从有着一定影响的社会矛盾当中，我们才有可能找到社会矛盾以及社会变迁的演化规律。

另外，需要看到的是，由于社会不是简单地由两个对应群体组合而成的，某项重要的利益问题常常会涉及多个社会群体，而且不同类型的利益有时又交织在一起，因此，社会矛盾往往呈现出一种复杂状态，有时会表现出某种“社会矛盾集群”的情状。在这样的情形下，围绕着某项重要的利益问题，社会矛盾或许会出现多个相关方的情形。比如，在中国现阶段，围绕着流动人口问题，既出现了政府提供公共服务产品相对不足同流动人口尤其是农民工有着较为迫切的公共服务需求之间的矛盾（官民矛盾），出现了城乡居民之间的矛盾，也出现了当地人与外来人口之间的矛盾。

三是社会矛盾相关方之间的互动行为表现出一致和不一致的双重性。

社会矛盾相关方相互间在利益方面，既存在着共生性（同一性），又存在着排斥性（对立性）。“一切对立的成分都是这样，因一定的条件，一面互相对立，一面又互相联结、互相贯通、互相渗透、互相依赖，这种性质，叫做同一性。一切矛盾着的方面都因一定条件具备着不同一性，所以称为矛盾。然而又具备着同一性，所以互相联结。”①而这种同一性和对立性必然会分别造成社会矛盾各当事方之间互动行为的一致性和不一致性，并对社会的运行和发展产生至关重要的影响。

社会矛盾相关方之间的共生性（同一性）必然会使当事方产生一致的互动行为。说到底，种种社会矛盾是产生在共同体种种相同利益基础之上的。作为利益共同体的社会矛盾相关方，从一个社会必不可少的职业分工的角度看，是一种相互共生的关系，即一种相互依赖、共同存在甚至是相互促进的合作关系。社会矛盾的各方都无法脱离对方而独自孤立地生存下去。李达指出：“矛

①《毛泽东选集》（第一卷），人民出版社 1991 年版，第 328 页。

盾双方在一定条件之下共处于一个统一体中。”“矛盾的双方是互相排斥、互相对立的，同时又是互相依赖、互为存在的前提的，任何一方都不能孤立地存在。如果没有同它相对立的一方，它自己也就不再是它自己了。”[①]艾思奇认为：“对立的双方在发展过程的一定条件下面，有着相互促进、相互推动、相互激荡的作用，一个方面的发展，往往有赖于另一方面的存在……如果在发展过程中，破坏了这个条件下所需要的适当的联系，那么，发展的进程就要受阻碍。”[②]科塞也认为：“现代社会中群体和个人的完全相互依赖制止着某种程度上基本分裂的趋势。”“他们的相互依赖关系也有助于维持他们活动于内的社会体系。总之，劳动分工造成了相互依赖关系，进而产生对脱离体系的根本裂痕的压力。”[③]于是，在不少情形下，社会矛盾的当事各方之间具有一种一荣俱荣、一损俱损的利益关联性或共生性的关系。进一步看，社会矛盾的相关各方就必然具有一种基于“共同利益”而生成的一致的社会态度和相向而行的互动行为取向。“共同的利益不是仅仅作为一种‘普遍的东西’存在于观念之中，而且首先是作为彼此分工的个人之间的相互依存关系存在于现实之中。”[④]一个社会的职业化分工程度、专业化程度越高，就意味着社会各个群体之间的相互依赖程度越高，相应地，社会各个群体之间的共生性就越加明显。比如，现代社会和市场经济条件下的生产组织就十分明显地表现出相关群体之间的共生性，即相互依赖和相互促进的情形。“积累资金和选择投资项目的功能由投资阶层承担，发现市场机会、使产品适应需求的功能由职业经理阶层承担，设计产品和工艺、进行协调和管理的功能由专业技术阶层承担，操作工具、生产产品的功能由工人阶层承担。”[⑤]就一般情形而言，生产组织利润的提升无论是对企业主一方还是对劳方都有可能的益处，而利润的降低或者是生产组织的倒闭对哪一方来说都是现实的不利，所以无论是劳资矛盾当事方当中的哪

① 李达：《唯物辩证法大纲》，人民出版社 1978 年版，第 265、266 页。

② 艾思奇：《艾思奇文集》（第二卷），人民出版社 1983 年版，第 588 页。

③〔美〕L. 科塞：《社会冲突的功能》，孙立平等译，华夏出版社 1989 年版，第 62—63 页。

④《马克思恩格斯全集》（第 3 卷），人民出版社 1960 年版，第 37 页。

⑤ 石秀印：《晚清以来中国社会的阶层分化、合化及其社会后果》，《江苏社会科学》2002 年第 4 期。

一方，在许多情形下，均会出于自身利益的考虑而维护两者之间的共同利益，均有可能采取相向而行的互动行为。正是从这个意义上讲，“在经济体制范围内，两者的共同利益是企业或经济的繁荣，是经济的增长，而增长的必要条件在于同时符合雇用劳动者和企业领导者的利益”①。显然，社会矛盾当事各方之间的这种共生性是维持社会正常运行的基本力量，也是推动社会发展的不可缺少的重要动力。

同时还需要看到的是，社会矛盾相关方之间的排斥性（对立性）必然会引发当事方之间不一致甚至是抵触的互动行为。帕森斯的结构功能主义理论过于强调社会的秩序和均衡，认为社会冲突等不一致的社会互动行为是一种病态现象。这种观点不够全面，与社会的现实状况是不相符的。一个显而易见的情形是，不同的社会群体，由于各自所处的经济位置和社会位置很不相同，因而往往有着各自很不相同的利益诉求。比如，劳资矛盾中的资方希望自己的利益最大化，劳方则希望自己的工资收入最大化和劳动条件不断改善。而企业的利润却是一个相对恒定的数字，因而在具体分配时，劳资两方的利益必然是此消彼长，难以让各方都满意。这些各不相同的利益诉求势必会导致相互间不一致的互动行为。重要的是，这样不同的利益诉求往往是一种“常态”的社会现象，所以，社会群体之间不一致的互动行为也就成为一种“常态”的社会现象，甚至成为社会共同体“常态”存在的必要前提。

显然，正是社会矛盾相关方之间具有的互动行为的一致性和不一致性这样两重属性，维系着正常的社会运行，同时也促进着社会的进步。

正是由于同时具备了上述三个不可或缺的必要条件，所以中观层面上的社会矛盾便能够对整个社会结构状况进而对整个社会产生重大影响，并且成为有规律可循的重要社会现象。有鉴于此，不同于社会哲学、历史哲学、社会发展研究的社会矛盾研究，理应将中观层面上的社会矛盾作为基本的研究内容。

---

①〔法〕雷蒙·阿隆：《阶级斗争——工业社会新讲》，周以光译，译林出版社 2003 年版，第 64 页。

三、社会矛盾与社会冲突及社会运动的区别

从外观上，社会冲突和社会运动这两个概念同社会矛盾有些相似。所以，在界定社会矛盾时，还有必要将其与社会冲突和社会运动两个概念作一个区分。

（一）社会矛盾与社会冲突的区别

社会冲突和社会运动这两个概念同中观层面上的社会矛盾有着一定的相关性，但毕竟不是一回事。这两个概念同社会矛盾有着明显的差别。

社会矛盾与社会冲突这两个概念，有相似之处，但两者有明显差别。相较而言，社会矛盾是一个较大的概念，社会冲突则是一个较小的概念，社会矛盾包括了社会冲突。其一，社会矛盾这一概念既包括社会利益相关方之间的共生、互补以及相互促进的方面，也包括利益相关方之间相互排斥和冲突的方面。与社会矛盾相比，社会冲突侧重利益相关方之间相互排斥和冲突的方面。重要的是，社会矛盾相关方之间排斥冲突与谈判协商互相促进这样两种情形经常是互补的，并且交替出现。使用社会矛盾这一概念，不仅能够可以有效解释社会矛盾相关方之间的排斥和冲突的具体情形，同时可以解释社会矛盾相关方之间通过必要的协调谈判以求得相互促进的情形。相比之下，社会冲突这一概念的重心只是放在社会矛盾相关方相互排斥冲突的方面，因而其解释力及使用范围显然要小得多。其二，社会冲突是一种强度较大、性质较为严重的社会矛盾形式，侧重于社会矛盾的“对抗”，而远远没有包括社会矛盾相关方之间排斥与冲突的所有形式。同社会冲突概念相比，社会矛盾概念是一个含义更加丰富、包容度更大的概念。从排斥、冲突的形式看，社会矛盾既包括冲突一类的形式，也包括差异、竞争一类的形式。正如毛泽东所指出的那样，“对抗是矛盾斗争的一种形式，而不是矛盾斗争的一切形式”。比如，“差异就是矛盾，仅仅不会激化成为对抗”①。从矛盾相关方之间的排斥和冲突的形式方面看，社会矛盾这一概念能够涵盖诸如社会纠纷、社会排斥、社会对立、集体行

---

①《毛泽东选集》（第一卷），人民出版社 1991 年版，第 334、307 页。

为、社会运动、社会争斗、社会对抗以及社会冲突等各种排斥和冲突形式。李达认为："斗争性就是矛盾双方互相排斥、互相对立的性质。""有人把斗争与外部冲突等同起来，这是错误的。其实，作为哲学范畴的'斗争'除了表示对立面的互相排斥以外并不表示别的意义，而这种互相排斥的形式是多种多样的，可以是外部冲突，也可以不是。敌对阶级之间，作战双方之间固然充满着斗争，就是人民内部也是充满着斗争的。"①

可见，同社会冲突概念相比，社会矛盾概念是一个包容度较大因而解释力也更强的概念。用社会矛盾概念能够说明社会冲突现象，但用社会冲突概念却说明不了很多的社会矛盾现象，甚至说明不了社会冲突本身的一些现象。比如，从社会矛盾的视角更容易分析说明社会冲突形式逐渐形成、逐渐演化的各个阶段的逻辑线索；反之，仅仅从社会冲突的角度着眼则做不到这一点。重要的是，受历史因素的影响，社会矛盾这一概念在中国有着特定的深厚的语境基础，社会冲突则不然。同社会冲突相比，社会矛盾这一概念更容易为中国人所接受。而在中国特定的语境中，社会冲突概念容易引起一些不必要的误解。一提社会冲突，感觉似乎是性质和程度比较严重的社会矛盾。所以，相比之下，将社会矛盾作为一个重要的学术范畴，更具有合理性、张力和可行性，是能够成立的。

（二）社会矛盾与社会运动的区别

社会矛盾同社会学意义上的社会运动这两个概念之间的区别更加明显。社会学意义上的社会运动是指，"一个人群为了追求或抵制特定社会变革而以某种集体认同和团结感为基础，并主要采取非制度性方式进行的，具有一定连续性和组织性的冲突性集体行动"②。社会运动具有这样一些特征：有一定的规模和一定的组织性，而且主要采取制度外的方式表达利益诉求。相比之下，社会矛盾是一个范围更大的概念。社会矛盾既有大规模的，也有小规模的；既有有组织者，也有无组织者；既有采取制度内表达利益诉求方式的，也有采取制度外表达利益诉求方式的。显而易见的是，社会矛盾包括了社会运动，但社

① 李达：《唯物辩证法大纲》，人民出版社1978年版，第270—271页。

② 冯仕政：《西方社会运动理论研究》，中国人民大学出版社2013年版，第37页。

会运动却包括不了社会矛盾。从一定意义上讲，社会运动只是社会矛盾的一种类型。

四、结论

从以上对社会矛盾概念的辨析界定中，不难得出如下结论：

第一，只有中观层面上的社会矛盾才是“真正意义”上的社会矛盾。社会上普遍存在的各种各样的矛盾并非都是具有社会影响、相互联系的中观层面上的“社会矛盾”，或者说，并非社会上所有的矛盾现象都是“社会矛盾”。在社会上形形色色的各种矛盾现象当中，只有同时符合了这样三个条件，即源自社会阶层结构层面上的问题，存在着在利益或其他重要方面进行互动或交往的相关方，社会矛盾相关方之间的互动行为表现出一致和不一致的双重性，才是中观层面上的社会矛盾。只有中观层面上的社会矛盾如劳资矛盾、官民矛盾、贫富矛盾、工农矛盾等等，才能够对社会层面中的核心部分亦即社会结构，进而对社会的安全运行和健康发展的整体状况产生稳定和持续的影响。

第二，只有中观层面上的社会矛盾概念，才能够使人们避免对社会矛盾的理解陷入“大而无当”的境地。如果只从宏观层面如时代中心任务等等的角度来理解社会矛盾，便会使社会矛盾研究等同于时代背景条件、等同于时代总趋势一类“超大问题”的研究。这样一来，倒忽视了对“社会矛盾本身”的研究。从中观层面上理解社会矛盾，能够将对社会矛盾时代背景条件的研究同社会矛盾本身的研究区分开来，使社会矛盾能够成为一个具有“社会”层面意义上的恰当有效的概念分析工具。显然，只有借助于这样一个中观层面上的社会矛盾概念工具，才能够准确地认识源自社会阶层结构层面上的一系列社会矛盾。

第三，只有从中观层面界定社会矛盾概念，才能够避免将社会矛盾研究流于“小而无当”的琐碎情状。由于社会当中的各个方面、各个部位都存在着社会矛盾，因而人们有时将社会微观层面上大量具体的甚至是十分琐碎的“矛盾”都列为社会矛盾，并试图予以全方位、系统的研究。实际上，大量微观层面上的社会矛盾并不一定都会对社会产生稳定、持续的影响，而且大量微观层面上的社会矛盾相互间并不一定有多少必然的联系和影响。社会矛盾研究一旦试图系统研究微观层面上的社会矛盾，则必然流于“碎片化”和难以穷尽的境地，不可能寻找出社会矛盾的演变规律。而为了防止这一点，就有必要从中观层面上来界定社会矛盾概念。

第四，中观层面上的社会矛盾概念，并不等同于一般意义上的“社会问题”、一般意义上的“社会纠纷”、社会变迁过程中的“越轨行为”以及现代社会当中的“社会病理现象”等概念。

总之，并非社会上所有的矛盾现象都是“社会矛盾”，只有中观层面上的社会矛盾才是真正的社会矛盾。只有从中观层面来界定社会矛盾，才能使社会矛盾研究成为规范的、真正的社会矛盾研究，才能使社会矛盾研究成为社会理论研究领域中一个重要的有机组成部分。

第二章　社会矛盾的主要成因

社会矛盾理论的一项重要内容就是探讨社会矛盾的成因(催生因素)。就社会矛盾的成因来看,有着多种多样的影响因素。大致地看,经济基础是社会矛盾生成的根本性原因,物质利益是社会矛盾生成的直接、具体的原因,非物质利益对于社会矛盾有着不可忽视的影响,另外,社会转型期一些特有的情状对社会矛盾也有着重要的影响。

一、经济基础是社会矛盾的根本性原因

(一)经济基础和物质利益是分析社会矛盾成因两个必不可少的角度

就社会矛盾的主要成因而言,经济基础是根本性的基本原因,物质利益是直接原因。经济基础与物质利益两者之间有着较高的相关度。“就现实的生活看,任何生产关系都包含、体现着一定的物质利益。物质利益是一切经济关系的轴心,是推动经济发展的内在动力。”①但同时还应看到,经济基础与物质利益两者毕竟不是一回事。相对物质利益而言,经济基础更具基础性,经济基础的水准决定着物质利益得以实现的程度。只有同时把握住经济基础与物质利益这样两个方面的问题,对于社会矛盾主要成因的解释相对来说才具有说服力。如果只是从经济基础的角度来谈论社会矛盾的根源,虽然能够说明一些问题甚至是一些重要的问题,但总会隔着一层东西,缺少一种必要的过渡,

---

① 肖前、李秀林、汪永祥主编:《历史唯物主义原理》,人民出版社1983年版,第107页。

因而对社会矛盾难免缺乏直接、具体、有“质感”的解释力；相反，如果只是从物质利益谈论社会矛盾的原因，虽然也能解释不少具体的问题，但这些解释由于缺乏对社会矛盾根源性问题的把握，缺乏宏观的视野，因而对于社会矛盾的时代走向难免缺乏有效的说服力。总之，只有将经济基础和物质利益两者结合起来进行探讨，对于社会矛盾相对来说才能够有比较合理的解释。

（二）经济基础对于社会矛盾的根本性意义

经济基础是社会矛盾得以生成、加剧或化解的根本性原因。对此，可以从两个方面来理解。

一方面，经济基础决定着社会阶层结构亦即社会力量对比结构，而一定的社会阶层结构又决定着一定的利益结构。（这里，不能忽略的是，就社会矛盾的生成而言，由社会阶层结构和利益结构所决定的社会制度往往是一个重要的因素。作为一定社会阶层结构以及利益结构稳定和具体体现的社会制度，对于社会矛盾的生成或缓解往往有着重要的影响）恩格斯指出：“生产以及随生产而来的产品交换是一切社会制度的基础；在每个历史地出现的社会中，产品分配以及和它相伴随的社会之划分为阶级或等级，是由生产什么、怎样生产以及怎样交换产品来决定的。”①马克思认为：“私人利益本身已经是社会所决定的利益，而且只有在社会所创造的条件下并使用社会所提供的手段，才能达到；也就是说，私人利益是与这些条件和手段的再生产相联系的。”②在某种经济基础给定的情况下，社会阶层结构以及由此所决定的利益结构蕴含着特有的社会矛盾，超越此社会阶层结构或利益结构的社会矛盾难以出现。“从马克思到帕森斯的大部分社会分析家都指出了这一事实：社会制度可以持久地经得住一些严重的矛盾或冲突而不至于崩溃或进行重大调整，以缓解紧张。大量的贫困、种族主义或其他形式剥削的存在并不能表明会发生大规模的群众抗议运动。”③相反，一旦经济基础发生重大的变化，总体的社会阶层结构便会出现如是情形：“旧的统一和组成此统一的对立成分让位于新的统一和组成此

---

①《马克思恩格斯全集》（第 20 卷），人民出版社 1971 年版，第 292 页。

②《马克思恩格斯全集》（第 46 卷，上册），人民出版社 1979 年版，第 102—103 页。

③〔美〕西摩·马丁·李普塞特：《共识与冲突》（增订版），张华青等译，上海人民出版社 2011 年版，第 20—21 页。

统一的对立成分。”[1]换言之，在新的经济基础之上，必然会出现一个与之相适应的新的社会阶层结构。进一步看，在新的社会结构基础之上，必然会形成新的利益结构，进而会生成某种新的社会制度。“由于生产条件的变革及其所引起的社会结构中的变化，又产生了新的需要和利益。”[2]在此基础之上，必然会出现与之相应的新的社会矛盾。比如，在自然经济条件下，必然会形成以地主、农民以及封建官员等阶层为主的社会阶层结构，在由此所决定的利益结构以及社会制度当中，必然会产生地主与农民之间、官员与农民之间、官员与地主之间的社会矛盾。而在大工业和现代科学技术条件下，必然会形成以工人、企业主、白领、管理者等阶层为主的社会阶层结构，会形成由这种阶层结构所构成的特有的利益格局，进而会形成工业社会（现代社会）所特有的社会矛盾。

另一方面，经济基础决定着社会矛盾得以化解的可能空间。经济基础水准的高低，决定着一个社会对于社会矛盾化解能力的强弱。在自然经济条件下，生产能力极为落后，经济规模十分狭小，职业分工十分简单。在这样落后的经济基础之上，既无法生产出大量能够满足人们利益需求的物质产品，也很难使社会各个群体之间普遍产生密切合作的愿望。而且，在自然经济基础之上所形成的文明程度较低的制度安排，缺乏公正性和包容性，难以协调社会各个群体之间的利益关系。这一切，使得社会矛盾难以得到有效化解。从某种意义上讲，在以自然经济为基础的农业社会当中，社会共同体难以依靠自身的能力和机制从根本上有效地化解社会矛盾，换言之，在自然经济这样一个大的时代背景下，社会矛盾是“无解”的。于是，当社会矛盾加剧到一定地步而不可收拾时，最终往往是通过改朝换代这样机械的方式摧毁现有的社会共同体，造成一种社会各个群体利益“共输”而不是“共赢”的结果，从而使整个社会付出巨大的代价。之后，往往又会再造一个结构类似的新的社会共同体，开始新一轮社会矛盾演化的周期循环。19 世纪之前中国两千多年间封建王朝更迭的历史，就明白无误地说明了这一点。而在大工业和现代科学技术条件下，生产

---

①《毛泽东选集》（第一卷），人民出版社 1991 年版，第 307 页。

②《马克思恩格斯全集》（第 21 卷），人民出版社 1971 年版，第 192 页。

能力的更新可谓日新月异。现代经济基础能够提供人们基本生存如社会保障所需要的物质产品，使得人们的基本生存越来越不是问题，这就为社会矛盾的化解提供了基本的物质基础；同时，现代经济生产的细密化以及职业分工的专业化和复杂化，使得社会各个群体之间的实际联系与合作程度大幅度提高，进而使得社会成员普遍形成了密切合作的愿望，社会各个群体越来越离不开别的群体而“独自”存在。凡此种种，使得社会共同体化解社会矛盾的能力以及化解社会矛盾的共同愿望大幅度提高。更为重要的是，现代社会有着与现代经济基础相适应的较为合理而稳定的制度体系，“这样一种制度体系能够有效而稳定地协调社会各个群体之间的利益关系”。而且，现代社会有着较强的包容性以及与之相连的较强的吸纳社会矛盾的能力，“经过这样一种有效吸纳，严重的社会矛盾往往会变为一般性的社会矛盾，一般性的社会矛盾往往会被化解”。[①]

二、物质利益是社会矛盾的直接具体的原因

（一）物质利益的极端重要性

在看到经济基础是社会矛盾根本性根源的同时，不能忽略的是，相较而言，物质利益是社会矛盾直接、具体的原因。

对于社会矛盾当事方来说，物质利益至关重要，关乎基本生存，而且须臾不可离开。所以，基于不同的、具体的物质利益，必然会产生种种社会矛盾。对于任何一位社会成员正常的生活和发展来说，一个最起码的要求是，其自身一些必不可少的基本需求应当得到满足。这些基本需求既包括生物层面的需求，如衣食住行的需求，也包括社会尊严层面的需求，还包括精神层面的需求。而人们种种基本需求的满足都直接或间接地离不开物质利益。人生物层面的需求直接就是一个物质利益的问题，而社会尊严层面和精神层面的需求就总体而言也必须以基本的物质利益得到起码的满足为基础和必要条件。所以，

① 吴忠民：《传统社会与现代社会的社会矛盾特征比较研究》，《教学与研究》2013 年第 10 期。

就总体而言,利益就是人们的基本需要所在,是社会成员必须考虑的头等大事。社会矛盾相关方之间的关系首先是基本利益关系,而且是物质利益关系。马克思指出:“人们所奋斗的一切,都同他们的利益有关。”①同时还需要看到的是,“人以其需要的无限性和广泛性区别于其他一切动物”②。而与之形成鲜明对比的,却是人的认识能力和生产能力的有限性。人们不可能生产出巨量无限的物品。这就决定了物质利益是一种稀缺性资源,它不能够无止境地满足所有人所有群体的几乎是无限而广泛的所有需求。这种稀缺性,在生产力比较落后的社会更加明显。正因为利益特别是物质利益对于人们如此之重要以及它的稀缺性,因而成为社会矛盾的直接根源。恩格斯在谈及英国19世纪40年代激烈的社会矛盾产生的原因时指出:“正像英国发生的一切事件一样,这个革命的开始和进行将是为了利益,而不是为了原则,只有利益能够发展成为原则。”③培根也指出:“叛乱的材料有二:多贫与多怨是也。有多少破产者就有多少喜乱者,这是一定的。”④塔罗则认为:“社会运动最常见的决定因素是‘利益’……只有运动参与者承认他们的共同利益,社会运动潜能才可能变为现实。”⑤

（二）不同的物质利益直接催生社会矛盾

人们总是生活在某种给定的社会阶层结构以及由此所决定的利益结构当中。基于不同的利益结构,社会各个群体之间获得利益的途径和方式往往是有所差别的。这种有所差别的情形,对有的群体来说是相对有利的,对另外的群体来说则是相对不利的。而对相对不利的一方来说,有时难以认可这种利益结构及其结果。“利益的内容会给人以了解事物是向何处运动的启示。因此,某个人必然会把这些利益变为行动,并且将事物向前推进。”⑥于是,某些

---

①《马克思恩格斯全集》（第1卷），人民出版社1956年版，第82页。

②《马克思恩格斯全集》（第49卷），人民出版社1982年版，第130页。

③《马克思恩格斯全集》（第1卷），人民出版社1956年版，第551页。

④〔英〕弗兰西斯·培根：《培根论说文集》，水天同译，商务印书馆1983年版，第51页。

⑤〔美〕西德尼·塔罗：《运动中的力量——社会运动与斗争政治》，吴庆宏译，凤凰出版传媒集团、译林出版社2005年版，第8页。

⑥〔英〕拉尔夫·达仁道夫：《现代社会冲突》，林荣远译，中国社会科学出版社2000年版，第74页。

群体便产生了某种不满或抗争，进而催生社会矛盾。正是从这个意义上，恩格斯指出："只要有利益相互对立、相互冲突和社会地位不同的阶级存在，阶级之间的战争就不会熄灭。"①

社会矛盾数量的多少及强度的大小，在很大程度上直接取决于利益结构的公正与否，或者说在很大程度上直接取决于利益结构不公正程度的高低。当民众的基本生存底线能够得到保证，社会流动渠道比较畅通，社会的分配及再分配比较合理的时候，换言之，这个社会的利益结构比较公正的时候，社会矛盾的相关方相对来说就容易在行为取向方面形成一种最大公约数，就能够在利益上做到互惠互利和相向而行，其互动行为容易协调一致。在这样的情形下，社会矛盾形成的概率及强度较小。

问题在于，任何一个社会都不可能是尽善尽美的，其利益结构不可能完全达到一种公正合理的程度，即便是达到了一种基本公正的程度，仍然会在某些领域某些环节当中存在着某些不公正不合理的成分。所以，从一定意义上讲，无论在何种社会，不公正利益结构的存在都是一种常态现象，有所差别的只是利益结构不公正程度的高低而已。而基于不公正的利益结构，社会矛盾相关方的利益取向常常是不一致的，这自然就容易造成相关方互动行为的不一致。一旦利益结构的不合理、不公正程度超出了某种限度，社会各个群体之间在此基础之上所出现的不一致行为常常表现为利益占有和获得的明显不平衡。这时，社会矛盾相关方之间不仅没有做到互惠互利，而且出现了一种非互惠互利的局面，即一方获益相对过大，而另一方获益相对较小，甚至一方的获益是建立在另一方利益受损的基础之上。而且，处在相对"强势"位置的一方有时还不满足目前自己已经处于有利的状况，而试图打破目前的利益格局，进一步扩张自身的利益。从利益受损方来看，很难长期认可自己利益受损的状况，更不能忍受自己利益的进一步受损，试图争取应有的合理利益，就必然会产生相应的抗争行为，从而引发社会矛盾的出现。

再具体看，在经济水准不同的社会，有时社会矛盾的具体根源不尽相同。在生产力水平比较落后的农业社会，严重的社会矛盾常常是源自物质利益的

①《马克思恩格斯全集》（第8卷），人民出版社1961年版，第249页。

绝对剥夺。一项对九国公民态度的调查表明，“人均财富的低水平与足以为政治极端主义提供社会基础的不满情绪的积累之间的相关性”。“人均国民收入与对自己国家的满意程度是明显相关的，其相关系数为0.74。”①在经济较为落后的农业社会，由于生产力低下，大多数社会成员基本上处在简单的、只是维系基本生存和再生活的状况。人们“为了生活，首先就需要吃喝住穿以及其他一些东西”。“人们单是为了能够生活就必须每日每时去完成它，现在和几千年前都是这样。”②就民众各个层面的需要而言，基本生存的需要是压倒一切的最为重要的事情。所以，一旦物质利益受损的一方所涉及的人数所占比例较大，而且是在基本生存底线的物质利益方面受到损害，往往引发涉面广泛、程度比较严重的社会矛盾。特别是，如果出现多数人遭受严重的“绝对剥夺”，而且是在基本生存底线上遭受严重“绝对剥夺”的情形，致使民众的基本生存都成为问题，民众没有了退路，就容易引发十分严重、激烈甚至是颠覆性的社会矛盾，或者是，这时发生颠覆性社会矛盾的概率较高。正如马克思所指出的那样，“一切真正的危机的最根本的原因，总不外乎群众的贫困和他们的有限的消费”③。比如，“从中国封建社会两千多年的历史看，严重的、最后不可调和的社会矛盾之所以会周期性地演化为社会动荡，由之所引发的封建王朝更迭之所以会周期性地出现，最为主要的根源就在于土地问题”④。在中国的传统社会，土地对绝大多数社会成员来说是最为重要的，是其赖以生存的基础。但是，土地兼并是一种常态的现象。一旦土地兼并演化到比较严重的地步，就会使大量的社会成员失去最为基本的生活屏障——土地，进而引发大量社会成员最为激烈的抗争行为。中国封建社会历史上多次发生的大规模的、颠覆性的、激烈的农民起义就是典型的例证。“地主阶级对于农民的残酷的经济剥削和政治压迫，迫使农民多次地举行起义。”⑤

---

①〔美〕西摩·马丁·李普塞特：《政治人——政治的社会基础》，张绍宗译，上海人民出版社2011年版，第31页。

②《马克思恩格斯选集》（第一卷），人民出版社1995年版，第79页。

③《马克思恩格斯全集》（第25卷），人民出版社1972年版，第548页。

④ 吴忠民：《传统社会与现代社会的社会矛盾特征比较研究》，《教学与研究》2013年第10期。

⑤《毛泽东选集》（第二卷），人民出版社1991年版，第625页。

相比之下，在生产力比较发达的工业社会当中，社会矛盾往往是更多地源自物质利益的“相对剥夺”。不能否认的事实是，在工业社会的早期阶段，比如在原始资本积累时期，绝对贫困问题比较严重。“越是靠近工业化初期，越有可能出现贫困化现象。确实，投资的需要看来才是优先的。”[①]无论是西欧国家还是美国的原始资本积累时期，伴随着工人绝对贫困问题出现的，是比较激烈的劳资矛盾。但是，同样是在这些国家，“随着国民收入的增加，消费品的分配也倾向于变得比较平均”。“因此可以说，国家越富，作为贫困的主要根源而体验到的地位自卑感就越少。”[②]随着现代化生产力的大幅度提升，这些国家的物质财富得以极大丰富，加之已经普遍建成了“从摇篮到坟墓”的社会福利保障体系，就总体而言，社会成员的基本生存已不成问题，绝对贫困问题已经不是影响社会的大问题，根源于“绝对剥夺”而引发的严重的社会矛盾已经大幅度减少。问题在于，在发达社会当中，随着社会成员平等意识的普遍增强，人们对于“相对剥夺”问题往往比较敏感，因而由“相对剥夺”问题所引发的社会矛盾时常出现。比如，在二战后西欧一些发达国家，其基尼系数已经降至较低的程度，引发社会抗争的原因，往往是民众担心已经享有的较高的福利政策有可能被改变，实际的生活水准会相对降低。

三、非物质利益因素对社会矛盾有重要的影响

（一）非物质利益因素的相对独立性

需要注意的是，除物质利益因素外，像科塞所说的“非物质利益”方面的问题对于社会矛盾也有着重要的影响，会加重或减缓社会矛盾。比如，福山在谈到这一类问题时指出：“人类天生追求的不只是物质，还有认可。认可是对他人尊严或价值的承认，又可称作地位。追求认可或地位的奋斗，往往不同于为

---

①〔法〕雷蒙·阿隆：《阶级斗争——工业社会新讲》，周以光译，译林出版社2003年版，第138页。

②〔美〕西摩·马丁·李普塞特：《政治人——政治的社会基础》，张绍宗译，上海人民出版社2011年版，第32页。

物质的奋斗。”“像自由贸易的合作游戏是正和，允许大家都赢；然而，追求认可或地位的斗争却是零和，你的增益一定是对方的损失。”①

非物质利益因素主要是指精神层面上的，如价值观、意识形态、传统文化、民族心理以及宗教等等。从根本上讲，非物质利益因素产生于一定的经济基础之上，“物质生活的生产方式制约着整个社会生活、政治生活和精神生活的过程”②。但是，还不能将经济因素的作用绝对化，将之视为无条件决定一切的事情。恩格斯指出：“如果有人在这里加以歪曲，说经济因素是唯一决定性的因素，那么他就是把这个命题变成毫无内容的、抽象的、荒诞无稽的空话。经济状况是基础，但是对历史斗争的进程发生影响并且在许多情况下主要是决定着这一斗争的形式的，还有上层建筑的各种因素。”③“政治、法、哲学、宗教、文学、艺术等等的发展是以经济发展为基础的。但是，它们又都互相作用并对经济基础发生作用。并非只有经济状况才是原因，才是积极的，其余一切都不过是消极的结果。”④非物质利益因素一旦产生，便具有自身的相对独立性，便不会随着物质基础的变化而即刻发生变化。

（二）非物质利益因素对于社会矛盾的重要影响

非物质利益因素对社会矛盾有着重要的影响，在某些特定情境下甚至会产生重大的影响。一个明显的事实是，在一定条件下，人们所拥有的特有的价值观、民族意识以及宗教意识对于社会矛盾有着明显的催生、加重或是减缓的影响。受种种历史和现实因素的影响，一些社会群体形成了独有的带有明显宗教色彩（如极端的原教旨主义）和民族色彩（如极端的种族主义）的价值观。这些价值观同别的群体所信奉的价值观有明显差别。认知角度的不同，有时会使不同的社会群体对于某种制度或政策难以认同，进而难免引发一些互动行为不一致的情状，从而催生或是减缓相应的一些社会矛盾。有学者发现：“在许多文化中，视贫穷为美德和来世的一种报答的超价值宗教信条似乎在某

---

①〔美〕弗朗西斯·福山：《政治秩序的起源——从前人类到法国大革命》，韦俊杰译，广西师范大学出版社2012年版，第432页。

②《马克思恩格斯选集》（第二卷），人民出版社2012年版，第8页。

③《马克思恩格斯选集》（第四卷），人民出版社2012年版，第604页。

④《马克思恩格斯选集》（第四卷），人民出版社2012年版，第732页。

种程度上缓和了这类紧张。然而,在精英统治制基础上为不平等辩护的社会和鼓励人们谋求‘往上爬’的社会,加剧了等级制价值观与自我尊重之间的矛盾。”[①]比如,印度教对农民的行为就有着不小的影响。“印度教是一种普遍的宇宙组织论,涉及统治阶级的正统地位,隐含着宇宙和谐观念,强调对个人命运的忍受和屈从。一旦农民接受了这一准则,便能够可信地说明为什么造反和暴动遭受到阻止。”[②]尤其是在现代文明程度较低的封闭社会当中,社会群体之间的交流机会较少,不同群体成员之间往往缺乏一些基本的理解和认同。“已有关于群际冲突激发过程探讨的研究发现,群体成员对于中性信息的敌意性解释是群际威胁与群际冲突之间的中间变量。”[③]在这样的情形下,某个群体或某个社会共同体的特有价值观对社会矛盾消长的影响就会更加明显。需要提及的是,一些极端的精神因素,如极端的意识形态或是极端的宗教意识、极端的种族主义等等,对社会矛盾会产生更大的影响。特别是,极端的精神因素一旦同物质利益结合在一起,则会使得社会矛盾趋于激烈。欧洲中世纪的“十字军东征”,就是以自己的极端宗教意识为信念,而将其他宗教视为异端邪说,为了捍卫自己的宗教信念,不惜对异教徒大肆杀戮,其行径之残暴,令人发指。

值得注意的是,我们不能将物质利益因素与非物质利益因素对社会矛盾的影响截然分开。这两者具有高度相关性,往往交织在一起。许多物质利益因素的变化往往会引发一些相关的非物质利益因素对社会矛盾的连锁影响,而相关的非物质利益因素对社会矛盾一旦产生影响,反过来又会加重物质利益因素对社会矛盾的影响。物质利益因素与非物质利益因素两者往往交互影响,共同加重或缓解社会矛盾。物质利益因素是影响社会矛盾最为基础、最为基本的根源,非物质因素对社会矛盾的消长则有着加重或缓解的作用。就一

---

①〔美〕西摩·马丁·李普塞特:《共识与冲突》(增订版),张华青等译,上海人民出版社2011年版,第24页。

②〔美〕巴林顿·摩尔:《民主和专制的社会起源》,拓夫等译,华夏出版社1987年版,第370页。

③ 孙连荣、杨治良:《社会偏见与群际威胁在群际冲突发生过程中的作用》,《心理科学》2013年第4期。

般情形而言，既然社会各个利益群体组成了一个利益共同体，那么便意味着社会各个利益群体所接受认可的物质利益关系结构是社会各个群体“共存”及“共生”这样一种相对平衡态的依据。如果物质利益关系结构比较协调，社会各个利益群体各自基本的物质利益边界没有被突破，那么非物质利益因素难以催生社会矛盾，至少是难以催生严重的社会矛盾。不能想象，非物质利益因素能够单独地成为社会矛盾的主要根源。但是，如果物质利益因素层面上出现了问题，非物质因素往往就会成为利益受损一方进行利益诉求的理念或理论依据，成为利益受损一方进行抗争所需要的群体凝聚的理由。在这样的条件下，非物质利益因素便会催生或加重社会矛盾。不过，社会各个群体之间的抗争不可能无休止地持续下去。社会各个利益群体一旦在物质利益因素方面理顺了关系结构，回归“正常”状态，那么非物质利益因素对社会矛盾的影响便会明显减弱。另外，还有一种情形需要注意，如果两个共同体之间出现了物质利益方面的矛盾，非物质利益因素更能够强化各自所属利益共同体的意识，甚至会造成程度不同的极端精神因素如极端的民族主义等，因而对于社会矛盾的影响可能会更大。

四、转型期中的社会矛盾呈现出更为复杂的情形

（一）转型期对于社会矛盾的放大效应

在考虑社会矛盾成因时，还需要注意的一种情形是，同变化速率相对不快、变化幅度相对不大、相对稳定的“常态”社会相比，转型期[①]社会当中社会矛盾的成因则显示出一种比较复杂的情形。

严格地讲，“转型期”不属于社会矛盾“自变量”性质的成因。尽管如此，转型期这样一个特定的历史时期，对于社会矛盾的成因具有一种加剧、放大、挤压的效应，一方面使得大量的社会矛盾集中出现，另一方面也使得社会矛盾

---

① 这里所说的“转型期”主要指一个国家由传统社会或“半现代社会”（“初级现代社会”）走向现代社会的“发展”时期；除此之外，有的国家，比如中国、俄罗斯，还包括由计划经济体制走向市场经济体制的“发展”时期。

呈现出多样化演化的情形。正如亨廷顿所说,“现代性孕育着稳定,而现代化过程却滋生着动乱”①。

（二）转型期利益结构公正与否对于社会矛盾的影响更加复杂

如果说在变化幅度相对不大的“常态”社会中,基于利益结构的公正与否尚且会产生种种社会矛盾的话,那么在处于转型期这样一个变化幅度相对较大的“非常态”社会中,基于利益结构的公正与否所产生的社会矛盾就更加明显和复杂。其中一个比较突出的现象是,在转型期社会,由于发展的不平衡性等多种情状,“绝对剥夺”问题和“相对剥夺”问题往往会同时凸显,而且容易交织在一起。在转型期尤其是在转型期的早期阶段,随着工业化和城市化的快速推进以及产业结构的巨大变化,大量农民失去土地,而被迫进入城市寻找就业生存机会;以往某些夕阳产业当中的从业人员也面临着失业、需要寻找新的就业机会的问题。而就业机会在某个特定时期往往是有限的。这就会造成较为严重的失业问题,使一部分人“落伍”,成为弱势群体成员。同时,在转型期,事关人们基本生存底线的社会保障制度又往往是缺失的。凡此种种,势必会使一部分社会成员的基本生计出现问题,从而形成程度不同的“绝对剥夺”问题。不仅如此,在转型期,有时由于整体经济形势向好,人们收入增加较快,加之一部分人以更快的速度“暴富”起来,这就会产生某种“示范”效应。这些,容易使不少社会成员对自己未来的前景形成过高的期望值。应看到的是,这种过高的期望值往往是脱离现实情形的,不可能得到有效、持续的实现。一旦过高的期望值屡屡落空,就会使人们心理不平衡,容易产生挫折感,进而在某种程度上转成相对剥夺感。无论是“绝对剥夺”问题还是“相对剥夺”问题,都会催生或加重社会矛盾,而这两者交织在一起的情形,更容易使社会矛盾趋于复杂化。

（三）转型期利益结构的调整会加重社会矛盾

在转型期的社会,不仅存在着一个利益结构的公正与否会引发程度不同的社会矛盾的问题,还存在着一个人们对于利益结构调整适应与否的问题,后

---

①〔美〕塞缪尔·P. 亨廷顿:《变化社会中的政治秩序》,王冠华等译,上海人民出版社 2021 年版,第 31 页。

一个问题也会加重社会矛盾。在转型期,随着现代化和市场经济进程的推进,原有利益格局必然会发生大面积、大幅度的巨大变化,因而常常会出现这样几种情形:

一是一些新的社会群体形成了。这些新兴的社会群体产生了在自身看来是正常不过,却有着以往不曾出现过的“新”的合理的利益诉求。重要的是,这些新兴社会群体“新”的利益诉求往往不兼容于已经存在的、既定的利益格局,往往会受到一些在原有利益格局当中占据优势位置的某些群体的压抑和阻止。为了维护自己的合理利益,新兴的社会群体势必进行相应的抗争、“维权”行动。二是一些社会群体逐渐失去了曾经占据的优势位置。这些群体为了极力维护自己曾经有过的利益,势必会采取种种相应的、对试图改变原有利益结构的群体的抵制行动。三是各个利益群体的利益诉求不但呈现出多样化的情状,而且多个利益群体的多种利益诉求往往交织在一起,从而表现出一种十分复杂的状况。比如,生存型的利益诉求往往同发展型的利益诉求交织在一起,民生利益诉求往往同民主利益诉求结合在一起,各种希望往往同各种挫折交织在一起等等。显然,这样几种情形不可避免地会催生或加重社会矛盾。

转型期社会规则体系的相对缺失必然会导致大量社会矛盾的出现。转型期社会有一个明显的特征,这就是:旧的规则体系不是很管用了,而能够同现代社会和市场经济相适应的新的规则体系还没有系统地建立起来,社会经济领域往往缺乏正常的秩序和健全的规则体系。① 由此,必然会引发大量的社会矛盾。首先,制度真空地带必然会产生种种社会矛盾。由于在这样一个规则真空地带缺少制度约束,但又充满着种种利益诱惑,因而一些群体往往无章可循,各行其是,按照最有利于自身的行为取向去获取利益。在这样的情形下,难免出现强势者随心所欲欺压弱势者的现象,从而引发社会纠纷、矛盾和冲突。比如,在早期大工业时代,由于缺乏基本的劳动者保护制度,大量的企业主便对工人进行几乎超出工人忍受极限的剥夺,最大限度地增大自己的利益。“资本由于无限度地盲目追逐剩余劳动,象狼一般地贪求剩余劳动,不仅突破了工作日的道德极限,而且突破了工作日的纯粹身体的极限。”“对待工人就象

① 吴忠民:《改革开放以来中国精英群体的演进及问题》(上),《文史哲》2008 年第3 期。

对待单纯的生产资料那样，给他饭吃，就如同给锅炉加煤、给机器上油一样。"①这种做法必然会引发被欺压者的抗争活动，形成大量的社会矛盾。其次，"新的"同"旧的"规则成分的同时并存，也会诱发大量社会矛盾的出现。新旧规则成分的并存，意味着类型和性质迥异的利益诉求存在于同一时空当中，甚至在同一群体之内也会产生不同的利益诉求。而基于不同的利益诉求，势必会产生种种复杂的社会矛盾。比如，在中国现阶段，民营企业大量工人的利益诉求是改善劳动条件，提高劳动待遇；而一些原来是国企职工的下岗工人的利益诉求则是要求得到类似于计划经济时代的待遇。新旧规则成分的并存，不仅意味着社会矛盾的复杂化，还意味着有的强势群体既可以充分利用新的规则成分，也可以充分利用旧的规则成分来扩张自己的利益。"因为制度具有分配效应，自然而然就会涌现出矛盾。一套制度会使某些人受益，另一套制度则会使其他的人群受益。因此，对于人们来说，掌握权力来塑造并保持有利于自己的制度，同时避免或者削弱制度对他们的消极影响，总是乐此不疲的。"②这样一来，同样会造成一些群体对别的群体进行利益的直接剥夺和相对剥夺的现象，从而引发利益受损群体的抗争，形成大量的社会矛盾。

专论1　改善民生对转型期社会安全至关重要

一个社会能否保持一种安全运行的局面，取决于多种因素。民生状况如何，便是其中的一项重要因素。尤其是在一个国家和地区现代化的初级阶段，民生状况对社会安全的影响更加明显，甚至影响到这些国家或地区未来一个较长时期的社会基本安全状况。正是从这个意义上讲，改善民生是这些国家或地区保持社会安全局面的必要条件（虽然不是充分条件）。此种道理，对转型期的中国来说，更是如此。

1. 改善民生系转型期社会安全的必要条件

随着生产力的发展，随着以人为本的基本理念深入人心以及社会成员平

---

①《马克思恩格斯全集》（第23卷），人民出版社1972年版，第294—295页。

② 世界银行：《2006年世界发展报告》，清华大学出版社2006年版，第108页。

等意识的普遍增强，改善民生已经成为一种时代潮流，成为影响改革发展全局的大问题。

如果说改善民生是整个现代化进程中必须做的事情，那么，对于转型期的发展中国家或地区来说，改善民生则是一件更加重要、更加迫切的事情。对此不难理解。不失时机地改善民生，无论是从改革发展进一步有效推进所需要的社会合作基础的角度来说，还是就有效防止社会矛盾趋于恶化的角度而言，都是必要的条件。

改善民生能够为改革发展奠定良好的社会合作基础，进而保证社会安全运行的局面。共享社会发展成果，既是社会发展的基本宗旨，也是全体人民的普遍利益诉求。而共享社会发展成果必须通过一系列改善民生的政策如建立社会保障体系、公共卫生服务体系、住房保障体系等等方能实现。通过有效改善民生，能够使民众有效抵御多种社会风险，获得可预期的生活，能够使民众的基本尊严和基本生活水准得到保障，并随着时代的发展不断得以提高。再者，通过义务教育和就业保障政策的实施，能够使民众普遍获得基础性的发展能力及基本的发展平台，进而不但有助于民众平等地融入社会、参与社会生活，而且有助于社会成员实现各自有所不同的差异化发展目标。凡此种种，有助于民众对社会形成普遍的积极认同态度。进一步看，民众积极社会认同态度的形成，有助于社会各个群体之间形成有效的社会合作，有助于社会团结，进而形成一种互惠互利的良性互动局面。在这样的情形下，社会对抗尤其是大规模社会对抗的可能性便会明显减小，社会便会保持一种安全运行的局面。有学者在分析俄罗斯改革得失时认为，没有注重改善民生，是俄罗斯现代化进程步履维艰的重要原因。“十分明显，被俄罗斯人视为改革的主要损失的社会保护和对未来生活信心的丧失，在今天仍令俄罗斯人感到不安。”①

改善民生有助于防止社会矛盾趋于恶化。从社会矛盾的严重性角度看，社会矛盾一般分为一般的社会矛盾、较为严重的社会矛盾和严重的社会矛盾。同较为“成熟”的现代社会相比，转型社会容易出现较为严重和严重的社会矛

①〔俄〕米哈伊尔·戈尔什科夫等：《俄罗斯人二十年后看改革》，载〔俄〕俄罗斯戈尔巴乔夫基金会编：《奔向自由：戈尔巴乔夫改革二十年后的评说》，中央编译出版社2007年版，第359页。

盾。这一点同转型国家的具体民生状况密切相关。一方面,转型社会的民生如果长期得不到应有的改善,其民众很难对社会产生认同的心理。心理学的归因理论告诉人们,处境较好同处境不好的人在进行自我归因时,其结论往往很不相同。处境较好的人在进行自我归因时,往往倾向于将成功的原因归于自身;处境相对不好的人在进行自我归因时,往往倾向于将处境不好的原因归于他人或社会。以此反观现实的社会:如果一个社会的民生问题长期而且是大面积地得不到改善,那就往往意味着这个社会较大比例社会成员的处境不够好,意味着大量民众对社会难以产生积极认同的心理,相反,有时会产生排斥甚至是仇视的心理。而且,随着经济状况周期性的起伏,通货膨胀加剧、失业率增高以及伴随而来的税收加重等现象,往往成为加重民生问题、进而成为加重民众不满心理的导火索。另一方面,事关民众基础性生存条件的问题相对来说更容易催生严重的社会矛盾甚至是严重的社会冲突。基础性的民生问题关乎大量社会成员的基本生存问题。基础性的民生问题如果得不到有效解决,便说明这个社会中大批社会成员面临着生存危机。围绕着基本生存资源的矛盾冲突必然是严重或激烈的。原因很简单。当一个人作为正常人所需要的起码的生理需求都成问题的时候,当人们所面临的基本生存问题达到非生即死或生不如死的地步时,由此所引发的激烈冲突的可能性必然会空前增加。正如恩格斯指出的那样,“为了活命、为了生存、为了一切而进行的战争,因而必要时也是你死我活的战争”①。

2. 延误民生改善后果严重

一些发展中国家或地区的发展历程表明,在其转型期,民生问题如果得不到应有的改善,由此所引发的社会矛盾往往会表现出如下情形:

第一,形成民粹主义式的抗争。

一些发展中国家或地区转型期社会矛盾的一个突出表现便是民粹主义式的抗争。之所以会出现这种情形,其重要根源在于民生问题长期没有得到根本性的解决。这些国家和地区社会转型之初最大的民生问题是土地改革与否。只有进行了土地改革,才能使广大农民依靠自己的一份土地获得起码的

---

①《马克思恩格斯全集》(第2卷),人民出版社1957年版,第359页。

日常生活条件。但在一些发展中国家和地区，如拉美和东南亚的一些国家，并没有进行土地改革或者是没有解决好土地改革问题，甚至出现地主大规模兼并土地的现象。于是大量农民便被赶入城市。进城后，这些几乎一无所有的农民一部分成为工人，收入十分低下；一部分依靠打零工艰难度日。而且，这些国家和地区在很长的一段时间内没有建立完善的社会保障制度，几乎谈不上改善民生。大量社会成员只能居住在贫民窟，其生活非常艰辛。有学者发现，20世纪70年代，拉美国家贫困的小土地农民和无地农民陆续走进城市，城市贫民窟的人口每年以10%—15%的比例增加。1976年，巴西有2200万户贫民区的常住户，有400万户住在简陋和临时的建筑物中；30%的城市居民和63%的农村居民住在没有任何卫生设备的住宅。① 在此基础之上，必然会形成一种涉面广泛而且是根深蒂固的“贫困文化”，促成民粹主义的滋生蔓延。

虽然从一定意义上讲，民粹主义是民众某种正当利益诉求的反映，但是一旦过度，便会成为一种巨大的社会冲击力，对正常社会秩序产生有害的影响。重要的是，民生问题长期得不到应有的改善，民众最为起码的利益诉求长期得不到满足，不仅会使民粹主义长期存在，而且有可能使某种类型的民粹主义形成一定的组织、一定的纲领，进而形成某种影响更为深远的群体性的“争斗”意识和“争斗”文化。如是，社会各个群体之间的交往已经难以成为互惠互利的相互合作，相反，却容易陷入有你没我的恶性互斗。在此背景下，社会矛盾冲突必然会持续存在和加重。

第二，使多种严重的社会矛盾捆绑在一起。

从大概率的角度看，每一个时代的民众均有某种普遍的利益诉求，从而构成某种时代的中心议题。在一些发展中国家或地区的社会转型初期，民生往往成为民众的普遍利益诉求。如果这些国家和地区重视改善民生，如果只是从社会成本来看，相对来说比较好解决，毕竟主要是个相关群体的“让利”问题。但是，这些国家和地区的利益关系有时盘根错节，某种不合理不公正的社会利益结构有时根深蒂固，对民众的利益诉求构成不利的影响，使得民生问题

① 尹保云：《现代化通病——二十多个国家和地区的经验与教训》，天津人民出版社1999年版，第169、170页。

在较长的一段时间内难以得到有效的改善。

问题在于，随着时间的推移，长期得不到解决的民生问题，不但会加重民众在民生方面的利益诉求，而且，民众有时会基于“归因”的原因，或基于寻求依靠力量的原因，原本属于物质利益方面利益诉求的问题向其他领域蔓延，同其他方面的利益诉求结合捆绑在一起。比如，将之同政治领域、民族领域以及宗教领域的利益诉求捆绑结合在一起。

如是情形，不但会使问题趋于复杂化，而且，有时会使社会矛盾趋于激化。众所周知，政治领域、民族领域以及宗教领域都具有自身的相对独立性，有着自己特有的认知因素和运行机制，像宗教领域和民族领域还有着自己特有的非认知因素（情感因素等）。所以，民生问题一旦蔓延到别的领域，有时会同一些激烈的政治理念、极端的宗教理念或极端的民族主义观念结合在一起，其后果必定十分严重：几种负面能量叠加在一起，相互感染、相互影响，致使社会矛盾冲突的持续时间拉长，化解难度增大，负面效应会倍增。这时所付出的成本及代价恐怕要远远大于在这之前仅仅是解决民生问题所付出的成本。政治与民生问题捆绑在一起，一旦激化则会变成一个争取权利甚至是争夺政治权力的问题；民族与民生问题捆绑在一起，一旦激化有时则会变成一个要求“独立”的问题；宗教与民生问题捆绑在一起，一旦激化则会变成一个不同宗教、不同教派之间的激烈对抗。类似的事例并非少见。2011 年中东地区不少国家的“茉莉花革命”，其重要起因就是民生问题，如 2005—2008 年突尼斯的青年失业率高达 30% 左右，2007—2010 年埃及的青年失业率高达 32.5%。[①] 其结果是，这些国家长期没有得到解决的民生问题所引发的社会矛盾同政治及宗教方面的利益诉求捆绑结合在一起，最终使这些国家付出了巨大的社会成本。

第三，妨碍现代政治建设进程的推进。

随着工业化以及市场经济进程的推进，随着自由、平等理念的深入人心，以民主化为核心内容的现代政治建设成为历史的必然。这一点是毋庸置疑的。问题是，在什么样的条件下，政治建设能够有效平稳进行。这是问

---

① 世界银行：《2010 年世界发展指标》，中国财政经济出版社 2010 年版，第 100 页；世界银行：《2012 年世界发展指标》，中国财政经济出版社 2013 年版，第 78 页。

题的关键。

显而易见，在民生问题没有得到起码的改善、大量社会成员处于贫困的情状下，现代政治建设难以有效进行。其一，从贫困者的基本利益诉求来看，他们所看重的是满足眼下十分迫切的基本生存需求，而很难产生主动参与社会事务的意愿和兴趣。其二，从贫困者的能力来看，他们长时期地缺乏教育，文化素质较低，而且又长时期地处在封闭的状态，因而很难积极有效地参与社会性事务。其三，过大的贫富差距鸿沟，以及由此而形成的社会隔离和社会排斥，必定会造成各个主要群体差异过大的政治基本取向，使得不同社会群体之间难以达成广泛的社会共识，无法共同推进政治建设进程。其四，为免除饥饿、为取得生活尊严而抗争的低收入人群容易成为民粹主义和平均主义广泛而牢固的社会基础。在此基础之上，强大的“左”倾激进政治力量就会对政治建设进程产生明显的不利影响，种种无谓甚至是有害的政治纠纷和抗争很有可能使得政治建设面临众多的不确定性因素，使之难以平稳推进。其五，在大批社会成员基本生存都成问题的情形下，原本是不同群体之间相互妥协、寻找共识的政治诉求表达的场所，倒有可能成为不同群体相互争斗、泄愤甚至是激烈对抗的场所。如是，且不说政治建设可能会变形走样，就连政治建设所必需的安全环境条件也会失去。

诚如诺贝尔经济学奖得主冈纳·缪尔达尔所说：“实际上，历史没有提供任何这样的例子：高度不发达的国家在普选权基础上建立持久的和有效的政治民主。”①在民生问题没有明显改善、大批民众基本生活十分艰辛的情形下，如果强行推进以民主化为核心内容的政治建设，社会各个群体之间难以出现“共赢”的局面，相反，社会很有可能会为此付出巨大的成本。拉美一些国家的民主化进程就较为典型地说明了这一点。

第四，易使经济滑坡并成为加剧社会不安的直接诱因。

经济滑坡必定会降低民众的基本生活水准，进而对社会的安全局面产生程度不同的负面影响。一个社会的民生保障体系如若较为健全，便会对民众

---

①〔瑞典〕冈纳·缪尔达尔：《世界贫困的挑战——世界反贫困大纲》，顾朝阳等译，北京经济学院出版社 1991 年版，第 107 页。

的基本生存状况形成有力的支撑,将经济滑坡对社会安全所产生的负面影响降至最低限度。相反,如果一个社会的民生状况没有得到应有的改善,民生保障事业比较脆弱,便难以有效应对经济滑坡对社会安全所形成的冲击。民生状况的脆弱,意味着大量社会成员的基本生存条件得不到保障,大批社会成员失业,进而意味着大量社会成员产生焦虑不安以及对社会的不满。在这样的情形下,社会矛盾必然会加重,社会安全局面必然会面临严重挑战。“如果某个内部和外部问题看起来难以解决,如果有几百万失业者,没有传统等级的人民社会就会成为暴力斗争的舞台。”①“一个存在着大量失业人员的社会,必定是存在着大量相互不信任、猜忌、怨恨,甚至是抵触、敌视的现象。”②许多发展中国家和地区的教训说明,一个国家的民生状况如果平时没有得到应有的改善,那么这个国家的CPI和失业率一旦失控而出现大幅度上升的情形,往往会成为这个国家社会骚乱甚至是社会动荡的直接导火索。

总之,如果没有在社会转型初期阶段解决好民生问题,那么就会造成或加重社会矛盾。

特别应当引起人们注意的是,在一个国家当中,由民生问题所引发的社会矛盾如果长期得不到缓解,便有可能促成一些社会群体习以为惯的某种行动取向或社会矛盾冲突易于重复发生的某种基本框架的形成。这种框架一旦形成,便具有一定的相对独立性和稳定性,成为一个国家某些社会群体的某种行为惯性。这种行为惯性进而成为一些社会群体抗争的路径依赖,使得社会矛盾冲突具有更大的势能积累和发展的空间,从而更加难以缓解。如是,这不仅影响着当下的社会安全局面,而且使得社会的未来发展举步维艰。有时还会出现这样一种情形,严重的社会矛盾虽然没有达到中断社会发展进程的地步,但它的长期存在会维持一种社会群体之间的非良性互动局面,进而使社会的发展陷入缓慢、艰难的“亚发展”或是“低度发展”状态。阿根廷近百年的发展历程就比较典型地说明了这一点。在20世纪前后的数10年间,阿根廷曾出

---

①〔法〕雷蒙·阿隆:《阶级斗争——工业社会新讲》,周以光译,译林出版社2003年版,第241页。

② 吴忠民:《社会公正论》,山东人民出版社2004年版,第199页。

现发展的“黄金时代”，成为拉丁美洲发展的领跑者和全世界最富裕的国家之一。“1900 年，阿根廷的人均国内生产总值（GDP）分别为美国、英国和澳大利亚的一半，是日本的 1 倍，略高于芬兰和挪威，略低于意大利和瑞典。”[①] 自 20 世纪 30 年代以后，阿根廷的发展现出一种“颓势”，与其他国家发展水准的差距逐渐拉大，从一流富裕国家而逐渐变为中等发展的国家。这种状况一直延续到现在。究其原因，除了经济层面的原因，民生问题以及贫富差距过大而且长期得不到改善等等引发的比较严重的社会矛盾一直没有得到有效的化解，以至于造成社会各个群体之间长期存在恶性互斗而缺少团结合作的社会局面，也是一个十分重要的原因。

① 江时学：《阿根廷危机的由来及其教训——兼论 20 世纪阿根廷经济的兴衰》，《拉丁美洲研究》2002 年第 2 期。

第三章 社会矛盾加重的影响因素

只要有人群存在的地方,出于生存和发展的需要,人们相互间必然会形成必不可少的社会分工和社会合作;同时出于不尽相同的利益诉求等方面的原因,人们相互间也必然会产生各种各样的排斥、矛盾和冲突。在一个社会当中,社会矛盾无处不在、无时不有。社会矛盾的存在是一种常态现象。这是一个不言而喻的常识。更需要引起关注的是,社会矛盾不是一个有无的问题,而是一个在怎样的因素影响之下会加重甚至是失控的问题。特别是,在经济总量越来越大、经济一体化程度越来越高、社会分工越来越复杂、社会合作程度越来越高的情形下,社会矛盾一旦加重到严重的地步,其结果往往是,引发大面积社会动荡局面的出现,对整个社会造成严重的负面影响,使民众及社会付出巨大的生命财产代价。而且,激烈的社会矛盾冲突对社会矛盾的相关方来说,常常是没有赢家,只有输家。

显然,只有对社会矛盾加重的影响因素进行必要的分析了解①,人们才有可能把握社会矛盾的演化趋势,找到相应的有效对策,进而最大限度地将社会矛盾控制在一定的合理限度之内,防止其突破一定的临界点而演化成失控的力量,进而造成社会大面积动荡的局面。

---

① 社会矛盾的起因同社会矛盾加重的影响因素尽管有一定的交叉关系，但并不是一回事。两者的差别在于：前者侧重社会矛盾的如何“产生”“发生”，后者侧重社会矛盾的如何“演化”，包括方向相反的“加重”和“缓解”。仅仅考虑社会矛盾的原因即“产生”问题，还不能具体有效说明社会矛盾“演化”的问题，所以，有必要对社会矛盾加重的影响因素进行分析。

一、学术界的相关讨论

（一）主要流派的主要观点

学术界对于社会矛盾加重的影响因素的讨论，主要集中在三个理论流派，即社会冲突理论、社会运动理论和文明冲突理论。这些理论流派对于社会矛盾的产生原因及加重的影响因素从不同的角度进行了比较系统和深入的探讨。

社会冲突理论的代表性人物科塞对社会冲突给出的定义是，“可以权且将冲突看作是有关价值、对稀有地位的要求、权力和资源的斗争，在这种斗争中，对立双方的目的是要破坏以至伤害对方”①。科塞认为，社会冲突的原因分为两类：一类是物质利益因素，包括权利、地位和资源分配的不公；另一类是非物质因素，包括价值观和信仰等等的不同。科塞特别看重非物质因素对社会冲突的意义，认为冲突如果直接涉及价值观和共同信仰的问题，则冲突就具有了破坏性。“参与者感到他们只是集体或群体的代表，不是为自己而只是为他们代表的群体的理想而战斗的冲突似乎要比为个人原因而进行的斗争更激烈、更冷酷无情。”②社会冲突理论的另一代表人物达仁道夫则认为：“现代的社会冲突是一种应得权利和供给、政治和经济、公民权利和经济增长的对抗。这也总是提出要求的群体和得到了满足的群体之间的一种冲突，尽管近来一个广大的多数阶级的产生使局面变得错综复杂，纷繁异常。”③达仁道夫特别强调“生存机会”的重要意义。他认为，当代世界的社会冲突主要是围绕着生存机会所发生的冲突，只有为更多的人提供更多生存机会的社会才是自由的社会。④ 李普塞特指出：“所有的复杂社会都是以内部高度的紧张和冲突为特征的，所以达成共识的制度和价值观对这些社会的生存来说是必要的条件。”⑤

---

①〔美〕L. 科塞：《社会冲突的功能》，孙立平等译，华夏出版社 1989 年版，《前言》，第 2 页。

②〔美〕L. 科塞：《社会冲突的功能》，孙立平等译，华夏出版社 1989 年版，第 105 页。

③〔英〕拉尔夫 · 达仁道夫：《现代社会冲突》，林荣远译，中国社会科学出版社 2000 年版，第 3 页。

④ 徐大同主编：《西方政治思想史》（第五卷），天津人民出版社 2005 年版，第 603 页。

⑤〔美〕西摩 · 马丁 · 李普赛特：《共识与冲突（增订版）》，张华青等译，上海世纪出版集团 2011 年版，第 1 页。

在李普塞特看来,制度因素、价值观因素以及发展的平衡与否,是引发社会冲突的重要因素。

社会运动理论代表性学者蒂利指出,社会运动是“斗争政治的特殊形式:称之为‘斗争’,是指社会运动的群体诉求一旦实现,就有可能与他人的利益发生冲突;称之为‘政治’,是指无论何种类型的政府都会被诉求伸张所牵连”。社会运动的出现源于三个要素的结合:“不间断和有组织地向目标当局公开提出群体性的诉求伸张(我们称之为运动)”;“下列政治行为的组合运用:为特定目标组成的专项协会和联盟、公开会议、依法游行、守夜活动、集会、示威、请愿、声明、小册子(我们将上述方式的随机组合称为社会运动的常备剧目)”;参与者协同一致所表现出的 WUNC:价值、统一、规模,以及参与者和支持者所作的贡献(称之为 WUNC 展示)。① 塔罗认为,社会运动是指“以潜在社会网络和使人产生共鸣的集体行为框架为基础,能发展出对强大对手保持持续挑战力的斗争政治事件”②。有学者对社会运动研究的多种观点进行了归纳,认为社会运动之所以会发生,原因是多方面的:比如,人民不断升高的期望,人民向他们的政府要求更多的东西;相对剥夺的程度有助于解释为什么人们参与到抗议活动中去;在情况发生改善一段时间之后却出现突然的经济倒退的时候,人们会发动起义(在这个倒退之后,人们造反,是因为他们的预期超出了经济现实);国家是否统一、强大,或者国家自身是分裂的、虚弱的;广泛传播的社会不安;精英阶层是否与民众结合等等。③

文明冲突理论自 20 世纪 90 年代开始形成,并逐渐产生越来越大的影响。这一理论认为,同以往完全不同的是,在新的大历史背景下,世界格局发生了巨大的变化,文明之间的冲突已经成为整个人类社会的主要冲突,“冲突的根源是社会和文化方面的根本差异”④。其代表性人物亨廷顿认为:“在后冷战

---

①〔美〕查尔斯・蒂利:《社会运动:1768—2004》,胡位钧译,上海人民出版社 2009 年版,第 4—5 页。

②〔美〕西德尼・塔罗:《运动中的力量——社会运动与斗争政治》,吴庆宏译,译林出版社 2005 年版,第 3 页。

③ 裴宜理、阎小骏:《社会运动理论的发展》,《当代世界社会主义问题》2006 年第 4 期。

④〔美〕塞缪尔・亨廷顿:《文明的冲突与世界秩序的重建》,周琪等译,新华出版社 1999 年版,第 250 页。

的世界中，人民之间最重要的区别不是意识形态的、政治的或经济的，而是文化的区别。”“随着权力和自信心的增长，非西方社会越来越伸张自己的文化价值，并拒绝那些由西方‘强加’给它们的文化价值。”“在这个新的世界里，最普遍的、重要的和危险的冲突不是社会阶级之间、富人和穷人之间，或其他以经济来划分的集团之间的冲突，而是属于不同文化实体的人民之间的冲突。”①“在这个新世界里，不同文明国家间的关系通常是疏远、冷淡和经常高度敌对的。跨越文明界限的特定联盟偶尔可能存在，而文明间的相互关系更可能被描述为竞争性共存、冷战和冷和平。”“在这个新世界里，最危险的暴力冲突形式是不同文明的主要国家之间核心国的战争。”②

（二）主要研究的局限

应当说，上述理论流派就社会矛盾加重的影响因素的研究形成了大量有价值、深刻而且是系统的观点。但同样应当看到的是，这些研究存在着一些明显的不足。

第一，有时轻视或忽略了物质利益因素的极端重要性。虽然社会冲突理论和社会运动理论看到物质利益因素对于社会矛盾的加重有着重要的助推作用，却将非物质利益因素放到了一个更为突出的地步，或者常常用“相对剥夺感”来解释社会矛盾的加重趋势，或者常常将“冲突”“运动”本身视为一种能够脱离物质利益因素而自我演化的事情。即便是谈论物质利益因素对社会矛盾加重的影响，也没有对其中的社会公正因素予以应有的重视。比如，这些理论没有就社会矛盾相关方之间此消彼长的物质利益互动方式进行细致的分类，并进而说明物质利益因素对社会矛盾的加重究竟会产生怎样具体的影响。再者，这些理论常常容易忽略一些重要的“非人力可为”的物质利益因素，如自然灾难、经济波动（经济滑坡）等等会严重恶化民众的基本生存底线，进而对社会矛盾的加重会产生极为重要的影响；或者，在某种社会矛盾加重的过程中，一旦经济形势忽然发生好转的情形，这时社会矛盾加重的趋势便有可能转向。

---

①〔美〕塞缪尔·亨廷顿：《文明的冲突与世界秩序的重建》，周琪等译，新华出版社1999年版，第6—7页。

②〔美〕塞缪尔·亨廷顿：《再论文明的冲突》，李俊清编译，《马克思主义与现实》2003年第1期。

而文明冲突理论更是将非物质利益因素对社会矛盾的影响放到了一个几乎是独一无二的位置。

第二,没有将"一般的"非物质利益因素同"极端的"非物质利益因素区分开来。实际上,非物质利益因素分为"一般的"和"极端的"两种类型。"一般的"非物质利益因素,主要是指建立在某种水准的经济基础之上的,能够与"时代"内容相适应的,能够与时俱进的非物质利益因素,亦即人类共同的、能够"通约的"精神文化因素。"一般的"非物质利益因素有着落后与先进之分。在非物质利益因素当中,"一般的"非物质利益因素占据着主要位置。"一般的"非物质利益因素或许在某个特定的历史阶段,表现出某种等级、封闭、排外以及唯我独尊的落后情状,但是随着现代文明的推进,就总体而言,这些落后的非物质利益因素会被具有现代意义的自由、平等、开放、包容等非物质利益因素所取代。"极端的"非物质利益因素则是指极端的意识形态、极端的种族主义以及极端的宗教意识等等,具有极端的唯我独尊、排外性、残暴性特征。有的"极端的"非物质利益因素具有时代的落后与先进之分,有的"极端的"非物质利益因素则更多的是同某种特定的民族传统或宗教传统相关,并不一定同"时代"内容完全对应。出于种种复杂的历史和现实的原因,某些"极端的"非物质利益因素在现代化进程中的某个特定时期,在某种特定的条件下,仍然有着一定的民族传统或宗教的土壤和空间,因而仍会存在或回潮,甚至会获得一时的生长。但从长远的角度看,随着时代的发展和文明的进步,更多的"极端的"非物质利益因素的存在土壤和空间必然会被削弱,而被具有先进内容的非物质利益因素所取代。但是,无论是社会冲突理论还是社会运动理论,都没有看到这一点。这些理论往往把"极端的"非物质利益因素视为社会矛盾加重的最为重要的影响因素。而文明冲突理论更是将"极端的"非物质利益因素放到了一个无以复加的地位。它没有看到,有时某种"极端的"非物质利益因素之所以会出现,往往源自社会矛盾相关方在物质利益因素方面的抵触及社会矛盾冲突的长时间积累,以至于达到了某种"突变"的地步;也没有看到,不仅"一般的"非物质利益因素会随着现代文明的进步而变化,就是"极端的"非物质利益因素当中的很大部分内容也会随着时代的变化而变化。正是由于文明冲突论存在着这种明显的局限,因而难免得出社会矛盾无解的结论,就如亨廷顿所说的那样，“在世界范围内，文明似乎在许多方面都正在让位于野蛮状态，它导致了一个前所未有的现象，一个全球的‘黑暗时代’也许正在降临人类”①。

第三，对社会矛盾相关方力量对比结构重视不够。社会矛盾相关方力量对比状况如何，对于社会矛盾是否加重以及加重的程度有着重要影响。比如，社会矛盾相关方当中的一方如果一支独大，而其他相关方均不妥协，则社会矛盾加重的可能性就会增大；如果相关方的力量均较强大，又势均力敌，且均不妥协，社会矛盾加重的可能性就会更为增大。显然，如果缺少对社会力量对比结构的分析，那么对于社会矛盾加重的影响因素的分析不可能是完整的。如果只是注重物质利益因素和非物质利益因素影响因素的分析，虽然在一定程度上能够说明社会矛盾是否加重的大概率问题，但对一些具体情形却无法把握。这就需要分析社会力量对比的具体情况。虽然社会运动理论发现统治集团内部的削弱或分裂对社会运动的走势有着重要影响，但总的来说，无论是社会冲突理论还是社会运动理论，对于社会力量对比状况对社会矛盾加重与否的关注都是不够的。这就妨碍了这些理论对于社会矛盾加重与否的解释力。

（三）三个方面的重要因素及其交织情形影响着社会矛盾的加重与否

从上述不同理论流派有关社会矛盾加重的影响因素研究的“得与失”中不难看出，虽然社会矛盾加重的影响因素是多种多样的，但一般来说，社会矛盾的加重与否，主要取决于物质利益因素、非物质利益因素以及社会矛盾各方面力量对比这样几种重要因素的具体状况，以及这些因素相互间交织汇聚的具体状况。只有同时了解这几个方面的具体状况，才可能对社会矛盾加重与否的状况作出基本的判断。

物质利益因素侧重人们基础性的物质生活条件。物质利益因素事关人们的基础性条件，影响着人们最为基础性的日常生活问题，影响着人们的基本生存和基本发展状况，进而影响着为数众多的社会成员的基本社会态度和基本行为取向。从这个意义上讲，物质利益因素在不小的程度上影响着社会矛盾

①〔美〕塞缪尔·亨廷顿：《文明的冲突与世界秩序的重建》，周琪等译，新华出版社1999年版，第372页。

的加重与否以及加重的可能空间。而且，在考虑物质利益因素时，还应当将非人力能够把控的因素如自然灾难、经济滑坡等因素一并考虑进去。

虽然物质利益因素对非物质利益因素和社会矛盾相关方力量对比两个方面有着十分重要的基础性影响，但这种影响并不是完全一一对应的关系。所以，对于社会矛盾加重的影响因素的探讨不能仅仅限于物质利益因素，还有必要延伸至非物质利益因素及社会矛盾相关方力量对比两个方面因素的研究。

虽然从根本上讲，物质利益因素的基本状况决定着非物质利益因素的基本状况，但同样不能否认的是，非物质利益因素具有一定的相对独立性，其自身具有一定的相对体系性和某种历史延续性。对于社会矛盾是否加重来说，非物质利益因素如思想意识、价值观、传统文化、群体心理、宗教意识等等均有着十分重要的、不可忽视的影响。非物质利益不但影响着社会群体的行为取向和具体目标，还影响着社会群体心理层面凝聚力的大小，进而影响到社会矛盾的加重或缓解的不同趋向，影响到社会矛盾的强度、力度以及可持续性问题。而且还需要看到的是，在某些特定的条件下，有些极端性的非物质利益对社会矛盾的加重有着特别重要的影响力。

受种种因素的影响，一个社会在不同的时期形成了有所差异的社会力量对比状况。而这种具体的社会力量对比状况相对来说是更加直接、具体地影响到社会矛盾是否会加重的问题。虽说不能脱离物质利益因素和非物质利益因素来判断社会力量相关方的对比状况，但同样不能否认的是，社会矛盾相关方的力量对比受多种因素的影响，常常表现出十分复杂的情状。一些特定历史条件下所形成的偶然因素，包括某种社会力量的消长、某项具体政策的出台、某种社会组织或团体的出现、某个观念的流行，甚至某个有影响力人物的出现等等，对于社会矛盾相关方力量对比状况均有着程度不同的直接影响。

二、物质利益因素

（一）物质利益因素系社会矛盾加重与否的基础

物质利益因素事关人们赖以生存和发展的基础条件。马克思指出："人们奋斗所争取的一切，都同他们的利益有关。”[①]一个常识是，物质利益因素关乎人们的基本生存问题，是人们须臾不可离开的。不仅如此，物质利益因素也是人们获得自身发展以及其他需求层面得以满足的必要前提条件。只有拥有了一定的物质基础，一个人才有可能获得基本尊严，才有可能平等地融入社会，才有可能获得自由发展。“人有自己的财产才会有自己的安身立命之地，才会有能力栖息在自己的财产之内而与外界隔离。财产权之所以给人以自由，在于它让人有能力退回自己拥有的私人空间，使他可以不必考虑社会其他成员的要求，由此促进并保护他的自由。”[②]再者，只有拥有了一定的物质基础，人们才能够积极地认同社会，亦即有恒产者方有恒心。人们常常把“人身”与“财产”合并为一个词组使用，比如，“人身财产的安全”，足以说明这一问题的重要性。

正因为物质利益因素如此之重要，因而对于社会矛盾的消长而言，物质利益因素是最为基础性的影响因素。一旦人们的物质利益受到损害，社会矛盾加重的概率便会增大。就连如今的发达国家，虽然其民众的基本利益诉求已经多样化，但事关物质利益的诉求仍然是民众十分在意的事情。比如，这些国家当中的许多社会骚乱，就是由于面对高水准的福利政策国家财力力不胜任，福利政策水准因之被迫降低而引发的。

（二）物质利益因素对于社会矛盾加重与否影响的几种情形

就物质利益因素对于社会矛盾加重的影响而言，大致有以下几种情形。

第一，此消彼长式的不公正的利益互动现象会引发较为严重的社会矛盾。

不公正的利益互动现象是一种较为普遍的现象。但具体看，不公正的利益互动现象分为几种不同的类型。第一种类型是，虽然社会矛盾相关方都获取了利益，亦即总的来说相关方在利益方面是相向而行的，但其中一方相对过多地获取利益，而另一方则相对较少地获取利益。第二种类型是，其中的一方相对多地获取了利益，而另一方尽管没有获取利益，但自己的利益特别是基本生存层面的物质利益并没有受到损害。这两种类型属于一种相对剥夺现象。

---

①《马克思恩格斯全集》（第 1 卷），人民出版社 1956 年版，第 82 页。

② 易继明：《财产权的三维价值——论财产之于人生的幸福》，《法学研究》2011 年第 4 期。

这两种类型的利益互动现象尽管不公正不合理，会引发一些社会矛盾冲突，但在一般情况下，尚不至于引发严重的、激烈的社会矛盾冲突。

还有一种不公正的利益互动类型值得特别注意，这就是此消彼长式的不公正的利益互动现象。相对来说，此消彼长式的不公正的利益互动现象更容易引发力度较大的社会矛盾冲突。此消彼长式的不公正的利益互动意味着，其中一方利益的大幅度获取是建立在另一方利益严重受损的基础之上的，甚至影响到另一方的基本生存问题。这是一种绝对剥夺。这种情形就很容易引发另一方力度较大的抗争。比如在19世纪西欧国家资本家的原始资本积累时期，资本家高额利润的获得往往是建立在工人极低的工资收入水准基础之上的。这就必然会引发激烈的社会矛盾，造成那个时期工人与资本家之间严重的社会冲突。

尤其是，如果利益被绝对剥夺的一方，其基本生存底线没有得到必要保障的话，就意味着被剥夺方无法从双方的利益互动中得到自己及家庭所需要的基本生活资料，致使自身及家庭面临着能否生存下去的问题。而且，这种困境是由对方所引致的，换言之，被剥夺方基本生存困境的"肇事"或"责任"者是利益获益的另一方，那么这时社会矛盾冲突的指向相对来说就比较明显，即被剥夺方的激烈抗争直接指向另一方。如是，基本生存利益受到严重损害一方生活的苦难和抗争目标的明确、具体，致使围绕着基本物质生存资料所产生的社会矛盾冲突的强度是很大的，很容易导致严重的社会抗争及冲突的出现。正如马克思和恩格斯指出的那样，如果没有发达的生产力，"那就只会有贫穷、极端贫困的普遍化；而在极端贫困的情况下，必须重新开始争取必需品的斗争，全部陈腐污浊的东西又要死灰复燃"①。贝尔也指出："人类在一个匮乏的环境中开始，每个人都把自身的需要作为社会的社会形象的出发点，匮乏使人类在生存竞争中互相斗争。每个人在他的同伴身上看到经常威胁他的异己。匮乏是'物质在人的内心对人的否定'，是物质通过劳动和社会冲突强加于社

---

①《马克思恩格斯选集》（第一卷），人民出版社2012年版，第166页。

会的‘否定的统一’。”[①]比如，在传统社会当中，土地是大多数社会成员赖以生存的基本生活资料。费孝通在《乡土中国》中指出，对农民来说，“‘土’是他们的命根。在数量上占着最高地位的神，无疑的是‘土地’”[②]。一旦土地被大规模剥夺，就意味着大多数社会成员难以为生甚至是无以为生，因而容易引发大规模的而且是力度较大的社会矛盾冲突。严重者，类似的社会矛盾所引发的社会抗争甚至可以颠覆一个王朝。再比如，在19世纪西欧资本原始积累时期，工人的生活十分苦难。正如《共产党宣言》所指出的那样，当时的工人“并不是随着工业的进步而上升，而是越来越降到本阶级的生存条件以下。工人变成赤贫者，贫困比人口和财富增长得还要快”[③]。而工人的苦难生活同资本家有着直接的关系，资本家是确定无疑的“肇事”或“责任”一方。“只要雇佣工人仍然是雇佣工人，他的命运就取决于资本。”“资本越增长，雇佣劳动量就越增长，雇佣工人人数就越增加，一句话，受资本支配的人数就越增多。”[④]所以，工人激烈抗争活动的直接对象必然直指资本家，劳资矛盾及冲突必然趋于激烈。

在不同的历史条件下，由社会群体之间不公正利益互动现象所加重的社会矛盾冲突在侧重点上有一定的差别。在农业社会（传统社会），土地问题、地租及税负问题容易加重社会矛盾；在社会转型初期（早期市场经济和早期现代化阶段），就业问题和工资收入问题容易加重社会矛盾；而在现代化中高级阶段，就业问题和福利政策问题容易加重社会矛盾。不过，在现代化中高级阶段，由不公正利益互动现象所加重的社会矛盾已经同以前的社会矛盾有了比较大的差别。在现代化中高级阶段，随着物质产品的极大丰富以及现代文明的进步，社会保障体系日趋全面和完善，社会再分配的杠杆作用日益增大，同时，社会成员的个体人意识、平等意识、权利意识普遍增强。在这样的历史条件下，民众的基本生存越来越不成问题，绝对贫困问题越来越成为次要问题，

---

① 〔美〕丹尼尔·贝尔：《后工业社会的来临——对社会预测的一种探索》，高铦等译，商务印书馆1984年版，第505页。

② 费孝通：《费孝通文集》（第五卷），群言出版社1999年版，第317页。

③《马克思恩格斯选集》（第一卷），人民出版社2012年版，第412页。

④《马克思恩格斯选集》（第一卷），人民出版社2012年版，第345页。

而相对贫困问题开始凸显。由此,因物质利益引发的社会矛盾出现了一些变化。社会矛盾或许规模比较大,参与人数比较多,但是,由于已经不涉及民众的基本生活资料问题,因此,这时利益诉求方的目标已经不是颠覆政府和基本制度,而是更多地要求调整具体政策,而且,随之而来的是激烈的、暴力的、流血的冲突方式明显减少,社会矛盾冲突的破坏性相对减弱。2011 年美国的"进军华尔街"以及英国的"伦敦之夏"事件,虽然规模及影响较大,但对社会的破坏性相对较小。

第二,人们最为基础性的物质生活条件亦即基本生活资料受到非人为物质因素如自然灾害、经济波动的严重影响,由此容易加重社会矛盾,引发严重的社会矛盾冲突。

在某种物质利益诉求给定的条件下,非人为物质因素如自然灾害、经济波动等因素的重要性就显现出来。在不少情形下,非人为物质因素会明显降低人们的生活水准,有时甚至会恶化人们的基本生活条件,使得人们基本的物质利益诉求成为一件十分迫切的事情。

自然灾难情形多出现在生产力较为落后的社会,如农业社会(传统社会)。自然灾害必然会加重人们基本生存资源的短缺现象,甚至会使人们处在一种基本的生存危机当中。

在农业社会,生产力极为低下。对大多数社会成员亦即农民来说,物质财富的积累极为有限,其生活基本上处于简单生存状况。而且,其基本食物的获得状况,在很大程度上取决于气候的状况,抵御风险的能力十分低下。问题在于,气候是一个不确定的因素。如果是风调雨顺,民众的基本生活资料就能够得到保障。一旦遇到大的自然灾害如旱灾涝灾,其基本生活资料就往往得不到必要的保障,甚至会颗粒无收,出现基本生活消费物品短缺的情形,甚至出现大面积饥荒灾荒。在这样的情形下,严重的社会矛盾冲突发生的概率就会大幅度提高。

需要看到的是,在农业社会当中,严重的自然灾害固然会催生一些社会矛盾冲突,增大严重的社会矛盾出现的概率,但这并非意味着一定会直接引发大规模的社会动荡。以中国为例。虽说中国历史上的许多农民暴动常常起始于各种饥荒灾难,但农民暴动与饥荒灾难并非简单的一一对应的关系。比如,在中国两宋前后的400多年中，“遭受各种自然灾害，总计八百七十四次。其中水灾一百九十三次，为最多者；旱灾一百八十三次，为次多者……蝗灾九十次，再次之；歉饥八十七次，更次之”。“两宋灾害频度之密，盖与唐代相若，而其强度与广度则更有过之。”①而两宋时期所发生的大规模农民暴动的数量显然远远低于灾难的数次，两者之间并不是完全吻合的。另外，还有一种情形值得注意。在农业社会，有时遭遇到严重的自然灾害，民众的基本生存问题会由此受到损害。但由于这不是一个“人为”的问题，不存在一个特定的“肇事”或“责任”的群体，因此社会矛盾相关方之间并不一定会发生十分明显的一一对应的冲突，而是拥有剩余资源较多者容易成为受到攻击的一方。受到攻击者往往比较宽泛，是一个“社会群体群”，而不是某个特定的社会群体，如官员群体或地主群体。并且，攻击方的目标不是报复或消灭“对方”，而是为了获取基本的生活资料。比如，有时灾区的一些“流民”会聚众“落草为寇”，专门从事“打家劫舍”的营生。甚至受大饥荒影响较小区域的农民群体也会成为别人“打劫”的对象。这种现象，在中国历史上一些大灾荒年代有时比较明显。

经济波动从某种意义上讲也属于非人为力量可控的现象。在工业社会（现代社会）特别是工业化进程的早期阶段，严重的经济波动会极大地损害人们的物质利益，进而加重社会矛盾。经济运行有其自身特有的规律。经济运行不仅会有高速增长期和繁荣期，也有滑坡和萧条期。而在经济萧条和滑坡时期，往往会出现物价急速上涨、失业人口迅速增多等现象，这就必然会加重民众的生活成本，甚至影响到民众的基本生存问题，进而加重社会矛盾。“在比较繁荣的时期，政海中简直看不出有什么波纹，但只要让这种繁荣由一个灾难时期所接替，群众的不满情绪就会像大海怒涛那样猛烈地翻腾起伏，使政治机构的安宁受到威胁。”②美国20世纪30年代的经济大萧条是一个比较典型的事例。20世纪20年代的美国，经济一片繁荣，民众的收入及生活水准普遍提高，相应的是社会矛盾冲突的相对和缓。但是，自1929年股市崩盘后，美国就陷入了为期10年之久的经济大萧条年代。“1933年，失业率达到全部劳动

① 邓云特：《中国救荒史》，上海书店1984年版，第22页。

②〔英〕R. G. 甘米奇：《宪章运动史》，苏公隽译，商务印书馆1979年版，第9—10页。

力的25%，而1929年仅为3.2%。工业生产下降了50%。在大崩溃前的1929年，美国的经济投资总额达160亿美元，而1933年投资总额降为3.4亿美元，减少了98%。”①经济大萧条加重了社会矛盾冲突。在20世纪30年代初期，美国出现了较为普遍的反抗呼声和抗议活动。工人、农民组织了大量的抗议活动，就连一些农场主和两万名退伍军人也加入了抗议活动。

第三，非人为物质因素同人为因素此消彼长式的不公正利益互动现象交织在一起，促使严重的社会矛盾冲突几乎不可避免地发生。

这两种情形的交织，极大地危及民众的基本生存问题。一个社会的民众最为基本的生存资源一旦出现严重短缺的状况，严重到一定数量的民众的生命很难延续下去的地步，那么社会多个群体对于诸如赖以生存的粮食、水等基本生存资源的争夺，就很容易表现出十分激烈的状况，甚至有可能再现人类原始状况下野蛮争斗的情形。对此不难理解。粮食等基本生存资源对社会成员来说是其生存之必需，没有任何替代物。这些基本生存资源一旦成为匮乏稀缺物品，对社会成员来说，是没有退路的，别无选择，只有通过激烈冲突的方式才能够从对方那里获取到。正如恩格斯在其名著《英国工人阶级状况》中所指出的那样，“为了活命、为了生存、为了一切而进行的战争，因而必要时也是你死我活的战争”②。

民众一旦在基础性物质利益方面被统治方严重剥夺，其不满情绪和抗争意识无疑会不断积累，相应地，社会矛盾加重的可能性无疑会大幅度增加。这时，如果再遭遇不可抗拒的非人为物质因素如自然灾害、经济波动等的影响，其基本生存状况更是雪上加霜。于是，严重的甚至是激烈的社会矛盾冲突发生的可能性就必然会增大。正如有学者指出的那样，“如果某个内部和外部问题看起来难以解决，如果有几百万失业者，没有传统等级的人民社会就会成为暴力斗争的舞台”③。

---

①〔美〕詹姆斯·柯比·马丁等：《美国史》（下册），范道丰等译，商务印书馆2012年版，第1037—1038页。

②《马克思恩格斯全集》（第2卷），人民出版社1957年版，第359页。

③〔法〕雷蒙·阿隆：《阶级斗争——工业社会新讲》，周以光译，译林出版社2003年版，第241页。

在农业社会，有时会出现这样一种恶性循环的情景：越是遇到灾荒年代，民众的基本生存就越是难以为继，而同时，政府由于开支的增大，就越需要增加税收，用以维持政权的运行和社会的秩序；而政府的征税越多，民众的基本生活就越是艰难，越是难以为继。这样一种恶性循环所导致的，是民众不满能量的加速度蓄积，而且民众越来越将政府视为造成自身苦难的“肇事方”，于是，抗争的目标指向越来越明确。在这样的情形下，激烈的社会抗争几乎不可避免。在中国历史上一些大饥荒年代，在民众基本生存本来就成为严重问题的情况下，朝廷还加重民众赋税和劳役的负担，于是引发农民暴动，而且直接指向朝廷。比如，在明末，皇族和官僚大地主与民争地的现象愈演愈烈，大量农民失去了赖以为生的土地，基本生活陷入苦难，同时国家的税收不可避免地出现锐减的情形。这时，许多地方出现了严重的旱灾。“天启、崇祯年间，又是灾荒连绵，甚至奇荒大作。”“死者比比，枕藉山谷，情状悲惨。”[①]而恰恰是在这样的时候，本应开仓赈民的朝廷却反其道而行之，对民众横征暴敛，征收前所未有的“三饷”（即“辽饷、剿饷、练饷”）。在崇祯年间，已是“外库内库俱空，不依靠一宗又一宗的加派，便无法维持。加派三饷是朝廷将财政危机转嫁给小民的措施，这些措施不过是剜肉医疮”[②]。严重的天灾和严重的人祸交织在一起，最后结果便是全国范围内大规模农民暴动的爆发。无独有偶，法国大革命并非只是起因于“暴政”，也同非人为的诱发因素——经济波动——有所关联。有历史学家发现，法国大革命之前的一段时间，物价常常处在飞涨的状态。对于几百万的农民、城市工人以及小店主来说，在物价飞涨时期，他们“要把收入的60%、70%甚至80%用在面包上，更可能的情况则是他们不得不忍饥挨饿”，因而常常出现哄抢面包的骚乱。“尽管这些事件本身并未构成对现存秩序的严重威胁，然而，它们仍具有重要意义。因为它们一方面是这一时期最普遍的一种经济骚乱形式，同时又是大革命从旧制度中连同其他许多东西一道继承下来的一种动乱方式。”[③]

---

① 郭成康等主编：《中国历史·元明清卷》，高等教育出版社2001年版，第208页。

② 白寿彝总主编：《中国通史》（15），上海人民出版社1999年版，第267页。

③〔英〕A. 古德温编：《新编剑桥世界近代史》（第8卷），中国社会科学院世界历史研究所组译，中国社会科学出版社1999年版，第845页。

最后需要说明的是，物质利益因素固然至关重要，但只能说它增大了严重的社会矛盾冲突出现的可能性。严重的特别是颠覆性的社会矛盾冲突往往不是由某种单一因素哪怕是重要的单项因素所引发的，而是由多种重要因素交互影响、汇聚叠加而成的。一般来说，一种单项的重要因素哪怕是非常重要的单项因素，很难引发一起颠覆性的社会矛盾冲突。比如，在传统社会中，即便出现了直接危及大批民众生存的大饥荒问题，由此常常引发社会的某些骚乱，但也并非每次大饥荒问题都会引发颠覆性的社会矛盾冲突。比如，爱尔兰1845年发生了大面积的“真菌疫病”，将爱尔兰人赖以为生的主要食物马铃薯几乎全面毁坏，由此引发了爱尔兰史无前例的大饥荒。这次大饥荒持续了数年（1845—1852）之久。当时的爱尔兰总共有800万人，而在这场大饥荒当中，100万人被饿死，还有100万人迁移到国外。受此重创，爱尔兰经济用了几十年才得以恢复。这样一场空前的大饥荒，虽然引发了爱尔兰一些局部性的农民暴动，带来了英国政坛的某些变化，但并没有造成颠覆性的社会矛盾冲突。

三、非物质利益因素

（一）非物质利益因素对于社会矛盾加重与否具有重要影响

非物质利益因素对于社会矛盾的加重与否，同样有着重要的影响。正如福山所指出的那样，“人类天生追求的不只是物质，还有认可。认可是对他人尊严或价值的承认，又可称作地位。追求认可或地位的奋斗，往往不同于为物质的奋斗”①。

非物质利益因素主要是指价值观、意识形态、传统文化、民族心理以及宗教意识等等。虽然非物质利益因素多种多样，而且往往是交织在一起的，但稍加仔细分析就可发现，非物质利益因素实际分为两种类型。一种类型是具有时代性内容的非物质利益因素，如现代意义上的非物质利益因素。像理性意识、个体人意识以及以人为本的理念、平等自由观念等价值观，就属于现代意

①〔美〕弗朗西斯·福山：《政治秩序的起源——从前人类到法国大革命》，毛俊杰译，广西师范大学出版社2012年版，第432页。

义上的非物质利益因素。这些现代意义上的非物质利益因素，同传统意义上的非物质利益因素诸如蒙昧意识、个人对群体的依附性意识以及等级观念等相比，有着明显的“时代”差距。这一类的非物质利益因素有着明显的时代性，随着历史的发展，前者逐渐取代了后者。一个明显的事实是，伴随着现代文明和市场经济的发展，世俗化成为一种必然的历史趋势。李普塞特指出：“在现代社会中，道德观念的变迁通常被描述为世俗化，即信仰的衰落和对理性、实用主义的强调。”①在现代社会和市场经济条件下，宗教制度、超自然信仰以及与此有所关联的事物相对来说已变得不太重要了，社会成员越来越趋向于现实性、理性化。现代文明和市场经济“造就了一种普遍的现实感，使社会成员注重现实的日常生活，注重现实生活的质量问题，而摈弃禁欲主义以及过于理想化如乌托邦式的行为取向。再者，在高度发达的经济基础之上，在先进知识广泛传播的条件下，人们愈来愈普遍地意识到，在现实的此岸世界中，可以创造一个适合于自己生存与发展的环境，理想在现实世界中便可兑现，而不必到彼岸世界中去寻找”②。另一种类型是具有某种相对超越时代性的非物质利益因素，如民族传统、民族心理、宗教等等。这一类的非物质利益因素往往同人们的情感等非理性因素联系在一起。虽然从“长远”看其中的大部分内容会随着时代的发展而变化，但其中的有些内容不会随着时代的变化而“即刻”变化。

虽然从根源上讲，社会矛盾的消长取决于物质利益因素的状况，但是不能否认的是，非物质利益因素具有相对独立性，对于社会矛盾也有着不可忽视的重要影响。正如恩格斯所指出的那样，“任何意识形态一经产生，就同现有的观念材料相结合而发展起来，并对这些材料作进一步的加工；不然，它就不是意识形态了，就是说，它就不是把思想当作独立地发展的、仅仅服从自身规律的独立存在的东西来对待了”③。“在每一科学领域中都有一定的材料，这些材料是从以前的各代人的思维中独立形成的，并且在这些世代相继的人们的

---

①〔美〕西摩·马丁·李普塞特：《共识与冲突》（增订版），张华青等译，上海人民出版社2011年版，第264页。

② 吴忠民：《渐进模式与有效发展——中国现代化研究》，东方出版社1999年版，第46页。

③《马克思恩格斯选集》（第四卷），人民出版社2012年版，第261页。

头脑中经过了自己的独立的发展道路。”①

应当承认，社会矛盾相关方的各个社会群体，毕竟同属一个社会共同体，而社会共同体实际上也就是利益共同体。既然是一个利益共同体，那么隶属于这个利益共同体的各个群体之间必然具有某种重要的社会共识，具有共同认可的某些重要的非物质利益因素。“一个社会的存在，明显地依赖于对某些基本事物的普遍一致意见。”②从一定意义上讲，这些非物质利益因素是这个利益共同体根本利益所在的反映，是这个利益共同体的连接纽带。在某个历史时期，社会的各个群体正是依靠这样一些非物质利益因素认同并聚合在一起，从而成为一个社会共同体的。重要的是，这些非物质利益因素有的已经随着时代的发展而更新或消失，有的则已经内化成为这个共同体当中“相对恒定的成分”，即具有某种传承性的民族传统、民族心理或传统文化。而类似于民族传统的事物有一个特点就是，它不会随时代的变化而即刻变化，“它既不是‘过去化’了的东西，也不是‘未来化’的东西，而是一种通贯过去、现在和将来的东西”③。而且，“一个民族，只要不曾被别的民族所同化，这个民族便会存在着一些跨越时代的共同倾向。正是这些共同倾向，成为区别于别的民族的依据和标志。这些共同的倾向浸透于整个民族的大众心理之中，非常强固”④。

显然，非物质利益因素对于社会认同的形成具有必不可少的基础性意义。一个社会实际上正是通过对该共同体各个群体意愿、观念、价值观等非物质利益因素最大公约数的认同，形成必不可少的社会共识，并在此基础上整合社会的各个群体。

（二）非物质利益因素对于社会矛盾的缓解或加重的双重效应

问题在于，非物质利益因素并非一成不变。社会经济在不断地发生变化，环境在不断地发生变化，社会各个群体也在不断地发生变化。与之相适应，非

---

①《马克思恩格斯选集》（第四卷），人民出版社 2012 年版，第 643 页。

②〔美〕L. 科塞：《社会冲突的功能》，孙立平等译，华夏出版社 1989 年版，第 61 页。

③ 吴忠民：《历史原脉与现实走向——历史社会学研究》，河南大学出版社 1992 年版，第 94 页。

④ 吴忠民：《中国社会发展论》，湖南出版社 1995 年版，第 92 页。

物质利益因素也在不断地发生变化。所以，非物质利益因素对于社会而言，便具有缓解社会矛盾或加重社会矛盾的双重效应。

在一些国家和地区发展历程中，一些非物质利益因素所具有的缓解社会矛盾的作用表现得比较明显。在某种情形下，从维护社会安全的角度看，我们可以将这种类型的非物质利益因素看作良性的非物质利益因素。这一类的非物质利益因素主要包括两种情形。一种情形是具有明显时代特征的非物质利益因素。比如，具有现代意义的法治精神，强调法律在整个社会当中的权威地位，强调司法的独立性和公正性，强调在法律面前人人平等，实现法律行业当中从业人员的职业化、专业化。显然，对于随意性过强的人治现象所引发种种的社会矛盾冲突的防范和解决来说，法治精神无疑是根本之道。另一种情形是具有某种超越时代的非物质利益因素。像一些有价值的民族心理和传统文化就属于此种情形。这一种现象是比较常见的。比如，从中国几千年的演进历史看，由于中国长期以来相对周边地区的先进性，由于大量民族的有效融合，由于特殊的地理环境，中国民众形成了一种根深蒂固的"大一统"观念和"中华"意识，在此基础之上进而形成了一种强烈的民族凝聚力。这种强烈的民族凝聚力对于消除或缓解一些可能的社会对抗有着积极的意义。有学者发现，"在中国的历史遗产当中，消除分裂状态并建立强大的中央政府的主张，是一股根深蒂固的力量。尤其突出的是，这一遗产中并没有宗教的或非宗教的组织及势力之间的对抗传统。因此，这个主张一旦实现，其本身就成为一个推动力"①。而且，在社会急剧转型期，社会各个群体利益容易形成对抗、各种价值观之间容易产生抵触，致使社会在某个时期容易出现某种离散和混乱、社会矛盾加重的情形。在这样的情形下，强烈的民族凝聚力更强调社会共同体"根脉"的认同，在一定程度上能够起着某种缓解社会矛盾、整合社会的积极作用。再比如，相对而言，与美国社会个人主义彰显不同的是，日本社会传统文化和民族心理的一项重要特点就是重人情、重集体。"日本人同美国人或一般西方人之间的最大差别，莫过于日本人那种非常强调集体、难免要使个人受到

---

①〔美〕吉尔伯特·罗兹曼主编：《中国的现代化》，国家社会科学基金"比较现代化"课题组译，上海人民出版社1989年版，第601页。

一些牺牲的倾向了。”[①]重人情、重集体这种传统在日本现代社会的表现则是重视集体协同，企业主重视对员工的关怀，员工重视对企业的忠诚等等。具体到企业管理模式，就是日本的终身雇佣制和年功序列制。日本“企业负担职工工作和生活上的全部需求，以培养同质性企业人才为目的的在职定期训练，为培养全面人才而实施的部门流动制，年功待遇和地位序列，抑制竞争和尊重人和，议事制度，集体责任制，权威主义与民主的经营参与”[②]。不能否认，这种做法对于缓解劳资矛盾有着重要的作用。这也是比起欧美国家等发达国家来说，日本社会当中的劳资矛盾要缓和得多的一个重要原因。

一些非物质利益因素对于社会矛盾则有着诱发和加重的作用。一些非物质利益因素明显滞后于时代的发展，这就与得以发展了的、具有新时代意义的一些非物质利益因素形成了抵触。比如，在中国现阶段，以往形成于小农经济基础之上的平均主义意识仍然在一定范围、一定程度上存在着。这样一种平均主义意识同现代社会民众的自由发展和差异化追求格格不入。在平均主义意识基础之上，很容易催生一种“仇富”“仇官”的心理，进而演化成为民粹主义甚至是严重的“多数人暴政”现象的大众心理基础。再比如，中国农业社会中形成的官本位意识直到现在依然根深蒂固。它所包含的社会等级制、蔑视人性、压抑自由等负面成分，不仅严重地束缚市场经济的发展，而且压抑着人们平等而自由的发展，进而容易加重官民矛盾，并引发人们对整个社会的不满情绪。总之，落后于时代的非物质因素，会减弱社会认同感，进而诱发和加重社会矛盾。

在同一共同体当中，如果存在着大量相互间对立的价值观、宗教意识等非物质利益因素，那么严重的社会矛盾冲突发生的概率无疑会增大。比如，在同一共同体当中，不同的群体如果信奉不同的宗教，并且这些群体的宗教情结比较强烈，这些宗教的教义相互之间又是严重对立、难以协调的，加之不同的群体各自体量较大，谁也左右不了谁，那么在这个共同体当中，严重的社会矛盾

---

①〔美〕埃德温·赖肖尔：《日本人》，孟胜德、刘文涛译，上海译文出版社 1980 年版，第 134 页。

② 李国庆编：《日本社会——结构性特征与变迁轨迹》，高等教育出版社 2001 年版，第 66 页。

冲突将会长期存在。特别是，强烈的宗教意识所引发的一些社会矛盾有时容易同物质利益因素所引发的社会矛盾交织在一起，进而使得诸多的社会矛盾相互加重。在印度，印度教、锡克教、伊斯兰教并立，而且这些宗教常常相互对立、难以兼容，这是印度国内社会矛盾时常会加重的一个重要根源。像是当今的伊朗、伊拉克、埃及等国也存在类似的现象。

（三）极端精神因素会直接加重社会矛盾冲突

值得注意的是，一旦某个社会出现多种加重社会矛盾的物质利益因素，同时又出现某种不利于社会安全的非物质利益因素，尤其是出现某种极端的精神因素（非物质利益因素），那么这个社会的矛盾很容易加重甚至是激化。特别是，极端的精神因素对于激烈的社会矛盾冲突的形成有着重要的催化作用。

一般来说，极端的精神因素更多地源自文明程度较低或思想意识较为封闭条件下所形成的群体极端狭隘的意识和非理性的认知。从群体意识角度看，在文明程度较低的条件下，人们在生产中的联系度较小，社会流动程度十分低下，交往面也十分狭窄，群体之间往往是相互封闭、很少交往的。比如，在西欧中世纪社会，“每个领地自成为一个小天地，而不是继续与外界往来。每个领地自给自足，家长制度因袭不变”①。而且，社会成员缺少独立的个体人意识，人们往往是以血缘为纽带而聚合在一起的。在传统社会，“物质生产的社会关系以及建立在这种生产的基础上的生活领域，都是以人身依附为特征的”②。正因为如此，社会成员对于自己所依附归属的群体往往投入了强烈的情感，群体归属感十分强烈，群体意识非常强固。从认知的角度看，文明的落后，使得人们往往缺少基本的知识，缺少基本的理性判断能力，而长期的封闭则使得人们往往不了解外部世界以及别的群体是怎样的状态，容易对别的群体产生一种“刻板印象”。加之出于自己生存资源以及生活状态保护的考虑，人们对于其他群体容易产生一种戒备或敌对的意识，对于外部信息往往进行有利于自己的解释甚至是进行本能化的“误读”。比如，“已有关于群际冲突激发过程探讨的研究发现，群体成员对于中性信息的敌意性解释是群际威胁

---

①〔比〕亨利·皮雷纳：《中世纪的城市》，陈国樑译，商务印书馆2006年版，第30页。
②《马克思恩格斯全集》（第23卷），人民出版社1972年版，第94页。

与群际冲突之间的中间变量”①。

在极端狭隘的群体意识和非理性的认知基础之上所形成的极端精神因素,容易导致社会成员强烈的从众行为以及极端偏执的目标取向,进而容易导致激烈的社会矛盾冲突。

极端的精神因素大致包括极端的种族主义、极端的宗教意识以及极端的意识形态这样几种类型(这几种极端的精神因素有时是交织在一起的)。无论哪一种类型的极端精神因素,都具有这样几个特征:

第一,真理拥有的唯一性。陷入极端精神状态者往往认为自己是真理的拥有者,而且是真理的唯一拥有者。其他人或群体如果不认同这一点,那么不是错误的,就是邪恶、反动的。伯林指出:“没有什么东西比这种信念更有害:某些个体或群体认为,只有他、她或他们唯一拥有真理,特别是那些关于怎样生活、成为什么与做什么的真理;而与他们不同的人,不仅是错误的,而且是邪恶与疯狂的,因此需要抑制与镇压。”②比如,20 世纪前半叶日本军国主义的依据之一就是对本民族起源的迷信和没有历史事实依据的自我陶醉。有人发现:“日本人向来也有一个迷信,以为他们的国体,他们的民族,是世界上哪里都找不出来的,是神造的。皇帝就是神的直系子孙,所以能够‘万世一系天壤无穷’。”“日本人迷信他们的国家,是世界无比的国家,他们的皇室,是世界无比的统治者,他们的民族,是世界最优秀的‘神选民族’。”③这种迷信成为日本军国主义对外侵略扩张、肆意蹂躏周边国家的一个重要依据。

第二,独占性。由于陷入极端精神状态者将自己视为整个世界的主宰者,因此对他们来说,甚至已经不是一个应当控制世界的问题,而是一个要独占世界的问题。就此而言,纳粹主义的观点具有典型意义。在希特勒心里,“充满了德国民族主义的激烈热情,充满了对民主主义、马克思主义和犹太人的刻骨仇恨,并且确信上帝选择了亚利安人,特别是日耳曼人,做主宰种族”。“日耳曼人是‘地球上最高级的人种’。”“要建立一个新式国家,这个国家要以人种

① 孙连荣、杨治良:《社会偏见与群际威胁在群际冲突发生过程中的作用》,《心理科学》2013 年第 4 期。

②〔英〕以赛亚·伯林:《自由论》,胡传胜译,译林出版社 2011 年版,第 353 页。

③ 戴季陶:《日本论——了解日本的文化读本》,九州出版社 2005 年版,第 5、6—7 页。

为基础，要包括所有当时住在德国境外的日耳曼人。”①

第三，排他性。陷入极端精神状态者具有高度自我认同感。陷入极端精神状态者将本群体的成员以及跟随本群体的人视为“自己人”，而将其他者视为异类，有时甚至将之视为不共戴天的敌人。“民族主义的许多心理现象几乎没什么认识论的内容。”“民族忠诚或种族忠诚在很大程度包括这样一种轻率的倾向：为组织的成功而高兴，为组织的失败而难过，并竭尽全力完善和捍卫组织，如同完善自己和捍卫自己的名誉一样。”②

第四，极端性。陷入极端精神状态者认为，对“异类”人群所采取任何激烈的手段均是正当和必需的。既然“异类”是邪恶、反动的，根本不具有生存的正当性，因而有必要采取最为直接有效的暴力方式予以彻底铲除，至少是应当采取强力的手段予以强行改变。具有极端宗教意识的本·拉登认为：“终有一天穆斯林将统治整个世界。……这是真主的计划……真主让穆斯林统治世界。”“真主让我来到这个世上是有理由的，我活着的唯一目的就是进行圣战，让所有穆斯林享有公正。”③具有极端意识形态色彩的法国大革命中的激进人物也有类似的观点。“‘造就爱的王国需要血流成河’，罗伯斯庇尔如是说。”④托克维尔指出，法国大革命“有一种激情渊源更远更深，这就是对不平等的猛烈而无法遏制的仇恨。这种仇恨的产生和滋长的原因是存在不平等，很久以来，它就以一种持续而无法抵御的力量促使法国人去彻底摧毁中世纪遗留的一切制度，扫清场地后，去建立一个人道所允许的人人彼此相像、地位平等的社会”⑤。

由于极端的精神因素往往以强烈的信念或信仰为基础，同时又有一定的群体整合性，而同一群体中的成员在情绪上往往容易形成一种相互鼓励、相互

---

①〔美〕威廉·夏伊勒：《第三帝国的兴亡》，董乐山等译，世界知识出版社 1996 年版，第 122—123、131 页。

②〔美〕格林斯坦、波尔斯比：《政治学手册精选》（上卷），竺乾威等译，商务印书馆 1996 年版，第 522 页。

③〔叙利亚〕纳伊瓦·本·拉登等：《本·拉登传》，陈嘉宁译，金城出版社 2010 年版，第 159、158 页。

④〔英〕以赛亚·伯林：《自由论》，胡传胜译，译林出版社 2011 年版，第 353 页。

⑤〔法〕托克维尔：《旧制度与大革命》，冯棠译，商务印书馆 2017 年版，第 243—244 页。

感染的情状，有时会达到一种失去基本理性和判断力的地步，甚至出现“走火入魔”的情状，因此，极端的精神因素往往包含着巨大的破坏能量。正如勒庞指出的那样，当一个群体当中的成员陷入一种相互感染并高度兴奋的状态时，就思维水准而言，“群体在智力上总是低于孤立的个人，但是从感情及其激起的行动这个角度看，群体可以比个人表现得更好或更差”。在群体已经形成的极端情绪中，有意识的人格消失，无意识的人格得势。“孤立的他可能是个有教养的个人，但在群体中他却变成了野蛮人。”“他表现得身不由己，残暴而狂热，也表现出原始人的热情和英雄主义。”①

极端的精神因素一旦在某个社会共同体中占据了重要位置，成为能够左右大量社会成员的观念或信念，特别是极端的精神因素一旦同人们的某种物质利益等因素结合在一起，就必然会使人数众多的某个群体陷入一种丧失理性、走火入魔的状态，甚至会催生种种难以想象的疯狂的行为，引致激烈的社会矛盾冲突，进而造成巨大的社会灾难，使社会蒙受巨大的生命和财产损失。一个显而易见的事实是，“宗教战争虽是信仰之战，但其实是种种的利益冲突……因人、地、时而易的利益立场被蒙上一层神圣不可侵犯的宗教光环。……在唯一真文化基因之下，异端与正统就绝不能妥协”②。在近现代，比较典型的由极端种族主义行为所催生的激烈的社会矛盾冲突，当属 20 世纪 30—40 年代纳粹德国对犹太人所进行的种族灭绝式的屠杀。在当时的德国，犹太人积累了大量的财富，客观上与大批民众已经形成了某种明显的物质利益上的矛盾。在这样的背景下，德国纳粹利用极端的种族主义意识将这种社会矛盾扩大到了无以复加的地步。希特勒将日耳曼人视为世界上最优越的民族，而将犹太民族视为最邪恶的民族，并认为犹太民族已经构成了对德国、对整个世界的巨大威胁，应当予以铲除。于是，纳粹采取种种骇人听闻的方式，对犹太民族进行有计划的大规模杀戮。“纳粹组织了一批‘专家’设计出了毒气室，于是成千上万的犹太人被送进这些所谓的‘淋浴室’毒死。奥斯维辛集中营曾创造了一天

---

①〔法〕古斯塔夫·勒庞：《乌合之众》，冯克利译，中央编译出版社 2005 年版，第 19、18 页。

②〔加〕梁鹤年：《西方文明的文化基因》，生活·读书·新知三联书店 2014 年版，第 138 页。

毒死6000人的最高纪录。”“大多数历史学家认为约有600万犹太人死于纳粹的魔掌中。20世纪30年代全世界约有1800万犹太人,其中1200万生活在欧洲。这就是说,希特勒‘消灭’了全部犹太人的1/3,欧洲犹太人的50%。”①而发生在中世纪的“十字军东征”,则是历史上比较典型的宗教群体之间的极端仇杀行为。当时,出于不同宗教之间的抵触,同时也出于经济利益等方面的需要,天主教会及西欧封建领主以“圣战”“消灭异教徒”的名义,发动了“十字军东征”。当攻占了异教徒所占区域时,十字军对异教徒进行了惨绝人寰的仇杀。“一位曾经随着十字军到达耶路撒冷的人，目睹了当时的情况，他描绘道:‘阿拉伯人逃到了所罗门圣殿的顶上,许多人被箭射死,从房顶上头朝下掉下来。在这一圣殿里,有一万人被斩首。如果你在那里,被杀死的人的鲜血会没到你的脚踝。我还能说些什么呢？没有人能够侥幸活下来。他们连妇女和小孩也不放过。’”②

四、社会矛盾相关方的力量对比

（一）社会矛盾相关方力量对比状况对社会矛盾加重与否有直接影响

社会矛盾相关方各自力量对比状况,在一定程度上直接影响到社会矛盾的加重与否。正如毛泽东指出的那样,在研究矛盾时,“不但要在各个矛盾的总体上,即矛盾的相互联结上,了解其特殊性,而且只有从矛盾的各个方面着手研究,才有可能了解其总体。所谓了解矛盾的各个方面,就是了解它们每一方面各占何等特定的地位,各用何种具体形式和对方发生互相依存又互相矛盾的关系,在互相依存又互相矛盾中,以及依存破裂后,又用何种具体的方法和对方作斗争”③。

社会矛盾相关方的力量对比状况尽管同物质利益及非物质利益有着必不可少的相关性,但同时具有一定的相对独立性。

① 潘光:《试论纳粹大屠杀及其对犹太民族和文明的影响》,《世界历史》2000年第2期。

② 赵立行:《西欧社会变动与十字军东征的进程》,《复旦学报(社会科学版)》2002年第4期。

③《毛泽东选集》（第一卷），人民出版社1991年版，第312页。

当社会利益结构的失衡达到一定程度时,原有的一些社会共识开始消失。而社会共识对于一个社会的正常运行是必不可少的条件。社会共识的缺失,使得社会共同体的存在依据开始减弱。于是,社会矛盾相关方之间的力量对比结构开始发生变化,有时甚至会出现某种加速度亦即“突变”的情形。与之相应的是,社会矛盾相关方之间的对峙及争斗色彩开始加重甚至是急剧加重,换言之,社会矛盾从广度和深度两个方面开始加重甚至是急剧加重。

在考虑社会矛盾相关方力量对比结构时,抗争方和统治方(常常是统治集团)各自具体情状是需要重点予以考虑的事情。此外,“中间方”的情状也是不能忽略的。

(二)抗争方具体情形对社会矛盾的影响

从社会矛盾相关方当中的抗争方亦即“被统治方”来看,至少有三个对社会矛盾加重与否产生重要影响的问题需要关注:

第一,抗争方对社会影响的权重状况。

抗争方的抗争举动无疑会对社会产生影响,形成影响社会矛盾冲突的某种“势”。问题在于,这种影响到底会有多大。这就涉及抗争方在社会各个群体当中的权重。在种种社会力量当中,各自的“权重”不尽相同,因而各自的社会影响力差别很大。从这个意义上讲,毛泽东所说的“主要矛盾”实际上就是从社会力量的“权重”角度来分析社会矛盾的。毛泽东在《矛盾论》中指出:“在复杂的事物的发展过程中,有许多的矛盾存在,其中必有一种是主要的矛盾,由于它的存在和发展规定或影响着其他矛盾的存在和发展。”[①]如果利益受损的一方人数很多,那么由此所引发的社会矛盾的影响面肯定比较大。比如,在19世纪西欧原始资本积累时期,利益受损的一方是工人群体,而工人群体是当时人数最大的群体之一,因而在当时劳资矛盾就成为社会的主要矛盾,对于当时的西欧社会产生了全局性的影响。而在某些条件下,有的社会群体尽管遭受了诸多的不公正对待,但由于其人数过少、权重过小,因而无法形成对整个社会的重大影响力。中国传统社会当中的艺人群体就属于这种情形。这里所说的抗争方的影响权重,首先表现为抗争方卷入人数的多少。在一个

① 《毛泽东选集》(第一卷),人民出版社1991年版,第320页。

社会当中，利益结构的严重失衡意味着利益受损的群体往往不止一个，而是多个。这些利益受损的群体往往会以某个群体为主，而逐渐形成人数越来越多、规模越来越大的抗争方阵营。其次，表现为抗争方利益诉求强度的大小。如果抗争方的利益诉求是事关民众十分迫切的基本生存问题，那么抗争方为了自己的基本生存问题而进行的抗争力度无疑是较大的。正如马克思所指出的那样，“一切现实的危机的最后原因，总是群众的贫穷和他们的消费受到限制”①。而且，由于在不少情形下，陷入财政困境的统治集团是入不敷出的，必须加大横征暴敛的力度方能满足政权正常运行的需要，这样一个恶性循环的怪圈，势必会更为加重社会成员的负担，影响到越来越多社会成员的基本生存问题，因而不可避免地加大了抗争方的抗争力度。

第二，抗争力量内部的整合性状况。

这种整合性至少表现在：一是有无明确的行动目标以及长远的行动纲领，二是有无有效的组织系统。明确的目标、长远的行动纲领和有效的组织系统直接关系到抗争方的抗争活动能走多远。如果没有明确的行动目标以及长远的行动纲领，社会矛盾冲突或许有时较为激烈，但相对来说容易同对方妥协。如果没有系统有效的组织系统，抗争方难以有效地整合协调好自身的力量，其抗争的力度、有效性和可持续性均会因此而降低或减弱。中国历史上的明末李自成农民暴动就是既有行动纲领又有完整的组织系统。针对当时的土地高度集中、大批农民失去土地以及明王朝极为繁重的赋税的现实状况，李自成提出了“均田”“免粮”的目标，制定了推翻明王朝并建立取而代之的“大顺”政权的行动纲领，同时还建立起自己完整有效的组织系统。凡此种种，是李自成最终推翻明王朝的必要之举。相比之下，同样发生在明末的王嘉胤农民暴动，既没有明确的行动目标和长远行动纲领，只是为生计所迫，以抢粮为目的，也没有完整的组织系统，所以，很快这支抗争力量就销声匿迹。

第三，经济形势变化与否。

就一般情形而言，人们总是基于现实的物质利益而且是眼下的现实物质利益来考虑问题。人们不是为了抗争而抗争，而是为了维护和争取自己的基

---

① 马克思：《资本论》（第三卷），人民出版社2004年版，第548页。

本利益特别是物质利益而抗争。而经济形势同经济利益有着密切的关系，直接影响着人们的经济利益特别是影响着人们的基本生存问题。当经济形势出现滑坡或恶化的情形，如失业率迅速攀升、价格飞涨等等，很容易引发和加重社会矛盾。当经济形势出现好转的情形，社会矛盾则容易出现减弱的情形。而且，即便是已经出现的较为严重的社会矛盾冲突，在经济形势好转的情形下，也容易出现减弱的态势。比如，法国的1848年“二月革命”之后，社会矛盾冲突开始趋缓。其中的一个重要原因，就是像马克思所分析的那样，“1850年是少有的工商业繁荣的年头，所以当时巴黎的无产阶级有充分就业的机会。……为了一时的安逸而忘记了自己阶级的革命利益，由此放弃了作为制胜力量的光荣，屈服于自己的命运”①。

（三）统治方具体情形对社会矛盾的影响

从社会矛盾相关方当中的统治方（统治集团）来看，有这样几个问题十分重要：

第一，统治方公信力状况。

统治方如果能够明白民众是自己赖以统治的基础，体恤民力，主动减轻民众的赋税负担，轻徭薄赋，并能够做到清廉，将腐败控制在一定限度之内，那么它就能够具有起码的公信力和存在的合法性。相反，统治方如果对民众进行大面积、持续甚至是加速度的横征暴敛，使原本负担就比较重的民众更加不堪重负，甚至导致民众最为基本的生存条件恶化，那么统治方便不可避免地会丧失基本的公信力和存在的合法性依据，丧失社会共同体利益维护者的角色。再者，统治方的腐败现象往往不可避免，这不但会加重民众的生活成本，而且会使其存在的合法性依据以及公信力更加被削弱。比如，中国封建社会的许多朝代在改朝换代的前夕，往往出现大量骄奢淫逸、贿赂公行及卖官鬻爵等现象。凡此种种，必然会削弱统治方自身存在的合法性依据及公信力，进而逐渐丧失其赖以统治的民众基础。就此而言，中国清末最后10年实施的“新政”具有比较典型的意义。1901年，在八国联军的重创下，在国内社会危机的巨大压力下，清王朝开始下诏变法，颁布了一系列“除旧布新”的新政。从内容上看，

---

①《马克思恩格斯选集》（第一卷），人民出版社2012年版，第716页。

这一系列新政举措十分全面，从政治体制、司法体制及军事体制的改革，到实业政策、文化教育政策的改革，几乎全面包括。而且，从变法深度上看，已经超过洋务运动和戊戌变法运动。但是，腐败至极的清王朝已经没有了起码的公信力，相应地，由其推出的新政难以得到社会的认同，因而难以实施。正如有历史学家指出的那样，"新政终因执行无人而使朝廷之信用渐坠，国民失望愈深。自救的新政不仅无法保持王朝的内在凝聚力和集体价值，反而使社会益形棼乱，成了王朝的催命符"①。

第二，统治方控盘力量状况。

统治方如果能够量入为出地用好财政支出，有效地整肃官员队伍，选贤与能，有效防止地方势力坐大，并慎启对外战争，就能够维持一种较为有效的控盘能力。比如，中国的唐朝初期，统治方就成功地做到了这一点，因而能够保持一种有效的控盘能力。问题在于，统治方有时做不到这一点。所以，在不少情况下，统治方对于整个社会的实际控制能力处在一种下降趋势。其中一个比较明显的标志就是财政的亏空，国家的收入开始出现严重的入不敷出现象，越来越难以维持社会的正常运行。而且，在不少情况下特别是在传统社会（农业社会），由于缺乏制度的保证，皇族以及大官僚的利益迅速扩张，官僚机构逐渐膨胀，极大地增加了国家的财政支出。而且，一些统治者轻易地开启对外战争，穷兵黩武，更是劳民伤财，耗费巨大，甚至透支巨额的财政支出。财政的亏空，对于统治方的控盘力量而言，可谓釜底抽薪。没有了必要的财政基础，统治方想要有效保持官僚队伍的忠诚度、维系政权的常态运行以及维持强大的军力等等，皆成为不可能之事。法国大革命前夕，王朝已是国库透支，债台高筑。"在路易十五朝的末年，几已陷于破产之境。""1789 年时债务已达四十五亿锂。在路易十六统治的十五年之中，增加了三倍。""当时收入预算不过是五亿锂有零。"②可以说，当时的王朝已丧失掉一个王朝赖以正常运行的基本条件。在中国历史上的隋朝，隋炀帝对外连年征战，对内残暴异常，而且大兴土木，骄奢淫逸，挥霍无度。"骄怒之兵屡动，土木之功不息，频出朔方，三驾辽

---

① 陈旭麓：《近代中国社会的新陈代谢》，中国人民大学出版社 2012 年版，第 253—254 页。
②〔法〕马迪厄：《法国革命史》，杨人楩译，商务印书馆 2011 年版，第 23、24 页。

左，旌旗万里，征税百端，猾吏侵渔，人不堪命。”“刑参五虐，锄诛骨肉，屠剿忠良，受赏者莫见其功，为戮者不知其罪。”①其结果，不仅使皇朝的官僚群体人人自危，而且掏空了国库，为隋王朝的崩坍埋下了伏笔。

第三，统治方整合性状况。

统治集团内部如能保持一种高度整合、团结的情形，不仅会使其自身具有有效的控盘能力，而且会使对立的一方亦即抗争方遇到强有力的阻遏。“所有持久存在的政权都是植根于精英行动者所结成的较为广泛的联合中，这一同盟关系则是通过相互承认和支持彼此利益而得以维系的。”②但是，在某个历史时期，出于形势的变化，出于对统治集团认同感的变化以及对自身切身利益和前程的考虑，统治集团常常会出现内部分裂的情形，即原属统治集团的一部分成员如一些官员或贵族有可能会发出不同的声音，脱离原来的阵营，甚至直接加入到对立一方的阵营。从原来集团脱离出来的成员，其人数或许并不是很多，但这些人同“一般的”社会成员相比，往往有着一定的财富基础和人脉资源，有着公认的、比较大的社会及经济的影响力。这些人的叛离，不但会削弱统治集团本身的力量，而且会壮大抗争方阵营的力量。正如科塞所说，“冲突导致的分裂的威胁的强度和对社会体系的公认基础的破坏程度，与这个社会结构的僵化程度有关。威胁这样一个社会结构内部平衡的不是这样的冲突，而是这种僵化本身。这种僵化使得敌意能够积累起来，一旦冲突爆发，这种积累的敌意就会集中到一条导致分裂的主线上”③。比如，在中国封建社会，以皇权为主导的政府同以大地主为主导的地方豪绅集团之间，就经常由于利益的分配问题而发生种种摩擦。当这种摩擦演化到一定地步，某些地方实力派就有可能借助于某种社会情势，从原来的统治集团当中分离出来，而成为统治集团的对立一方，从而使社会力量对比结构发生某种变化，进而对整个社会造成较大的影响。中国隋末时期的唐国公李渊便是从隋王朝统治集团脱离出来，拥兵自重，成为同隋王朝对立的一支重要力量，从而加速了隋王朝的倾覆。

---

①《隋书·卷四·帝纪第四·炀帝下》。

②〔美〕道格·麦克亚当、西德尼·塔罗、查尔斯·蒂利：《斗争的动力》，李义中等译，译林出版社 2001 年版，第 264 页。

③〔美〕L. 科塞：《社会冲突的功能》，孙立平等译，华夏出版社 1989 年版，第 139 页。

法国大革命前夕也出现过类似的现象。在法国大革命前夕，为了解决债台高筑问题，国王路易十六不仅仍然将新生的、有着雄厚财富实力的银行家、包税商拒斥在政治生活之外，而且对整个社会的所有三个等级包括原来免征税收的特权等级的所有成员全部征税。路易十六横征暴敛的政策损害了几乎是所有社会群体的切身利益，致使几乎所有的社会群体包括原来支持路易十六的特权等级群体汇聚成共同一致的反对王朝的巨大力量。

（四）“中间方”具体情形对社会矛盾的影响

在分析社会矛盾相关方力量对比时，还应注意社会矛盾相关方当中“中间方”的态度及行为取向。

在社会分层序列当中，位置较高的社会群体同位置较低的社会群体之间在利益上相对来说容易产生摩擦和冲突。如果没有基本生活资料的保障，位置较低的社会群体仅仅依靠自己的土地或微薄的工资收入艰难度日，而缺少基本的应对风险的能力。一旦遇到诸如土地被兼并、赋税增加或工资收入降低、失业等情形，必然会同统治集团或资方发生纠纷和冲突。这一类社会矛盾现象是经常出现的。相比之下，处在位置较高的群体同位置较低的群体之间的中间方，如中下层知识分子群体、小商人群体、小企业主群体以及富农中农群体，基本上是自食其力，其基本生活没有问题，有一定的家产，并有一定的社会地位，按时交纳一定数额的、完全是在经济能力之内的赋税，同上层统治者有着相对良好的关系；这一群体同较低位置的社会群体之间也没有多少直接的利益摩擦冲突。中间方相对来说更加在意是否有一个稳定安全的社会秩序，担心社会动荡情形的出现。从一定意义上讲，中间方是社会的“稳定器”。在中间方态度不变的情形下，社会矛盾往往表现出一种相对简单的对应关系，即统治者面对常态的纳税者（主要是农民）、资方面对劳方、地主面对佃农等等。

但是，中间方的态度及行为取向并非固定不变的，有时也会发生重要的变化。一旦统治集团采取了严重损害社会各个群体利益的政策，中间方的态度及行为取向就很有可能发生重要变化。这种变化意味着统治方所面对的抗争群体由原来相对的“一对一”变为相对的“一对多”，抗争方阵营得以扩大。这对统治方是十分不利的。历史上常见的一种现象是，当统治方出台了某项明显损害社会各个群体利益的政策之后，一些知识分子会改变原来的观望态度，转而加入抗争一方。而经过知识分子的加工，抗争方的抗争目标会更加明确，抗争行动也会更加有组织地和持续地进行，抗争的力度便会增大。“知识分子通过摒弃个人动机并将这种冲突转变为关于‘永恒真理’的斗争而使斗争的程度得以加深和强化。”[①]比如，在中国的明末，就有不少知识分子如已有功名在身的李岩、牛金星等人转而加入反抗王朝的队伍，并在反抗明王朝的活动中起了十分重要的作用，致使李自成的抗争队伍迅速壮大。

（五）社会矛盾相关方力量强弱的具体对比情形

由上可见，社会矛盾相关方力量的具体对比状况对于社会矛盾的加重与否，有着重要的影响。再进一步看，社会矛盾相关方力量对比状况，无非这样几种具体的情形：

第一种情形是，在社会矛盾相关方力量对比当中，一方力量相对强大，而另一方力量较弱，其可能的结果往往是，社会矛盾冲突趋于和缓，严重的社会矛盾冲突甚至会被平息。有学者指出：“许多事件一直被限制在它们最初的发生地之内，对各种对手也只是形成为数极少的威胁，而且是以对政府提出不高的要求而告结束的。”[②]如果统治方力量比较强大，同时又不是过于昏庸，而面对过于薄弱的抗争方力量，那么统治方通过动用国家的力量，再配之以一些“让步”政策，在某种程度上矫正以往一些不合理不妥当的政策，就能够阻遏住社会矛盾冲突加重的趋势，使社会矛盾趋于和缓，有时甚至最终推动了社会的进步。如果抗争方的力量比较强大，统治方的力量由于公信力丧失、财政枯竭以及无能等原因而被严重削弱，那么社会矛盾冲突往往会通过原来统治方变为被统治方的形式予以解决。有时还会出现这样的现象：抗争方一开始并不强大，但由于统治方的无能以及抗争方本身抗争目标和策略行之有效，越来越多的社会群体的成员加入抗争方的阵营，其力量不断发展壮大，进而在力量对比上实现了逆转，占据了优势，实现了统治方与被统治方的角色互换。社会矛盾相关方一方较强、另一方较弱的情形所造成的另一种可能结果是，力量较弱

---

①〔美〕L. 科塞：《社会冲突的功能》，孙立平等译，华夏出版社 1989 年版，第 103 页。

②〔美〕道格・麦克亚当、西德尼・塔罗、查尔斯・蒂利：《斗争的动力》，李义中等译，译林出版社 2001 年版，第 89 页。

的一方如抗争方虽然一时难以形成能够同统治方抗衡的态势，但是，由于基本生存上的强烈诉求，其抗争活动在一个比较长的时间内难以消失。比如，在早期大工业时期，资方往往同政府形成了牢固的利益结盟格局，力量十分强大。相比之下，工人的抗争力量相对薄弱。即便如此，出于基本生存的利益诉求，工人的抗争活动一直此起彼伏，持续不断，难以消失。这种情形，无论是在英国，还是在美国、法国、德国，都表现得十分明显。

第二种情形是，在相关方力量对比上，社会矛盾双方的力量都比较强，这就往往造成两种可能的情形。一种可能的情形是，统治方与抗争方双方激烈争斗，但一时谁都无法战胜对方，如是，社会就容易陷入长期对抗和长期动荡不安的状况。为此，社会付出巨大的成本，民众的生命财产遭受巨大损害。以中国清末的太平天国为例。清王朝同太平天国等抗争力量之间的剧烈争斗，极大损伤了中国社会的元气。且不论经济、政治、文化等方面的巨大损失，仅人口的损失就令人触目惊心。有数字显示，中国人口总数在 1851 年达 4.32 亿人。此后，太平天国时期的战乱，使中国人口又有一次小低谷，减到 2.55 亿人左右。[①]

有时从社会矛盾相关方各种力量角力的角度看，抗争方虽然是战胜了统治方，但抗争方却没有行之有效的替代方案和必要的能力，没有建立起新的社会秩序，同时其内部的整合性较弱，派系林立，没有哪一派的力量能够控制局面。其结果是，抗争方的获胜，非但不能使社会休养生息，相反，却使社会进入新一轮激烈对抗争斗的状态。如是，社会有可能会陷入一种长期不安定甚至是动荡的状态，付出巨大代价。这方面，法国大革命就是典型的事例。1789 年法国大革命爆发后，不久便推翻了旧王朝，废除了封建制度，将国王路易十六送上断头台。有历史学家指出，在当时的法国，"旧秩序已经崩溃了，人们习以为常的那些办法和势力已经不复存在了"。"社会已经进入一个危险而混乱的时期，在这个时期，迫切需要的正是一种强有力的行政管理。"[②]但法国这时缺少一种足以控制社会、建立新制度的替代性社会力量。所以，"这场运动最后的结局，则是狂暴地呼吁进行报复，激烈地要求火与剑。这么多不同的思路最

---

① 王鸿生：《中国历史治乱和现代化进程中的人口因素》，《中国人民大学学报》2012 年第 3 期。

②〔英〕阿克顿：《法国大革命讲稿》，姚中秋译，商务印书馆 2012 年版，第 163 页。

后都汇聚成毁灭旧制度的呼声”①。由此,法国出现一轮又一轮搏斗厮杀的局面。“法国是个古老的王政国,若干世纪以来习于服从强权,今忽然将它纳入于一个新模子里。”“在法国,大部分人民对于这些新制度一无所知,且亦不愿有所知。他们用他们所得到的自由来破坏自由。”②各种力量相互角逐,各种激进的思想纷纷付诸实践,从某种意义讲,法国各种社会力量是在进行各种激进或保守观点的“试验”。激进力量推翻了开明力量,接着更为激进的力量推翻了激进力量,一波比一波激烈,尔后又是保守力量镇压了激进力量。仅仅在1792 至 1793 年间,“至少有 1.7 万名嫌疑分子被判死刑;把立即处决和死于狱中的人也计算进去,受害者人数达 3.5 万或 4 万名”③。社会持续动荡了几十年。直到 1830 年“七月革命”后,法国大革命才算结束,社会秩序才得以初步恢复。

另一种可能的情形是,力量相对都强的社会矛盾相关方,采取一种相互妥协的方式来解决相互间的矛盾。“每一方都可能期望与另一方联合,但只是当双方之间力量相对平衡被觉察到的时候才如此。”④这种做法的益处是,能够程度不同地减小社会为社会矛盾冲突所付出的成本。这种情形在传统社会虽然也有,但相对来说并不多见,至少难以成为一种“常态”现象;如果有,也往往是出自某个有影响力的人物的“开明”之举。而在现代社会,这种情形相对来说经常存在。在现代社会,公共权力的合法性并非来自“君权神授”,而是来源于民众的普遍认同;从政府基本职能定位的角度看,是公共服务型政府;并且,公共权力要受到多个方面制度化的限制。这些,从大概率的意义上讲,保证了公共权力不会从一己私利的角度,对民众合理而普遍的利益诉求长期漠视甚至是采取极端的手段予以打压,而往往会采取谈判、协商以及相互妥协的方式来解决利益纠纷和冲突问题。比如,20 世纪 50 至 60 年代发生在美国的黑人人权运动,虽然其间也出现了一些社会骚乱,但最终是通过制度化的协商谈

---

①〔英〕阿克顿:《法国大革命讲稿》,姚中秋译,商务印书馆 2012 年版,第 23 页。

②〔法〕马迪厄:《法国革命史》,杨人楩译,商务印书馆 2011 年版,第 106 页。

③〔英〕C. W. 克劳利等编:《新编剑桥世界近代史》(第 9 卷),中国社会科学院世界历史研究所组译,中国社会科学出版社 1999 年版,第 377 页。

④〔美〕L. 科塞:《社会冲突的功能》,孙立平等译,华夏出版社 1989 年版,第 118 页。

判，通过立法解决了美国少数族群平等权利的利益诉求问题。

五、余论

从上述对社会矛盾加重的影响因素分析中，我们不难得出一些启示，并且基于这些启示，能够对于社会矛盾加重的影响因素进行一些更为具体和深入的认识。

（一）社会矛盾加重的多种可能趋向

就社会矛盾加重的影响来看，并非哪一个方面的因素能够单独地发生作用，而往往是物质利益因素、非物质利益因素以及社会矛盾相关方力量对比状况等三个方面的因素相互交织在一起发生作用，共同影响着社会矛盾的加重与否以及加重程度的可能情形。这三个方面具体状况的不同，使得社会矛盾的加重呈现出多种不同的可能趋向。

第一种可能趋向是，在一个社会当中，物质利益因素方面没有出现过度的绝对剥夺和相对剥夺现象，民众处在正常的生活状态当中；非物质利益因素也处于相对“常态”的状态；统治方的财力雄厚、运行有效，且内部较为整合，没有出现分裂的现象。在这样的情形下，社会运行秩序正常，社会矛盾加重的可能性较小。

第二种可能趋向是，在一个社会中，其物质利益因素方面出现了严重的问题，比如出现了较为严重的绝对剥夺现象，已经影响到民众的基本生存问题，但在非物质利益因素和社会力量对比结构方面并没有出现大问题。在这样的情形下，社会矛盾有加重的可能性，但难以引发大规模的社会动荡。比如，1961 年、1962 年，中国经济出现了严重的下滑现象。以上一年国内生产总值指数为 100，1961 年为 72.7，1962 年为 94.4；国家财政收入 1961 年增长速度为 -37.8%，1962 年为 -11.9%。[①] 应当说，这是一场严重的经济危机。当时，中国政府有着高度的公信力和高强度的社会控制力，中国民众高度地认同

① 国家统计局国民经济综合统计司：《新中国五十五年统计资料汇编》，中国统计出版社 2005 年版，第 11、18 页。

社会，同时，中国社会在非物质因素方面又是高度整合统一的，因而中国社会并没有出现严重的社会矛盾冲突。

第三种可能趋向是，在一个社会当中，如果物质利益方面没有出现大问题，但非物质利益因素和社会力量对比结构方面两者当中的一项出现了大的问题，这时严重的社会矛盾冲突的可能性就会明显增大。比如，在中世纪，欧洲一些国家出现了极端的宗教意识，从而催生了“十字军东征”事件的出现。再比如，在“光荣革命”之前，英国社会的民众并没有遇到严重的基本生存问题，同时，极端的非物质利益因素也没有对社会产生重大广泛的影响，但是英国的统治方内部以及国王同资产阶级及新贵族群体之间出现了严重的分裂现象。在这样的情形下，英国同样出现了严重的社会矛盾冲突。这种社会矛盾冲突虽然对英国的发展进程产生了极为重要的划时代影响，不过，对于整个社会的震动程度有限，换言之，英国社会并没有为此付出巨大的代价和成本。

第四种可能趋向是，在一个社会当中，物质利益因素方面出现了严重的问题，同时非物质利益因素以及社会矛盾相关方力量对比状况当中的一项也出现了大问题，这时社会矛盾冲突的严重性程度就会明显增大。比如，中国历史上的明末，民众的赋税过重，朝廷的财政能力严重削弱，政权的常态运转十分艰难，同时又遇到严重的天灾，在这样的情形下，激烈的社会动荡难以避免。

第五种可能趋向是，在一个社会中，其物质利益因素、非物质利益因素以及社会矛盾相关方力量对比状况这三个方面同时出现了比较严重的大问题。在这样的情形下，激烈的社会矛盾冲突甚至颠覆性社会动荡的出现几乎不可避免。法国大革命就是比较典型的事例。在法国大革命前夕，民众的赋税可谓是不堪重负，经济状况持续向下，且物价飞涨，民众的基本生存状况出现比较严重的问题，同时，各种进步的却又是比较激进的思潮风靡社会，统治集团负债累累，财政能力严重下降，加之国王的征税政策是四面树敌，不但损害了底层民众和“中间层”群体的利益，而且损害了同属统治方的特权阶层的切身利益。凡此种种，共同助推了法国大革命的发生。

由上可见，对于社会矛盾加重与否可能性的研判，不能只是简单地基于某一个方面哪怕是十分重要的一个方面进行，而是应当从多个角度进行分析。唯有如此，方可对社会矛盾加重与否的几种可能情形作出大致合理的研判。

（二）社会公正问题对社会矛盾的加重与否越来越具有核心的意义

毋庸置疑,社会公正问题具有明显的历史性。在不同的时代条件下,人们对社会公正的理解和要求不尽相同。即便如此,社会公正问题仍然对社会矛盾的加重与否有着程度不同的影响。重要的是,从历史发展脉络看,社会公正问题对社会矛盾的产生、加重以及缓解有着越来越大的影响。

在传统社会(农业社会),与整个社会十分落后的生产力水准相适应,人们普遍存在着严重的人身依附性,不可能具有普遍的“个体人”意识。所以,人们不可能普遍产生自由、平等的观念,民众更不可能将自由、平等作为一种普遍的利益诉求予以提出。在这样的情形下,人们对社会公正的要求处在一个如今看来是水准较低的底线水准上:从社会共同体赖以存在的意义上讲,为了维护社会的常态秩序和运转,一个必不可少的条件就是要确保民众有着基本生存底线。民众为了维持简单的生存,必须具有基本的生活资料和生产资料。换言之,民众具有起码的基本生活资料和生产资料,是一个社会得以正常运行的基准线,是一个社会维持基本秩序的必需。这是社会公正最为基本的底线。应当承认,在传统社会,民众对社会不公现象的忍耐性较强,能在不小的程度上忍受某种不公正的社会秩序和社会结构。但这种忍耐有一个前提,这就是不能突破社会公正的基本底线,不能剥夺民众最为基本的生活资料,使民众基本的生存难以为继。在传统社会(农业社会),农民奉行“安全第一”的原则。“由于生活在接近生存线的边缘,受制于气候的变化莫测和别人的盘剥,农民家庭对于传统的新古典主义经济学的收益最大化,几乎没有进行计算的机会。典型情况是,农民耕种者力图避免的是可能毁灭自己的歉收,并不想通过冒险而获得大成功、发横财。用决策语言来说,他的行为是不冒风险的;他要尽量缩小最大损失的主观概率。”①作为统治方,应当也必须为所有群体包括民众提供基本的社会秩序、社会安全和起码的可预期的生活前景,这是其重要职责之一。其最为重要的底线,就是不能侵害民众基本生存的底线。比如,应当维护至少是不损害农民“安全第一”的原则。一旦统治方严重损害了民众基本

---

①〔美〕詹姆斯·C.斯科特:《农民的道义经济学:东南亚的反叛与生存》,程立显等译,译林出版社2001年版,第5—6页。

生存意义上的物质利益，特别是，如果为了自己的利益扩张而严重损害了民众基本生存意义上的基本物质利益，那么就意味着突破了社会安全的基准线。相应地，社会矛盾冲突的出现和加重将是不可避免的。而且，在不少情况下，社会矛盾加重的程度与民众基本生存问题被损害的程度呈正比关系。

在现代社会和市场经济条件下，人们的个体人意识普遍具备，自由、平等意识普遍增强，因而人们对于社会公正的要求越来越强烈。一个社会的现代文明程度越高，人们对社会公正的诉求就越强烈，对不公正现象就越难以容忍。在现代社会和市场经济条件下，社会公正已经成为社会基本制度安排的基本依据。依据社会公正理念所设计的基本制度，既能够满足人们对共享社会发展成果的诉求，也能够满足人们对自由发展的诉求。显然，只有基于社会公正所设计的基本制度，社会各个群体之间才有可能实现互惠互利的互动局面。在这样的情形下，一旦社会公正出现明显的问题，社会矛盾的加重将是不可避免的。一个不公正的社会结构必然会持续引发并加重社会矛盾。诚如本文前面所谈及的，此消彼长的利益互动亦即不公正的互动行为是引发社会矛盾的基本根源。具体之，出于种种原因，社会公正有时会出现两个方面的问题。一是一个社会如果过度强调自由发展，而忽略了共享的问题，这时社会就难免盛行弱肉强食的丛林法则，即一部分社会群体或社会成员的利益获取是建立在另一部分群体或社会成员利益受损的基础之上的。这就会招致利益受损的社会群体或社会成员的抗争，进而催生和加重社会矛盾，例如欧洲早期大工业和市场经济初期阶段出现的情形。二是一个社会如果过度强调共享，而忽视了自由发展的问题，就会催生民粹主义、平均主义的现象，就会出现相对多数人剥夺相对少数群体少数人合理利益的情形，甚至会出现大众暴力的情形，进而引发相对少数群体少数人的激烈抗争，而且必定会阻碍社会的差异化发展，抑制社会的活力和创造力的生成，进而为以后社会矛盾的积累留下较大的空间。

（三）社会力量对比结构的变化与否取决于多种因素

我们不宜以线性思维来简单地理解社会力量对比结构问题。虽然从根本上讲，社会力量对比结构取决于一定的经济物质基础，但在某种特定条件下，受许多具体的历史因素、现实因素以及一些偶然因素的影响，社会力量对比结构本身也会发生一些重要变化，其平衡状态有时会被打破，进而对社会矛盾的加重起着一定的助推作用。

取其大略看，社会力量对比结构有时会受这样几种因素的影响，而发生某种变化。

第一种因素，统治方某种利益政策的出台时机。就一般情形而言，统治方所制定的政策总是对统治方相关利益群体有利的，统治方相关群体由此而组合成一个利益相互维护的利益共同体，在此基础之上进而形成整个社会某种相对稳定的社会力量对比结构，并据此形成某种稳定的社会秩序。但问题的复杂性在于，在某种特定的历史条件下，出于自身特定利益的考虑，统治方中的关键群体或关键人物，有时会出台某种“反常”的利益政策。这种“反常”的利益政策，不但会继续损害民众的切身利益，而且会损害原本一直支持统治方的同一“利益群体群”中其他群体的利益，使自己失去最为核心层面的社会基础，并使社会力量对比结构也随之发生明显的变化。如是，不仅不会缓解社会矛盾，反倒有可能推波助澜，适得其反，使得自己的反对力量空前增大，进而加重已有的社会矛盾。法国大革命前夕，路易十六出台了一项向包括“第一等级”群体亦即特权群体在内的所有群体征税的政策。其结果是，这项“平等”的征税政策损害了几乎所有群体的切身利益，引发了几乎所有群体的敌意，致使当时的社会力量对比结构发生了重大变化，社会力量对比结构保持多年的平衡状态被打破。由此，路易十六失去了自己最为重要的支持力量——特权群体的支持，并进一步引致社会矛盾冲突的爆发。

第二种因素，社会矛盾相关方是否能够并善于妥协。社会毕竟是由社会矛盾相关方组成的社会共同体。社会矛盾相关方虽然在利益方面存在着诸多排斥、冲突的情形，但终究还有很多一致之处。作为社会共同体的各个利益群体需要相互合作，不可能离开对立的一方而独自生存和发展。将社会矛盾的任何一方予以毁灭性打击，实际上对自身乃至对整个社会共同体均是不利的。“人们终究不能无休止地、日复一日地示威游行，或者无休止地打内战。个人的生活状况反映着社会的条件。喧嚣混乱对于经济的发展并无补益，而政治的不稳定则唤起恐惧。”[1]在某种条件下，社会矛盾相关方当中的重要一方如果能够明智地作出必要的妥协或让步，那么对方有时也会作出相应的妥协和让步。相应地，社会矛盾的加重趋势便会缓解或终止。历史上经常出现的一种现象是，对社会矛盾相关方来说，只要作出必要的妥协，“双赢”的可能性就较大。重要的是，这样做，社会为之付出的代价较小，对整个社会有利。英国的“光荣革命”就是这方面典型的历史事例。1688 年，英国的资产阶级和新贵族通过不流血的抗争，以相互让步的妥协方式，既保留了英国君主的“尊贵”地位，又真正实现了“王在议会、王在法下”的限制王权的目标，基本形成了君主立宪制。由此，英国社会不但获得了历史性的进步，而且避免了可能的动荡和巨大代价。中国历史也不乏这样的事例。有历史学家指出：“以中国历史来说，在秦末、西汉末、隋末、元末、明末等农民大起义后建立起来的西汉、东汉、唐、明、清等封建王朝，都曾实行过让步政策，减轻赋税，抑制豪强，蠲免钱粮，兴修水利等。”[2]统治方让步政策所带来的，往往是新王朝一段时间的社会安全及经济繁荣。

第三种因素，社会矛盾相关方中是否会出现某种具有号召性的人物。社会矛盾的基本演化趋势固然是由整个社会大的经济背景以及社会力量的基本结构等所决定的，但同样不能否认的是，在某种大背景给定的情形下，个人在社会矛盾中的作用也不可忽视。尤其在传统社会，个体人的意识普遍缺失，从众心理较为严重，个人的作用相对来说更为明显。就社会矛盾相关各方而言，都存在着一个能否有效地整合本阵营力量的问题，因而需要权威性的人物。正如恩格斯所说：“联合活动就是组织起来，而没有权威能够组织起来吗？”[3]无论哪一方产生一位具有号召力的魅力型人物，都很有可能对社会矛盾力量的对比状况发生重要影响。韦伯认为，与传统型权威及法理型权威人物不同的是，魅力型人物的权威“来自受支配者对某一个个人身上显示出来的启示、英雄性的气质或事迹或其他的领袖特质，所发的人格上的皈依和信赖；这是

---

①〔英〕拉尔夫·达仁道夫：《现代社会冲突》，林荣远译，中国社会科学出版社 2000 年版，第 9 页。

② 孙祚民：《论让步政策》，《社会科学战线》1980 年第 2 期。

③《马克思恩格斯全集》（第 18 卷），人民出版社 1964 年版，第 342 页。

‘卡理斯玛’型的支配”。这个人“已被承认在内心受到‘征召’，负有使命，作为大家的领袖。人们服从他，不是因于习俗或法条，而是因为人们信仰这个人”①。在社会矛盾冲突中，这种个人魅力型人物有时能够以超强的规划能力制定出适应民意和时代潮流的纲领，从而起到动员民众的作用；能够以较强的组织能力，最大限度地整合本群体的力量，并分化对方阵营；还能够以较强的个人感召力和意志力来鼓舞本群体成员的斗志。凡此种种，对于社会力量的对比结构必然会产生不小的影响。中国明末的李自成就是这样一个具有号召性的魅力型人物。李自成能够接受李岩的建议，适时地制定出“均田免赋”的纲领，对民众产生了巨大的吸引力；能够以非凡的组织能力不断扩大本阵营的力量，将明末众多农民抗争力量统合在一起，并减弱对方阵营的力量；还能够以坚定的意志带领农民抗争力量度过最为艰难的时期。这一切，使得李自成在明末众多的农民抗争力量中脱颖而出，成为对抗明王朝最为重要的力量，并最终推翻了明王朝。

专论2　转型期社会结构问题对社会矛盾的催生

社会结构是一个社会的基本构架，反映着一个社会共同体的社会力量的基本配置结构，影响着一个社会的基本安全状况和基本发展趋向。社会结构的核心内容是社会阶层结构。一个社会的社会结构如若存在着不公正不合理的问题，势必会长期持续不断地催生或加重种种社会矛盾。就社会矛盾的催生而言，同一些表层化的现象诸如收入差距及某些贫困问题相比，社会结构层面上的问题才是具有“基础”和“本源”意义的原因所在。特别应当引起人们注意的是，一个社会，如果说在“常态”条件下存在着这种情形的话，那么在社会转型期当中，这种情形无疑会更加明显，甚至更加突出。

对于转型期的国家和地区来说，其社会结构常常在以下几个方面存在着这样那样的不公正不合理问题，从而催生或加重种种社会矛盾。

---

①〔德〕韦伯：《学术与政治》，钱永祥等译，广西师范大学出版社 2004 年版，第 198—200 页。

1. 社会各个阶层的比例及各自财富拥有状况方面的问题

从一定意义上讲，在一个转型期的社会当中，社会各个阶层（群体）的比例及拥有财富方面存在的问题，会直接催生种种社会矛盾，严重者会引发该共同体严重社会矛盾冲突的出现。就此而言，大致有这样两种情形。一是在总人数当中占据最大比例的社会阶层如工人阶层和农民阶层，只是拥有十分有限的甚至是连基本生活资料都难以保证的生活条件，而社会的另一极——精英阶层（群体）——却拥有巨大的社会财富，换言之，社会出现了严重的财富分化现象亦即严重的贫富差距现象，那么就意味着在这个社会当中的社会矛盾有着很大的生长空间。二是中产阶层发育得较好，不仅包括大量的经营管理人员、技术人员，而且将大量的技术工人和农民也包括进来，以至于中产阶层在社会总人数当中所占的比例较大，并且拥有能够维持体面生活的“像样的”家庭财富。在这样的情形下，这个社会当中的贫富差距现象不严重，社会排斥程度较低，民众的社会认同感较强，相应地，这个社会虽然不可避免地存在着这样那样的社会矛盾，但是社会矛盾出现严重激化趋势的可能性较小。

在一个正在从传统社会走向现代社会的社会亦即转型期的社会当中，如果贫困者尤其是赤贫者数量的比例过大，同时社会又缺少社会保障体系对其基本生存底线予以保障，那么这个社会发生动荡的可能性就比较大。这与传统社会不同。一般来说，在传统社会，民众往往认可等级制秩序，认为自己处在较低的社会等级。在这样的条件下，民众的基本生存条件如果不出现严重的问题，那么社会的安全局面还是能够得到保证的。而在转型期，在社会财富迅速增加的同时，民众的平等和自由意识开始普遍形成，以人为本的理念开始在社会普及，民众越来越不能忍受长期处在生活困苦当中。民众对平等的追求同急于摆脱困苦生活的渴望会聚在一起，往往成为民粹主义存在和蔓延的基础。这时，一旦经济发展出现停滞、滑坡的情形，以民粹主义为纽带，就会形成某种挑战社会秩序和市场经济的社会力量；同时，为了应对这种挑战，某种以企业主阶层和既得利益群体为后盾的强权力量如军人强权往往会出现。于是，这样两种力量就会形成对峙和冲突。在这方面，一些拉美国家的经历具有比较典型的意义。以智利为例。长期以来，智利的底层民众处在十分困苦的生活当中，民粹主义有着较为广泛而牢固的基础。20世纪70年代初期，在民众的支持下，有着民粹主义情结的阿连德领导的左翼力量通过选举赢得了政权。阿连德政府大规模地实施带有激烈民粹主义色彩的主张：大规模实行企业的国有化；大规模征收庄园主的土地，进行土地改革；大幅度改善民生，1971年全国工资提高了35%。[①] 其结果是，这些措施遭到了企业主阶层和既得利益群体的强烈反抗，这些强大的反对力量最后发动激烈的流血政变，推翻了阿连德左翼政府。

同上述情形相反的是，在转型期的社会当中，如果中产阶层成员所占的比例越来越大，那么这个社会的安全就越能得到保障。原因很简单：以中产阶层为主的橄榄形社会结构有助于消除或减缓社会成员的生存危机以及相对剥夺感；有恒产者方有恒心，橄榄形社会结构有助于使社会成员普遍形成一种社会认同感；中等收入者相对来说更容易遵守法律法规；中等收入者是富人和贫困人口之间的有效缓冲带；大比例的中等收入者群体成员能够有效地援助弱势群体，使其处境得到大幅度的改善；中等收入者对于经济滑坡和经济危机的承受力较强。[②] 日本社会之所以一直少有农民阶层和工人阶层发动的激烈社会抗争活动，能够保持一种相对比较安全的局面，这同日本中产阶层的不断壮大有着直接的关系。日本全国调查的数字显示，在1955年至1975年，管理阶层的收入增长幅度为7.2倍，是各个阶层当中最低的。同期，非技术阶层的收入增长幅度为12倍，农业阶层的收入增长幅度为13.8倍，技术工阶层的收入增长幅度为10.8倍，半技术阶层的收入增长幅度为10.7倍。[③]

2. 社会各个阶层之间的互动状况

社会各个阶层之间能否保持互惠互利的关系，对于转型期的社会矛盾状况有着很大的影响。一个社会是由各个有着特定职业分工的社会阶层所构成的。社会经济的发展是靠社会各个阶层共同合作予以推动的。社会各个阶层本应通过自己特有的职业贡献，获得属于自己的合理利益和社会位置。在现

---

① 韩琦主编：《世界现代化历程·拉美卷》，江苏人民出版社2012年版，第297页。

② 吴忠民：《以社会公正奠定社会安全的基础》，《社会学研究》2012年第4期；吴忠民：《中国中期社会危机的可能趋势分析》，《东岳论丛》2008年第3期。

③ 李国庆：《日本社会——结构特性与变迁轨迹》，高等教育出版社2001年版，第150页。

代社会和市场经济条件下，社会阶层之间公正合理的互动规则应当是互惠互利，在利益增进方面保持一种相向而行的状况，即处在较高位置的阶层的利益增进不应以损害处在较低位置的阶层的合理利益为代价，而处在较低位置的阶层的利益增进也不应以损害处在较高位置的阶层的合理利益为代价。但是在转型期，实际的状况往往是，由于资源拥有状况不同，社会各个阶层在利益增进方面出现非互惠互利亦即零和博弈的状况，即一方（常常是处在较高社会位置的一方）的利益增进往往是以损害另一方的合理利益为代价和必要前提。这种非互惠互利（零和博弈）互动的具体状况不可避免地会引发社会矛盾的出现。尤其是，随着现代化和市场经济过程的推进，社会总财富在迅速增加，因而由非互惠互利亦即零和博弈的社会互动所引发的社会矛盾就更加突出，严重者，甚至会引发利益相关方之间的激烈对抗。

随着时间的推移，非互惠互利的社会互动必然会造成较为严重的“绝对剥夺”和“相对剥夺”两种现象，进而引发较为严重的社会矛盾的出现。虽然还不能说较小的贫富差距就一定是公正合理的，就一定能够保证社会的安全运行，但是可以说，较大的贫富差距必定有害于社会的安全，造成社会的不稳定。“如果随着社会发展进程的推进，社会财富越来越集中在少数社会群体、少数社会成员一方，那么就说明社会发展的成果只是为少数社会群体、少数人所享用。”“就一般情形而言，一个社会的贫富差距越大，社会问题就越多，社会就越加不稳定、越加动荡，甚至存在着很大的倾覆的可能性。”①从表 3－1 可以发现，目前基尼系数处在前列的一些典型国家和地区，如泰国、巴西、海地、洪都拉斯、墨西哥、巴拿马、危地马拉、南非、纳米比亚以及利比里亚等，其社会矛盾均比较突出，其社会安全的局面都不容乐观。

表 3－1　　基尼系数较高的典型国家

	泰国	巴西	海地	洪都拉斯	墨西哥	巴拿马	危地马拉	南非	纳米比亚	利比里亚
基尼系数	0.536	0.539	0.595	0.577	0.517	0.523	0.537	0.578	0.743	0.526

资料来源：世界银行：《2011 年世界发展指标》，中国财政经济出版社 2011 年版，第 68—70 页。

① 吴忠民：《走向公正的中国社会》，山东人民出版社 2008 年版，第 10 页。

一个国家和地区在转型期如果能够做到社会各个阶层之间良性互动，形成相互间互惠互利的局面，那么其社会矛盾就不会十分严重。这方面，中国台湾地区做得比较成功。台湾地区从20世纪50年代开始了深刻的社会转型。先是进行了比较彻底的土地改革，解决了当时最为重要的民生问题。接着在推动经济起飞的同时，解决了义务教育、职业教育以及多项公共服务问题。重要的是，台湾地区十分重视保障底层民众尤其是农民的基本生活，确保其基本利益不能被剥夺。一位台湾地区社会转型的亲历者回忆道："国际油价波动，台湾什么油都可以涨，渔业用油、农业用电不准随便涨。台湾什么烟酒都可以涨，基层在抽的'新乐园'牌香烟不准涨；原住民深山取暖、家家煮菜要用的米酒不准涨，但高价位的烟酒可以多涨一些，用来贴补中低收入者，并维持稳定民生物价。"从1972年至1988年，"台湾的人均所得从482美元成长到5829美元。但同时间，最高所得五分之一家庭与最低所得五分之一家庭的收入差距，仅从4.49倍微调到4.85倍。"①台湾地区在社会转型期的贫富差距如此之小，创造了世界现代化历史上的一个奇迹。无疑，台湾地区在转型期的社会矛盾之所以能够保持一种相对缓和的局面，底层民众之所以很少发动甚至较少卷入较为激烈的社会冲突，底层民众的基本利益得到了有效的保障以及社会一直能够保持较小的贫富差距等等是重要原因之所在。

3. 社会流动的具体状况

社会经济的运行和发展均有赖于社会流动。从经济的角度看，作为基本生产要素之一的劳动力的配置必须通过社会流动来完成。从社会的角度看，社会成员自主选择的实现以及上行空间的拓展也离不开水平的或是垂直的社会流动。一个社会是否具有一种与之相匹配的、合理的社会流动机制，不仅影响到这个社会的经济发展状况，而且影响到这个社会为数众多的社会成员的前途和希望，进而影响到这个社会的基本安全状况。

社会流动是影响社会矛盾具体状况的一个重要变量。在转型社会，在社会各个阶层的比例、拥有财富的状况以及社会各个阶层之间的互动状况给定

---

① 宋楚瑜：《贴身随侍14年　亲历蒋经国改革之路》，《文史参考》2010年第21期。

的条件下,社会流动的具体状况对于社会矛盾的具体状况就会产生一定的加重或是缓解的作用。正如亨廷顿指出的那样,“在大多数处于现代化之中的国家里,流动机会的缺乏和政治制度化程度的低下导致了社会颓丧和政治动乱二者之间的正相关关系”①。比如,有调查显示,“中国30年的改革开放和经济发展为民众提供了大量向上流动的机会,并给他们带来改善生活的希望。人们所经历的向上代际流动和代内流动,以及对向上流动的感知与预期都显著增强了他们的政治信任。结果显示,社会经济发展为人们带来的向上流动的经历与期望有助于维护社会政治稳定”②。

问题在于,社会流动渠道并非总是畅通无阻的。传统社会就常常处在这样的一种状态:由于小农经济规模的狭小以及经济运行的极度自我封闭性,由于没有一种合理公正的社会基本制度安排,因而在很大程度上任由占据优势社会位置的精英群体按照其利益驱动本能去行事,其结果是,传统社会必定会倾向于封闭,而不是开放。原因很简单。只有阻碍一定的社会流动渠道、减小社会流动速率,社会各个群体的利益边界才能够固化,进而才能够使既得利益群体从固化了的利益边界这一情形当中稳固地获得益处。韦伯指出:“一种封闭的社会关系保障给参加者以垄断了的机会,可能是:a)自由地,或者b)按规模和方式调节或定量分配地,或者c)持久地和相对或完全不可剥夺地让他们当中的个人或群体占有(对内封闭)。”③在利益边界固化、社会流动率低下的情形下,只能出现“精英复制”,而不可能出现“精英循环”的现象。换言之,社会的上行流动(向上的垂直流动)以及水平渠道必定是狭窄的,有时甚至是封闭的。在这样一种封闭的、社会流动程度很低的社会当中,一方面,相对较低等级的社会成员很难通过自己的努力,使自己变为相对较高等级的社会成员。对大量社会成员来说,相对较低等级与相对较高等级之间往往有一道难以逾

---

①〔美〕塞缪尔·P. 亨廷顿:《变化社会中的政治秩序》,王冠华等译,上海人民出版社2021年版,第42页。

② 盛智明:《社会流动与政治信任——基于CGSS2006数据的实证研究》,《社会》2013年第4期。

③〔德〕马克斯·韦伯:《经济与社会》(上卷),林荣远译,商务印书馆1997年版,第73页。

越的沟壑。另一方面,与利益边界固化、社会流动程度很低以及“精英复制”等现象相连的,是既得利益群体自身既得利益的有效维护甚至是有效的自我延续,而且这种既得利益往往表现为权力、财富以及声望三者的高度相关、高度重合。

在一个社会当中,社会流动渠道的堵塞或社会流动机会的减少,必然会损害为数众多的社会成员的基本利益。其一,会减弱民众的发展希望,降低民众的基本生活水准。社会流动渠道的阻塞,意味着为数众多的社会成员向上发展的空间受阻,意味着改善生活境遇的希望减弱甚至是破灭。不仅仅如此。社会流动渠道的阻塞,还意味着垄断流动渠道的一方亦即既得利益群体自身利益的单方面扩张,而且这种利益的扩张往往是以损害民众的基本利益为必要前提的。比如,在中国封建社会,社会流动的固化,使统治集团这一既得利益群体呈现出不断扩张的态势,“官员群体人员的数量必然会出现迅速而且是加速膨胀的趋势。官员群体加速膨胀的情形,不但使得政府办事效率降低,而且会使政府运行成本越来越大,为了维持越来越大的政府成本,政府必然要向民众征收越来越高的税负,从而必然加重官民矛盾”①。其二,会使一些社会经济影响力已经发生重要变化的社会阶层的实际地位得不到应有的承认,并且其合理利益由此受到损害。随着社会经济的发展,一些同新的生产力、经济结构相适应的新的社会群体(如现代化早期阶段的企业主阶层、工人阶层、白领阶层等)相继出现。这些阶层从其经济实力,或者从其实际的社会影响力角度看,已经在现实的社会生活当中扮演着日益重要的角色。但是,这样一些社会阶层在已有的社会流动机制下,其实际的社会位置与经济位置得不到应有的承认,其实际的贡献得不到应有的回报,其权利和义务不对称,其实际经济实力与实际政策话语权不匹配。而且,这些阶层还受到实际实力和实际影响力已经减弱的既得利益群体的控制和制约,其实际利益由此而受到了损害。

在转型期,社会流动速率开始大幅度提升,并对整个社会产生了广泛而深远的影响。对此,至少可以从两个方面来理解。一是社会流动直接拓展民众

---

① 吴忠民:《传统社会与现代社会的社会矛盾特征比较研究研究》,《教学与研究》2013年第10期。

上行的空间。在转型期经济大幅度发展的时代,社会结构性上行流动的机会呈现出大幅度增加的趋势。“农业社会中占主导地位的流动类型是向下的。在工业社会中,向上流动量如此之大,以至于一般都可以达到平衡,并且在大多数情况下,向上流动超过了向下的流动。”①相应地,人们对改善自身的经济状况和提高自身的社会位置也有了普遍的期望。二是社会流动直接增强了民众水平流动的意愿。在转型期,各个国家和地区的市场经济得以大幅度发展并逐渐趋于完善。市场经济是一种开放性的经济。在市场经济条件下,各种生产要素包括劳动力要素需要自由的配置、组合和流动。社会成员越来越普遍地期望按照自己的意愿,进行跨行业、跨地区的选择和流动。

在上述时代条件下,对于转型期的国家和地区来说,以往一些限制社会流动的制度或政策如果能够顺应历史趋势而得以改变,民众的发展机会就会增加,个人的意愿就容易实现,民众对于社会就会持积极的认同态度,社会积怨和社会矛盾就会相应地得以缓解和减少。相反,以往限制社会流动的制度和政策如果没有改变,甚至还人为地增加一些新的限制社会流动的政策,那么民众的上行通道和水平流动渠道就会程度不同地被阻塞。而民众对上行流动和水平流动的普遍期望和希望一旦被阻,就不可避免地会产生普遍的而且是愈加积累的积怨,进而会不认同社会,甚至会产生敌对性的社会态度。正如有学者指出的那样,“一个群体与其他群体的隔断增加了它受剥削的机会以及积极反抗剥削的机会。群体们的地理隔离、种族差别或信仰差异使它们与社区的其余部分分离。这样的群体能更容易受到统治权力的剥削,因为缺乏多数人与这些群体的认同会造成下述后果:它们(的)被剥削不会遭到普遍社会责难的阻止”②。在此情形下,社会矛盾必然会加剧。正是从这个意义上讲,社会流动程度与社会矛盾强度两者之间成反比关系,即社会流动程度越高,社会矛盾产生的概率就越小,社会矛盾的强度就越小;反之亦然。在转型期之初的美国,民众普遍有着一种特有的“美国梦”以及个人奋斗、机会平等的精神。相对

①〔美〕格尔哈斯·伦斯基:《权力与特权:社会分层的理论》,关信平等译,浙江人民出版社 1988 年版,第 429 页。

②〔美〕彼德·布劳:《社会生活中的交换与权力》,孙非等译,华夏出版社 1988 年版,第 267 页。

其他国家和地区来说，当时的美国也为民众提供了比较好的实现个人意愿的环境，民众个人意愿实现的机会较多。这也是美国转型期的社会矛盾如劳资矛盾和冲突不像西欧国家那样相对严重和相对激烈的一个重要原因。

需要特别指出的是，一旦社会流动被阻塞到某种地步，则必然会加重甚至是激化社会矛盾。科塞指出："威胁这样一个社会结构内部平衡的不是这样的冲突，而是这种僵化本身。这种僵化使得敌意能够积累起来，一旦冲突爆发，这种积累的敌意就会集中到一条导致分裂的主线上。"①"缓解下层成员对稀缺资源分配不满的渠道越少，则他们越有可能怀疑其合法性。""下层越想成为特权集团的成员且允许的流动性越小，则下层越有可能取消合法性。"②就此而言，法国大革命是一个典型的例子。与转型期之初的美国很不相同的是，在法国大革命前夕，法国的社会流动渠道被严重阻塞。当时，法国社会各个阶层分属于第一等级（僧侣）、第二等级（贵族）、第三等级（商人、工厂主、工人和农民）这样三个不同的等级序列。三个等级之间壁垒森严，第三等级的成员无法进入前两个等级。不仅如此，前两个等级还享有不断增长的免税特权。广大的第三等级成员不仅没有上行的空间，而且承担着巨大的税负负担。换言之，第一和第二等级成员是以侵占第三等级成员的合理利益为必要生存条件的。而经过启蒙运动的洗礼，法国民众的自由、平等意识开始形成，法国民众越来越难以容忍特权阶层的存在，希望能有公正合理的上行流动渠道。这样，法国社会各个阶层之间长期的隔阂、积怨随着新的三级会议的召开而爆发出来。"在被重重障碍长期隔绝之后彼此重新接触时，他们首先触到的是他们的伤痛处，他们重逢只不过是为着互相厮杀。"③总之，社会流动的长期严重阻塞直接酿成了法国大革命这一重大历史事件。虽然法国大革命的起因是多种多样的，但是，应当承认，法国社会流动的严重阻塞是法国大革命的重要原因之一。

4. 应对思路和对策

如何才能有效缓解社会结构层面的问题，从而有效缓解社会矛盾？就此

---

①〔美〕L. A. 科塞：《社会冲突的功能》，孙立平等译，华夏出版社 1989 年版，第 139 页。

② 转引自〔美〕乔纳森·特纳：《社会学理论的结构》，吴曲辉等译，浙江人民出版社 1987 年版，第 199 页。

③〔美〕托克维尔：《旧制度与大革命》，冯棠译，商务印书馆 2017 年版，第 148 页。

而言，应当特别注重做好以下几个方面的事情：

第一，优化社会阶层结构。

社会阶层结构是社会结构最为重要的内容。社会共同体是否有着合理的社会阶层结构亦即合理的基本构架，事关社会矛盾基础性的亦即“质地”根源的如何。优化社会阶层结构的关键在于：其一，容纳并推动新的职业群体的发展。这主要是解决一个社会阶层结构当中“该有的不能缺少”的问题。必须看到的是，随着现代化和市场经济过程的推进，职业化分工越来越细致，大量新的职业群体如经理人群体、中介组织群体、社会组织群体以及技术人员群体会相继出现。作为一个社会的基本制度安排而言，有必要为之提供有利的生存及发展的环境条件。其二，使社会各个阶层的规模保持一个恰当的比例。这主要是解决一个社会阶层结构当中“该大的群体大起来，该小的群体小下去”的问题。同经济发展相适应，有的群体如第一产业当中的农民群体规模必然会呈日益减小的趋势，而有的群体如第三产业中的白领群体必然会呈日益增大的趋势。所以，作为一种制度安排，应当顺势而为，而不是相反。其三，推动社会各个阶层的收入结构向两头小、中间大的“橄榄形”发展。以中等收入人群为主的橄榄形社会收入分配结构是一种公正合理而稳定的社会收入分配结构。这种“橄榄形”社会收入分配结构，“反映出社会成员的实际能力与收入状况之间的合理对应，因为在一个社会中能力强者和能力低者均占少数，而能力居中者占多数”。这种结构“既是公正的，也是和谐安全的”。①

第二，形成社会各个阶层之间良性互动的局面。

社会各个阶层相互间能否保持一种互惠互利、合作共赢的局面，事关社会矛盾的直接根源问题。在现代社会和市场经济条件下，社会各个阶层相互间存在着互惠互利、合作共赢的可能性。为了做到这一点，必须以社会公正基本理念为依据，进行基本的制度安排，使得此群体的利益增进不仅不是以损害彼群体的合理利益为必要前提，而是以增进彼群体的利益为前提。如是，不但会减弱社会各个阶层之间的冲突对抗，而且能够促进社会各个阶层的各自能量相向而行，相互促进。

---

① 吴忠民：《社会公正论（第二版）》，山东人民出版社 2012 年版，第 284—285 页。

第三，拓展社会成员上行流动及水平流动的空间。

只有有效拓展社会成员上行及平行流动的空间，让人们的自致性努力成为一种常态，方能减小社会成员积怨的形成概率，方能使社会成员普遍具有希望。从个人归因的角度看，从一定意义上讲，如果社会提供了公平的竞争环境，个人的努力不成功的话，他们多会将不成功的原因归于自身，对社会并无怨言。相反，如果社会缺少一个公平竞争的环境，社会成员则容易将不成功的原因归于政府或是他人，从而产生种种积怨，并由此催生出诸多的社会矛盾。从目前中国现实情形来看，有效拓展社会流动渠道的对策在于：通过大面积减税、制定种种优惠政策推动小微企业的发展，以此鼓励自主创业；彻底消除户籍制度，破除种种有害于社会成员进行正常流动的身份羁绊，比如，应当“规范招人用人制度，消除城乡、行业、身份、性别等一切影响平等就业的制度障碍和就业歧视”①；破除既得利益群体所设置的种种障碍，“突破利益固化的藩篱，进一步解放和发展社会生产力，进一步激发和凝聚社会创造力”②。

①《中共中央关于全面深化改革若干重大问题的决定》，《人民日报》2013年11月16日。

② 新华社武汉7月24日电：《习近平在武汉召开部分省市负责人座谈会时强调，加强对改革重大问题调查研究，提高全面深化改革决策科学性》，《人民日报》2013年7月25日。

第四章　直接加重社会矛盾冲突的经济因素

从根本上讲,社会矛盾冲突的基本根源在于经济基础与上层建筑之间的不一致,在于社会各个群体之间利益诉求的不尽相同,在于社会不公。此外,还有一点需要人们注意,中国以及很多国家和地区的历史说明,有三个现实的经济因素会直接加重社会矛盾冲突,容易催生社会骚乱。这三个现实的经济因素分别是:持续加重的通货膨胀,日益增高的失业率,不断加重的税收。换言之,这三个经济因素对于社会矛盾冲突来说,往往具有“导火索”的效应。

中国正处在快速的社会转型时期。在这一时期,经济发展与社会发展之间出现了明显不平衡的情状,社会不公正现象大量出现,社会成员的维权意识在普遍增强,国际上的多种风险向中国传递的现象也在加重,同时,整个社会弥漫着社会焦虑,大量社会成员浮躁、焦虑、不安。凡此种种,致使中国社会当中各种各样的现实以及未知的风险因素明显增多。在这样的情形下,认真探讨经济因素对社会矛盾冲突的直接影响,对于有效维护中国的社会安全来说有着十分重要的现实意义。

一、持续加重的通货膨胀

持续加重的通货膨胀,不仅会扭曲市场价格体系,破坏经济发展的基本秩序和进程,而且会产生日益严重的社会负面效应,加重社会矛盾冲突。这主要表现在:

(一)损害民众的日常生活

物价的大幅上涨,必然会直接增加民众日常生活必需物品的供给成本。

比如，基本食品价格的大幅度上涨，意味着大量社会成员的实际购买力会严重下降，其基本生活状态必然会受到影响或者是威胁。重要的是，持续加重的通货膨胀对于不同社会群体的影响打击程度是有差别的。如果说，持续加重的通货膨胀对所有社会群体都不利的话，那么对低收入群体最为不利。对于高收入群体及中等收入群体而言，持续加重的通货膨胀会造成其大量金融资产明显缩水，但尚不至于影响到其基本生存问题。而对于低收入群体和贫困群体来说，持续加重的通货膨胀则会造成十分严重的后果，会直接危及其基本生存问题。低收入群体和贫困群体的收入水准本来就只是刚好温饱或接近温饱。在这样的情况下，持续加重的通货膨胀现象一旦出现，就意味着低收入者和贫困者特别是城市的贫困者，其生活资料如基本的粮油肉蛋等都得不到起码的保障，意味着低收入者和贫困者可能连温饱的日子都要受到影响。如是，大量社会成员特别是低收入群体和贫困群体成员对社会难以产生积极的认同感。进一步看，社会整合及团结的基础便会受到挑战。

特别需要注意并防范的是，恶性的通货膨胀更是会造成严重的社会负面效应，甚至会造成巨大的社会灾难。就此而言，一些国家和地区曾经出现过这种现象。其中，20 世纪 90 年代初期转型期的俄罗斯就是比较典型的事例。当时，多方面的原因如经济急剧转制的复杂情形以及改革政策的严重失当（如激进的“休克疗法”政策），导致俄罗斯出现恶性通货膨胀现象。从 1992 年起，俄罗斯“连续四年通货膨胀率（这里指消费价格总指数）居高不下，超过三位数：1992 年高达 2505.8%；1993 年虽然开始逐年下降，但仍然居于高幅度水准，1993 年、1994 年、1995 年通货膨胀率分别为 844.2%、214.8% 和 131.4%”①。在这样的背景下，俄罗斯民众的生活陷入一种极为苦难的境地。且不说民众收入大幅度降低，食品短缺，就连预期寿命也明显降低。有数字显示，“俄罗斯男子的预期寿命 1987 年时为 65.1 岁……1995 年为 58.2 岁”②。与这种情形相应的是，俄罗斯的社会矛盾冲突连绵不断。

（二）严重损害社会安全保障的基础

持续加重的通货膨胀无疑会大幅度减少中等收入者的数量。在一般情况

① 王秀丽等：《俄罗斯转轨型通货膨胀研究》，《今日东欧中亚》1997 年第 2 期。

② 王义祥：《俄罗斯转型时期的贫困化问题》，《俄罗斯研究》2001 年第 3 期。

下,中等收入群体是维护社会安全的重要力量。中等收入者由于拥有一定的“恒产”即拥有能够维持其尊严和良好生活的物质财富,因而具有“恒心”,十分在意社会的安全状况。加之,中等收入者相对而言文化程度较高,较为理性,因而能够成为高收入者和低收入者之间的缓冲力量。需要看到的是,中等收入者的正常生活,有赖于其家庭一定量财富的持续保持和持续增加。而持续加重的通货膨胀会让中等收入者的家庭财富特别是其大量的金融资产(如银行存款)迅速大幅度缩水。而恶性的通货膨胀甚至会让中等收入者大量的银行存款几近化为乌有。这样看来,严重的特别是恶性的通货膨胀会“消灭”大量的中等收入者,使之迅速变为低收入者或中低收入者,中等收入者在整个社会中的比例就会迅速减少,换言之,中等收入群体这一重要的维护社会安全的力量就会被严重削弱。

持续加重的通货膨胀还会破坏一个国家的社会保障体系。社会保障体系对于保障民众的基本生活至关重要,是社会安全运行的重要屏障。社会保障体系功能的正常运行,有赖于国家财政收入的持续增长至少是不减少。而持续加重的通货膨胀不可避免地会减少国家的实际财政收入,使国家的实际财政收入大幅度缩水。国家实际财政收入的大幅度缩水,必然会进而造成民众实际社会保障水准的降低。“较高的通货膨胀会带来较高的社会福利损失,通货膨胀越高,通货膨胀的福利损失越大。”[①]再者,从一定意义上讲,社会保障也是政府对广大民众的一种基本承诺,是一种国家信用。所以,持续加重的通货膨胀所导致的民众实际社会保障水准降低这一现象的传递,客观上会使得国家信用严重受损,进而加重社会的不安。

(三)引发普遍的社会恐慌心理

持续加重的通货膨胀波及面十分广泛,几乎涉及所有社会群体,并且所涉及的问题是事关民众基本生计的大问题。在持续加重的通货膨胀的影响下,大量社会成员不仅身处十分现实的困境当中,而且其未来也面临着不确定性、不可预期性。这样,就必然会造成普遍的社会焦虑现象,引发大量社会成员的

---

① 陈太明等:《中国通货膨胀对社会福利影响的实证分析》,《财经问题研究》2008 年第 8 期。

不满，进而容易形成某种相对“一致”的反社会现象。同时还有必要看到的是，这种普遍的社会焦虑现象有时可能同严重的通货膨胀交互影响，两者相互加重，从而形成一种恶性循环。“通货膨胀对通货膨胀预期冲击的反应是非常显著的，通货膨胀预期上升的暂时性冲击甚至导致实际通货膨胀率的持久性上升。”①一旦如此，整个社会所遭受的损害会更大。20 世纪 40 年代中国抗日战争胜利后的几年，国民党政府金融政策连续失误，致使通货膨胀以难以想象的速度飞涨。“国民党政府 1947 年的法币发行量达 30 多万亿元，为 1946 年的 10 倍。”“1947 年 7 月 24 日美联社电讯发表一个材料，说明法币 100 元可买的物品：1937 年为两头牛，1938 年为一头牛，1941 年为一口猪，1943 年为一只鸡，1945 年为一条鱼，1946 年为一个鸡蛋，1947 年为三分之一盒火柴。”②而国民党政府于 1948 年进行的“货币改革”更是催生了恶性的通货膨胀，“物价在 6 个月中上涨了 85000 倍”③。如是情形，致使当时中国民众特别是城市居民的日常生活陷入苦难状态，进而造成国民党政府人心尽失的局面。

如果说持续加重的通货膨胀对于任何一个国家都不利的话，那么对于目前的中国更为不利。对此，可做如是理解。其一，中国社会目前是金字塔形社会结构，而不是“两头小中间大”的橄榄形社会结构。不少学者认为中等收入者的比例只有 20% 多一点。④ 以此类推，中国目前中低收入者和贫困者两者相加的比例为 70% 多。同以中等收入群体为主的国家相比，这种金字塔形的社会结构对持续加重的通货膨胀的抵抗力明显偏弱。其二，中国目前的社会保障制度不够健全，因而对持续加重的通货膨胀条件下民众基本生活需求的支撑力度相对有限。其三，中国的储蓄率在大国当中居于第一的位置，因而一旦出现持续加重的通货膨胀，中国民众的金融资产特别是银行储蓄的损失将会更大。其四，中国民众刚刚进行基础性的财富积累，而且对以往苦难生活有

---

① 黄正新、黄金波：《中国通货膨胀预期陷阱研究》，《经济研究》2014 年第 11 期。

② 中共中央党史研究室：《中国共产党历史》（第一卷 1921—1949，下册），中共党史出版社 2011 年版，第 742 页。

③〔美〕费正清：《伟大的中国革命——1800—1985》，刘尊棋译，国际文化出版社 1989 年版，第 247 页。

④ 苏海南：《我国中等收入群体调查》，《北京日报》2013 年 4 月 15 日。

深刻记忆和本能的恐惧,因而对持续加重的通货膨胀所造成的财富大幅度缩水问题尤其敏感。其五,还有一点需要引起人们的特别注意,这就是近年来中国房价急速攀升。由于种种原因,近年来中国房价急速攀升,其上涨速度要远远超过社会成员收入的平均增长速度。住房消费在许多社会成员各种消费项目的支出当中所占的比重恐怕是最大的。按照中国大中城市目前住宅的市场价格,对于许多社会成员来说,多年的收入甚至一辈子的收入恐怕连一套基本的住宅都买不起。而按照国际惯例,住房价格不计入通货膨胀的统计之列。问题在于,住房却是每位社会成员生活所必需。这样看来,同公开披露的通货膨胀数据相比,中国实际的通货膨胀情况要严重得多。房价的飙升,不但挤占了大量社会成员现在的生活费用成本,而且透支了其未来的大量生活成本,并使其未来更具有不确定性。

二、日益增高的失业率

就业是民生之本。就业对于绝大多数社会成员特别是工薪群体成员来说至关重要。通过就业所获得的收入,是绝大多数社会成员及其家庭成员基本生计得以维系的主要收入来源,是社会成员进入正常社会生活环境不可缺少的必要条件,也是保证绝大多数社会成员子女正常成长的必要条件。

正因为就业如此之重要,因而日益增高的失业率所造成的负面影响是多方面的。从社会矛盾冲突生成及加重的角度看,日益增高的失业率所造成的负面影响是巨大的。

(一)加重失业者及其家庭成员的生活困顿境况

一个显而易见的事实是,日益增高的失业率必然会使越来越多的失业者及其家庭成员由于缺少了主要的收入来源而陷入愈益窘迫的生活困境。“对大多数人来说,失去工作意味着生活水平下降和心理折磨。”①重要的是,日益增高的失业率如果持续时间过长,则意味着越来越多的社会成员成为失业者,

---

①〔美〕N. 格里高利·曼昆:《宏观经济学》(第四版),梁小民译,中国人民大学出版社2000年版,第122页。

意味着大量失业者的生活窘迫状况在不断积累，进而使这些人对未来前景越来越失去信心。

（二）形成某种社会隔离及排斥现象

人之所以成为人，一个重要的原因，便在于人具有社会属性。任何一个人，只有融入社会，方有可能形成“正常”的社会交往及合作，并据此具有社会属性。相反，一个人如若长期处于失业状态，长期脱离社会交往，哪怕其基本生活能够得到社会保障制度的支撑，但是其尊严仍然难免受到损害，难免产生一种被社会“遗弃”的心理，进而产生社会隔膜、社会排斥甚至是社会敌对的态度。“失业造成了忧虑和不安定，由于失业而中断了工作以后，随着也就停止了参加社会生活。他们也没有勇气或者愿意去重新建立新的社会联系。”①而且这种社会隔离及排斥现象对失业者子女的正常发展也会形成有害的影响。

（三）直接催生社会矛盾冲突

一些失业者如果长期没有事情做，无所事事，加之生活窘迫，难以认同社会，因而容易在社会上发泄不满，滋生事端。“一个存在着大量失业人员的社会，必定是存在着大量相互不信任、猜忌、怨恨，甚至是抵触、敌视的现象。这是社会不稳定的重要的潜在基础，随时都有可能直接转化为现实的社会动荡。”②一个社会，如果存在着过多的失业人员，那么，这些社会成员的不满情绪就容易迅速而且是大面积地积累，进而会严重影响到社会的安全状况。有调查发现，“人们举出的导致年轻人成为叛乱分子或犯罪团伙成员的主要原因也非常相似——失业是导致这两种现象的主要原因”③。

从纵向看，中国古代历史上之所以会出现不少农民暴动，一个重要的催生因素便是大量失地农民（流民）的存在。在中国历史上，由于土地兼并现象越来越烈，大量失去土地的农民沦为“流民”的现象时有发生。这些“流民”从某种意义上讲也是失业者。大量没有基本生活来源的流民，一旦数量增多并聚

---

①〔美〕弗·斯卡皮蒂：《美国社会问题》，刘泰星等译，中国社会科学出版社 1986 年版，第 437 页。

② 吴忠民：《社会公正论》（第二版）上卷，山东人民出版社 2012 年版，第 215 页。

③ 世界银行：《2011 年世界发展报告：冲突、安全与发展》，赵光宇译，清华大学出版社 2012 年版，第 9 页。

合在一起，加上有影响力的人物予以组织，便很有可能形成一种抗争力量，进而促成大规模的社会冲突。中国唐朝末年以及明朝末年出现的大规模农民暴动，便是典型的以流民群体为主的社会抗争。

从横向看，一个国家或地区的失业率一旦失控而出现大幅度上升的情形，那就往往会成为这个国家或地区社会骚乱甚至是社会动荡的直接导火索。特别是，一个国家的青年失业率一旦加重，其后果可能会更加严重。同其他年龄段的群体相比，青年对未来的期望值相对更高，而且精力充沛、联系面广泛，同时又由于熟知网络操作，因而其聚合能力相对更强。所以，青年群体一旦出现大量的失业现象，进而失去生活前景，天天无所事事，其负面影响更大。“长期失业的年轻人尤其易于变得与社会格格不入，并转向采取反社会的活动，诸如犯罪和吸毒。”[①]2011 年中东北非地区的茉莉花革命不但同高失业率相关，更是同相关国家较高的青年失业率高度相关。2005—2008 年，突尼斯的失业率为 14.2%，青年失业率高达 30% 左右；埃及的失业率为 8.7%，青年失业率高达 40% 左右。[②] 2011 年“伦敦之夏”之社会骚乱，其直接起因也存在类似的情形。

具体到中国当前的就业状况来看，其现实和潜在的压力很大。中国是世界上人口数量最多的国家，实现充分就业的压力极大。在未来的 10—15 年中，中国城乡劳动力供大于求的基本态势将持续存在。在这样的情形下，一旦出现日益增高的失业率，其负面影响将是巨大的。其中，中国社会两个特有的压力更加重了这种可能的负面影响。

一是每年高校毕业生的压力。2019 年，中国有 834 万高校毕业生。[③] 不少高校毕业生由于找不到工作而失业，加上往年找不到工作的高校毕业生，失业大学生人数是一个不小的数字。“对于支出了巨大成本的大量失业大学生

---

①〔美〕斯蒂格利茨：《经济学》（下册），姚开建等译，中国人民大学出版社 1997 年版，第 5 页。

② 世界银行：《2010 年世界发展指标》，中国财政经济出版社 2010 年版，第 100 页；世界银行：《2012 年世界发展指标》，中国财政经济出版社 2013 年版，第 78—80 页。

③《教育部：2019 届全国普通高校毕业生预计 834 万人》，新浪网，2019 年 4 月 27 日。https://finance.sina.com.cn/roll/2019-04-27/doc-ihvhiqax5398962.shtml。

来说，本来期望值很高，有望成为‘白领’群体的后备军，现在却连工作都没有。且不说其巨大的教育成本无法收回，而且由于失业大学生甚至还不如一般的失业者那样有‘低保’或‘失业保险金’，他们就连日常的基本生活都成问题。”[①]显然，其中的不少人很有可能对社会产生一种更加不满的情绪，进一步看，由此所引发的可能的社会矛盾冲突不可小看。

二是“新生代农民工”的压力。2018 年，2.7 亿人的农民工庞大群体中，40 岁及以下农民工所占比重为 52.1%。[②]“新生代农民工”的比例已过半，成为农民工群体中的主体力量。但是，“新生代农民工”处在一种比较尴尬的位置。同农民工前辈相比，他们已经不可能回到农村。同城市居民的同龄人相比，他们却没有同等的市民待遇，无法享有平等的教育、医疗、社会保险等方面的政策，因而难以真正融入城市生活。换言之，无论是在城市还是在农村，“新生代农民工”都缺乏生活的“根”，有明显的“漂泊”和“边缘”的心理感受。问题在于，“新生代农民工”的平等意识和独立意识已经普遍形成，他们难以认可不平等对待。凡此种种，难免催生“新生代农民工”的一些抗争活动。有学者通过对 1988—2008 年相关数据的分析发现，“由于失业的民工缺乏最低生活保障和社会保险，他们会更加脆弱并更容易走向犯罪，因此会更容易推动犯罪率的上升；另一方面，城市失业率的上升还会推动地方政府采取更加歧视民工的就业政策来保护城市居民的就业，因而在犯罪率上升和犯罪高峰持续的过程中起到了推波助澜的作用”[③]。

三、不断加重的税收

不断加重的税收，也会成为引发社会矛盾冲突的导火索。但这一点有时容易被人们忽视。

税收对于一个社会的正常运行和健康发展来说是必不可少的事情。一个

---

① 吴忠民：《社会矛盾新论》，山东人民出版社 2015 年版，第 371—372 页。

② 国家统计局：《2018 年农民工监测调查报告》，国家统计局网站，2019 年 4 月 29 日。http://www.stats.gov.cn/tjsj/zxfb/201904/t20190429_1662268.html。

③ 章元等：《城乡收入差距、民工失业与中国犯罪率的上升》，《经济研究》2011 年第 2 期。

社会,必须站在共同体的角度,通过税收来保证公共权力的正常运行,对社会各个群体进行必要的再分配,并对市场经济的发展实施必要的宏观调控。

税收固然重要,但是过犹不及。不断加重的税收,且不说会减弱消费内需拉动、抑制经济发展的活力,而且会损害公众的切身利益,进而直接加重社会矛盾冲突。

(一)几乎会损害所有社会群体的经济利益

税收原本主要用于民众,具有“普惠”的功能,但在现实社会中却往往不是这个样子。税收同民众收入是一个此消彼长的关系。一个社会的财富是一个相对恒定的数字,如果政府从中多拿一块,自然就意味着民众的财富相应减少一块,进而意味着民众自我发展能力的相应减弱。不断加重的税收不仅会降低民众实际的基本收入水准,使中低收入群体以及低收入群体成员本来就已艰难的生活境况雪上加霜;并且对经济精英群体利益的损害相对更大,因为经济精英群体往往是纳税大户,政府容易将税收的重点放在这个群体身上,甚至会增加其税收额度,进而会妨碍他们的正常发展。在这方面,始自咸丰三年(1853)的晚清厘金制度就是典型的事例。咸丰年间厘金年收入已超过1000万两,至光绪五年(1879)厘金年收入已突破2000万两,光绪二十九年(1903)厘金年收入更是突破3000万两。[①] 厘金制度不仅增加了民众的生活成本,而且妨碍民族企业主群体的发展,进一步看,妨碍着现代型社会阶层结构的形成,因而必然招致民众及民族企业主群体的广泛不满和抗争。

(二)容易使征税方(政府方)形成日益严重的税收依赖症

如果没有一整套制度体系对公共权力进行有效的监督制约,公共权力本能的冲动便具有了很大的扩张空间。“行政权是一种权力,而权力就意味着一定的支配和控制力,它可以使他人的意志服从自己的意志,从而影响和控制他人,并且这种影响和控制根本无须事先征得他人的同意。这就使得行政权具有一种内在的扩张性。”[②]其结果是,行政成本日益增长并居高不下,大规模投

---

① 周育民:《晚清厘金历年全国总收入的再估计》,《清史研究》2011 年第 3 期。

② 胡建森主编:《公权力研究——立法权 · 行政权 · 司法权》,浙江大学出版社 2005 年版,第 294 页。

资也在所难免。而这一切，有赖于税收的日益增加。于是，政府难免会形成对日益加重的税收的高度依赖之惯性。在这样的情形下，政府的税收依赖症便与日益加重的税收两者之间形成一种交互加重的恶性循环现象，最终使得不断加重的税收更加成为一种趋势。

（三）容易使人们丧失对公共权力的信任

民众在对不断加重的通货膨胀、日益增高的失业率以及不断加重的税收这样一些有害的经济因素进行归因时，其结论往往是有差别的。对于不断加重的通货膨胀和日益增高的失业率这两种现象，民众很难将之直接地归因于政府所为，而是容易将其归因于整个经济形势不好，或者是认为政府负有其中的一部分责任。与之不同的是，对不断加重的税收这一现象的归因却相对容易明确。原因很简单。与税收直接相关的群体很清楚：一是征税方，即政府；一是纳税方，也就是民众。政府如果不多征税，民众自然相应地就会少交税。正因为如此，民众很容易将自己在税收方面的利益损失直接归因于政府，并据此对政府产生不满甚至是严重不满的心理。换言之，在不断加重的税收上，政府相对来说更加容易成为民众抗争的明确标靶。

还有一点值得注意。一个国家在经济滑坡时期，有时在税收问题上容易陷入一种两难境地。一方面，经济越是滑坡，政府财政就会越吃紧，就越想增加税收；另一方面，越是在经济滑坡的时候，原本基本生活不算富裕或已成问题的民众就越想少交税，甚至希望政府免税。于是，越是在经济滑坡时期，政府和民众在税收问题上就越加容易对立起来。

历史上大量事例都说明，不断加重的税收容易催生和激化社会矛盾冲突。无论是中国历史上的许多农民暴动，还是 17 世纪的英国光荣革命、18 世纪的美国独立战争以及 18 世纪的法国大革命，其直接的导火索往往就是不断加重的税收。其中，法国大革命最为典型。当时，国王路易十六连年征战，军费开支巨大，债台高筑。“在路易十五朝的末年，几已陷于破产之境。”“1789 年时债务已达四十五亿锂。在路易十六统治的十五年之中，增加了三倍。”“当时收入预算不过是五亿锂有零。”①为了弥补国库的巨大亏空，路易十六出台了一

① 〔法〕马迪厄：《法国革命史》，杨人楩译，商务印书馆 2011 年版，第 23、24 页。

项向包括“第一等级”群体亦即特权群体在内的所有群体征税的政策，其结果是，引发几乎所有群体的不满，从而引爆了法国大革命。

四、余论

由上可见，持续加重的通货膨胀、日益增高的失业率以及不断加重的税收这三个经济因素会直接加重社会矛盾冲突。特别应当注意的是，如果遇到经济严重滑坡的时期，这三个经济因素很有可能会交织在一起，交互感应、交互加重，进而对社会矛盾冲突产生一种导火索的叠加效应。一旦如此，这三个经济因素可能加重的社会矛盾冲突就会更加严重。

专论3　就业的社会意义

人们有时只是从经济效率和经济收入的角度来考虑就业问题。这种做法应当说不够全面。在一个社会中，就业问题解决得好坏，涉及社会的方方面面，其影响是极为广泛和深远的。就业问题是一个事关社会公正的问题，是一个事关社会安全运行和健康发展的问题。对中国社会来说，就业问题更是一个十分迫切的现实问题，而且随着中国现代化进程和市场经济进程的逐渐深入，这一问题的重要性愈益凸显。因此，我们不能仅仅从经济的意义上来考虑就业的效应，而更应当从社会的意义上来考虑就业的效应。

就业的社会意义主要表现在以下几个方面：

第一，就业是人们融入正常社会生活环境所不可缺少的必要条件。

每个人都无法离开社会，社会群体生活是人类生活的一个基本特征。正常的社会群体生活是人们融入正常社会生活环境的主要途径。片面的、狭小的、封闭的社会群体生活会造成人们不正常的社会生活环境。就一般情形而言，每一个适龄的社会成员在社会分工体系中都应当有一个特有的位置，每一个适龄的社会成员都是通过特定的职业、特定的工作获得正常的社会群体生活，从而融入正常社会生活环境的。所以，拥有一份职业、一份工作，是人们平等地进入、融入一个正常社会生活环境的一个必要条件。相反，如果一个人长时间地失去职业，没有工作，那么，就往往意味着这个人社会生活状况的边缘化，进而不仅会造成失业者与正常社会生活环境之间的隔阂，还会使失业者的尊严以及独立的人格受到严重的伤害。

第二，就业是缓解贫富差距、大面积地消除贫困现象的有效途径。

就业是就业者及其亲属基本生活费用的主要来源。就业是民生之本。对绝大多数社会成员来说，获得一份稳定的工作，就意味着拥有了一份比较稳定的收入，意味着就业者及其亲属能够正常地生活。就业问题解决得好坏，同这个社会的贫困问题以及贫富差距问题的严重程度有着直接的相关性。严重的失业问题，必定会造成这个社会里大量家庭基本经济收入的大幅度降低。假如一个社会中大多数社会成员的收入相差不大，那么，失业问题所造成的后果会十分明显。比如，像中国城市里比较典型的三口或四口人的中等收入家庭，如果夫妻两人有一方忽然失去了工作，那么，这个家庭就很有可能下降至低收入家庭。尤其在社会保障严重缺乏的情况下更是如此。严重的失业问题必定会使贫困人群增加，失业者本人及其亲属最有可能首先沦为贫困者。事实也是如此。许多学者通过调查发现，中国城市的贫困群体成员中有相当大的比例是源自失业。特别需要指出的是，在中国现阶段，由于缺乏系统的社会保障制度，由于中国的发展起步时间不长、社会成员的财富积累十分有限等，中国社会成员的基本生活对于就业的依赖程度尤其高。由此可见，中国的失业问题所造成的贫困问题甚于发达国家。这是中国社会的就业问题不同于许多发达国家的一个明显特征。由此还可以得出这样的结论，在中国的现阶段，解决贫困问题和贫富差距问题最为有效的途径之一，就在于增加就业机会，从总体上消除至少是缓解失业问题。

第三，就业有助于社会成员自身的发展。

当社会成员解决生存问题之后，就会面临着一个自身发展的问题，就会产生新的需求。而就业对于社会成员的自身发展也有着有益的影响。其一，有助于职业能力的不断提高。随着现代化进程的逐渐深入，产业结构的升级换代，科学技术的迅速发展，新的职业在不断产生，大部分原有的职业也必须适应新的形势而进行程度不同的更新或调整。因此，即便是在职业的范围之内，就业者也必须不断接受新的知识，注意发展自身的能力。其二，有助于继续社会化以及再社会化。社会是不断发展变化的，生产方式、生活方式、价值观念、行为规范以及社会制度等都在不断地发展变化，尤其是在社会的急剧转型期，这种发展变化的幅度就更为明显。于是，对于社会成员来说就产生了一个继续社会化和再社会化的问题，以适应时代的新形势和社会的新需要。但是，人们不可能凭空进行继续社会化和再社会化。人们只有以职业的具体要求为基本的平台和依托，才能有效地介入、适应新的社会环境，换言之，才能有效地进行继续社会化和再社会化。

第四，就业是保证社会成员后代健康成长的必要条件。

拥有一份工作，不仅对就业者自身至关重要，而且对其后代的健康成长、顺利地完成社会化也是十分重要的。之所以这样讲，是因为一个正常的家庭在人的社会化过程中具有不可替代的重要影响，而就业又是一个家庭得以正常维系的重要因素。一方面，正常的家庭有利于子女身心的健康发展。对于子女的社会化来说，家庭几乎是最重要的影响因素。可以这样说，家庭是人生的第一所学校，父母是子女的第一任老师。正常的家庭有利于子女情感的培育，有利于子女掌握正常的生活技能，有利于子女健康行为规范的形成。一旦家长失去了工作，那么这个家庭就很有可能因为经济基础的薄弱而成为一个不正常的家庭，从而对子女的社会化过程产生不利的影响。暂且不说家庭经济收入的不足会直接影响子女体能的发育，就是父母的心态也会对子女的心理造成许多有害的影响。比如，失业者的焦虑心态、对于社会的非认同的态度以及封闭的生活取向等消极的心理成分，都会或多或少地直接传递给其子女，从而对子女的心理产生不良的影响，妨碍子女正常的价值观念、社会责任感的形成。另一方面，正常的家庭对于子女接受学校的正规教育也是必不可少的条件。对于许多一般收入家庭而言，如果父母失去了工作，家庭收入将迅速降低，那么，其子女能否得到优良的基础教育便成了问题。

第五，充分的就业意味着人力资源的充分开发。

对于一个社会的发展来说，人力资源是一项最为重要的社会资本。人力资源的开发状况对于这个社会发展动力的强弱状况以及发展的持续性状况均有着重要的影响。就人力资源的开发而言，有一明显的弹性空间，即开发与否以及开发程度的高低有着明显的差别。而人力资源得以充分开发的一个重要标志就是实现充分就业(虽然还不能说是唯一标志)。充分就业从一个重要的方面意味着人力资源得到了比较充分的开发。相反,一个社会如果存在着大量的失业人员,那么就说明这个社会的人力资源开发得很不够,没有做到人尽其能,人力资源被大量浪费。另外,实现充分就业进而充分地开发人力资源,还可以使社会成员形成一种真正的劳动意识和社会责任感,防止一部分社会成员长期由另一部分来"供养"的不合理状况。因为,大量的失业人员如果过度地、长时间地依赖社会福利而生活,在客观上会产生明显的不健康的社会现象,如平均主义的意识和寄生的心理等。

第六,充分就业有助于提高社会的整合程度。

一个社会只有实现了充分就业,社会成员的经济收入才有可能普遍地得以稳步的提高。在此基础之上,社会成员才有可能对自身处境形成较好的评价,才有可能普遍认同社会,形成一种积极的社会态度。只有实现了充分的就业,社会成员才有可能进行平等的社会交往和沟通,最大限度地消除社会群体之间的隔离因素,并形成主流化的社会价值观念和行为规范。如是,则有助于增进社会合作,提高社会的整合程度,进而实现社会的安全运行和健康发展。相反,一个社会如果存在着严重的失业问题,那么,必定会削弱这个社会的整合程度。其一,会增加大量的社会离心因素。一个人对于社会是否采取积极的认同态度,在很大程度上取决于他对自身处境的满意程度,并且这种满意程度的强弱对于其具体的动机及行为方式会产生直接的影响,特别是当他把自身所处不利处境主要归因于社会时更是如此。就一般情形而言,我们不能设想一个失去了工作、经济收入急剧下降的人能够对自身的处境有一个满意的评价,能够形成一种对社会的亲和力和利他行为。重要的是,一个失业者至少会影响到一个家庭对社会的态度。因此,一个存在着大量失业人员的社会,必定会存在着大量相互不信任、猜忌、怨恨,甚至是抵触、敌视的现象。这是社会不稳定的重要的潜在基础,随时都有可能直接转化为现实的社会动荡。其二,直接影响到社会治安问题。中国学者通过调查发现,在目前的案件中,如盗窃、制假贩假、诈骗、抢劫等,有较高比例的案主是没有工作的"无业人员",其作案动机起初往往只是十分简单的基本生计问题没有着落。显然,大量失业人员的存在,会对社会公共安全构成直接的威胁。总之,严重的失业问题如果得不到妥善的解决,社会成员之间的有效合作难以形成,社会的整合程度将会下降,经济的持续发展也将难以保证。这些进而会对社会的安全运行和健康发展造成十分不利的影响。

第五章 转型期社会矛盾冲突的三个层级及主要影响因素

如果说社会矛盾冲突存在于任何一个社会当中的话，那么，与“常态”社会相比，在转型期的社会，由于社会分化相对有余而社会整合相对不足，由于巨大社会能量的激活与规则体系的相对缺失这样两种情形的并存，由于以往“旧的”社会治理机制已经程度不同的失效而具有现代意义的、“新的”社会治理机制尚未系统地确立起来并得以有效运行，由于大量不确定性因素的层出不穷等种种特定现实条件以及认知能力的有限等多种复杂的原因，因而相对来说，社会矛盾冲突更容易迅速积累、扩散，并对社会造成程度不同的负面影响，严重者，甚至会损害社会的安全运行，阻碍现代化建设的顺利进行，或者使现代化建设扭曲变形。①

对社会矛盾冲突进行必要的分类，是我们科学认识和有效把控社会矛盾冲突的必要前提。从不同的角度着眼，对社会矛盾冲突可以进行不同的分类。就此而言，经常有几种分类法。第一种分类是，从产生根源的角度将社会矛盾冲突分为物质利益的社会矛盾冲突和非物质利益的社会矛盾冲突，或者将之分为现实利益的社会矛盾冲突和非现实利益的社会矛盾冲突，或者将之分为利益性的社会矛盾冲突、结构性的社会矛盾冲突、运行性的社会矛盾冲突和基础性的社会矛盾冲突，等等。第二种分类是，从所存在领域的角度将社会矛盾

---

① 这里所说的社会矛盾冲突，指转型期社会整体意义上的社会矛盾冲突的总体状况，而不是指转型期某个地区或某个具体个案意义上的社会矛盾冲突。

冲突分为社会领域中的社会矛盾冲突、经济领域中的社会矛盾冲突、政治领域中的社会矛盾冲突、文化领域中的社会矛盾冲突、宗教领域中的社会矛盾冲突、民族领域中的社会矛盾冲突以及意识形态领域的社会矛盾冲突，等等。第三种分类是，从是否具有对抗性的角度将社会矛盾冲突分为对抗性的社会矛盾冲突和非对抗性的社会矛盾冲突。

应当承认，就社会矛盾冲突的研究而言，上述几种分类方式都是不可或缺的。其优点在于，能够使人们分别从某个特定的重要角度或侧面相对清晰地认识某种社会矛盾冲突的现状及演化趋势。但是，类似的分类方式同时存在明显的不足之处：对于各个领域社会矛盾冲突相互间的影响，对于各种社会矛盾冲突相互间的交织性和复杂性以及动态变化状况相对难以进行科学合理的把握；对于种种社会矛盾冲突各自影响在整个社会中的相应具体位置很难有一个客观的比较和判断；对于社会矛盾冲突的总体影响包括影响力和影响面的大小，亦即社会矛盾冲突对于社会的安全运行和健康发展究竟会造成哪些整体上的重大负面影响，相对难以进行科学合理的判断；对于一个社会中主要社会矛盾冲突的演化趋势，也相对难以进行科学合理的把握。

显然，对社会矛盾冲突还有必要从其总体强度大小的角度进行分类。如是，不仅有助于人们科学合理地认识社会矛盾冲突实际的综合影响（包括影响力及影响面的大小），而且有助于人们科学合理地把握社会矛盾冲突的主要演化趋势。

从社会矛盾冲突强度的大小角度，可以将社会矛盾冲突分为"常态社会风险层级的社会矛盾冲突""社会危机层级的社会矛盾冲突"以及"社会动荡层级的社会矛盾冲突"这样由低到高的三个层级（类型）的社会矛盾冲突。不同层级的社会矛盾冲突意味着社会矛盾冲突介入者本身的社会影响力、介入者的数量、介入原因、介入目标、介入方式以及介入力度不尽相同，因而对于社会的危害程度是不一样的。另外，还需要看到的是，社会矛盾冲突能够演化到何种地步在不小的程度上取决于人们采取何种行为进行应对，换言之，在不小的程度上取决于人们主动努力的具体结果。显然，只有在科学认识不同层级的社会矛盾冲突特征的基础之上，方能有效把握社会矛盾冲突的演化逻辑，并据此制定合理可行的应对思路和对策，用以防止严重层级的社会矛盾冲突亦即社会危机层级的社会矛盾冲突和社会动荡层级的社会矛盾冲突的出现，避免社会为现代化建设付出过大的甚至是透支未来的成本，避免现代化进程难以为继或变形走样局面的出现。

一、转型期社会矛盾冲突演化升级的主要影响因素

不能否认，在一个国家的转型期，现代化、市场经济以及开放进程的迅速推进，不可避免地带来前所未有的社会经济的巨大发展，同时，也带来一系列前所未有的风险因素。“在现代化进程中，生产力的指数式增长，使危险和潜在威胁的释放达到了一个我们前所未知的程度。”①其一，从社会整体利益结构的角度看，适应生产力和市场经济发展所形成的新的社会分工的局面，使得社会阶层结构发生了巨大变化，一些新的社会阶层开始形成并日益壮大，一些原有的社会阶层开始相对变弱甚至消失，与之相应的是，社会的整体利益结构发生了全方位、大幅度的调整，每一个社会群体、每一个社会成员都难以置身事外。其二，从每一个作为个体人的社会成员角度看，社会成员由以往的具有人身依附性的群体成员，变为具有独立意识又缺少某种归属感的，必须通过自致性的努力方能安身立命的个体人。其三，从利益诉求的角度看，社会群体和社会成员更加在意自己的切身利益，逐渐习惯于以公开的方式表达自己的利益诉求，而且各种利益诉求呈现出多样化、复杂化、矛盾性的情状。其四，从现代化推进状况的角度看，各个领域各个地区之间程度不同地呈现不平衡不协调发展的情状。其五，从生存和发展状态的角度看，社会群体之间、社会成员之间的差异越来越大。其六，从社会心态的角度看，大量社会成员对于自己的未来前景不可预期，因而表现出种种不安，使得社会焦虑在整个社会当中弥漫。英国的转型期社会就具有一定的典型意义。有人发现，处在转型期的维多利亚时代的伦敦有一个悖论，即“人群中是勃勃的生机与活力，但个人却总是充满焦虑，心灰意冷。”当时，伦敦中产阶级的普遍焦虑心态在于，“一不小心

---

①〔德〕乌尔里希·贝克：《风险社会》，何博闻译，译林出版社2004年版，第15页。

就会坠落青云,今天的日子还算得上体面,来年或许就会苦不堪言”①。

基于上述时代背景,转型期的社会不可避免地呈现出如是情形:整个社会既不断蓄积日益增大的巨大发展势能和发展张力,又充满日益增多的大量不确定性因素。凡此种种,必然会造成多种多样的社会矛盾以及由此引发的社会冲突,并使得社会矛盾冲突的演化具有多种可能性。

至于社会矛盾冲突能够走多远,亦即社会矛盾冲突能够演化到哪一个层级,客观上讲,取决于多种影响因素。其中,主要影响因素有三个,即经济发展的基本面,社会整合(团结)的基本状况,公共权力的基本状况。

(一)经济发展的基本面

毫无疑问,经济状况是整个社会共同体的各个领域包括社会领域、政治领域以及文化领域的基础。“物质生活的生产方式制约着整个社会生活、政治生活和精神生活的过程。”②而且,从某种意义上讲,经济本身就是民众的一种重要日常生活方式,是一种重要的社会秩序。当一个社会的发展处在较低的水准,人们基本生存层面上的需求尚未得到充分满足时,这种情形尤其明显。显然,就一般情形而言,任何人、任何群体都不可避免地将经济利益视为头等大事至少是基础性的大事。“人们奋斗所争取的一切,都同他们的利益有关。”③正因为如此,经济发展的基本面是产生社会矛盾冲突的基础性根源,换言之,经济发展基本面的好坏势必会对社会矛盾冲突产生基础性乃至直接的影响。

在转型期社会,与以往以及相对“成熟的现代社会”相比,有一点很不相同,这就是:经济发展基本面的变化幅度相对更大,不确定因素相对更多,因而对于社会矛盾冲突的影响自然也就显得更大。

在转型期,社会成员越来越依赖于甚至越来越习惯于经济较快增长的情形。一个客观的现实是,在市场经济条件下,随着社会成员经济意识的普遍增强以及自致性努力行为方式的普遍确立,随着各种生产要素自由流动程度的

---

①〔英〕彼得·阿克罗伊德:《伦敦传》,翁海贞等译,译林出版社 2016 年版,第 496、497 页。

②《马克思恩格斯选集》(第 2 卷),人民出版社 2012 年版,第 2 页。

③《马克思恩格斯全集》(第 1 卷),人民出版社 1956 年版,第 82 页。

提高和自由流动空间的扩大，转型期社会用于再生产的投资总量（包括内资和外资）在不断增大，各种经济单元在不断增多，经济结构在不断升级换代，经济前行的动能在日益增大。正因为如此，一般来说，转型期社会的经济发展速度不仅远远超过进化度较小的以往传统社会的经济增长速度，也会明显超过经济结构较为“成熟稳定”、财富基数较为庞大的发达国家的经济发展速度。在这样的情形下，转型期的民众能够从快速增长的经济中获取相对越来越多的收入，其实际生活的改善越来越离不开经济的快速增长，相应地，民众对未来美好生活的期许也越来越依赖于经济的快速增长。而且转型期，民众对未来美好生活的期望值甚至会越来越高，以至于成为民众的某种习惯。20 世纪 20 年代的美国就呈现出经济迅速繁荣，民众生活迅速改善，同时民众的生活期望值更是一路“高歌猛进”的情形。当时，随着经济的一路走高，美国民众的生活得到了前所未有的大幅度改善，收入普遍增加，收音机开始普及，汽车成为家庭的必需用品，而且民众对于未来的生活更是充满越来越高的期望，大批家庭投资股市，不少社会成员甚至是大额举贷购入股票。

另一方面，转型期民众对于经济状况可能的较大起伏度亦即较大的变化幅度却难以承受。客观上看，转型期国家的经济结构与制度安排不可能迅速完善，人们的发展规划存在不少缺陷，人们对国内外许多突发性经济问题的风险意识以及实际的抗风险能力也往往偏弱。在这样的条件下，转型期社会的经济容易由较快的增长速度短时间内就变为较慢或负增长的增长速度，相应地，经济发展的基本面有时甚至会出现大起大幅的情状，即经济往往会以某个看上去似乎是突发性事件为发端，迅速从较为繁荣的状况很快变为相对萧条凋敝的情状。而经济发展的基本面一旦出现大面积大幅度“向坏”的局面，那么毫无疑问，通货膨胀率飙升、失业率大幅度提高等现象就会相继而来。其结果是，大比例社会成员收入必然会普遍降低，其基本生活水准必然会相应呈现大幅度大面积下降的情形。美国 1929 年以股市崩盘为发端而开启的经济大萧条时期便是典型的事例。而大比例社会成员基本生活水准的大幅度降低势必会催生普遍的不满情绪，进而引发或加重社会矛盾冲突。

即便不是处在大幅度经济下滑状态，转型期社会出现超出“正常”幅度的通货膨胀以及失业现象，也是一种常见的现象。而这些超出“正常”幅度的通货膨胀和失业现象无疑也会明显降低不少社会成员的日常生活水准，使之产生种种对社会的不满情绪，引发或加重社会矛盾冲突。以失业现象为例。失业现象对于社会矛盾冲突的负面影响是多方面的。其中，青年失业率是一件应当引起社会高度关注的事情。对于失业的青年人来说，失业不仅仅意味着基本生计成为问题，并且从某种意义上讲，更是意味着希望的丧失。因而，一旦陷入失业状态，青年有时就会采取一些反叛的行为。有学者发现，在中国“目前的如盗窃、制假贩假、诈骗、抢劫等案件中，有较高比例的案主是没有工作的‘无业人员’，其作案动机起初往往只是十分简单的基本生计问题”①。

总之，在转型期，经济发展的基本面包括经济增长与经济下滑的幅度、通货膨胀率的高低以及失业率的高低等等，是影响社会矛盾冲突基本状况的重要因素。

（二）社会整合的基本状况

社会整合的基本状况是影响社会矛盾冲突状况的至关重要的因素。其中，社会公正的基本状况是社会矛盾冲突的关键性影响因素。

社会公正是现代社会的基本价值取向。社会公正有两个缺一不可的基本价值取向，即基于平等理念的普惠性公正和基于自由发展理念的差异性公正。普惠性公正的宗旨是要让全体社会成员共享社会发展成果，而差异性公正的宗旨则是要为每一个社会成员提供充分的自由发展空间。“普惠性公正社会功能的重心在于社会整合及社会安全的促进，在于社会整体化潜能的开发；而差异性公正社会功能的重心则在于社会活力和创造力的激发，在于丰富多彩充满张力社会的形成和促进，在于给人以希望和前景。”②

由于现代社会的基本制度是建立在基本价值理念基础之上的，因而社会公正也就成为事关整个社会基本制度安排的重要问题。进一步看，社会公正的基本状况便成为社会矛盾冲突最为关键性的影响因素。罗尔斯指出，在社

① 吴忠民：《社会公正何以可能》，人民出版社 2017 年版，第 204 页。

② 吴忠民：《普惠性公正与差异性公正的平衡发展逻辑》，《中国社会科学》2017 年第 9 期。

会公正的条件下，“不稳定的倾向能够得到控制，假如不是消除的话”①。社会公正基本状况的如何在很大程度上决定着社会整合状况的如何，决定着社会矛盾冲突的数量和强度。具体之，在转型期社会，社会成员基础性基本权利状况的如何、社会保障状况的如何、社会再分配力度的恰当与否，直接决定着该社会的整合与团结的具体状况；而社会成员是否拥有充分的自由流动和自由发展的空间，则直接决定着该社会的活力和创造力的如何，决定着该社会民众满意度和希望度的大小。在转型期，社会公正如果处在较好的状况，社会矛盾冲突程度无疑会较低。相反，社会公正状况如果处在较差的地步，社会矛盾冲突无疑会加重。“当富人与穷人间的物质生活水平如此悬殊时”，金钱对于权利的侵犯“会成为犬儒主义、激进主义和异化思想的重要来源”。②

社会矛盾冲突当中“抗争方”的具体状况，对于社会矛盾冲突的加重与否有着极为重要的直接影响。

说到底，社会矛盾冲突当中抗争方的具体状况会直接影响社会矛盾冲突的具体状况。对此，有四点情形值得特别关注。其一，抗争方力量大小的具体状况。转型期的社会如果在普惠性公正方面有重大缺失，其影响面势必很大，势必会造成大批民众在基本生存方面的利益诉求，从而汇聚成力量较大的抗争方。不仅如此，该社会如果在差异性公正方面也有重大缺陷的话，就会使得更多群体的利益受到损害，如中产群体当中的一部分成员会遭受“相对剥夺”，而一部分富裕群体的发展空间也会受到挤压。于是，利益受到各种损害的多个群体就会联合在一起，从而形成力量庞大的抗争方。在这样的情形下，社会矛盾冲突必然会加重。其二，抗争方利益诉求强度的大小。社会矛盾冲突当中抗争方的利益诉求是多种多样、强度不一的。不同强度的利益诉求对社会矛盾冲突影响的大小有明显差别。抗争方的利益诉求如果是集中在一般性、但不是基本生存底线的民生方面，或者是一般性的文化领域以及环境生态方面，那么，抗争方的利益诉求在没有其他因素介入的情形下，其强度一般来说

---

①〔美〕约翰·罗尔斯：《正义论》，何怀宏等译，中国社会科学出版社 1988 年版，第 500 页。

②〔美〕阿瑟·奥肯：《平等与效率》，王奔洲等译，华夏出版社 1987 年版，第 24 页。

不会很大，不会形成特别严重、激烈的社会矛盾冲突。相反，抗争方的利益诉求如果事关民众的基本生存底线问题，事关能否“活下去”的底线，那么，这样的利益诉求的强度无疑是很大的，由此所催生的社会矛盾冲突很容易趋于“激烈”。诚如恩格斯所指出的那样，“为了活命、为了生存、为了一切而进行的战争，因而必要时也是你死我活的战争”①。重要的是，抗争方的这种利益诉求如果又同政治方面的利益诉求结合在一起，则激烈的、严重层级的社会矛盾冲突发生的概率无疑会大幅度加大。其三，抗争方组织化程度的具体状况。抗争方当中的某个重要群体如果拥有完整的组织，并且该组织还制定了纲领、长远行动目标、具体行动方案，则表明该群体具有较强的整合性，因而其相应的抗争行为具有一定的可持续性，不会轻易消失。如果再加上该抗争群体同别的抗争群体能够形成某种联合，则意味着抗争方当中的相关群体具有程度不同的联动性，能够程度不同地统一行动，具有较为强大的“执行力”和“行动力”。如是，社会矛盾冲突势必会加重。其四，抗争方是否同极端的非理性因素结合在一起。受种种历史和现实条件的影响，一些国家存在着某种极端的意识形态、极端的宗教意识以及极端的民族主义等形形色色的非理性因素。这些极端因素的最大特点便是非理性、极端性和激烈性，主张以激烈、流血的方式摧毁对方，为此不惜同归于尽。法国大革命时期的雅各宾就属于为极端意识形态所左右的组织。该组织领袖罗伯斯庇尔就主张一种激烈的、大规模流血的抗争方式。“‘造就爱的王国需要血流成河’，罗伯斯庇尔如是说。”②显然，极端的非理性因素一旦为抗争群体所接受，那么，社会矛盾冲突的力度、烈度就会迅速升级、升温。

社会组织发育得如何，对于社会矛盾冲突也有明显的影响。

社会组织的数量和专业性状况对于社会矛盾冲突的缓解或加重具有重要意义。应当承认，在现实社会尤其是转型期，利益相关方出现不同的利益诉求并进而催生社会矛盾冲突是一件正常的事情。问题在于，如果社会矛盾冲突相关方相互间既不沟通以增进相互理解，也不进行谈判协商以减少分歧、求同

①《马克思恩格斯全集》（第2卷），人民出版社1957年版，第359页。

②〔英〕以赛亚·伯林：《自由论》，胡传胜译，译林出版社2011年版，第353页。

存异，不进行必要的利益让渡以有效解决问题，那么，社会矛盾冲突相关方之间的相互态度就会由于不了解而形成某些误判，进而会趋于对峙甚至会发生一些“无谓”的冲突。这时，如果存在相应的社会组织，则有益于问题的解决。我们知道，随着现代化和市场经济进程的推进，适应社会经济愈益专业化、职业化以及社会成员需求愈益多样化的现实情形，社会组织必然会得以大面积发展起来。基于行业规范需求、社会公益需求、社会成员维权需求以及社会成员不同兴趣的需求，社会组织可以分为很多类型。从社会利益关系协调的角度看，公共权力起着极为重要的作用，同样，社会组织也扮演着特定的不可或缺的专业化角色。一方面，社会组织能够在一定程度上从“基层社会”的层面有效地化解或缓解社会矛盾冲突；另一方面，社会组织还能够在一定程度上从“不同领域”的层面有效化解或缓解社会矛盾冲突。这样做的结果，就会在一定程度上对社会矛盾冲突形成一定的“阻隔效应”，防止同一领域社会矛盾冲突的蔓延，同时，对于社会矛盾冲突还会形成一定的“分散化”效应，防止不同领域的社会矛盾冲突集中叠加在一起，从而形成社会矛盾冲突的“合力”效应。此外，社会组织还能够防止民众物质等方面利益诉求的进一步演变升级，并转为政治方面的利益诉求，从而将抗争的聚焦点集中在公共权力。

就社会组织对社会矛盾冲突的有效缓解而言，社会组织的发育必须做到两点：一是，社会组织的种类应当齐全，覆盖面应当广泛；二是，社会组织应当具有专业性。只有同时具备这两点，社会组织对于社会矛盾冲突的化解或缓解方有可能是有效的。相反，如果不具备这两点，社会组织对社会矛盾冲突的化解或缓解效应便会程度不同地减弱或失效，相应地，社会矛盾冲突加重的可能性便会增大。

（三）公共权力的基本状况

维护社会的安全运行，是公共权力的职责所在。毫无疑问，公共权力的重要职责在于通过社会公正的维护和促进，提供必要的公共服务产品，弥补市场经济的失灵。“政府在先进的工业经济中具有日益扩大的作用。这可以从三个方面反映出来：政府支出和税收的增长；国民收入中用于转移和收入——扶持支付的日益增长的份额，以及经济生活调节的急剧增加。”①虽然如此，但切不可忽略的是，防止社会矛盾冲突的升级加重以至于影响到社会的基本安全，更是公共权力最为基础性的职责所在。正是从这个意义上讲，公共权力是维护社会安全运行的第一责任人。特别是在充满不确定性因素，不断生长出多种多样、复杂的社会矛盾冲突的转型期，公共权力维护社会安全运行的职责更加凸显。甚至可以这样说，公共权力是应对最为严重的社会矛盾冲突的最后防线和底线。

就社会矛盾冲突的化解和缓解而言，从某种意义上讲，公共权力的基本状况包括其正当性依据，公共权力的控盘能力、公共投入的把握能力、廉政建设能力以及与时俱进能力等等，都具有直接的效应。

公共权力的控盘能力直接影响到对社会矛盾冲突能否予以有效化解或缓解。公共权力的控盘能力如果偏弱，则无法有效化解或缓解社会矛盾冲突。这里所说的控盘能力，一是指经济影响力。在市场经济条件下，不能想象一个缺乏经济影响力的公共权力能够有效应对社会矛盾冲突。不过，需要说明的是，公共权力财政能力的增强，应当通过恰当合理的财政收入、有效盘活国有资产等方式来实现，而不能通过与民争利的方式获得。否则，公共权力的正当性依据就会减弱。二是指协调社会各种利益关系的能力。社会各个群体有着各种各样的利益诉求，这些复杂多样的利益诉求相互间不可避免地存在抵触甚至是冲突之处。一旦处置不当，不但不会缓解社会矛盾冲突，而且会加重社会矛盾冲突。这就需要公共权力通过推进必需的法治建设，建立起以“良法”为核心的完整的法律体系，并相应地建立起种种利益诉求的表达渠道，用以从制度层面解决社会利益关系的协调问题。三是指动员能力。这里所说的动员能力是指公共权力“将各种社会力量各种资源集中在一起，用以‘强力’实现某个重要目标的能力”②。转型期的社会充满了各种风险因素，其中的一些风险因素难免会变成现实的突发性事件。这些突发性事件如若处理不当，就会

①〔美〕保罗·A. 萨缪尔森等：《经济学》（第 12 版），高鸿业等译，中国发展出版社 1992 年版，第 1163 页。

② 吴忠民等：《中国政治精英优势与现代化建设》，《人文杂志》2018 年第 6 期。

进一步引发一系列严重层级的社会矛盾冲突，进而危及整个社会的安全运行。而对一些突发性事件如公共危机的化解来说，强大的动员能力是十分有效的。中国对于2002年非典事件的有效应对，对于2008年汶川特大地震的有效应对，便是成功运用动员能力的典范。不仅如此，强大的动员能力还能够直接消除社会矛盾冲突的一些生成根源。

公共权力对公共投入的把握能力事关社会矛盾冲突的基础性根源问题。公共权力的主要职能之一就在于维护社会公正，改善民生。这一主要职能得以履行的一个基本途径就是有效的公共投入。这里，便引申出一个重要问题：应当依据怎样的原则来使用公共投入？原则有两条。第一条，必须“到位”，亦即用于民生的资金必须“到位”，换言之，公共投入必须按照“民生为大”以及“民生优先”的原则，来合理安排公共投入的优先顺序。在财政给定的条件下，应当将民生方面的投入予以最大化，而防止将大量公共投入用于非民生领域，如豪华型城市建设、豪华型工程建设等。民生资金如果不到位，民生基本面的改善便会成为大问题，使得贫困问题得不到有效解决，贫富差距迅速扩大，由此，来自民众基本需求层面上的社会矛盾冲突的势能便会蓄积。第二条，必须防止“过度”，亦即必须防止超出实际财政能力水准的“福利过度”现象的发生。对于民生的公共投入如若超出实际财政能力的水准，就会造成“福利过度”现象。一旦如此，不仅会使现有的财政能力不堪重负、难以支撑，无法保证现有福利政策的持续实施，还会催生另一种类型的社会不公现象，即平均主义和民粹主义现象。而平均主义和民粹主义是形成社会矛盾冲突的重要温床。许多发展中国家如一些拉美国家在其转型期都曾出现过这样一种现象：起初，对于民生问题的公共投入很少，因而引发了民众程度不同的抗争；继之，为了缓解社会矛盾冲突，这些国家大幅度加大对民生的公共投入力度，使得福利政策水准远超出经济发展的水准，其结果必然是入不敷出、力不胜任，进而难以持续，而且由此还进一步引发出民众对于更高层面高福利的利益诉求，从而催生新的、更多的社会矛盾冲突，可谓得不偿失。

公共权力自身的廉洁状况对于社会矛盾冲突的缓解或加重也有不小的影响。许多国家的发展历程都说明，在其转型期，比较容易出现的一种有害现象是腐败问题。在转型期，“不可避免地出现了一个悖论：一方面，公共权力有着自我扩张的本能，需要予以制约和监督；另一方面，在法治社会、制度体系建成之前，社会的正常运行和发展必须进行下去，因而还必须依靠政府的推动来实现现代化”[①]。法治体系的不完善、公共权力缺乏必要的监督以及公共权力在转型期拥有较大的权力等多方面的原因，使得政治精英群体中的一些成员能够借助于公共权力的大量“便利”之处，来获取“寻租”收益，形成腐败现象。腐败现象不仅无助于社会矛盾冲突的缓解，还会让公共权力失去起码的正当性依据以及公信力，进而使得公共权力本身出现“异化”现象，即公共权力在一定程度上变成了社会矛盾冲突加重的原因，而不是解决问题的力量。可见，转型期的国家要想有效缓解社会矛盾冲突，就必须进行公共权力的廉洁性建设，消除腐败现象。

二、社会矛盾冲突的三个层级

上述三个主要影响因素不同的具体状况，对于社会矛盾冲突的具体状况有着不同的影响。受这三个主要影响因素具体状况的不同影响，社会矛盾冲突的“强度”状况会有不同的表现。

依据社会矛盾冲突“强度”的不同，我们可以将社会矛盾冲突分为由低到高的三个层级（亦即“量级”）。一是，常态社会风险层级的社会矛盾冲突。上述三个主要影响因素如果一致向好至少不变坏的话，那么，社会矛盾冲突尽管不会消失，但相对来说会处在一种“常态”层级状态当中，亦即一般性的常态社会风险层级。之所以称之为“常态”层级的社会矛盾冲突，是因为这时的社会矛盾冲突是转型期必然发生和存在的一种“正常”现象，并且没有突破合理的区间，在可控的范围之内。这同并不一定必然发生的、相对激烈的、严重层级的社会矛盾冲突是有所区别的。二是，社会危机层级的社会矛盾冲突。上述三个主要影响因素的前两个因素如果明显“变坏”，那么社会矛盾冲突就会严重加剧，社会危机局面就会出现，社会的安全运行和健康发展就会面临着难以为继的可能性。三是，社会动荡层级的社会矛盾冲突。上述三个主要影响因

① 吴忠民：《社会矛盾新论》，山东人民出版社2015年版，第319—320页。

素如果一致严重恶化，那么，社会矛盾冲突便会进入最为严重的局面，社会动荡局面就会由此形成。

（一）常态社会风险层级的社会矛盾冲突

所谓常态社会风险层级的社会矛盾冲突，主要是指一个国家在其转型期必然出现的、并且处于可控范围之内的社会矛盾冲突。

在社会矛盾冲突处在社会风险层级时，我们可以发现，影响社会矛盾冲突的三个主要因素的基本状况均没有达到较为严重的地步，而是处在“常态的”“一般性”的状态。之所以将这一层级的社会矛盾冲突称为“常态社会风险”，是因为：其一，从经济发展基本面看，这时的经济运行虽然有一定的起伏，但总的来说还是在持续增长，民众的收入也在相应地不断提高；通货膨胀处在“温和上涨”的正常状态，一般在10%以下；失业率保持在合理区间，如没有超过8%。其二，从社会整合状况看，贫困问题以及贫富差距问题并不是很严重；社会流动渠道较为畅通；大量社会成员能够通过自致性努力获取某种合意性的收入和社会位置；具有强烈抗争意识的社会群体尚未聚合在一起；社会组织如工会、企业主组织、商会、行业协会、慈善组织、社区组织等等在迅速增多，并在一定程度上能够有效协调社会矛盾冲突各方之间的利益关系。其三，从公共权力的基本状况看，公共权力虽然存在一定的腐败现象，但总的来说还能够正常履职，能够正常运行，而且经济的持续增长以及民众收入的持续提高，使得公共权力自然具有某种正当性依据。在这样的情形下，社会矛盾冲突虽然大量存在，但属于“正常”的状态，其强度并没有超出合理的区间。

常态社会风险层级的社会矛盾冲突大致具有如下几个明显的特征：

第一，多种多样的社会矛盾冲突开始大量出现，并成为一种常态现象。

与传统社会不同，在转型期，随着现代化和市场经济进程的推进，社会成员的自主独立意识、平等意识和维权意识普遍增强，同时却又身处越来越复杂的社会环境当中，面临着种种社会不公以及发展不平衡等现象，因而多种多样的社会矛盾冲突便开始大量出现。这些日益增加的社会矛盾冲突是围绕着各种各样、种类繁多的利益诉求点而形成的，比如，贫困问题（包括绝对贫困问题和相对贫困问题）、贫富差距过大问题、物价上涨问题、通货膨胀问题、社会歧视（包括性别歧视问题和种族歧视问题）和社会隔离问题、城乡居民身份不平等问题、腐败问题、参政议政问题、土地问题、退伍军人待遇问题、社会保障问题、公共卫生服务问题、养老问题、教育问题、环境生态问题，等等。这些社会矛盾冲突几乎覆盖经济、社会、政治、文化、环境生态等各个领域，几乎涉及所有社会群体。在这样的情形下，种类日益增多的社会矛盾冲突逐渐成为一种常态的社会现象，而且逐渐为社会成员所习以为惯。

第二，社会矛盾冲突主要源于民众在民生方面的利益诉求。

在转型期，常态社会风险层级的社会矛盾冲突主要是围绕着民众在民生方面的利益诉求而形成的。其一，绝对贫困问题在转型期之初十分明显。在转型期之初，大批社会成员收入水准极为低下，又缺少社会保障，物质生活境遇窘迫，因而绝对贫困问题相对严重。所以，大批社会成员在收入方面的利益诉求十分强烈，由此引发大量的社会矛盾冲突。其二，劳资矛盾占据突出位置。随着城市化进程的推进，农村人口在总人口中所占的比例越来越小，城市人口所占比例越来越大。相应地，比例越来越大的从业人员成为“受雇者”，亦即劳方成员。在转型期之初，一个常见的现象是，劳动者收入很低，劳动条件相对恶劣，劳动保护几乎缺失，劳动者缺少必要的社会保障。对此，越来越具有平等、独立意识的劳动者自然无法接受，因而必然会提出自己在收入以及劳动条件方面的利益诉求。而从某种程度上讲，劳方与资方两者的利益关系是“此消彼长”的，资方不会轻易放弃自己已有的利益。“利润最大化是资本的直接追求，工资最大化则是劳动的直接追求，劳动关系的矛盾和冲突即由此而来。”[①]在这样的情形下，劳资矛盾冲突必然会成为转型期社会中日益凸显、影响面最大的社会矛盾冲突。其三，民众在民生方面利益诉求的热点随着时代的发展而不断切换和升级换代。就民众关注的民生问题来看，随着经济发展水平的不断提高，随着社会再分配力度的不断加大以及公共服务产品的不断增多，民众所关注的同自身相关的民生上的利益诉求也在不断地变换和升级换代。以中国劳动者为例。在改革开放之初，中国劳动者最为关心的是基本收入问题；继之，随着中国经济的迅速发展以及公正的初次和再分配政策的逐

① 常凯：《劳资冲突处理法制化：构建和谐劳动关系中一项急迫的政治任务》，《中国党政干部论坛》2006 年第 12 期。

渐到位，对于劳动者来说，除了基本收入问题外，逐渐开始提出缩减劳动时间、改善劳动条件、增加社会福利等更高层面的利益诉求，由此形成了一些相应的社会矛盾冲突。

第三，社会矛盾冲突以温和的抗争方式为主。

在转型期，如果社会矛盾冲突的主要影响因素没有发生明显变坏的情形，那么，社会矛盾冲突就总体而言一般是以温和的抗争方式为主。一般来说，人们总是基于自身的切身利益需求来选择利益诉求的表达方式。民众只有在生活状况变得极为恶劣，当下的基本生活难以为继，未来前景没有希望亦即绝望的情况下，方有可能选择激烈、流血的抗争方式来表达自己极端的生存底线上的利益诉求，以此来捍卫自己的生命底线。当一个社会的经济发展基本面、社会整合状况以及公共权力状况处在正常的情形，换言之，当一个社会能够保持正常的安全运行和健康发展的局面时，民众所普遍期许的是安居乐业，过好正常的生活。哪怕有一些不满意的事情需要进行必要的利益诉求表达，也会尽可能地采取温和的抗争方式，以避免成本过大以至于对自身的正常生活造成得不偿失的不利影响。同时，逐渐发育起来的社会组织能够从基层和各个领域这样两个层面来化解或缓解社会矛盾冲突。再者，社会矛盾冲突的抗争方还没有同极端的非理性因素如极端的意识形态、极端的民族主义和极端的宗教势力结合在一起。在这样的情况下，就总体而言，民众一般会选择温和型的抗争方式来表达自己的利益诉求，而不会选择激烈型的抗争方式。即便是在个别区域、个别单元有时会因为即时场景的特殊影响而出现明显激烈的抗争行为，但不至于达到迅速蔓延扩至广大区域的地步。以现阶段中国为例，在社会矛盾冲突主要影响因素向好的情形下，近年来尽管也曾出现一些类似于瓮安事件、通钢事件等具体的激烈抗争事件，但很快便得以平息，没有演化成更大规模的抗争活动，没有蔓延至更为广大的区域。

第四，社会矛盾冲突当中抗争方的主要标靶并非公共权力。

公共权力是否成为社会矛盾冲突当中抗争方的主要标靶，对于社会矛盾冲突能否被控制在相对合理的限度之内，对于社会矛盾冲突升级加剧可能性的大小，不但具有象征的意义，而且具有实际的意义。公共权力如果能够正常地履职，能够在发展经济、改善民生以及维护社会秩序等方面做出起码的成绩，那么，就能够获得一定的公信力，使自身具有一定的正当性依据和稳定性，能够成为民众所普遍认可的社会矛盾冲突的协调方；或者，即便是公共权力出现了一定的问题，但问题还不是很大，没有大到被社会矛盾冲突当中抗争方所完全排斥，觉得有必要更换现有的公共权力，而将之列入主要抗争标靶的地步。同时，公共权力没有成为主要标靶这一情形还意味着社会矛盾冲突整体上的可控性，社会控制中心没有出现大的问题，整个社会的矛盾冲突尚未加重到严重的地步，社会矛盾冲突能够通过现有的制度框架或习惯做法得以解决。重要的是，被认可的公共权力能够继续履职，有助于有效维护社会的安全运行和健康发展的局面，防止常态社会风险层级的社会矛盾冲突进一步升级加剧到社会危机层级的社会矛盾冲突和社会动荡层级的社会矛盾冲突。否则，公共权力如若没有有效履职，自身又出现了许多严重的问题如严重的腐败问题等，那么便会成为社会矛盾冲突中抗争方的主要标靶。一旦如此，则说明了问题的严重性，而且公共权力一旦遭受重创，则意味着整个社会的秩序会直接受到严重影响，社会矛盾冲突就必然会升级加剧。

总之，在转型期，社会矛盾冲突的大量出现是不可避免的事情，是一种常态现象。而在社会矛盾冲突的三个层级当中，常态社会风险层级社会矛盾冲突的负面效应相对最小。由此可见，转型期的社会要想保证长时期的稳定，保证可持续、健康的发展，就应当尽力将社会矛盾冲突的层级控制在常态社会风险层级的范围之内。

（二）社会危机层级的社会矛盾冲突

所谓社会危机层级的社会矛盾冲突，主要是指一个国家在其转型期出现的十分严重的社会矛盾冲突，这种社会矛盾冲突已经造成十分严重的负面影响，致使整个社会处在失控的临界点。

当影响社会矛盾冲突的主要因素大多或一致出现严重恶化的情状时，社会矛盾冲突便会升级为社会危机层级的社会矛盾冲突。其一，一旦经济基本面呈现严重下滑情势，甚至发生经济危机，那么，民众眼下的生活水准就会相应地大幅度下滑，其基本生计就会直接受到影响。这种情形必然会使得大批民众对目前的经济状况产生强烈的不满，对未来前景程度不同地失去信心，进而容易成为社会矛盾冲突的抗争方。其二，社会整合一旦出现严重的问题，就会使利益相对受损的一方加入抗争方的阵营。转型期当中社会危机层级社会矛盾冲突的典型事例，当属1929年至1933年经济大萧条时期的美国、20世纪的许多拉美国家以及数十年以来的一些东南亚国家。拉美许多国家之所以经常发生社会危机层级上的社会矛盾冲突，一个重要原因在于社会不公现象十分严重。根据拉美10个主要国家的统计，20%的最低收入者所占国民收入份额最高的仅为4.4%，最低的仅为1.5%；而20%最高收入者所占国民收入份额最高的达到73.1%，最低的也达50.3%。这10国的基尼系数在0.44—0.66之间。[①] "拉美国家的收入集中程度具有居高不下的巨大刚性。"[②]而东南亚一些国家频繁发生社会危机层级的社会矛盾冲突，一个重要的原因也是如此。泰国有官员提出："冲突的更深层次原因是为什么占泰国总人口2%的人吞噬了国内生产总值的80%？"[③]其三，公共权力履职的低效以及腐败现象的大量出现，势必也会催生社会危机层级的社会矛盾冲突。在20世纪的许多拉美国家，"贪污、家族偏好、政治报偿和特权仍然是政府运行的润滑油，政府作用加强的结果之一是公共部门的显著膨胀，许多组织和个人为控制中央政府的巨大权力和资金而展开了激烈的斗争"[④]。在菲律宾"马科斯执政期间，其家族及与其合作的几个大财阀垄断了菲律宾国民生产总值的80%，其家族聚敛的财富达数十亿美元之多"[⑤]。

社会危机层级的社会矛盾冲突具有如下几个明显特征。

第一，民众日常生活的艰辛。

经济状况既是社会共同体存在和发展的基础，更是大批民众最为现实的日常生活状况。经济一旦出现危机局面，民众的日常生活必然会相应出现十分困顿的情形，大面积的失业、贫困等等必然是相随而来的事情。在美国1929年开始的大萧条时期，"美国国民总产值从1040亿元下降到410亿元"。"大

① 苏振兴主编：《拉美国家现代化进程研究》，社会科学文献出版社2006年版，第642—643页。

② 苏振兴：《增长、分配与社会分化——对拉美国家社会贫富分化问题的考察》，《拉丁美洲研究》2005年第1期。

③《泰官员：泰国2%的人占80% GDP是政治危机根源》，环球网，2010年5月20日。http://world.huanqiu.com/roll/2010-05/822191.html? agt=15438。

④ 韩琦主编：《世界现代化历程·拉美卷》，江苏人民出版社2012年版，第28页。

⑤ 文峰：《试析东南亚威权主义政治的衰弱》，《世界经济与政治论坛》2002年第2期。

约有1500—1700万人失业，大多数是一人养活全家的。1932年9月的《财富》杂志估计，美国有3400万成年男女和儿童没有任何收入，此数近于人口总数的28%。而且这个研究报告一如其他报告，那正在另一种地狱里受难的1100万户农村人口是不包括在内的。”“中产阶级是破落得迅速而令人痛心的。在加利福尼亚水库工地上干粗活的工人当中，有好些先前是农场主、牧师、工程师，还有一位中学校长和一个密苏里州某银行的前任行长。”“农民每收一英亩小麦，就要亏一元五角。”①

第二，大面积、甚至某种程度常态化的社会骚乱。

社会危机层级的社会矛盾冲突表现为介入社会骚乱的人数及群体数量较多。社会骚乱在一些地区开始大量、连片出现。有的区域的公共权力场所甚至已经被占领，某些地区的公共权力在某个短暂时期失去了正常履职的能力。美国20世纪20年代末开始的大萧条时期，各种各样的农民运动、工人罢工活动、退伍兵请愿活动此起彼伏。“内布拉斯加州林肯市有4000人占领了州议会大楼，西雅图市有5000人占据了十层楼的市政府大厦。”②20世纪90年代中期以后，拉美国家的社会冲突连绵不断。“哥伦比亚等国家的暴力不断升级，游击队与政府的谈判长时间没有进展；墨西哥等国出现了新的武装反抗斗争；在阿根廷、玻利维亚、厄瓜多尔、巴拉圭和巴西等国家，民众和社会组织的各种抗议活动不断增加。”③

第三，激烈对抗的方式开始出现。

从社会矛盾冲突方式角度看，在社会危机层级上的社会矛盾冲突中开始出现暴力流血的方式。这时有的社会矛盾冲突开始与非理性的极端因素如极端的意识形态因素、极端的种族主义以及极端的宗教因素等结合在一起，因而出现了一些暴力、流血的激烈冲突方式。2010年，泰国由红衫军发起社会矛盾

---

①〔美〕威廉·曼彻斯特：《光荣与梦想》，广州外国语学院英美问题研究室翻译组、朱协译，海南出版社2006年版，第25、27、14页。

②〔美〕威廉·曼彻斯特：《光荣与梦想》，广州外国语学院英美问题研究室翻译、朱协译，海南出版社2006年版，第42页。

③ 袁东振：《对拉美国家社会冲突的初步分析》，《拉丁美洲研究》2005年第6期。

冲突,“自3月中旬爆发国内骚乱以来,共有88人死亡,1885人受伤”①。在印度尼西亚,“1998年5月13日至15日,一场本是反对苏哈托政权的政治运动,在印度尼西亚首都雅加达等地演变为严重的排华骚乱。其间,仅雅加达就有5000多家华人工厂、店铺、房屋、住宅被烧毁,约150名华人妇女被强暴,近1200名华人被屠杀。同时发生在印尼梭罗、泗水、棉兰等地的类似骚乱也造成了华人生命财产的巨大损失”②。

第四,公共权力处在危机状态当中。

当社会面临社会危机层级社会矛盾冲突的时候,公共权力虽然仍在运行,但开始受到越来越多、越来越严重的挑战,处境十分艰难。这时,来自社会各个群体各种各样的利益诉求开始合流汇聚,越来越将社会种种问题的出现归因于公共权力:或者是归因于公共权力提供的公共服务不到位,或者是归因于公共权力应对不力,或者是归因于公共权力本身就是社会问题如腐败问题之所以存在的根源。于是,公共权力的效能性明显降低,其得以存在的正当性依据受到质疑,相继而来的便是社会矛盾冲突的进一步加重。正如韦伯所指出的那样:“政治权威的合法性越不受承认,上级和下属之间冲突的可能也就越大。”③一些社会集团和社会组织的影响力开始显现,包括一些自组织忽然出现且增多,并且不少社会集团和社会组织开始提出明确的政治利益诉求,要求以某种力量取代现有的公共权力。就这样,公共权力开始成为多个抗争方的明确标靶,其地位岌岌可危。

社会危机层级的社会矛盾冲突使得整个社会的基本安全状况处在一个极为重要的临界点。社会危机层级的社会矛盾冲突有一个特点:其升级加剧的演化速度很快,稍微不加注意,就会使社会危机层级的社会矛盾冲突突破临界点而转为社会动荡层级的社会矛盾冲突。至于这个临界点能否被突破,十分关键的一点就在于公共权力的具体状况。公共权力的正当性依据尽管极为重

---

①《泰国公众卫生部称骚乱共致88人死亡1885人受伤》,环球网,2010年5月24日。http://world.huanqiu.com/roll/2010-05/827024.html? agt=15438。

② 黎萌:《印尼“98排华骚乱”反思》,《世界新闻报》2008年5月14日。

③〔美〕乔纳森·H.特纳:《社会学理论的结构》,吴曲辉等译,浙江人民出版社1987年版,第173页。

要,但如果到了极为关键的时期,民众对于基本秩序、基本生存等底线的问题更为看重,甚至将之视为要超过公共权力本身是否具有正当性依据的问题,将之视为生死攸关的关键问题。这时,公共权力尽管在公正性方面或许缺乏足够的正当性依据,但如果还能够继续保持一定的效力、能够保持基本的运行和履职的状态,则表明这个社会虽然面临种种困难,但毕竟还不会失去基本的社会和经济秩序,不至于陷入解体的境地。联合国开发计划署一份有关拉美国家的报告显示:“在被调查的人当中,有近一半的人宁可要经济发展而不要民主;有44.9%的人支持专制政府,假如它能解决国内经济问题的话。”①原因很简单,公共权力一旦丧失基本的履职能力,无法正常运行,则意味着整个社会失去基本的秩序,整个社会将会陷入动荡的状态。在1929—1933年的经济大萧条时期,美国虽然出现了社会危机层级的社会矛盾冲突,但由于其国家层面的公共权力尚且能够正常运行,而且,罗斯福在取代胡佛就任总统之后,采取了许多措施强化和规范国家层面的公共权力,使得国家层面的公共权力能够继续“正常”履职,从而有效防止了社会危机层级的社会矛盾冲突进一步升级加剧到社会动荡层级的社会矛盾冲突。相比之下,20世纪90年代之初的苏联之所以解体,一个重要的原因在于国家层面的公共权力出现了失控的情形,从而难以阻止社会危机层级的社会矛盾冲突进一步升级加剧到社会动荡层级的社会矛盾冲突。

（三）社会动荡层级的社会矛盾冲突

所谓社会动荡层级的社会矛盾冲突,主要指一个国家在其转型期出现的极为严重的社会矛盾冲突,这些极为严重的社会矛盾冲突已经造成极为严重的负面影响,整个社会由此已经失控,处在动荡不安的情状当中。在社会动荡层级的社会矛盾冲突当中,对于社会矛盾冲突的各个相关方来说,没有赢家,全部都是输家。

一个社会在其转型期,就影响社会矛盾冲突的主要影响因素来看,一旦全部大幅度恶化到极为严重的地步,那么,最为严重的亦即社会动荡层级的社会矛盾冲突的发生几乎是不可避免的事情。

---

①《西班牙报纸分析拉美社会民主发展现状和问题》,搜狐网,2004年5月10日。http://news.sohu.com/2004/05/10/13/news220071390.shtml。

首先,经济发展基本面的严重恶化。苏联解体前夕,其经济发展的活力和创造力已经完全被计划经济体制所窒息,其国民财富也几乎被军事工业所掏空。“军事开支所占国家预算的比例并非16%,而是40%！军事工业系统的产值占社会生产总值的比例也不是6%,而是20%。”①其结果必然是民生状况改善的缓慢直至停滞。“商品短缺,通货膨胀十分严重,以致人们寻找短缺商品的时间比工作时间还多。”②中东北非“阿拉伯之春”巨变的前夕,不但经济发展长期停滞不前,而且失业率十分严重。“最终爆发动荡的几个阿拉伯国家都经历了失业率长期居高不下的痛苦过程:2010年底,突尼斯失业率高达16%,50%以上的大学生毕业即失业,30岁以下青年的失业率达52%;也门2008年失业率是35%,2010年长期失业率为17%,季节性失业率为29%,总失业率上升为46%,其中3/4为年轻人;埃及失业率在‘阿拉伯之春’爆发前达20%,其中年轻人占2/3。”③这些失去生活前景和希望的青年失业人员中的一些人便成为“阿拉伯之春”激烈的社会冲突当中的骨干力量。

其次,社会整合状况十分不利。在苏联严格的计划经济体制下,大多数社会成员按照上级的行政指令进行工作,没有自由选择的机会,没有自由流动的空间,因而也就逐渐失去了对未来的希望。在苏联,还有一个重要问题一直没有解决好,这就是民族问题。苏联的大俄罗斯民族沙文主义十分严重。“在苏联20年代末30年代初建立起来的高度集中的政治经济体制下,无论哪一级的民族自治区域,实际上都没有多少自治权。”④在苏联强大的国家机器压力之下,这种民族矛盾尚能够暂时被压住,但国家机器一旦被削弱而失去效力,那么这种民族矛盾就会浮出水面凸显出来,成为影响整个社会安全运行的一个十分重要的因素。“受到民主化推动的民族主义,迅速成为一支肢解苏联的

---

①〔俄〕米·谢·戈尔巴乔夫:《戈尔巴乔夫回忆录》,述弢等译,社会科学文献出版社2003年版,第394页。

②〔俄〕瓦·博尔金:《戈尔巴乔夫沉浮录》,李永全等译,中央编译出版社1996年版,第26页。

③ 陈敏华:《集群式革命之“阿拉伯之春”》,《阿拉伯世界研究》2013年第3期。

④ 左凤荣:《苏联民族理论与民族区域自治政策的得失》,《当代世界社会主义问题》2014年第4期。

势不可遏的力量。”①在中东北非“阿拉伯之春”发生的前夕,“大量人口生活在国际贫困线以下。埃及每天生活费在2美元以下的贫困人口占全国总人口的40%,利比亚生活在贫困线以下的人口占全国总人口的1/3”②。另外,在苏联解体前夕,大量社会组织迅速兴起。但其中大比例的社会组织只是热衷于政治问题,以推翻现有政权为己任,而缺少专业化处理社会矛盾冲突的能力,因而对于社会矛盾冲突非但没有起到有效的缓解作用,相反却起着推波助澜的作用。

再次,公共权力腐败现象比较普遍。严重的腐败现象使得这些国家的公共权力失去了起码的正当性依据。公共权力已经成为与民众对立的一种力量,而不是一个维护民众利益、为之提供公共服务的群体。在苏联的勃列日涅夫时期,“有一些特殊商店只对精英开放,它提供西方进口商品在内的优质产品。甚至还有一些特殊工厂,专门为精英们生产优质商品。特殊的建筑企业,则为精英们建筑舒适宽敞的住房。高级官员还享受特殊待遇,这包括使用豪华轿车和建在乡间的设备齐全的公家别墅。不管是特殊商店还是特殊待遇,都严格按照职位高低来确定级别”。“据俄国学者估计,当时这个阶层有50万—70万人,加上他们的家属,共有300万人之多,约占全国总人口的1.5%。”③这种情形必然引起民众的愤慨。“经常遇到磨难的大多数人对那些不仅享受福利照顾而且享有种种特权、任意攫取不义之财而逍遥法外的‘上流人物’的憎恨之情与日俱增,埋下了社会冲突的地雷,党、政府、整个领导的威信下降。”④苏联解体前夕,“据1990年的调查表明:当时人民认为苏共领导阶层代表劳动人民的只有7%,代表工人的4%,代表苏共党员的占11%,代表党

① 杨光斌等:《国家形态与国家治理——苏联—俄罗斯转型经验研究》,《中国社会科学》2007年第4期。

② 杨值珍:《“阿拉伯之春”对中国的影响及启示》,《江汉论坛》2012年第9期。

③ 陶林:《论苏联官僚特权阶层的历史演变及其深远影响》,《广西社会科学》2013年第8期。

④〔俄〕格·阿·阿尔巴托夫:《苏联政治内幕:知情者的见证》,徐葵等译,新华出版社1998年版,第341页。

政官僚和机关人员的达到85%。”[①]无独有偶，在“阿拉伯之春”发生之前，突尼斯“以前总统本·阿里为中心的权贵势力插手经济，贪污受贿，肆意谋取个人和家族私利，其总资产高达35亿英镑”[②]。

重要的是，前述三个方面的主要因素还交互影响、相互加重，共同催生社会动荡层级社会矛盾冲突的出现。在这方面，俄罗斯20世纪90年代所发生的社会动荡层级的社会矛盾冲突和“阿拉伯之春”所引发的一些阿拉伯国家的社会动荡层级的社会矛盾冲突，就是较为典型的事例。

社会动荡层级的社会矛盾冲突具有以下几个特征。

第一，民众生活陷入苦难状态。

经济困境是诱发社会动荡层级社会矛盾冲突出现的重要因素，而社会动荡层级的社会矛盾冲突一旦出现，则会更为加重已有的经济困境，使得经济大幅度下滑，金融体系崩溃，经济秩序几乎完全丧失，最终使得民众陷入苦难生活当中。苏联解体后，“为摆脱苏联解体后经济所面临的空前危机，俄罗斯政府在改革进程中援用‘休克疗法’，人均国民产值8年半时间内下降大约75%”[③]。1991年，俄罗斯通货膨胀率高达100%，1992年猛增到1468%，1993年仍居高不下，达875%。[④] 有俄罗斯经济学家指出：“十几年来的私有化进程将30%以上的俄罗斯人变成了生活在最低保障线下的穷人，俄罗斯男子的人均寿命也下降到了60岁以下。”[⑤]阿拉伯之春之后，在埃及，“根据盖洛普2013年8月8日发布的数据，80%的受访民众认为国家的经济状况比穆巴拉克执政时明显变糟了”[⑥]。在突尼斯，“政局动荡使得突正常生产活动遭受重创，支柱产业旅游业陷入长期低迷，失业率、通胀率飙升，货币持续贬

① 陆南泉等主编：《苏联真相：对101个重要问题的思考》（下），新华出版社2003年版，第1312页。

② 陈敏华：《集群式革命之“阿拉伯之春”》，《阿拉伯世界研究》2013年第3期。

③ 张铁柱：《突然告别权力顶峰》，《国际先驱导报》2007年4月26日。

④ 潘石：《俄罗斯治理通货膨胀的对策与绩效评析》，《世界经济》1997年第5期。

⑤ 杨政：《俄罗斯男人为何寿命不长》，《环球时报》2005年2月25日。

⑥ 李翠亭：《“阿拉伯之春”的历史后果——兼论美国对阿拉伯世界的民主输出》，《武汉大学学报（人文科学版）》2014年第1期。

值,经济愈发脆弱”①。

第二,整个社会失序。

当社会矛盾冲突达到社会动荡的层级,该国家的社会安全运行局面便不复存在,必然会出现整个社会失序的情形。重要的是,社会秩序一旦丧失,便会使各种社会力量得以“自然释放”、各行其是,甚至黑社会组织都会得到长足发展。于是,各种社会骚乱、犯罪就不可避免地大量出现,甚至成为一种司空见惯的事情,民众深受其害,其生命财产无法得到起码的保护。在“阿拉伯之春”之后的埃及,“社会分裂严重,社会治安混乱,宗教、族群争斗不断,民众频频上街游行示威。2000 年埃及目睹了 9400 多次游行示威,2013 年以来,游行次数平均每月不下 1140 次,且大多伴随暴力冲突”②。20 世纪 90 年代,俄罗斯也是如此。“据俄官方统计,1992 年全国记录在案的刑事案件达 170 多万起,比上一年增加 27%,1993 年上半年比 1992 年同期增加 37%。”“据内务部的材料,1993 年一年共发现 5000 具无名尸体。1994 年头 6 个月又有 16000 多人被杀,平均每天死近百人。”③

第三,社会矛盾冲突经常以激烈对抗的方式进行。

一个国家一旦陷入动荡的状态,则意味着整个社会失去控制。在这样的情形下,各种有着不同利益诉求的社会群体就会按照自己的行为方式,基于自身的“实力”,来实现自己的目的。由于各种现实的利益往往又是同各种文化背景和历史积怨交织在一起,于是各种非理性的极端因素如极端的民族主义、极端的宗教意识开始抬头。凡此种种,使得社会矛盾冲突经常会以激烈对抗的方式进行。20 世纪 90 年代俄罗斯的社会动荡,就明显说明了这一点。苏联解体后,一些极端的民族分裂主义开始抬头,纷纷要求独立或自治。其中,车臣民族分裂主义表现得尤为明显。1991 年车臣民族分裂主义的领导人杜达耶

① 郭金灿:《“阿拉伯之春”四周年下的突尼斯政治转型》,《当代世界》2015 年第 3 期。

② 李翠亭:《“阿拉伯之春”的历史后果——兼论美国对阿拉伯世界的民主输出》,《武汉大学学报》(人文科学版)2014 年第 1 期。

③ 高源:《影响俄罗斯局势的若干社会问题》,《东欧中亚研究》1995 年第 1 期。

夫就宣称,要“把莫斯科变成灾难地区”[①]。之后,车臣民族分裂主义多次对俄罗斯进行大规模的恐怖主义袭击,造成大批平民伤亡。俄罗斯与车臣民族分裂主义之间发生了激烈的军事冲突,双方伤亡惨重。“据俄国防部统计,截至1996年8月30日,在车臣战争中,俄军阵亡2837人、伤13270人、失踪337人、被俘432人;”“车臣武装分子有15000人被打死。”[②]如果再加上战争期间大量平民的伤亡,其代价更为巨大。

第四,公共权力基本瘫痪或严重失效。

公共权力的运行状况,是一个国家能否避免从社会危机层级的社会矛盾冲突升级加剧到社会动荡层级的社会矛盾冲突的直接性因素。公共权力一旦处于基本瘫痪或严重失效的状态,就无法正常履行维护社会安全、提供公共服务产品的基本职责,无法协调社会各个群体的利益关系,无法制定稳定的、长远可行的社会经济政策。这样一来,国家机器就不可能正常运行。这时,公共权力既无心无力,也没有机会进行基本的国家治理。这样一来,整个国家的社会矛盾冲突就必然会升级加剧,以至形成社会动荡层级的社会矛盾冲突。俄罗斯就说明了这一点。“俄罗斯自20世纪90年代初开始就处于全面的政治不稳定之中,从国家主权到政权,从政府到政策,都处于混乱和无序状态。”[③]总统与议会(最高苏维埃)之间的激烈冲突几乎达到骇人听闻的地步。1993年10月,总统下令政府军武装进攻议会大厦,甚至动用炮击等激烈的军事打击手段强行占领议会,以至造成数百人的伤亡。而且,总统的命令朝令夕改,代替总统受过的政府则是频繁更迭。同美国20世纪20年代末至30年代初的大萧条时期相比,俄罗斯的这种状况很不相同。当时的美国,尽管也面临深重的经济危机和社会危机,但总统仍然拥有强大的权力,中央政府相对稳定,没有别的强大政治力量能够与之相抗衡,因而公共权力就总体而言仍然能够正常履职运行。也正因为如此,所以,美国避免了一场社会动荡层级的社会矛盾冲突。

---

① 雅科夫:《流血的伤口——俄罗斯车臣问题的回顾与前瞻》,凤凰网,2013年7月1日。http://news.ifeng.com/history/shijieshi/special/chechenzhanzheng/detail_2013_07/01/26964371_9.shtml。

② 刘蓉:《第一次车臣战争全景》,凤凰网,2013年7月1日。http://news.ifeng.com/history/shijieshi/special/chechenzhanzheng/detail_2013_07/01/26966436_3.shtml。

③ 关雪凌:《论俄罗斯经济危机的政治因素》,《东欧中亚研究》2002年第2期。

三、有效防范社会危机和社会动荡层级的社会矛盾冲突的出现

（一）应当将社会矛盾冲突控制在一定限度之内

应当看到，社会矛盾冲突对于现代化建设并非全然起着负面作用。在一定情况下，社会矛盾冲突对于现代化建设具有一定的“倒逼”推动作用。习近平指出：“可以说，改革是由问题倒逼而产生，又在不断解决问题中得以深化。”①现代化建设就是在充满各种社会矛盾冲突的情形下进行的。这是一个历史规律。“社会矛盾倒逼改革发展的积极作用主要表现在：社会矛盾推动社会公正程度的不断提高；社会矛盾的加重和升级，往往会成为形成新的利益格局的重要契机；社会矛盾能够有效促进制度的发展和完善；社会矛盾的凸显，往往能够表明一个社会运行的故障或短板之所在；在一定条件下，社会矛盾冲突往往能够释放出一定的社会不满和积怨。”②

问题在于，如果社会矛盾冲突过于严重，并超出合理的限度，形成社会危机层级甚至是社会动荡层级的社会矛盾冲突，那么，不但会严重妨碍一个国家中近期的正常发展，而且会留有严重的后遗症，对这个国家未来的长远发展也会造成深远的不利影响，其代价巨大，后患深远。“二战”后发展中国家和地区的现代化进程说明，凡是现代化建设相对成功的国家和地区，如中国、韩国、中国台湾地区以及新加坡等国家和地区，在其转型期均没有发生过社会危机层级和社会动荡层级的社会矛盾冲突。这种情形说明，在转型期，为了确保一个国家长远、可持续的安全运行和健康发展，就必须一方面将社会矛盾冲突的层级严格控制在常态社会风险层级的社会矛盾冲突之内，以相对较小的成本来解决社会矛盾冲突，并以此为契机，有效倒逼现代化建设的推进；另一方面，应当严格防范社会危机层级和社会动荡层级社会矛盾冲突的发生，避免现代化建设为此付出过大的、甚至是得不偿失的巨大

---

① 习近平：《关于〈中共中央关于全面深化改革若干重大问题的决定〉的说明》，《人民日报》2013 年 11 月 16 日。

② 吴忠民：《社会矛盾新论》，山东人民出版社 2015 年版，第 96 页。

成本。

从某种意义上讲，现代化建设能否成功，取决于社会矛盾冲突升级加剧与社会矛盾冲突得以解决或缓解两者之间的速度对比问题。前者的速度如若快于后者的速度，那么，常态社会风险层级的社会矛盾冲突就不可避免地会扩大并演化升级到社会危机层级的社会矛盾冲突或更为严重的社会动荡层级的社会矛盾冲突，使得转型期的现代化建设付出得不偿失的巨大成本。相反，后者的速度如若快于前者的速度，则转型期的现代化建设就能够避免社会矛盾冲突升级演化到不可收拾的地步，避免严重层级社会矛盾冲突所造成的巨大危害，从而保证现代化建设得以安全、健康、持续地推进。

（二）应当特别注意做好几件事情

为了有效地将社会矛盾冲突控制在常态社会风险层级的社会矛盾冲突范围之内，防范社会危机层级的社会矛盾冲突和社会动荡层级的社会矛盾冲突的发生，需要做很多事情。其中，应当特别注意同时做好以下几个方面的事情：

第一，稳住经济发展的基本面。

对于社会的安全运行来说，保证经济的稳定至关重要，这是有效防止社会矛盾冲突升级加重的基础。就此而言，应当特别重视金融体系的安全性问题。在转型期，随着经济总量的迅速扩大，经济能否安全运行对于金融体系的依赖度越来越高，民众财富安全与否对于金融体系的依赖度也越来越高。金融体系的安全与否已经不单单是一个经济问题，更是一个事关民众基本生活状况和社会安全的大问题。同时应当看到，转型期的国家由于在金融体系安全性的维护方面缺少经验，各种漏洞相对较多，金融风险相应越来越多、越来越大。问题的严重性在于，金融体系的安全一旦出现问题，如出现较为严重的通货膨胀问题，将会对民众的日常生活进而对社会矛盾冲突的加重形成十分严重的不利影响。所以，对于金融体系的安全性问题必须严守死防。为此，不但要进行足够的外汇储备，还有必要进行足够的战略物资储备。就战略物资的储备而言，“一是，应当高度重视粮食的战略储备”，“二是，应当高度重视黄金的战略储备问题。可以说，国家拥有雄厚的黄金储备，是有效应对国内外金融危机、国内物价上涨等社会危机的最为有效的手段之一”。①

在稳住经济发展基本面的同时，还应注重经济自身的发展问题，有效推动经济发展才是确保社会安全运行的根本大计。对此，有两点是不可或缺的。一是应当注重经济活力的激发。要做到这一点，就必须为生产要素的自由配置提供充分的流动机会，为民众的自由发展提供充分的空间，让每一个社会成员各尽所能、各得其所。二是，应当注重经济结构的升级换代。转型期国家的经济发展容易形成一种注重数量而轻视质量的路径依赖。在不少转型期国家，“‘增大增长速度’已成为一种生活的方式……事实上，许多年来人们习惯于把发展同国民生产总值的迅速增长等同起来”②。且不说这种做法能耗巨大，对环境生态的损害巨大，同时，即便是从其经济本身的增长空间来看也极为有限。所以，转型期国家有必要尽快由外延型的经济增长方式转变为内涵型的经济发展模式。

第二，促进社会整合。

一个国家在其转型期，与现代化和市场经济相适应的社会要素以及社会机制正处在发育、发展过程中。受种种历史和现实因素的影响，转型期最容易出现的一个问题是社会分化相对有余而社会整合相对不足的情形，即一些“新的”社会要素得以出现，一些“旧的”社会要素仍然存在，同时，一些“变异”的社会要素，或者说是既不属于“新的”、也不属于“旧的”社会要素开始出现；社会各个群体的各种利益诉求千差万别，同时社会尚未形成有效的社会整合机制，于是便形成大量的、形形色色的社会矛盾冲突。对此，应当基于社会公正的基本理念解决好社会整合问题。“毫无疑问，在现代社会和市场经济条件下，社会公正（公平正义）是全体人民意愿的最大公约数。”③社会公正的基本理念是通过相应的制度设计和政策安排来实现的。

大量国家在其转型期之所以会出现社会分化相对有余而社会整合相对不足的情形，一个重要的原因就在于忽略了共享社会发展成果的基本价值取向，

① 吴忠民：《走向公正的中国社会》，山东人民出版社2008年版，第267页。

②〔美〕M. P. 托达罗：《第三世界的经济发展》（上），于同申等译，中国人民大学出版社1988年版，第152页。

③ 吴忠民：《社会公正论》（第三版），商务印书馆2019年版，第402页。

致使大量社会成员没有享受到社会发展的成果，其切身利益的改善与现代化建设进程的推进两者间出现了某种分离的状况，因而减弱了其自身的社会归属感，甚至还会程度不同地产生隔离与排斥现象。重要的是，共享问题包括民生问题如果久拖不决，就会蓄积民众的不满，增大民众将物质利益层面的诉求转向政治层面利益诉求的可能性；更有甚者，还有可能成为极端非理性因素得以发酵的温床，促成一些极端的意识形态因素、极端的民族主义以及极端的宗教意识的形成，从而成为严重层级的社会矛盾冲突的诱发因素。显然，为实现共享社会发展成果的基本价值取向，最为重要的就是应当大力改善民生。通过民生的大面积改善，能够使全体社会成员基本生活和基本尊严的底线随着现代化建设的不断推进而相应地不断得以提高，使全体社会成员对于社会共同体产生一种归属感和认同感，对未来抱有希望。如是，就能够从社会基础的层面有效防止社会危机层级的社会矛盾冲突以及社会动荡层级的社会矛盾冲突的出现。正如有学者所说："将社会政策适当'向下'倾斜，对于消减社会冲突，增进社会和谐，将具有非常重要的战略意义。"①

另外，还有必要大力发展社会组织。从其存在的依据看，大量社会组织之所以会出现，就是要解决相关群体之间的利益关系协调问题。如果将一切群体所有的利益关系协调问题都交由公共权力来解决，那么，无论从公共权力的精力来看，还是从其专业能力来看，显然都是一件完全不可能的事情。所以，大力发展社会组织，同样也能够从社会基础的层面上化解大量的社会矛盾冲突问题，防止其进一步升级加剧。在发展社会组织的过程中，有一点需要注意，这就是应当注意防范一些有着极端非理性因素背景的社会组织的出现。这样的社会组织对于社会矛盾冲突而言，非但没有缓解的意义，反而会起着一定的组织、动员甚至推波助澜的负面作用。在"阿拉伯之春"中东北非一些国家的社会动荡当中，这种情形是比较明显的。

第三，形成有效并规范的公共权力。

就社会矛盾冲突的应对而言，一个有效并规范的公共权力具有相对来说

---

① 李路路等：《"患不均，更患不公"——转型期的"公平感"与"冲突感"》，《中国人民大学学报》2012 年第 4 期。

最为直接的积极效应。特别是在社会危机层级的社会矛盾冲突有可能转为社会动荡层级的社会矛盾冲突的时候,有效并规范的公共权力就能够在一定程度上起着某种有效阻止的作用。

转型期的现代化建设要面临着空前众多的不确定性因素,面临着大量前所未有的社会矛盾冲突。这些社会矛盾冲突一旦处置不当,便会发酵、扩散和升级,造成越来越难以治理的局面。“二战”之后的发展中国家的现代化建设更是如此。面对这样的情形,要求公共权力必须具有较强的应对及控制能力,而不能软弱无力或处于“无为而治”的状况。唯有如此,方能积极有效地控制、治理已有的社会矛盾冲突,防止其进一步的蔓延扩散,并在一定程度上能够防患于未然,将某些可能出现的、严重层级的社会矛盾冲突予以遏止。如是,方能保证转型期的社会安全。而就公共权力本身的有效性来看,包括多方面的内容,不仅包括应对危机的直接处置能力,而且还包括反思能力、纠错能力、学习能力、与时俱进能力,等等。显然,有效的公共权力能够在一个较长的时期内有效应对国内外千变万化的社会经济政治新局面和始料不及的各种“新样式”“新内容”的社会矛盾冲突。

在强调增强公共权力效能性的同时,我们不能忽略另一方面同样是极为重要的问题,这就是规范公共权力的问题。拉美的一些国家有时为了恢复社会秩序而出现了强有力的“军政府”,强调公共权力的“威权”。“在这个意义上,军队堪称继行政、立法和司法机构之后的第四个国家机构。”①应当承认,这种强有力的公共权力在维护必要的社会秩序方面有时能够显示出某种效能性,具有一定的积极意义。但问题在于,这种强有力的公共权力由于缺少必要的监督和制约,以至于为所欲为、无所顾忌,造成大量的寻租腐败现象。其结果是,随着时间的推移,这种强有力的军政府自身不但没有成为消除或缓解社会矛盾冲突的有效力量,反而成为社会矛盾冲突不断升级加剧的一个重要根源。其中的教训,值得人们汲取。

就公共权力的规范来说,起码有两点值得高度关注:既要防止通过利益结

---

① 袁东振、徐世澄:《拉丁美洲国家政治制度研究》,世界知识出版社2004年版,第277页。

盟的方式进行利益输送，滋生腐败，也要防止借国家的名义与民争利。为此，一个关键的做法就是必须建立起完整的、以“良法”为核心内容的法治体系，将公共权力关进制度的笼子里去。“任何组织或者个人，都不得有超越宪法和法律的特权。一切违反宪法和法律的行为，都必须予以追究。”①公共权力一旦得以规范，就意味着具有了正当性依据，具有了公信力，进而就会从一个重要的方面程度不同地消除社会矛盾冲突得以产生的一个重要根源。

专论4 应当区分两种类型的贫富差距

——缺少底线保障及流动渠道的贫富差距危害更大

一个社会固然不可能完全消除贫富差距现象，但问题是贫富之间的差距不能过大。毫无疑问，过大的贫富差距对于社会的安全运行和健康发展是十分不利的。这已经成为一种社会共识。

如果再进一步看，我们可以发现，有一个问题有时会被人们所忽略，这就是，过大的贫富差距实际上有两种类型。

第一种类型的贫富差距是相对拥有底线保障及流动渠道的贫富差距。比如，20世纪90年代，俄罗斯正处在“休克疗法”的社会急剧转型期，其民众的实际收入明显减少，大量贫困者出现，社会的贫富差距迅速扩大，通货膨胀十分严重，社会矛盾大量出现，但是，苏联时期所建立的较为全面的社会保障制度在不小的程度上仍然存在着，养老保障、公共卫生服务、义务教育等社会福利保障制度依旧在不小的程度上发挥着作用，能够为民众，特别是能够为贫困者的基本生存提供有效的“兜底”，所以，民众基本的生存问题不至于恶化到难以为继的地步，从而保证民众不至于变成激烈的反社会力量。在这样的情形下，当时俄罗斯社会的贫富差距尽管比较大，民众生活苦难，但社会并没有出现剧烈的大面积动荡，社会渡过了最为艰难的时期。

第二种类型的贫富差距则是相对缺少底线保障及流动机会的贫富差距。

① 习近平：《在首都各界纪念现行宪法公布施行30周年大会上的讲话》，《人民日报》2012年12月5日。

比如,拉美和非洲一些贫富差距较大的国家,社会保障制度不够健全或基本阙失,社会成员的流动机会也比较少,因而这些国家的社会安全局面有时难以得到保障。

在中国现阶段,无论是官方公布的数字还是学者调查的数据,都明白无误地显示,贫富差距已经明显突破了合理的界限。更需要引起人们注意的是,中国现在的贫富差距是一种相对缺少底线保障和流动机会的贫富差距。这主要表现在:

第一,底线保障明显不足。应当承认,近10年来,中国在社会保障底线的建设方面取得了长足的进步。但由于历史欠账过大、公共服务意识尚未普遍形成等种种原因,社会保障底线的建设仍未取得根本性的好转。从公共投入结构角度来看,同别的国家和地区相比,用于基本民生改善的比例过小,而且用于基础民生的比例更小。比如,本来用于教育的公共投入就比较小,而在用于教育的公共投入中用于义务教育的比例更小。在用于教育的公共投入中,大比例的公共支出是用于高等教育的硬件建设,如用于大学城、大学新校区、大学内的各种楼堂馆所等等的建设。从民众所遇到的现实难题角度来看,"就学难、看病难、住房难"成为新的"三座大山"。特别是由于住房保障体系建设的严重滞后,由于"土地财政"以及对房地产商监管不力等多方面的原因,近年来房价飞涨。根据IMF测算,我国人均收入尚不及发达国家平均水平的1/10,但一线城市的房价已经超过了纽约和伦敦。从目前的房价来看,大量城市居民及农民工即使工作一辈子,靠其积攒的储蓄也购买不起起码的住房。高房价住房问题已经成为大量社会成员挥之不去的"梦魇"。

第二,流动机会明显匮乏。改革开放以来,中国的社会流动程度大幅度提升,民众自由发展的空间得以大幅度拓展。不过,受种种因素的影响,中国如今的社会流动遭遇到一定的瓶颈,有待于突破。这突出地表现在社会成员特别是基础阶层成员向上流动的障碍在增多、阻力在增大,社会成员上行的通道在变窄。一方面,社会阶层之间出现了某种固化的情状。延续已久的户籍制度虽然已经松动,但仍然没有消失,仍在不小的程度上大面积地影响着民众。基于城乡居民不同的身份,大批社会成员在教育、就业、社会保障等方面面临不同的对待。再者,由于面临门槛高、贷款难、税收重等方面的困难,"自主创业”难以成为大批社会成员所热衷的事情。另一方面，社会不公现象也出现了某种代际传递的趋向。现在出现了一种不能说是少见的现象，即“穷人”的子女往往是“穷二代”，“富人”的子女往往是“富二代”。“穷二代”“富二代”现象已经屡见不鲜。由于年轻一代的成长在很大程度是依靠家庭的支撑，而拥有不同资源状况的不同家庭的子女所得到的帮助差别很大，所以，出生在生活境况不同家庭的后代之间的差别开始显性化。有学者发现，农村学生主要集中在普通地方院校与专科院校。以湖北省为例，2002—2007 年 5 年间，考取专科的农村生源比例从 39% 提高到 62%，以军事、师范等方向为主的提前批次录取的比例亦从 33% 升至 57%。而在重点高校，中产家庭、官员、公务员子女则是城乡无业、失业人员子女的 17 倍。①

同拥有保障底线及流动渠道的贫富差距相比，相对缺少底线保障和流动机会的贫富差距对社会所产生的危害要更大一些。

第一，加重整个社会浮躁不定的氛围。底线保障和流动机会事关民众最为基本的生存问题。中国民众现在最为看重的就是稳定而富裕的生活，同时，中国正处在急剧变革的时期，大量社会成员的经济位置和社会位置变化较快。社会一旦相对缺少底线保障和流动机会，对于大量相对落伍的社会成员来说就缺少了一个“兜底”的东西；而缺少流动机会又会使他们对未来前景不可预期，进而会增大他们人生的不确定性。而落伍者的境况还容易产生一种示范效应，使目前一些没有落伍者唯恐一步赶不上，步步赶不上。凡此种种，容易造成整个社会的浮躁不定，容易引致大面积的社会焦虑。重要的是，大面积社会焦虑所带来的直接后果，一是会大面积降低人们生活的满意度。一个社会的成员，不管其积累了多少财富，一旦为焦虑所困扰，其原本可能的生活满意度必然会大幅度降低。二是对社会矛盾会起到一种推波助澜的作用。人们一旦陷入一种焦虑的状态，势必会缺少理性的考虑，缺少一种行为的约束，容易使社会充斥着一定的戾气，进而容易产生种种越轨行为。这一切，无疑会加重社会矛盾冲突。

第二，减弱社会活力及创造力。一个社会，只有为社会成员留有足够的社

---

①《中国名校生源急剧变迁　农村学生难入名牌大学》，《南方周末》2011 年 8 月 8 日。

会流动空间，即社会成员既有广阔的上行空间，也有平行选择的广阔空间，方能够“让一切创造社会财富的源泉充分涌流”，方能够让一个社会充满活力和创造力。而相对缺少流动机会无疑会限制人们努力的空间，抑制人们创业的热情。比如，一旦社会阶层之间的固化现象趋于严重，那么其结果是，有时难免会出现这样一种情况：贫困是贫困的原因，富裕是富裕的原因，贫富的具体状况与自己努力的具体状况之间的关联度不大。这就意味着社会不是按照贡献的原则进行分配，而是按照某种“先赋”性的原则进行分配。在这样的情形下，难以充分激发人们的潜能和活力，遑论激发人们的创造力了。现在大学生择业时，出现了自主创业空前冷清与考公务员空前狂热这样一种鲜明对比的情形，说明我们国家在鼓励、拓展社会流动方面尚需要做很多事情。

第三，不利于社会的安全运行。缺少底线保障，意味着不少家庭对社会风险缺乏必要的抵御能力，容易陷入某种困境，因而难以认同社会。而缺少有效的社会流动渠道，则意味着一些社会成员的上升流动空间以及平行流动空间受限，容易使一些社会成员失去希望，进而容易形成某种积怨。凡此种种，均会对社会的安全运行产生程度不同的有害影响。比如，在19世纪，同欧洲不少国家相比，美国激烈的、对抗性的社会矛盾要相对少一些。之所以如此，原因之一是当时美国的社会流动渠道相对多一些，能够减少一些积怨的积累。

如何才能有效地缓解过大的贫富差距，尤其是如何才能有效地应对相对缺少底线保障及流动机会的贫富差距所产生的负面效应？就此而言，需要做很多事情。其中，特别需要做好这样两件事情。一是大力改善民生。只要基本民生问题得到了大幅度的改善，民众的基本生存底线就会得以保障，贫富差距过大问题所产生的负面效应就会得以减小。二是增加社会成员的流动机会。为此，应当想方设法鼓励民众的自主创业，消除人们在流动过程中遇到的各种不平等的障碍，让每一个社会成员都有发展的空间和希望。

第六章　社会矛盾的双重功能

一、社会矛盾对改革发展的双重功能

社会矛盾无处不在,无时不有。毛泽东指出:“没有什么事物是不包含矛盾的,没有矛盾就没有世界。”“矛盾存在于一切客观事物和主观思维的过程中,矛盾贯串于一切过程的始终,这是矛盾的普遍性和绝对性。”①社会矛盾是社会存在和发展的必要条件。特别是伴随着现代生产力的出现与发展,整个社会的结构发生了巨大的变革,由此所产生的社会矛盾更是呈现出复杂多样的情状,进而对社会产生了复杂而深远的影响。

对于社会的安全运行和健康发展来说,社会矛盾往往具有两重功能:一方面,社会矛盾对于社会具有程度不同的负面效应;另一方面,在一些条件下,社会矛盾的倒逼往往成为改革发展的推动力量。在经济社会变化较快的转型期,这种情形表现得尤为明显。

(一)社会矛盾的负面效应

社会矛盾如果得不到有效化解,则会成为消极的力量,阻碍社会的安全运行和健康发展。严重者,社会矛盾如果长期得不到有效化解,任由其负面消极的社会能量长期蓄积挤压,扩张到严重的地步,就会对社会产生十分不利的破坏性影响。

---

①《毛泽东选集》(第一卷),人民出版社 1991 年版,第 305、336 页。

严重的社会矛盾会阻碍社会的进步。严重的社会矛盾如果长期存在，得不到有效化解，就会严重影响社会的团结合作，进而使社会进步步履维艰。有时还会出现这样一种情形，严重的社会矛盾虽然没有达到中断社会发展进程的地步，但它的长期存在，会使社会群体长期维持一种非良性的互动局面，进而使得社会的发展陷入缓慢、艰难的"亚发展"或是"低度发展"状态。阿根廷近百年的发展历程就比较典型地说明了这一点。在20世纪前后的数十年间，阿根廷曾出现发展的"黄金时代"，成为拉丁美洲发展的领跑者和全世界最富裕的国家之一。"1900年，阿根廷的人均国内生产总值（GDP）分别为美国、英国和澳大利亚的一半，是日本的1倍，略高于芬兰和挪威，略低于意大利和瑞典。"①1913年，阿根廷的人均GDP（以1990年国际元为基准）为3797元，低于澳大利亚的5715元、美国的5301元、新西兰的5152元、加拿大的4447元、英国的4921元、瑞士的4266元，但高于德国的3648元、法国的3485元、奥地利的3465元、意大利的2564元。② 但自20世纪30年代以后，阿根廷的发展出现一种"颓势"，与其他国家发展水准的差距逐渐拉大，从一流富裕国家而逐渐变为中等发展国家。这种状况一直延续到现在。究其原因，除了经济层面的原因，贫富差距过大、民生问题长期得不到改善等引发的比较严重的社会矛盾一直没有得到有效的化解，以至于造成社会各个群体之间长期存在恶性互斗而缺少团结合作的社会局面，也是一个十分重要的原因。

严重的社会矛盾还会破坏正常的社会秩序，甚至会使社会付出巨大的代价。正常的社会秩序是所有社会群体正常生活的必要前提。没有了社会秩序，也就意味着社会各个群体安宁生活的结束，人们最为基本的生活和发展成为不可能之事，意味着民众的基本生活陷入一种苦难状态。在这方面，20世纪90年代苏联解体后俄罗斯所遭遇到的情形具有较为典型的意义。这一时期，在种种社会矛盾的作用下，在"休克疗法"的误导下，俄罗斯经济遭受重创，社会陷入动荡，民众遭受苦难。有时，在极端情形下，社会动荡意味着生灵涂

---

① 江时学：《阿根廷危机的由来及其教训——兼论20世纪阿根廷经济的兴衰》，《拉丁美洲研究》2002年第2期。

②〔英〕安格斯·麦迪森：《世界经济千年史》，武晓鹰等译，北京大学出版社2003年版，179、189页。

炭。比如,在法国大革命期间,社会已经失控,法国成为社会矛盾相关方厮杀的场所。

正是由于社会矛盾所具有的这种负面效应,不少人从总体上将社会矛盾视同于社会的“病理”现象或是社会的“越轨”行为。比如,有学者认为,“阶级冲突是我们现代工业型社会的特有病状”,他们“把冲突等同于越轨行为,把它视为一种需要治疗的疾病”。[①] “19世纪的学者们在社会学家埃米尔·杜尔凯姆的领导下,把社会运动看作是混乱和社会解体的结果——短语‘发疯的群众’就很好地反映了这一点。”[②]

（二）社会矛盾的积极功能

问题在于,我们在看到社会矛盾具有负面功能的同时,还应看到问题的另一方面,这就是社会矛盾往往还具有正面的积极功能。

社会矛盾的每每加重和升级,对社会矛盾相关方当中的某方利益会造成程度不同的损害。而且一旦社会矛盾的严重性达到不可控的地步,造成社会动荡,那么对社会矛盾相关方来说,都是有害无益的,即只有输家,没有赢家。所以,在不少情况下,社会矛盾会引发社会的改革,以应对、缓解社会矛盾,而改革又往往会推动社会发展。正是从这个意义上讲,人们对于社会矛盾的应对往往会成为改革的契机,社会矛盾的倒逼往往会成为改革发展的有效推动力量。

纵观许多国家和地区的发展历程,我们可以发现,在不少情况下,社会发展是通过社会矛盾的倒逼而实现的。许多学者和政治家都看到了这一点。马克思指出:“当文明一开始的时候,生产就开始建立在级别、等级和阶级的对抗上,最后建立在积累的劳动和直接的劳动的对抗上。没有对抗就没有进步。这是文明直至今天所遵循的规律。”[③]库利认为:“在某种意义上,冲突是社会的生命之所在,进步产生于个人、阶级或群体为寻求实现自己美好理想而进行

---

①〔美〕L.科塞:《社会冲突的功能》,孙立平等译,华夏出版社1989年版,第8、9页。

②〔美〕西德尼·塔罗:《运动中的力量——社会运动与斗争政治》,吴庆宏译,译林出版社2005年版,第5页。

③《马克思恩格斯全集》(第4卷),人民出版社1958年版,第104页。

的斗争之中。”[①]达仁道夫认为，“到目前为止的一切社会的历史”，“都是冲突的历史”。[②] 吉登斯在谈论社会风险的作用时指出：“风险的积极与消极的两个方面在现代工业社会的早期就已经出现了。风险是一个致力于变化的社会的推动力。”[③]

在不少情况下，社会的发展并不是依靠人们事先制订一个详尽精准的计划，并通过这个计划准确无误的实施而实现的。原因很简单。人们在一定条件下或许会了解、把握社会发展的某些重要趋势，但由于种种客观及自身条件的限制，人们不可能对社会有机体极端复杂的各个环节、各个要素都有一个十分详尽的把握，也不可能对社会发展种种具体的变数和趋势有一个详尽的认识，因而难以制订一个详尽、精准的发展规划。退一步看，即便人们制订出了一个相对周全合理的发展规划，但对于社会所面临的极端复杂多样的各种变数，特别是转型期当中各种尚未出现的变数，人们不可能把握得十分详尽、清晰、精准。况且，发展规划的有效实施，需要必要的社会共识，而社会共识的形成需要社会各个群体之间一个较长时间的磨合过程。更何况，社会矛盾相关方各种力量在利益上的协调和整合的难度极大。社会矛盾相关方在利益方面虽然也会出现某些互惠互利的情形，但在不少情形下，相互间的利益难以协调一致。对社会矛盾相关方来说，此方利益的增长，往往意味着彼方利益的受损，因而在利益取向方面，社会矛盾各相关方常常难以采取完全一致的行为。比如，如果让某个既得利益群体无条件地放弃自己的利益，以满足另一方的利益诉求，那几乎是一件不可能的事情。正因为如此，在不少情况下，社会发展不可能完全按照人们的事先规划而有条不紊、按部就班地推进。相反，社会的发展往往呈现出这样一个过程，即先是由社会矛盾的倒逼而引发了改革，进而又通过改革推动了社会发展。

---

① 转引自〔美〕L. 科塞：《社会冲突的功能》，孙立平等译，华夏出版社 1989 年版，第 6 页。

②〔英〕拉尔夫·达仁道夫：《现代社会冲突》，林荣远译，中国社会科学出版社 2000 年版，第 42 页。

③〔英〕吉登斯：《失控的世界——全球化如何重塑我们的生活》，周红云译，江西人民出版社 2001 年版，第 20 页。

从历史上看，社会矛盾倒逼社会发展这种现象是大量存在的。19世纪英国的宪章运动和20世纪美国的黑人民权运动，就是比较典型的社会矛盾倒逼社会发展的现象。英国19世纪30年代出现并持续了20多年的“宪章运动”，是一场以工人群体为主体的社会抗争活动。其目标是实现《人民宪章》所提出的包括成年男子普选权、取消议员财产资格、议员支薪以及工人进入议会等在内的6项要求，后来还陆续增加了减税、缩短劳动时间、改善劳动条件以及政教分离等内容。300多万人即超过英国成年男子一半的人在请愿书上签名，可谓声势浩大。从表面上看，这场运动失败了，但从实际效果来看，这场运动产生了巨大的历史影响，推动了社会进步。正如有历史学家所指出的那样，“它使各阶级注意到社会改革的迫切性，它激发了维多利亚时代英国的良心并动摇了麻木的自满情绪，它在英国的历史上留下了深远和不可磨灭的印记”①。宪章运动所带来的后果是，《人民宪章》所提出的6项要求中的5项，以后陆续得以实现，而且工人的收入状况和劳动处境也得到了改善。而发生在美国20世纪50至60年代的黑人民权运动，是一场大规模的反对种族歧视和种族隔离的社会抗争活动。美国黑人是美国人数最多的少数民族，曾经长期处在备受种族歧视、遭受种族隔离的社会底层。20世纪50年代之前，美国黑人虽然进行了长期的抗争，但成效相对有限，其社会地位没有取得根本性的好转。自20世纪50年代起，黑人为争取种族平等权利的大量抗争活动开始兴起。1954年联邦最高法院就“布朗诉教育委员会”作出判定，公立学校不应当进行种族隔离教育，公立学校应当种族混合；否则，便是违反《宪法第14条修正案》。自此，开启了20世纪50至60年代一系列的黑人争取平等种族权利的抗争活动：1955年亚拉巴马州蒙哥马利市黑人女子罗莎·帕克斯夫人由于拒绝给白人让座而被捕入狱，由此引发了全市黑人历时一年的罢乘公共汽车活动，最终迫使汽车公司取消了乘车的种族歧视规定；1958年，美国南方20多个城市的黑人组织集会，争取平等种族权利，4名黑人大学生发起大规模静坐活动，呼吁餐馆当中的平等，最终200多个城市的餐馆取消了种族隔离制；1965年，马

---

①〔英〕G. P. T. 伯里编：《新编剑桥世界近代史》（第10卷），中国社会科学院世界历史研究所组译，中国社会科学出版社1999年版，第471页。

丁·路德·金在亚拉巴马州塞尔马城组织大示威，争取黑人的注册选举权；1967年，马丁·路德·金发起了以争取平等经济权利为主要内容的“穷人运动”等等。“1960年代美国国内面临的最重要的问题是为黑人争取正义和平等。这是一项最为艰苦的工作，一场激发各种社会矛盾的激烈斗争，但同时也是一个无法回避的问题。黑人本身的活动也证明，美国必须正确处理种族问题。”[①]经过20世纪50至60年代的一系列黑人民权活动，美国原来的种族歧视、种族隔离制度基本瓦解，美国的人权状况得到了明显改善。

二、社会矛盾倒逼改革发展

毛泽东指出，“社会的变化，主要地是由于社会内部矛盾的发展”，“矛盾的发展，推动了社会的前进，推动了新旧社会的代谢”。[②] 在不少情况下，社会矛盾往往起着倒逼改革发展的积极作用。对此，可以从以下几个方面来理解：

（一）社会矛盾能够推动社会公正程度的不断提高

社会公正的基本精义是给每个人他所“应得”。社会公正问题是一个事关社会基本制度安排的大问题，是一个事关民众基本生活与发展的大问题。社会公正问题是民众基本利益诉求的核心内容。从某种意义上讲，社会公正方面一旦出现问题，便会不可避免地引发各种各样的社会矛盾；社会公正方面一旦出现大问题，便会引发严重的社会矛盾。

在不同的历史条件下，人们对社会公正追求的重心有明显的差别。在社会转型初期，人们对社会公正的追求，其重心明显偏于基本生存方面的利益诉求。到了社会转型中期阶段，人们对社会公正的追求重心则明显偏于基本权利方面的利益诉求。

在社会转型早期，许多国家尤其是19世纪的工业化国家，其基本制度

---

①〔美〕艾伦·布林克利：《美国史（1492—1997）》，邵旭东译，海南出版社2009年版，第863页。

②《毛泽东选集》（第一卷），人民出版社1991年版，第302页。

明显是基于“丛林法则”安排设计的，表现出一种严重的不公正取向，而且公共权力和公共政策明显偏向于强势群体，而不是弱势群体。在这样的背景下，一方面是企业主群体获取高额利润，另一方面则是工人群体获取仅仅能够简单满足其生理需求、能够持续“活下去”的基本生活资料。在社会转型初期，严重的基本生存问题必然会引发工人群体的种种抗争行为，包括十分激烈的斗争。

在工人群体种种抗争活动以及工人运动的巨大压力下，加之随着经济的发展以及人类文明的进步，这些国家出现了重大的政策调整，人们的具体生存问题发生了很大的变化。以二战结束为标志，欧美等国开始建立较为完整的“从摇篮到坟墓”亦即对每个社会成员整个人生予以保护的社会福利制度，用以保障人们最为基本的生活需求。可以说，正是在社会矛盾的推动下，社会公正程度得到了明显提高，人们的基本生存问题在很大程度上得到了解决，人们开始追求更高层面上也就是基本权利层面的需求。

（二）社会矛盾的加重和升级往往会成为形成新的利益格局的重要契机

社会的发展，在某种程度上意味着利益格局的不断改变。这种改变，需要借助某种社会势能的推动，而不断加重和升级的社会矛盾有时就扮演着这样一种角色。应当看到，已有的利益格局是一种基于已有的社会阶层结构亦即社会力量配置结构而形成的相对稳定的格局，甚至通过制度化的安排，已经成为一种不言而喻的社会秩序。这种利益格局与新出现的同时代发展趋势相适应的社会力量往往是不相容的。在已有的利益格局下，对于新出现的、同历史趋势相一致的社会群体来说，其利益诉求往往得不到应有的回应，而且他们在原有利益格局中所处的位置较低，没有足够的社会话语权。而对于在原来利益格局中占据优势位置的社会群体来说，要想让其主动地向对方让渡自己的利益几乎是不可能的；相反，他们往往会采取不让步和打压的方式，来应对新出现的社会群体的利益诉求，以维护自己的既得利益。

社会矛盾的加重和升级，客观上往往会成为社会各种力量进行妥协谈判甚至是让步的重要契机。在不少情况下，来自两个方面的社会矛盾会对原有的社会利益格局形成程度不同的压力。一个方面是，同新的时代因素相适应的社会力量的形成，比如现代社会中工人阶层、白领阶层等的形成。这些新形成的社会力量必然有着自己的利益诉求。这种利益诉求必然构成了同原有利益格局的抵触和冲突,形成了新的社会矛盾,并且伴随着这些社会力量的逐渐壮大,相关的社会矛盾必然会日益加重,从而对统治集团及其他一些社会群体形成越来越大的压力。另一方面是,已有的一些社会力量同统治集团之间也并非完全适应,相互间利益上的摩擦、冲突常常发生,于是,基于此的一些社会矛盾也会发生或加重,进而对统治集团构成了程度不同的压力。为了应对这两方面的压力,统治集团无非是采用这样几种经常的方式,即或者强行打压,或者谈判协商,或者强行打压同谈判协商并用。至于采取哪一种具体的应对压力的方式,往往视具体情形而定。这时社会力量的对比结构就十分重要了。当抗争方的力量还比较单薄时,统治集团一方往往会采取强行打压的方式。而当抗争方的力量逐渐强大后,统治集团一方则往往要考虑自身所要承担的风险,要考虑即便是自己的力量占据上风,但要彻底击败对方,自身也可能会付出较大的代价,因而往往采取谈判协商或者是强行打压同谈判协商并用的方式。

谈判协商以及强行打压同谈判协商并用的方式,意味着以往强势的一方对抗争方程度不同的妥协和让步,换言之,对于抗争方的利益诉求不同程度地予以满足。比如,马克思在《路易·波拿巴的雾月十八日》中以大量篇幅描述了当时法国各个阶级的具体表现,认为各个阶级相互间通过利益交换与让步,最终实现了社会各种力量之间的均衡。恩格斯在分析英国工人为争取《人民宪章》而进行的抗争活动时指出:"大不列颠工人阶级多年来激烈地甚至采用暴力为了会给它这种政治权力的人民宪章而斗争。它失败了,但是斗争给胜利了的资产阶级留下了很深刻的印象,所以从那时起,它就甘愿以不断向工人让步为代价来换取比较长期的休战。"①这种妥协让步往往是双向的。一旦强势一方如统治集团作出妥协和让步,抗争方也往往会作出同样的妥协让步。从抗争方来看,即便是一开始表现十分激烈的人群,也不愿意永久性地处在一种激烈抗争状态之中。所以,当抗争方的利益诉求得到某种满足之后,就往往会结束或暂时结束抗争活动,同对方保持某种继续合作的关系。

---

①《马克思恩格斯全集》(第19卷),人民出版社1963年版,第284页。

不管统治集团出于何种考虑，客观上看，对与新时代因素相适应的社会群体利益诉求的满足，就意味着对与新时代因素相适应的社会群体存在及社会位置的某种承认，意味着对新的社会力量和新的社会阶层结构的某种承认，同时也就意味着对某种原有利益格局的某种改变。一种常见的现象是，与新时代因素相适应的社会群体的合理利益诉求常常通过社会矛盾加剧、升级的方式得以程度不同的满足。重要的是，这些群体新的合理的利益诉求又不断产生，然后又得以程度不同的满足。这种情况的循环往复，就意味着社会矛盾相关方对时代潮流的不断顺应，意味着新的利益格局的逐渐形成，意味着社会的不断更新、发展和进步。这种情形，在社会转型期往往更加明显。再者，对原有一些社会群体利益诉求的满足，意味着社会赖以运行的一些条件的改善，这同样也是一种社会发展。

（三）社会矛盾能够有效促进制度的发展和完善

所谓制度，是指“一个社会的游戏规则，更规范地说，它们是为决定人们的相互关系而人为设定的一些制约”①。“任何一个制度或制度系统”，能够“在整体上提供诸如内部和平和产权等的公共服务。”②一个社会正是通过制度来维系社会的正常运行，来巩固已有的发展成果，包括巩固已取得的社会公正成果和新的利益格局成果。

制度并非凭空形成和发展的。制度往往是在解决或缓解社会矛盾的过程中，在进行种种尝试和选择的过程中逐步形成、发展和完善的。正如哈耶克所说，“各种结构、传统、制度和其他成分，是在对各种行为的习惯方式进行选择中逐渐产生的。这些新的规则得以传播，并不是因为人们认识到它们更为有效，或能够估计到它会得到扩展，而是因为它们使遵守规则的群体能够更成功地繁衍生息，并且能够把外人也吸收进来”③。在解决社会矛盾的过程中，

---

①〔美〕道格拉斯·C. 诺斯：《制度、制度变迁与经济绩效》，刘守英译，上海三联书店 1994 年版，第 3 页。

②〔美〕弗朗西斯·福山：《政治秩序的起源——从前人类到法国大革命》，韦俊杰译，广西师范大学出版社 2012 年版，第 445 页。

③〔英〕F. A. 哈耶克：《致命的自负》，冯克利等译，中国社会科学出版社 2000 年版，第 13 页。

制度的发展与社会矛盾的解决两者实为良性循环的关系。制度越好，就越有利于社会矛盾的解决；同时，社会矛盾的有效解决往往又会反过来促进制度的发展和完善。

制度之所以能够在化解社会矛盾的过程中得以发展和完善，主要原因大致有这样两个：

第一个原因是，社会矛盾相关方相互间的压力。在一般常态的情形下，社会矛盾相关方当中原来占据优势位置的一方不愿主动改变对自己有利的某种制度，并相应地缩减自己的利益。但是，随着现实状况的变化，抗争方的力量已经做大，对原本优势方构成某种威胁。双方的持续冲突或冲突升级，有可能会让原本的优势方失去更多的利益，甚至会影响到原本优势方自身的安全问题。在这样的压力之下，原本优势方就有可能基于两害相权取其轻的考虑，以让渡给对方部分利益的形式，来换取自身的安全及某种利益的保障。从另一个角度看，原本优势方仍然具有一定的实力，对抗争方而言也构成一定的压力。出于同样的考虑，抗争方也可能会作出相应的让步，以巩固已有的成果。双方的同时让步，就有可能会促成某种对双方都有利的新的制度安排的出现。从一定意义上讲，制度便取得了某种进步。就此而言，英国1688年的“光荣革命”具有比较典型的意义。通过“光荣革命”这样一种不流血的变革形式，新贵族和资产阶级保证了国王的尊贵地位，作为一种交换，国王则作出“王在议会，王在法下”亦即不干预议会（立法）和政府（行政）活动的承诺，而且这种承诺日后得以切实实施。由此，形成了历史上的一种全新的现代型制度安排——君主立宪制。

第二个原因是，社会矛盾相关方之间的谈判协商。在不少情形下，社会矛盾相关方通过谈判协商来解决社会矛盾冲突。“从‘制度是内在生成的’意义上讲，这一制度结构的变革自然是在社会内人与人的互动和文明间互动的过程中实现的。”①这种谈判协商的过程，实际上是一个寻找相关方都能够接受的各自利益边界的过程。这个过程或许是一个较长的历史时期。通过各个相

---

① 盛洪：《寻求中华民族新的制度结构》，儒家网，2010年3月6日，http://www.rujiazg.com/article/id/501/。

关群体之间的试探、协商、磨合、讨价还价，通过种种方案的比较和筛选，某种相关方都能够接受的具体制度安排便有可能形成。实际上，这也是一种制度创新的过程。美国工会制度的形成就比较能够说明这一问题。自美国内战后，伴随着大工业的高速发展，美国的劳资矛盾逐渐趋于严重。但是，在20世纪30年代以前很长的一段时间，美国的工会组织虽然早已出现，并在维护工人基本经济权益方面扮演着不可或缺的重要角色，但工会组织在全国范围内一直没有取得合法性的地位。有时有的州政府以非法组织为名取缔工会组织。这也成为美国劳资矛盾长期凸显的一个重要原因。经过多方长时期的博弈协商，美国的工会组织终于在20世纪30年代取得了国家认可的合法地位。1935年5月，美国颁布了《国家劳工关系法案》(《瓦格纳法案》)。这一法案"确定了工人有权力来组织工会以及集体谈判的原则，工会积极利用法律支持来开展工会运动"①。由此，工会组织获得了长足的发展，在美国的社会生活中逐渐成为一支有着重大影响的社会力量。

(四) 社会矛盾的凸显往往能够表明一个社会运行的故障或短板之所在

就一个社会的安全运行和健康发展而言，起码需要具备两个必要的条件：其一，从社会阶层结构或是利益结构的角度看，有赖于社会各个群体之间互动的正常化，比如，占据优势位置的群体不能过分侵占别的群体的合理利益，否则便会打破已有社会各个群体利益之间的平衡态；其二，从技术性管理角度看，有赖于制度、政策的相对合理以及社会控制方式的相对到位，比如，中央政府对地方应当有着有效的控制力，国家征收的税负不能过度等等，否则社会就难以正常运行。问题在于，这样两个必要条件有时并不具备。占据优势位置的统治集团以及相关群体常常或者以公共权力为杠杆，或者采取相互间利益结盟的方式，无止境地扩张自身的利益，大面积地侵占别的群体的合理利益。当这种自身利益扩张和侵占他人利益超出一定限度，就意味着统治集团失去了起码的"公共性"，失去了起码的合法性依据，进而不可避免地催生种种社会矛盾，引发别的群体程度不同的抗争。再者，如若社会的某项制度某项政策安

① 章蕾：《美国工会的衰退成因及其发展对策研究》，《中国劳动关系学院学报》2010年第5期。

排得不合理，或者是社会控制方式失当，也会损害一些社会群体的合理利益，从而催生一些社会矛盾。

这样看来，社会矛盾在哪个方面表现得比较凸显，往往就说明社会在哪个方面出现了比较严重的问题，说明社会的哪个方面成为社会安全运行和健康发展的阻碍部位和短板，需要予以矫正。哪个方面的社会矛盾凸显，就往往成为这个社会安全运行和健康发展在哪个方面已经受到严重阻碍或严重挑战的信号，而且，社会矛盾的严重程度往往表明了某个阻碍部位或短板的严重程度。于是，日益凸显的社会矛盾对于社会的安全运行和健康发展便具有了某种指示器的意义，起着警示的作用。正是从这个意义上讲，对社会矛盾揭露得越充分，就越有利于形成有益的社会共识和社会压力，从而有助于消除社会弊端，清除障碍，推动社会的健康发展。近代美国的“黑幕揭露运动”（也称“扒粪运动”“揭丑运动”）就充分说明了这一点。19 世纪后半叶至 20 世纪初，美国一批以记者和作家为代表的富有正义感的“黑幕揭露者”（也称作“丑闻揭露者”“扒粪者”），致力于调查、揭露并以激烈的风格抨击实业界黑幕、政府腐败、劳工悲惨处境、自然环境毁坏、歧视女性等社会矛盾问题，发表出版了多达 2000 多种揭丑文章和书籍。“他们义愤填膺地将社会问题展现在公众面前，有助于一部分公民奋起行动。”①应当说，黑幕揭露运动对于揭露社会矛盾问题，形成积极的社会共识和必要的社会压力，进而推动美国社会的发展和进步，有着重要的意义。

显然，一个社会如要保持安全运行和健康发展的局面，就有必要在趋于加重的社会矛盾所提醒的方面，形成社会共识和社会压力，进而对相关的社会弊端和发展障碍予以必要的矫正和改善。

（五）社会矛盾冲突在一定条件下往往有助于释放出一定的社会不满和积怨

社会不满情绪的长期蓄积，往往会酿成大问题，对社会安全造成十分不利的影响。任何一个社会，特别是转型期的社会，民众总会或多或少地存在着种

---

①〔美〕艾伦·布林克利：《美国史（1492—1997）》，邵旭东译，海南出版社 2009 年版，第 600 页。

种不满情绪。不满情绪容易转化为社会负面能量。社会负面能量能否得到有效释放，对于社会矛盾的基本状况有着不小的影响。社会负面能量的蓄积是一个过程。社会负面能量如得不到释放，任其长期蓄积下去，蓄积量过大，突破了一定的限度，就会催生或加重大量的社会矛盾，进而对社会产生破坏性过大的负面影响，使社会付出巨大的成本。此类情形比比皆是。比如，卡扎菲统治下的利比亚，虽然可以依靠丰富的石油资源获得高额收入，以此解决民生问题、赢得民心，而且取得执政的合法性依据相对来说本应容易得多，但是，卡扎菲却实行了一系列倒行逆施的政策。为了确保自己的统治，卡扎菲长期采取高压的专制统治政策和随心所欲的管理方式：贪污、腐败、家天下、任人唯亲、消灭异己、世袭制；实行愚民政策，强行灌输卡扎菲《绿皮书》粗制滥造的思想，不允许民众拥有自己的想法；一旦有人表达不满，便动用情报安全部门予以消灭。其结果是，在卡扎菲统治下的利比亚，民众对政权的认同逐渐减弱直至消失，各种不满情绪、负面能量在大面积蓄积，最终超出了临界点，从而酿成激烈的社会动荡，使得卡扎菲的统治众叛亲离，几乎是瞬间崩盘。相应地，整个社会也为此付出了巨大的代价。

在一个社会当中，虽然完全消除社会矛盾是不可能之事，但在一定条件下，有可能阻止最为严重的、具有颠覆性的社会矛盾的出现。“承认冲突，不缓和冲突，这不是工业社会的正常状态，正常的是阻止冲突变得更加剧烈。”[①]在现代社会，某些社会抗争活动，可以通过常态的言论表达、和平示威、游行、罢工等相对温和的利益诉求方式来进行。如是做法，能够在一定程度上、在制度和社会控制能力所允许的范围内，使社会的不满情形和负面能量得以不断的宣泄和释放。这种做法有助于减小颠覆性社会动荡出现的可能性，使社会为必不可少的安全运行付出较小的成本。科塞将这种现象称作“安全阀制度”。科塞认为：“由于冲突调节着关系系统，因此可以认为它发挥了维护群体的功能。冲突‘清洁了空气’，也就是说，它通过允许行为的自由表达，而防止了被阻塞的敌意倾向的积累。”“没有得到解除或只是部分解除的紧张状态的积

---

①〔法〕雷蒙·阿隆：《阶级斗争——工业社会新讲》，周以光译，译林出版社 2003 年版，第 149 页。

聚，并不能通过改变条件而进行调适，而是导致结构的僵化并造成毁灭性爆炸的潜在性。”①

还应清醒地看到，通过一定的社会矛盾冲突释放社会不满情绪的做法虽然有一定的、甚至有着必不可少的积极作用，但毕竟不是解决根本性社会矛盾问题的基本途径。“那种能使敌意感情发泄出来”的做法，“却不能阻止乌云的不断积聚，也就是说，不能阻止新的紧张的积累”。② 解决和缓解社会矛盾的根本途径，在于维护和促进社会公正，在于建设公正合理的社会阶层结构和利益结构，在于建设法治社会，在于实现社会各个群体之间互惠互利的良性互动。

由上可见，在不少情况下，社会矛盾倒逼改革发展，既是对经济发展、对历史潮流的一种积极顺应，是人类文明进步的一种重要途径，同时，由此所取得的社会进步对生产力、生产关系实际上也具有有效保护和解放的意义，并为生产力、生产关系的进一步发展留下巨大空间。

三、社会矛盾倒逼改革发展的必要条件

需要说明的是，并非在所有的情况下，并非所有的社会矛盾都能够成为倒逼改革发展的推动力量。应当看到的是，能够成为改革发展推动力量的社会矛盾需要具备一定的必要条件；否则，社会矛盾更有可能成为一种负面的、破坏性的力量，使社会受到一定的甚至是巨大的损失。这里所说的“一定的必要条件”至少包括：

（一）社会矛盾相关方特别是有影响力的相关方不能陷入非理性的状态

雅斯贝尔斯认为：“理性，一方面它深得生存的好处，因为它以生存为依据才不至于沉沦下去；另一方面，它又反过来使生存的真理成为可能：使之实现其自身，使之显现自身。”③身处社会矛盾结构中的相关各方，是在已有的社会

①〔美〕L.科塞：《社会冲突的功能》，孙立平等译，华夏出版社1989年版，第24—25、32页。

②〔美〕L.科塞：《社会冲突的功能》，孙立平等译，华夏出版社1989年版，第33页。

③〔德〕雅斯贝尔斯：《生存哲学》，王玖兴译，上海译文出版社1994年版，第52页。

关系所提供的范围和条件下进行活动的，生存要以理性的方式破解社会矛盾，这决定了对于自身利害得失要有清醒的判断能力，而且需要有一定的社会影响力和社会控制力。总体而言，具有理性认知意识的社会矛盾相关方，是社会矛盾有效倒逼改革发展的重要前提。

如果不具备上述条件，假设出于种种原因，社会矛盾的相关方特别是有影响力的相关方陷入一种非理性的、“走火入魔”的状态（这并非没有可能），那么社会矛盾的加重，会使社会的走势呈现出某种不确定性，很有可能会对社会造成大面积的严重破坏；或者，虽然也最终推动了改革发展，但付出了高昂的社会代价。

在社会转型初期，在某种特定的历史条件下，一个社会有时会出现某种非理性的社会心理情状。经济水准的显著提高，社会的巨大变化，有时会使人们产生某种普遍的期望值。亨廷顿指出，“都市化、扫盲、教育和新闻媒介”等新鲜事物，“提高了新的渴望和需要水准。然而，过渡型社会满足这些新渴望的能力的增进比这些渴望本身的增进要缓慢得多。结果，便在渴望和指望之间、需要的形成和需要的满足之间，或者说在渴望程度和生活水平之间造成了差距。这一差距就造成社会颓丧和不满”。[①] 不恰当的期望值容易导致某种社会焦虑现象的出现，而社会焦虑往往会进一步催生非理性社会心态。加之，出于种种原因，一个社会有时还会出现某种极端化的精神因素。这种极端化的精神因素如果同社会焦虑结合在一起，则会加重一个社会的非理性社会心理，进而给这个社会带来严重的危害。“大众在行动上野蛮的、冲动的和情感的爆发，对整个社会，甚至全世界都意味着大灾大难，因为现代社会有机体的相互依赖日益猛烈地传播着每一个失调的结果。”[②]法国大革命便是明显的例证。在法国大革命期间，民众对新社会的期望值迅速增高，同时各种各样的激烈观念充斥着整个社会，法国成为各种激烈思想极端观念的试验场。法国大革命“这场运动最后的结局，则是狂暴地呼吁进行报复，激烈地要求剑与火。这么

①〔美〕塞缪尔·P. 亨廷顿：《变化社会中的政治秩序》，王冠华等译，上海人民出版社 2021 年版，第 41 页。

②〔德〕卡尔·曼海姆：《重建时代的人与社会：现代社会结构的研究》，张旅平译，生活·读书·新知三联书店 2002 年版，第 41 页。

多不同的思路最后都汇聚成毁灭旧制度的呼声”①。最终，法国大革命使得法国为社会进步付出了巨大的代价。

（二）多数社会群体对未来前景能够有一种较为广泛的共识

基于不同利益基点的考虑，不同社会群体的动机固然不尽相同，但多数社会群体对未来前景能够做到程度不同的认可。有的群体最为期待的事情，是未来自己在利益方面会有所增进；有的群体最为期待的事情，是未来自己在安全及社会地位方面能够得到保障。虽然这些社会群体的具体动机有差别，但在未来前景这个目标“交集点”，他们能够取得契合，达成共识。较为广泛共识的形成，能够使未来在利益方面获得增进的社会群体支持、拥护变革，从而最大限度地增强社会发展的推动力量。同时，较为广泛共识的形成可以减少社会发展的阻力。比如，有的原来占据优势位置的群体，其具体利益或许会在未来受到某种损失，但他们更加看重自己的安全及已有地位。在这样的情形下，社会可以通过对其安全及某种优越地位予以保障的某种承诺，来换得这些群体不反对变革并让出一部分利益。英国“光荣革命”时期就曾对以前的旧贵族作出类似的承诺，中国革命时期的“统战”工作也有过一些类似的举动。类似的做法，不仅能够有效减弱社会发展及变革的阻力，有时甚至能够起到变阻力为动力的作用。相反，如果想获得利益者得不到利益，想得到安全者得不到安全，社会各个群体都不让步妥协，社会共识无法达成，那么社会各个群体之间激烈的矛盾冲突不但不可避免，而且可能会持续很长时间，相应出现的，是整个社会所付出的巨大代价。

（三）选择恰当的时机推出恰当的政策

在社会转型时期，社会矛盾呈现出多样化复杂化的情状，并对社会安全及社会发展产生着广泛而复杂的影响。积极主动地应对这些社会矛盾，是有效推进社会发展的必要之举。怎样才能够解决转型期的社会矛盾？就此而言，必须做好两个方面的事情：一是要有明确的改革目标，并基于改革的目标储备好各个领域系统的改革措施；二是应当选择恰当的时机推出某项或某组恰当的政策。

---

①〔英〕阿克顿：《法国大革命讲稿》，姚中秋译，商务印书馆2012年版，第23页。

面对种种复杂的社会矛盾，试图齐头并进地全方位解决社会矛盾是不可能之事。恰当的做法应当是，选择某项或某组关键性的社会矛盾作为突破口，并选择好某个恰当的时机，“以解决某项具体社会矛盾问题为契机，推动相关领域的改革。一旦发现哪个方面出现了或即将出现，而且又恰好是公众所十分关注的某个社会矛盾问题，那么可以以解决这一矛盾问题为契机，进而借助于整个社会关注的压力以及共识，带动相关领域相关部位的改革。这种做法，不仅可以相对有效地减缓改革阻力，而且可以有效扩大改革成果，取得连带性的、事半功倍的改革效应”[①]。20 世纪 30 年代，面对经济大萧条以及由此引发的种种严重的社会矛盾，美国总统罗斯福推出了一系列“新政”措施。在这些“新政”措施中，既有复兴经济的大量措施，也有大量改善民生的政策。改善民生的政策包括以工代赈，大规模兴建公共工程，以及推出具有划时代意义的《社会保险法》《全国劳工关系法》以及《公平劳动标准法》（《工资工时法》）等重要法案。这些改善民生的政策如果放到在这之前进行讨论，必然会遇到各种既得利益集团强有力的抵触而无法通过。但是，放在 20 世纪 30 年代这样一个社会矛盾重重，工人罢工活动连绵不已、危机四伏，一些既得利益群体已是自顾不暇的时机，其阻力便会变小，因而能够通过。

选择恰当的时机推出恰当的政策是十分重要的。就社会矛盾的解决而言，有的政策尽管十分重要，但如果推出的时机不恰当，则不具有可行性和有效性，会产生一种事倍功半、欲速不达甚至是“夹生饭”的效果，并有可能留下某种“后患”。在这方面，20 世纪 90 年代俄罗斯改革的教训具有典型意义。当时俄罗斯面对复杂的社会矛盾，所采取的是“休克疗法”，四面出击，多管齐下，试图快速完成改革的“一揽子”计划。其结果是，旧的体制被破坏了，而新的体制却不可能在很短的时间内建立起来，俄罗斯由此陷入了一种社会动荡不安的局面，整个社会为此付出了惨重的代价。

---

① 吴忠民：《社会矛盾倒逼型改革的来临及去向》，《中国党政干部论坛》2012 年第 4 期。

第七章　从基本生存诉求到基本权利诉求

依据社会矛盾的基本根源，可以将社会矛盾分为基本生存诉求型的社会矛盾和基本权利诉求型的社会矛盾这样两种类型。从社会转型历史的演化逻辑看，不同类型社会矛盾的“相对集中出现”往往有着一定的先后顺序，即在社会转型的初始阶段，往往先是大量基本生存诉求型的社会矛盾开始相对集中地出现，之后，随着历史进程的推进，则是大量基本权利诉求型的社会矛盾开始相对集中地出现。

需要说明的是，这里所说的是“相对集中出现”，而不是“出现”。无论在哪个阶段，由于历史条件及现实社会的复杂性，这两种类型社会矛盾的出现在时间点上并非恰好衔接，有时会表现出某些重合交叉的部分，即在基本生存诉求型社会矛盾相对集中出现的初始阶段，往往就已经开始出现了一些基本权利诉求型的社会矛盾，但占据主流位置的仍然是基本生存诉求型的社会矛盾；而在基本权利诉求型社会矛盾相对集中出现的阶段，也会存在不少基本生存诉求型的社会矛盾，尽管其已经不占据“主流”位置。比如，英国19世纪30年代40年代之交曾出现过以政治权利为重要诉求的宪章运动，但应当看到的是，英国社会转型初期民众的“主要”利益诉求仍是相对集中在基本生存方面。

一、基本生存诉求型的社会矛盾

（一）基本生存问题是社会成员最为切身的事情

以基础性的物质生活条件为主要内容的基本生存问题，对于每一位社会成员来说，是最为直接、最为切身、最为基础的事情。基本生存需求的必要满足，既是人们的刚性需求，也是其他所有需求得以产生、存在的前提条件。马克思和恩格斯指出："确定一切人类生存的第一个前提，也就是一切历史的第一个前提，这个前提是：人们为了能够'创造历史'，必须能够生活。但是为了生活，首先就需要吃喝住穿以及其他一些东西。"①显然，马克思和恩格斯把人的基本生存诉求放到了一个最为基础性的位置，将之视为人类其他一切活动的前提条件；舍此，人的其他一切均无从谈起。马斯洛认为，人的需要是由低到高五个层次的内容所构成的，即生理的需要、安全的需要、爱的需要、尊重的需要和自我实现的需要。人们在满足了相对低层面的需求之后，就会提出更高层面的需求，"其他（更高级的）的需要会立即出现"，"当这些需要得到满足后，又有新的（更高级的）需求要出现了，依此类推"。② 马斯洛特别指出，人的基础性的生存需求亦即"生理需要"最为重要。原因是，"在一切需要中，生理需要是最优先的。这意味着，在某种极端的情况下，即一个人生活上的一切东西都没有的情况下，很可能主要的动机就是生理的需要，而不是别的，一个缺乏食物、安全、爱和尊重的人，很可能对食物的渴望比别的东西更强烈"③。

（二）转型期中的基本生存问题更加凸显

在社会转型初期，有三个方面的问题值得注意。一是社会整体利益结构发生了全方位、大幅度的变化。在这样的背景之下，努力寻找自己"新的"生存位置，解决基本的生存问题如就业问题、收入来源问题等必然会成为大批民众的头等大事。比如，对于离开土地——以往农业社会中大多数社会成员赖以为生的基础——进入城市的大批原本是农民的人来说，更是生活没有着落，漂泊不定，缺少确定的前景。这些人艰难寻找就业和生活的机会，不放弃任何一丝希望。二是随着现代化和市场经济进程的逐渐推进，随着以人为本基本理

---

①《马克思恩格斯选集》（第一卷），人民出版社 2012 年版，第 158 页。

②〔美〕亚伯拉罕·马斯洛：《动机与人格》（第三版），许金声等译，中国人民大学出版社 2012 年版，第 22 页。

③〔美〕马斯洛：《人的动机理论》，载〔美〕马斯洛等：《人的潜能和价值》，林方主编，华夏出版社 1987 年版，第 162 页。

念逐渐为广大民众所认同，以往类似于禁欲主义的宗教准宗教的生活方式逐渐消解，代之而起的是民众越来越认同的世俗化生活方式，即人们越来越看重“此岸”的现实物质生活。凡此种种，使得人们极为重视自己的基本生存问题。三是在社会转型初期，市场经济十分不规范，社会经济领域缺乏正常的秩序和规则体系，整个社会盛行弱肉强食的“丛林法则”。在这样的情形下，社会不同群体获得物质利益的方式往往是不对等、不公正的，强势一方如资方过多地获得超额利益，超出甚至远远超出公正合理的限度，而弱势一方如劳方则只是获得仅够自己勉强生存、生命刚刚能够延续下去的一份利益。前述情形造成整个社会利益结构的失衡甚至是严重失衡，因而不可避免地引发大量基本生存诉求型的社会矛盾。

在社会转型初期，企业主群体和工人群体是主要的社会群体，因而基本生存诉求型的社会矛盾首先集中表现在劳资矛盾方面。

在社会转型初期，特别是大工业的初始阶段，无论是在早发国家和地区还是在后发国家和地区，作为社会主要劳动者的工人，其生活状况及工作条件往往是十分恶劣的。这一阶段工人群体的基本生存往往呈现出十分悲惨的情状：其一，收入十分低下。工人的收入往往被企业主降至最低限度，仅仅能够维持其基本的生理需求。正如恩格斯在其名著《英国工人阶级状况》中所指出的那样，英国社会转型时期早期阶段的“工人根本没有什么财产，全靠工资过活，工资几乎总是只够勉强糊口。这个一盘散沙的社会根本不关心他们，让他们自己去养家活口，但是又不给他们能够长期维持正常生活的手段。因此，每一个工人，即使是最好的工人，也总有可能失业，因而就有可能饿死，确实也有许多人饿死了”①。其二，工时长，劳动条件恶劣。比如，美国工人的处境虽然同英国工人相比要好一些，但仍然处在困苦的状态。“工厂工人一般每天工作10 小时，每周工作 6 天，而钢厂工人要每天工作 12 小时。许多工人在极不安全和极不健康的条件下做工，工伤事故屡见不鲜。”②后发国家韩国在转型初期，其工人的处境也差不多。“韩国工人工作时间极长；事实上，在 20 世纪 80

---

①《马克思恩格斯全集》（第 2 卷），人民出版社 1957 年版，第 357 页。

②〔美〕艾伦·布林克利：《美国史》，邵旭东译，海南出版社 2009 年版，第 513 页。

年代，他们每周工作时间之长居世界之最。”“70 年代，对于在劳动密集型经济部门就业的很多工人来说，连每天工作 12 个小时也是迫切要求得到的。在这一时期，大多数工人默默地忍受着长时间工作的痛苦。”[①]其三，童工现象比较普遍。一个家庭仅仅靠家长的收入难以维持家庭成员的正常生活，所以童工现象十分普遍。在英国，“女孩子和男孩子们从十岁到十二岁起就开始拿起铁锤来工作，只有到他们每天能生产 1000 个钉子时才算是一个真正的工人。他们制造 1200 个钉子，所得的工资……还不到 5 个银格罗申”[②]，其身体发育被严重损害，更谈不上接受正常的教育。同英国相似的是，美国的童工现象也十分普遍。1900 年，美国“至少有 170 万 16 岁以下的儿童在工厂和农场做工，比 30 年前增加了一倍以上。全国 10% 的 10—15 岁的女孩和 20% 的男孩都在做工”[③]。其四，居住状况十分恶劣。恩格斯经过调查发现，在英国，“每一个大城市都有一个或几个挤满了工人阶级的贫民窟”[④]。“伦敦有 5 万人每天早晨醒来不知道下一夜将在什么地方度过。”[⑤]

总之，在社会转型初期，特别是在早期大工业初期，工人的基本生存需求得不到起码的满足，其悲惨状况，就像马克思所指出的那样，“资本由于无限度地盲目追逐剩余劳动，象狼一般地贪求剩余劳动，不仅突破了工作日的道德极限，而且突破了工作日的纯粹身体的极限。它侵占人体成长、发育和维持健康所需要的时间。它掠夺工人呼吸新鲜空气和接触阳光所需要的时间。它克扣吃饭时间，尽量把吃饭时间并入生产过程，因此对待工人就象对待单纯的生产资料那样，给他饭吃，就如同给锅炉加煤、给机器上油一样”[⑥]。

基本生存型的强烈诉求必然会引发工人的抗争，而且重要的是，随着工人群体的不断壮大，随着工人群体平等意识的不断增强，工人阶级“一天天地更

---

①〔韩〕具海根：《韩国工人——阶级形成的文化与政治》，梁光严等译，社会科学文献出版社 2004 年版，第 3 页。

②《马克思恩格斯全集》（第 2 卷），人民出版社 1957 年版，第 489 页。

③〔美〕艾伦 · 布林克利：《美国史（1492—1997）》，邵旭东译，海南出版社 2009 年版，第 514 页。

④《马克思恩格斯全集》（第 2 卷），人民出版社 1957 年版，第 306 页。

⑤《马克思恩格斯全集》（第 2 卷），人民出版社 1957 年版，第 311 页。

⑥《马克思恩格斯全集》（第 23 卷），人民出版社 1972 年版，第 294—295 页。

加意识到自己的力量,一天天地更加迫切要求取得社会财富中的自己的一份"[①]。于是,广泛而激烈的劳资矛盾冲突就变得不可避免。

社会转型初期基本生存利益诉求型的社会矛盾还十分突出地表现在贫富矛盾方面。

在社会转型初期,现代生产力的发展创造了巨大的财富,但财富的分配状况却是很不均衡、很不公正合理的。这一时期,在"丛林法则"盛行、企业主群体疯狂追逐高额利润、公共权力十分单薄的时代背景条件下,整个社会的贫富差距迅速扩大,广大民众的基本生活往往处在绝对贫困的状态。20 世纪之初的西欧诸国,经过工业革命,"国民收入的显著增长并不意味着所有的阶级都同样地得益。普遍的繁荣所带来的收益确缓缓地淌下来一些,但其大部分在顶层被吸收。例如,在大不列颠,1911 至 1913 年间,25 岁以上的人中占 4.93% 的人拥有 60% 以上的财富。同样,在普鲁士,1911 年时,3425 人的平均财富为 5321400 马克,而另外 1608050 人的平均财富却为 23295 马克。这种差异意味着相应的生活方式的不一致"[②]。这种悬殊的贫富差距情形正像马克思和恩格斯所描述的那样,在资产阶级的一极,"是财富的积累,同时在另一极",即在无产阶级的一极,则"是贫困、劳动折磨、受奴役、无知、粗野和道德堕落的积累"[③]。后发国家和地区也有着类似的情形。1960 年,巴西的基尼系数为 0.50,1970 年上升至0.56,1976 年为 0.60。占总人口 5% 最富有的人占总财富的比例,1960 年为 27.7%,1976 年上升到 39%;同时,占人口 50% 的最穷人口占总财富的比例 1960 年为 17.7%,1976 年下降至 11.8%。[④] 墨西哥的情况也相仿。20 世纪 70 年代拉美国家贫困的小土地农民和无地农民陆续走进城市,城市贫民窟的人口每年以 10% 至 15% 的比例增加。1976 年,巴西 2200 万户贫民区的常住户中,有 400 万户住在简陋和临时的建筑物中;30% 的城市

①《马克思恩格斯全集》(第 2 卷),人民出版社 1957 年版,第 297 页。

②〔美〕斯塔夫里阿诺斯:《全球通史——1500 年以后的世界》,吴象婴等译,上海社会科学院出版社 1999 年版,第 306 页。

③《马克思恩格斯全集》(第 23 卷),人民出版社 1972 年版,第 708 页。

④〔美〕基思·格里芬:《可供选择的经济发展战略》,倪吉祥等译,经济科学出版社 1992 年版,第 153 页。

居民和63%的农村居民住在没有任何卫生设备的住宅。[①]

经济利益的严重不平等，不仅会直接造成和持续保持大面积的绝对贫困现象，而且还会造成大面积的“相对剥夺”现象，引发更多社会群体和社会成员的不满。显然，严重的贫富差距现象和大面积的贫困现象，是社会转型初期许多国家和地区社会抗争活动连绵不已、社会不稳定现象持续存在的重要根源。

（三）社会转型初期基本生存诉求型社会矛盾的特点

归纳起来，在社会转型初期，基本生存诉求型的社会矛盾大致有这样几个特点：

第一，民众的基本利益诉求，主要是相对直观地围绕最为基础性的基本生存问题亦即绝对贫困问题。具有最为基本的生存底线，获取基本的劳动收入，具有基本的劳动条件，拥有基本的社会保障是这一时期民众所关注的主要问题。比如，增加工资、缩短工时、获得失业救济金等成为这一时期民众普遍的、主流性的利益诉求。争取更为广泛的社会权利和政治权利的利益诉求在这一时期虽然已经出现，但相对来说毕竟没有成为民众主流性的利益诉求。

第二，利益诉求主要是采取“一对一”的直接形式进行。起初，往往是有着利益诉求的一方同损害自己利益的另一方进行直接的利益博弈，如利益受损的工人一方是采取捣毁本厂机器、某一企业或某一行业内的罢工等形式同直接相关的企业主进行交涉和抗争；继之，工人群体作为一支自我认同的社会力量，通过工会组织起来，进行本厂工人罢工，联合业内工人进行罢工，造成压力，以此同企业主群体进行交涉和抗争。这时，利益的博弈主要限于利益直接当事的双方如劳资双方，相对而言，很少涉及非直接相关者。

第三，社会矛盾冲突的组织形式常常以工人运动为主。由于工人群体是这一时期最为主要的劳动者群体，同时由于这一时期的工人罢工等抗争活动十分普遍，从某种意义上可以讲，工人抗争、工人运动成为社会转型初期社会矛盾的主要特色。且不说西欧国家的工人抗争十分激烈，在某些国家某个时期甚至演化为暴力冲突，就是在很多后发国家转型期的初期，工人的抗争活动

---

① 尹保云：《现代化通病——二十多个国家和地区的经验与教训》，天津人民出版社1999年版，第169、170页。

也是广泛而激烈的。以韩国为例。1987年,“从7—9月这三个月里,发生了300次劳动纠纷,超过了快速工业化前20年发生的劳动冲突的总和。劳工骚动以惊人的速度和烈度横扫全国,使得几乎每一个大型行业的工业生产都陷入瘫痪。几乎没有一个地区、没有一个产业部门或没有哪一种规模的企业免受劳工骚动的影响”①。另外,在发展中国家和地区的社会转型初期,除了工人运动,失地农民的抗争也经常出现。

第四,大量的社会矛盾冲突属于制度外的抗争。在社会转型初期,制度往往缺乏足够的包容度和弹性,对社会矛盾的容纳度也十分有限,社会矛盾得不到有效的吸纳,因而社会矛盾冲突连绵不断地持续存在。比如,在美国社会转型的早期阶段,在不少地区,工会实际上被列为非法组织,罢工属于非法活动,政府有权力应企业主的要求予以镇压。“1815年宾夕法尼亚州匹兹堡地方法院判决该地区的技工工会为非法组织。此后,美国各州的工会组织都被判定为非法组织。宪法中有关结社自由的条款实际上被取消了。19世纪早期美国工人的集会、示威等活动均遭到统治阶级的禁止和迫害。”②

第五,暴力、流血的方式常常成为利益诉求方式的重要选项。一个简单的道理是,当一个人作为正常人起码的生理需求满足都成问题的时候,当人们所面临的基本生存问题达到非生即死或生不如死的地步时,由此引发激烈冲突的可能性必然会空前增大。在早期大工业时代,工人及其家庭的基本生存资源十分有限,有时甚至难以为继,资方对获取超额利润的欲求却极为强烈而且有增无减,因而工人对于自身必需的基本生存资源的捍卫有时容易采取十分激烈的手段,而不可能考虑采取互惠互利、相互合作、共赢的方式进行。正如马克思和恩格斯指出的那样,“工人们没有选择的余地:不是饿死,就是斗争”③。西欧国家、美国等处在社会转型的早期阶段时,劳资矛盾十分激烈,企业主联合军警射杀罢工工人的流血现象屡见不鲜。1919年9月,美国东部和西部多个城市爆发了空前的大罢工,35万炼钢工人停产,工人要求8小时工作

①〔韩〕具海根:《韩国工人——阶级形成的文化与政治》,梁光严等译,社会科学文献出版社2004年版,第193页。

② 陈锡镖:《美国人权运动的历史回顾》,《社会科学》1996年第1期。

③《马克思恩格斯选集》(第一卷),人民出版社2012年版,第398页。

制，要求承认工会组织。资方雇佣武装卫队，驱散游行队伍并强迫工人复工，仅印第安纳州加里市就有18名工人遇难。[①] 在没有退路的情形下，面对资方的强力镇压，工人有时也会被迫暂时组织起来，进行武装抗争，以至出现“巴黎公社”式的激烈武装斗争的事件。这种方式虽然对整个社会来说代价过大，但实属被逼无奈之举。

随着经济的发展和现代文明的进步，在工会力量、工人运动、社会主义运动的压力和作用下，到20世纪30至40年代，发达国家民众的基本生存型利益诉求在很大程度上得以满足。这突出地表现在社会保障基本制度的建立。在这之前，虽然不少国家也制定了济贫、禁止童工以及劳动工时限制等方面的法律，但其毕竟属于单项的法律，影响面和力度相对有限。而在1935年和1945年前后，“社会保障法”分别在美国和英国得以通过并开始实施，标志着美国和英国具有现代意义的基本社会保障制度的确立。之后，所有的发达国家和地区都开始建立和实施社会保障基本制度。“发达国家特别是北欧国家已建成了项目十分齐全的、对于社会成员的整个生涯即‘从摇篮到坟墓’予以保障的社会福利制度。这种制度为包括工人阶级在内的所有合法的居民提供了一个基本的生活与发展所需的保障网络。”[②]体系化社会保障制度的建立，意味着这些国家和地区民众基本生存型的利益诉求能够得到基本的满足。这就有效化解了以往基本生存诉求所引发的大量社会矛盾，换言之，由基本生存型利益诉求所引发的社会矛盾在很大程度上得以缓解。

二、基本权利诉求型的社会矛盾

（一）人们逐渐看重基本权利型的利益诉求

人们需求演化逻辑与历史发展实际进程的契合，使得人们逐渐从基本生存型的利益诉求走向基本权利型的利益诉求。

---

①〔美〕艾伦·布林克利：《美国史（1492—1997）》，邵旭东译，海南出版社2009年版，第666页。

② 吴忠民：《从阶级分析到当代社会分层研究》，《学术界》2004年第1期。

从人们需求演化的逻辑来看，一旦基本生存利益诉求得到满足，人们往往普遍产生相对更高层面上的需求，开始追求程度不同的尊严需求、人的“解放”的需求以及“自由选择”生活方式的需求，即开始追求平等的需求和程度不同的“合意”性的、因人而异的差异化需求。而且如果人的基本权利得不到保障，那么从长远来看，社会各个群体之间平等、公正、合理的良性互动结构就无法形成，社会整体利益结构就无法保持合理均衡的状态，相应地，人们的基本需求也就不可能得到制度化的保障。因此，从需求演进的逻辑来看，当人们的基本生存诉求得到基本满足之后，随着社会经济的进一步发展，社会各个群体往往会在人的基本权利诉求方面相对集中地产生与之相关的利益诉求，由此产生相应的社会矛盾。

而历史发展的实际进程使得人们的这种利益诉求成为一种现实。就此而言，有这样几种情形值得我们注意。

第一种情形是，经济的巨大发展。二战后，经济获得了突飞猛进的发展，这就为社会进步提供了坚实的物质基础。市场经济越来越趋于完善，政府这只“有形的手”开始有效地发挥必不可少的弥补市场经济弊端、进行社会再分配的积极作用，从而直接推动了社会的进步。

第二种情形是，企业主影响力的减弱。随着生产力的发展，一些新的所有制形式如股份制、合作社开始出现并趋于普遍化，生产资料的所有权和生产的经营权开始分离，而且企业主群体的行为越来越受到来自社会层面上的制约和规范，相应地，企业主群体对于整个社会的话语权和影响力明显减弱，已经难以左右社会，特别是难以单方面决定有利于自身利益却不利于工人群体利益的政策及制度的出台。

第三种情形是，人们平等意识的普遍增强。人们现代意义上的自由、平等意识虽然很早就已出现，但应当看到的是，在社会转型初期，由于市场经济尚不完善，现代化程度较低，以人为本的基本理念尚未深入人心，因而人们的自由、平等意识属于“有限”的、而不是“普遍”的平等权利意识，人们名义上的种种平等权利在实际当中要受诸如财产、文化、种族以及性别等种种条件的限制，真正的平等意识远远没有普遍化。二战后这种情形发生了很大的变化。随着市场经济的逐渐完善，现代化程度的逐渐提高，以人为本基本理念逐渐深入人心，人们从“有限”的平等意识拓展到“普遍”的平等意识，换言之，从“小众平等意识”发展成为“大众平等意识”。重要的是，平等意识普遍增强，逐渐变成人们对平等权利的普遍追求。

正是出于上述原因，在社会转型的中后期，大部分国家和地区的民众往往要求对已有宪法及相关法律所规定的亦即“应然”的社会成员应当具有的基本权利在现实中予以兑现。这具体表现为，人们从以往基本生存的利益诉求逐渐转变为对自己所应当具有的基本权利进行维护的普遍期盼及相应的行为取向。由此，便催生了基本权利诉求型的社会矛盾。

（二）基本权利型利益诉求的重要表现

基本权利型利益诉求主要表现在以下几个方面：

第一，表达利益诉求的群体的广泛性。

在社会转型初期，由于劳资矛盾在种种社会矛盾中占据着最为重要的位置，所以工人群体的抗争活动便构成了这一时期民众的主要利益诉求。同时，生活处境处在弱势位置的农民群体也常常通过一些抗争活动来表达自身的利益诉求。随着民众的基本生存诉求逐渐得以满足，工人群体以及农民群体以往基于基本生存诉求的抗争相对趋于和缓，民众开始追求相对更高层面上的基本权利方面的需求。而且，随着现代化生产力的发展以及社会分工的进一步深入，大量以职业分工为主要依据的、新的社会群体开始出现，这些社会群体逐渐形成对自身基本权利的利益诉求。在这样的条件下，同以往情形明显不同的是，表达利益诉求的社会各个群体呈现出一种广泛性的特征。无论是工人群体、农民群体，还是白领群体、教师群体、专家技术人员群体、大学生群体，甚至还有公务员群体、警察群体，均通过种种形式来表达自身对基本权利的诉求。

第二，人们对基本权利的诉求涉及多个领域。

这一时期，人们的利益诉求已经不仅仅限于经济领域，更不是仅仅限于绝对贫困问题，而是延伸至政治、文化、社会等各个重要领域当中的基本权利。比如，二战后，早发国家“在强调和扩大保护公民各项基本政治平等权利的同时，还增加了公民在经济、生理、民族、种族、性别等社会生活各方面的平等权利”[①]。

特别是，在这一时期，人们对社会领域中平等权利的利益诉求往往汇聚成一种巨大的声势。在不少国家和地区，社会不平等常常表现在各式各样的身份歧视方面，所以，种种反歧视的社会活动便成为这些国家和地区人们争取社会平等权利的重要表现。美国黑人反对种族歧视的活动十分典型。应当说，美国黑人反对种族歧视的活动由来已久。南北战争后，美国废除了黑人的奴隶地位，广大黑人获得了“人”的地位，成就斐然。之后，虽然黑人争取社会平等权利的活动一直没有停止过，但这些活动并没有成为黑人的主流利益诉求，也没有得到整个社会的响应。在这样的情形下，黑人尽管争得了一些法律成果，如 1870 年的“宪法修正案”第 15 条明确规定，“任何州及合众国均不得以种族、肤色或原属奴役身份为理由而拒绝以投票权赋予合众国公民，或予以消减”[②]，但是，类似的法律规定往往流于一纸空文，没有真正进入实际生活。到 20 世纪 50 至 60 年代，美国黑人的反种族歧视活动发展成为一场真正的、声势浩大的争取社会平等权利的运动，涌现出像马丁·路德·金这样的代表性人物，并得到了全社会的响应。最终，以 1964 至 1968 年先后通过的《民权法》《投票权利法》和《防止住房歧视民权法》为标志，美国的种族歧视制度大致宣告结束。重要的是，“非洲裔美国人争取种族公正的斗争启发了许多不同的族群去争取全面的平等。妇女、墨西哥裔美国人、土著美国人和许多其他被剥夺的族群举行游行示威，抗议歧视，并组织起来，促进社会变革”[③]。几乎是在同一时期，美国妇女争取社会平等权利的解放运动也大规模地开展起来。随着女性就业人数和女性受教育程度的提高，女性争取与男性同等权利的利益诉求开始普遍化，形成了较大规模的女性解放运动。最终，1972 年美国国会通过了对宪法的一项平等权利修正案，禁止性别歧视，标志着美国女性性别平等状况的基本确立。其他一些发达国家也出现

① 应克复等：《西方民主史》（第三版），中国社会科学出版社 2012 年版，第 475 页。

② 邢先进：《17 世纪至 20 世纪 50 年代美国黑人法律地位的演变》，《洛阳师专学报》1997 年第 3 期。

③〔美〕詹姆斯·柯比·马丁等：《美国史》（下册），范道丰等译，商务印书馆 2012 年版，第 1321 页。

了类似的利益诉求活动。

第三,人们对基本权利的诉求扩展至社会的公共议题。

同以往人们主要关注自己切身的利益诉求不同,在这一时期,人们对基本权利的利益诉求还表现在民众对许多社会公共议题的关注上。这一时期的社会矛盾有一个比较明显的表现,民众的利益诉求不见得是由十分具体的切身利益问题直接引致的,相反,一些同民众自身间接相关、但同社会大部分群体长远利益相关的社会共同议题成为民众关注的重要事情。小到社区的具体管理问题,大到整个人类生存环境问题,人们往往表现出一种前所未有的关切;而且卷入者的身份呈多样化趋势,既包括工人群体成员,也包括中产者、企业主群体成员以及青年学生。正是从这个意义上讲,有学者将其中一些规模较大的社会抗争活动称之为“新社会运动”,并指出:“在新社会运动中,一个人加入某个社会运动的主要动机往往是为了实现一些非物质性的价值,而不是因为经济和物质上的受剥削和受压迫。”①同以往相比,这是一个重要的变化。人们对环境保护问题的重视就是较为典型的事例。随着工业化进程在全世界范围内的推进,人们对工业化所造成的环境破坏问题越来越表现出极大的担忧,认为这是一个事关人类生存环境是否可持续的问题,因此也引发了人们的一些相应举动。1971 年成立于加拿大、总部设在荷兰的“绿色和平组织”是一个跨国界、以维护人类共同的生存环境为己任的非政府组织,它采取一系列举动,力图阻止地球变暖的趋势,保护地球生物的多样性,其影响越来越大,得到数千万人的支持。另外,一些国家民众反对非正义战争的活动也表现出人们对社会公共议题的关注。其中比较典型的例子是法国的“五月风暴”。1968 年 5 月,以反战为起因的社会运动蔓延至全法国。“五月风暴”中,先是数千学生发动抗议集会及全国性的罢课,继之工会联盟组织全国罢工,参加罢工者达千万人,差不多是法国劳动力的全部。“五月风暴”给整个法国社会造成了巨大的影响,甚至影响到政府的更迭。

（三）基本权利诉求型社会矛盾的特点

基本权利诉求型社会矛盾呈现出如下特点:

---

① 赵鼎新:《社会与政治运动讲义》,社会科学文献出版社 2006 年版,第 290 页。

第一，利益诉求渠道趋于多样化和广泛化。

以往民众的利益诉求渠道相对狭窄，往往表现为“一对一”直接的利益博弈，即工人直接面对企业主或者是贫困者直接面对政府进行利益博弈。随着历史进程的推进，前述情形发生了很大的变化。随着由经济发展所带来的职业分化程度的提高，社会经济等各种领域在增多，相互间的界别日益明显，相应地，各个领域、同一行业内及板块内的社会组织(非政府组织、民间组织)，如各种商会、行业协会、社团等等迅速增多。作为必不可少的中介组织，这些社会组织能够将不同群体的种种利益诉求集中起来，在相互之间进行各种各样的有效博弈，以相对较低的成本和都能够接受的方式，求得各个群体之间的利益均衡。这种情形，使得民众利益诉求渠道大幅度拓宽。比如，以往工人群体同企业主群体所进行的面对面的利益博弈，现在则往往变为工会组织、政府以及企业主组织三方之间的利益博弈。再者，有着自己特定利益诉求的各个群体，常常组成多种多样的特定利益集团，运用各种合法合理的手段，对政府或议会进行施压，以促成有利于自己的公共政策的形成。

第二，利益诉求方式趋于平和化。

在新的历史条件下，出现了两个值得关注的现象。一是民众基本生存需求的满足。在民众的基本生存需求得不到满足同时贫富差距过大的条件下，相对来说容易出现激烈、暴力的抗争活动。而在这一时期，不仅民众的基本生存问题逐步得到了解决，而且社会再分配的力度越来越大。在发达国家，大量有力度的“累进式的”税收政策、遗产税以及社会转移支付等再分配政策开始实施。以美国为例，遗产税和赠予税的统一税率在18%至55%之间，具体税率根据应纳税遗产价值的大小来确定，最高税率为55%，适用于超过300万美元的应纳税转让额。[①] 这些社会再分配政策，不但使得高收入者的收入被有效地抑制住，而且能够有效地防止过大贫富差距的代际传递，这使得企业主财富的积累与民众基本生活状况的改善之间出现了同步化的情形。一个明显的事实是，发达国家的基尼系数普遍下降。大多数发达国家的基尼系数都保持在合理区间之内，还有一些发达国家如英国、北欧一些国家的基尼系数常常低于

① 陈志楣：《税收制度国际比较研究》，经济科学出版社2000年版，第459页。

0.4。二是随着经济的发展和文明的进步,社会各个群体之间的依存度在提高,社会各个群体的"利益共同体"意识在普遍增强。从职业分工角度看,各个群体之间需要越来越细致和越来越专业化的职业合作。从共同生存的角度看,随着社会财富总量的增大,各个群体之间的利益攸关性在增强。在这样的情形下,社会一旦崩盘,利益相关方的损失都很大,往往没有赢家,都是输家。激烈、暴力的社会冲突,往往是一种零和博弈,最终受损害的是所有的利益当事者。比如,激烈的社会冲突一旦大面积蔓延,必然会摧毁金融体系,而金融体系一旦崩盘,无论哪个群体均会遭受巨大的经济利益损失。再者,从社会风险的角度看,随着社会经济和科学技术的长足发展,各个群体都面临着共同的风险,如经济危机、环境污染以及恐怖主义等,这些风险需要各个群体共同应对。

民众基本生存需求的大致满足以及"利益共同体"意识的普遍增强,促使民众的利益诉求方式发生了一个明显的变化,即以消灭对方为目的、暴力流血的抗争方式逐渐减少。随着时间的推移,虽然暴力流血的抗争情况仍时有发生,但是就总体而言,非暴力的抗争方式逐渐成为主要趋势。一个明显的事实是,这一时期,尽管以表达利益诉求为目标的社会运动在多个国家此起彼伏,而且卷入者众多,但带有暴力色彩的社会运动越来越少。在影响广泛深远的美国20世纪50至60年代大规模的黑人反歧视运动中,黑人人权领袖马丁·路德·金就极力倡导非暴力抗争。

第三,利益博弈的制度化。

随着社会激烈行为的减少、理性意识的普遍增强以及法治进程的推进,人们开始初步建立一系列能够有效化解社会矛盾的双方共赢的重要制度,逐渐将重要的利益博弈活动纳入制度化的轨道。

利益博弈的制度化突出表现在,人们开始将劳资矛盾纳入制度化解决的轨道。"劳工通过法律获得的成就,大概要比通过罢工或其他暴力手段取得更多一些。"①特别是,以往由资方单方面决定劳资关系的现象逐渐结束。先是在一些先发国家如英国、法国和美国,继之在一些后发国家和地区如韩国和中

① 任东来等:《美国宪政历程:影响美国的25个司法大案》,中国法制出版社2004年版,第8页。

国台湾地区，建立起比较成型的工会、政府和企业三方共同协商的劳资矛盾协调制度，从而有效地化解或缓解了现代社会当中最为重要的社会矛盾即劳资矛盾。以韩国为例。在20世纪70年代，“工资由雇主单方面确定，而90年代后期，则通过劳资之间严肃的谈判来决定。70年代和80年代，劳工斗争首要针对的是过长的工时和非人的工作条件，而90年代，劳工运动的重点是保护工作稳定性和增强劳工的组织力量”。“90年代后期，在很多大工业公司中工作的蓝领工人则视8小时为正常工作日，不愿意超时工作，除非加班费令人满意。”①再者，一些国家和地区通过立法，对于罢工进行诸多限制。有的国家和地区规定，罢工活动必须经过严格的程序通过方能进行；国家公务员、国有企业的职员以及其他公职人员，不得举行或参与罢工，并不得举行和参与怠工、静坐等一切集体争议行为；对于公用事业以及关系国计民生或国家安全等行业的罢工进行限制，其中包括运输、邮电、煤气、公共交通、医疗、军事工业等。②比如，中国台湾地区工会方面的法规规定：“劳资或雇佣间之争议，非经过调解程序无效后，会员大会以无记名投票经全体会员过半数之同意，不得宣告罢工。”“工会于罢工时，不得妨害公共秩序之安宁。”“工会不得要求超过标准工资之加薪而宣告罢工。”这些规定，不但对于劳动者有关罢工的活动进行了必要的限制，也对企业主在罢工活动方面作出了必要的限制，用以防止企业主对合法罢工活动的干扰。比如，西班牙的法律法规规定：资方不得在罢工期间招聘其他人员代替参加罢工的员工；参与罢工不得作为解雇或其他惩罚的理由；员工因参加罢工而没有参加工作，不得计入旷工时间。③

三、几点启示

从基本生存诉求型社会矛盾到基本权利诉求型社会矛盾这样一种历史演

---

①〔韩〕具海根：《韩国工人——阶级形成的文化与政治》，梁光严等译，社会科学文献出版社2004年版，第4页。

② 常凯：《罢工权立法问题的若干思考》，《学海》2005年第4期。

③ 中华人民共和国驻西班牙使馆经济商务参赞处：《西班牙关于罢工的一些规定》，中华人民共和国驻西班牙使经济商务参赞处网站，2012年3月28日，http://es.mofcom.gov.cn/aarticle/c/201203/20120308041189.html。

化趋势当中，我们不难得出这样几点启示：

（一）民众的利益诉求在不同历史阶段有着不同的侧重点

从大多数国家和地区社会转型的历史进程来看，一个较为普遍的现象，甚至从一定意义上讲具有某种规律性的现象是，基于民众的基本需求的不同层面和不同的历史条件，在社会转型的早期阶段，源自民众基本生存利益诉求型的社会矛盾相对集中地出现，成为相对较为普遍的社会矛盾；而在社会转型的中后期阶段，源自民众基本权利需求的社会矛盾相对集中地出现，成为相对较为普遍的社会矛盾。在社会转型的不同阶段，虽然前述两种类型的社会矛盾有时会交叉重合出现，但从出现的大概率来看，两者的区别是比较明显的。这就提醒我们，在社会转型的不同历史阶段，解决社会矛盾的着力点应当有所差别，不应将不同阶段的历史任务混同在一起；否则，不仅无法有效解决或缓解现实的社会矛盾，而且有可能会引发一系列原本不一定会出现的社会矛盾。比如，中国现在尚处在社会转型的早期阶段，应当将解决社会矛盾的着力点放在改善民生、努力满足民众的基本生存需求方面。

（二）社会保障制度在社会转型的早期阶段具有极为重要的意义

能否有效解决民众的基本生存问题，事关一个社会的基本安全问题。而在社会转型的早期阶段，解决这一问题的关键就是不失时机地建立起基本的社会保障制度。在传统社会（农业社会），“人地结合是绝大多数社会成员的基本生存方式。土地不仅仅是社会成员最为基本的生产资料，更是社会成员最为基本的生活资料”①。社会是否能够获得安全局面的关键，在很大程度上取决于每个农民是否都有一块赖以为生的土地。对于大多数民众来说，如果能够拥有一块像样的土地，那么其家庭成员的基本生存问题就有了一个大致的保障。相反，农民一旦失去土地，其家庭成员的基本生存就难以为继，必然会引发激烈的社会抗争。正是从这个意义上讲，失去土地的农民越多，社会矛盾就越多、越激烈，社会就越不安全。比如，“从中国封建社会两千多年的历史看，严重的、最后不可调和的社会矛盾之所以会周期性地演化为社会动荡，由

---

① 吴忠民：《传统社会与现代社会的社会矛盾特征比较研究》，《教学与研究》2013 年第 10 期。

之所引发的封建王朝更迭之所以会周期性地出现，最为主要的根源就在于土地问题”①。而在现代社会（工业社会）中，大多数社会成员已经不可能拥有土地，其基本的收入来源已经不是农业收入，而是来自第二产业和第三产业。问题在于，这种收入是不确定的，要面临经济不景气、失业、通货膨胀等多种风险。所以，大多数社会成员对于社会保障的依赖程度越来越高。正是从这个意义上讲，在社会转型期尤其是在社会转型初期，社会保障对于民众的重要性类似于传统社会当中土地对于农民的重要性。一个社会，一旦建立了比较完整的社会保障制度，民众的基本生存问题就不会成为大问题，相应地，来源于基本生存层面上的社会矛盾就会大幅度、大面积地减少，其强度也会相对减弱。

（三）后发国家和地区既要重点解决民众的基本生存利益诉求问题，又应兼顾民众基本权利方面的利益诉求问题

同早发国家相比，后发国家和地区社会转型时期中的时代背景条件相对来说要复杂一些。与早发国家内生型的现代化有所不同的是，后发国家和地区现代化进程的启动往往始自对外国侵略力量挑战的回应。救亡图存、避免亡国亡种，往往成为后发国家和地区进行现代化建设的初始动力，并由此激活了本国或本地区的现代化内生力，启动了本国或本地区的现代化进程。而后发国家和地区的现代化一旦得以启动，这些国家和地区的社会转型进程便不可回逆地开始推进，并表现出自身所具有的一些明显特征，比如，赶超色彩明显，大量的现代化建设任务往往被挤压在一个相对有限的时空当中，发展极不平衡，国外以及本国内某一发达区域的示范效应明显，民众的期望值容易较快提高等等。

基于特定的时代背景条件，后发国家和地区民众的利益诉求往往呈现出一种多样化的情状，由此所引发的社会矛盾也呈现出一种多样化的复杂情状，民众的基本生存型的利益诉求同基本权利型的利益诉求常常处在一种并存或是交织的状态。比如，一些社会群体在强烈表达领取基本救济金、提高最低工

① 吴忠民：《传统社会与现代社会的社会矛盾特征比较研究》，《教学与研究》2013 年第 10 期。

资标准、改善基础性劳动条件、拥有基本的社会保障等基本生存方面的利益诉求，同时，另外的社会群体则在积极表达争取性别平等、防止环境污染、参与社会政治生活等基本权利方面的利益诉求。

从一定意义上讲，民众利益诉求的具体情形，实际上对处在社会转型初期的后发国家和地区提出了应予完成的重点时代课题，亦即时代性的任务。虽然民众的利益诉求呈现出一种多样化的复杂情状，但在后发国家和地区社会转型的不同阶段，民众利益诉求的重心还是有明显区别的。在大多数后发国家和地区的实际发展历程中，我们可以清楚地看到，在后发国家和地区社会转型的初期阶段，社会矛盾的基本根源仍然是基本生存型的利益诉求，因而大力改善民生应当成为后发国家和地区最为重要的任务。比如，在中国现阶段，基础性的社会保障仍然是为数众多的农村居民、工人特别是农民工、大比例城市居民的主要利益诉求，基本生存诉求型的社会矛盾是主要的社会矛盾。而且，从长远发展来看，基本民生的改善是未来有效解决基本权利诉求型社会矛盾的必要基础性条件。正因为如此，解决或缓解中国现阶段社会矛盾的主要途径当是大力改善民生，建立起初级的社会保障体系。但同时还需要看到的是，由于后发国家和地区发展时空的挤压性，源自基本生存和源自基本权利两种不同类型利益诉求的社会矛盾的重心转换不需要很长的时间，况且这两种类型的社会矛盾又常常是交织在一起的，基本权利诉求型的社会矛盾在社会转型初期就已经是一个社会矛盾问题（尽管不是主要社会矛盾问题），因此，后发国家和地区在重点解决民众基本生存问题的时候，还应当不失时机地开始维护并促进民众日益增长的权利意识，解决民众基本权利方面的利益诉求问题。唯有如此，方能有效实现由基本生存诉求型的社会矛盾向基本权利诉求型的社会矛盾阶段过渡，从而有效地、持续不断地解决或是缓解社会矛盾。

第八章　社会矛盾愈益趋于制度内化解

一、社会矛盾越来越趋于制度内解决

（一）制度内解决社会矛盾是一种历史趋势

按照比较经典的解释，所谓制度，是指“一个社会中的一些游戏规则，或者，更正式地说，制度是人类设计出来调节人类相互关系的一些约束条件”①。“任何一个制度或制度系统”，能够“在整体上提供诸如内部和平和产权等的公共服务”。② 显而易见，制度特别是以法律制度为主要内容的主流性正式制度，是社会各个群体互动交往所必须遵循的行为规则体系，是社会解决各种社会矛盾的基本依据和途径，是社会秩序得以正常维系的基本构架。

制度文明有着不同的历史形态。在现代化和市场经济的时代条件下，现代型制度文明开始形成和发展。随着现代生产力日新月异的发展，人们的基本生活资源已经极大丰富，人们基本生活资源的满足越来越不成问题；随着市场经济的发展，社会成员作为个体人的独立、自由及平等意识越来越明显，社会成员利益诉求的种类和数量、利益诉求方式和生活方式呈现多样化情状，社会成员民主化的利益诉求逐渐普遍化，社会成员共同制定公共规则的意愿开

---

①〔美〕诺斯：《制度、制度变迁与经济绩效》，刘守英译，上海人民出版社 1994 年版，第 3 页。

②〔美〕弗朗西斯·福山：《政治秩序的起源——从前人类到法国大革命》，毛俊杰译，广西师范大学出版社 2012 年版，第 445 页。

始增强；随着世俗化进程的推进，极端精神因素的影响力越来越小，越来越无法左右整个社会，以往的那种极端精神因素本身（从某种意义上讲）实际上就是一种制度替代的现象已不复存在，制度设计的理性化程度越来越高；随着职业分工的复杂化和精细化，社会控制和社会治理的水准在不断提高，以往相对简单的社会强行控制方式逐渐让位于复杂的、技术意义上的社会治理；随着人们面临的共同风险的增大，社会群体之间的依赖程度越来越高，社会成员之间、社会群体之间的共同体意识在增强，相继而来的，是人们合作共赢意识大幅度大面积的增强，社会各个群体越来越倾向于采取相关方都能够接受的、互惠互利的方式解决相互间的纠纷和矛盾，而尽可能避免零和博弈局面的出现。凡此种种，推动了现代型制度文明的形成和发展。

由于制度的基本功能是维护社会的正常秩序，解决社会矛盾冲突，而且由于现代型制度具有公正性等特征，具有广泛吸纳大多数社会群体利益诉求的功能，因此，社会矛盾越来越趋向于制度内解决。

从现代化进程的基本发展趋势来看，一个明显的事实是，随着现代化过程的推进，涉面广泛的社会矛盾越来越趋向于在制度内特别是在法律等制度框架内得以解决或是缓解，制度外大规模激烈对抗的社会矛盾发生的概率相对来说越来越小。从 19 世纪末到 20 世纪二战结束这样一个历史时期，在英国等西欧发达国家，原本比较激烈的社会矛盾越来越趋向于制度内解决，变得相对缓和，制度外大规模激烈社会冲突的数量越来越少。查尔斯·蒂利指出，到 19 世纪，在法国、英国、美国等国家，“社会运动的大多数公开表演都是以非暴力的形式进行的，即使发生了诸如警察与示威者相互扭打的事件，其程度也远远逊于旧的剧目形式”。到 21 世纪之初，社会运动的一个重要趋势是，“社会运动的组织者与地方当局——特别是维持公共秩序和对人民实施监管的警察部门——之间（某些）关系的常规化”①。特别是二战结束之后，像是“工人暴动”“工人武装起义夺取政权”这一类的现象几乎已经消失。与欧洲发达国家相比，美国劳资矛盾趋向于制度内解决的时间也大致差不多。不过，与西欧发

①〔美〕查尔斯·蒂利：《社会运动：1768—2004》，胡位钧译，上海人民出版社 2009 年版，第 74、113 页。

达国家有些不同的是，美国的种族矛盾相对来说一直比较严重，从总体看，直到20世纪60至70年代之后，美国涉面广泛的社会矛盾才趋向于制度内解决。约翰·D.麦卡锡和克拉克·麦克菲尔认为，美国“在上个世纪的后30年里……公民抗议已经成为政治过程的常规组成部分，它所传达的信息被视为选举、请愿以及游说等试图影响政府政策和实践的合法补充；同时，抗议者和警方反复使用的行动剧目以及他们之间的互动已经制度化、常规化，变得可以预测”①。

（二）制度内和制度外解决社会矛盾两种途径的比较

制度内解决社会矛盾主要是指，社会矛盾相关方通过现有的制度体系，以制度所认可的“合法”方式来表达自己的利益诉求，并以制度所认可的程式如谈判协商的途径来解决相互间的矛盾、纠纷及冲突。

如果将制度内和制度外解决社会矛盾这两种途径进行对比，可以发现，两者有着明显的不同之处。

其一，是否容易失控。将社会矛盾纳入制度内进行解决的途径，主要是指采取集团游说、游行、罢工、集会、请愿、静坐等较为平和的方式来表达自己的利益诉求，通过谈判协商的程式来解决相关方之间的纠纷和矛盾。这些方式和程式是制度所允许的，甚至这些方式和程式本身就是由制度所提供的。显然，制度内解决社会矛盾的做法有利于社会秩序的维系，而不是相反。比如，2011年美国“占领华尔街”的举动，尽管声势巨大，波及数百个城市，但这场轰轰烈烈的社会运动基本是以制度本身允许的方式进行的，不仅没有破坏美国社会正常的秩序，而且连总统都到活动现场去看望利益诉求者。相比之下，制度外解决社会矛盾的做法则大不相同。如果制度本身没有提供一些基本的利益诉求表达渠道，而利益诉求者又必须表达自己的利益诉求，那么利益诉求者就只能采取制度外的利益表达方式。始初，利益诉求表达者往往是采取一些相对温和的制度外表达方式，如集会、游行、罢工等，但这些方式是不为制度所允许的。既然不允许，同时这些活动又对社会秩序形成了挑战，那么社会控制

---

① 转引自丁晔：《从国家与社会运动的互动看社会运动的“制度化”》，《国外理论动态》2013年第9期。

方就很可能采取某种强制性的方式予以打压甚至是镇压，同时利益诉求方还要继续表达自己的利益诉求，并进而对统治方的打压方式进行反抗。于是，社会矛盾相关方之间就很有可能形成严重的社会冲突，从而造成程度不同的社会失控局面。

其二，是否会造成较为严重的社会负面后果。一般来说，制度内解决社会矛盾的途径是一种温和的做法，不会造成严重的社会后果。在总体上将社会矛盾纳入制度内予以解决的做法，虽然不排除仍然会在局部地区出现社会骚乱的情形，但这已属支流，不会造成全局性的社会动荡局面。而制度外解决社会矛盾的途径则明显不同。社会控制方如果对利益诉求方实施强行打压如暴力打压，而被打压方的利益诉求集中在基本生存需要方面且非解决不可，同时力量又比较强大，不愿让步，也采取以暴制暴的、激烈的制度外方式予以对抗，那么社会矛盾相关方便会形成一种相持不下的激烈对峙局面，冲突便有可能升级为暴力对抗。暴力对抗如若再加重到一定地步，演化成为大规模的暴力对抗，社会动荡局面便有可能出现，社会矛盾相关方都会为此付出巨大的代价。比如，中国唐朝末年，民众的基本利益诉求在制度内得不到妥善的解决，最终演化成为抗争方制度外的激烈抗争，以至于演化成军事战争。由此造成的进一步后果是，生灵遭受大面积涂炭，民众财富遭受巨大损害，社会矛盾冲突达到一种十分惨烈的地步，整个社会为此付出了最为惨重的代价。这里，有一则较为典型的历史记载：黄巢率领的反朝廷武装，“所至屠残人物，燔烧郡邑。西至关内，东极青、齐，南出江淮，北至卫滑，鱼烂鸟散，人烟断绝，荆榛蔽野”。黄巢率军“围陈郡百日，关东仍岁无耕稼，人饿倚墙壁间”，“俘人而食，日杀数千”。更有甚者，黄巢军队“有舂磨砦，为巨碓数百，生纳人于臼碎之，合骨而食，其流毒若是”。①

二、为何制度能够有效地化解社会矛盾

在现代制度文明条件下，人们可以将大量的社会矛盾纳入制度内予以有

---

① 刘昫等：《旧唐书·列传第一百五十下·朱泚 黄巢 秦宗权》。

效地化解或缓解，亦即通过制度可以化解大量的社会矛盾。福山指出："社会制度的存在，就是为了控制和转移暴力。政治制度最重要的功能之一，就是调控暴力出现的层面。"[①]对此，可以从以下几个方面来理解：

（一）以"良法"为核心内容的现代基本制度能够从根源的意义上化解或缓解社会矛盾

制度以法律为核心内容，这是毫无疑问的，即便是在传统社会条件下也是如此。问题在于，并非所有的法律都是"良法"。法律有"良法"与"恶法"之分。"广义的良法是指对社会发展起积极或推进作用的法。反之，对社会发展起消极或阻碍作用的法，就是不良之法。狭义的良法是指通常所说'恶法非法'指称中与'恶法'相对的法，而狭义的'恶法'则是指严重违背人类正义的法。"[②]传统社会中，许多法律规定就属于"恶法"。像是中国传统社会当中的"君君、臣臣、父父、子子"的等级制度，以一家之私为天下大法的"家天下"做法，"刑不上大夫"的有所差别对待的做法等等，均属"恶法"，而不是"良法"。再比如，在现代化初始阶段，现代制度文明尚未成型，"丛林法则"盛行，企业主群体相对工人群体而言几乎是可以为所欲为，企业主甚至可以超极限地占有工人的应有利益，损害工人的生命。这样看来，当时与之相适应的许多法律安排无疑是恶法，而不可能是良法，恶法必然会持续不断地催生种种社会矛盾的出现。

从社会矛盾根源的角度看，现代社会的基本制度同传统社会的基本制度明显不同。在社会矛盾的生成和化解方面，传统社会的基本制度常常具有两重属性。一方面传统社会的基本制度具有良法的属性。客观上看，传统社会基本制度的目的之一，是维护社会共同体的正常存在，维护最为基本的社会秩序，这是无论哪个群体都认可的目的。一般来说，社会失去秩序、社会动荡，无论对哪个群体都是不利的。这一点，使传统社会的基本制度具有了社会共同体存在底线意义上的"良法"属性。

---

①〔美〕弗朗西斯·福山：《政治秩序的起源——从前人类到法国大革命》，毛俊杰译，广西师范大学出版社 2012 年版，第 432 页。

② 李步云、赵迅：《什么是良法》，《法学研究》2005 年第 6 期。

另一方面，传统社会的基本制度具有“恶法”的属性。从某种意义上讲，传统社会的基本制度有时不仅解决不了一些重要的问题，而且会成为问题本身，成为催生社会矛盾尤其是严重社会矛盾的一个重要根源。以中国封建社会为例。皇权是中国封建社会基本制度的主要设计者和制定者。中国封建社会一个重要的不安定因素是土地兼并。土地兼并的盛行，必然会促使大地主群体的实力急速膨胀，进而使大量自耕农群体和中小地主群体破产乃至成为贫民或是流民，而且减少国家的税收，减弱国家的实力。再者，大地主群体随着自身实力的扩张，不可避免地进而干预地方上的政务。这一切，不仅对皇权，而且对整个社会的秩序都构成了威胁。所以，以皇权为主导所设计和制定的封建社会基本制度的一个重要目标，就是要防止大规模土地兼并现象的出现。从这个意义上讲，封建社会的基本制度是有积极意义的。但还必须看到，皇权有着自己特定的利益。而恰恰是这个特定的利益，经常成为产生、加重甚至是激化社会矛盾的重要根源。“从协调社会利益关系的角度看，皇权是一个矛盾体。皇权既是社会控制中心，同时又是一个有着自己特有利益的群体。从社会控制中心的角度看，皇权理应相对超脱于各个群体利益之外，照看好各个群体的合理利益。但同时皇权又有着自身特有的既得利益。为了维护、扩张自己的既得利益，为了维持人数越来越庞大的皇帝一族的奢靡生活，皇权必然要通过各种方式向其他群体争夺利益。”[①]这样一来，就必然会催生和加重社会矛盾。另外，以皇权为核心的统治集团的规模往往是加速度膨胀的，与之相应的是行政成本和挥霍消费成本的加速度膨胀。无论是统治集团规模还是成本的膨胀，都需要巨大的财政支出予以支撑。问题在于，财政收入是一个相对的常数，无法长期支撑这种膨胀。作为没有办法的办法，到了某个阶段，统治集团只能通过加大对民众的税负，来维系自身的生存。加之，“法治和政治负责制在中国是不存在的。滥权的绝大多数，并不来自暴政的中央政府，而是来自散布四方的各级地方官员。他们狼狈为奸，或偷窃农民的土地，或接受商人的

---

① 吴忠民：《传统社会与现代社会的社会矛盾特征比较研究》，《教学与研究》2013 年第 10 期。

贿赂，或漠视环保和安全的规则，或遵循历来地方官员所从事的”①。凡此种种，必然会加重甚至是激化统治集团与民众特别是与农民群体之间的矛盾。

与传统社会基本制度截然不同，现代社会基本制度的核心内容是“良法”。亚里士多德指出：“法治应包含两重意义：已成立的法律获得普遍的服从，而大家所服从的法律又应该本身是制定得良好的法律。”②在现代社会和市场经济条件下，社会公正的基本价值取向和基本立足点是现代社会制度安排的基本依据，这就保证了现代基本制度本质上的“良法”意义。社会公正是全体社会成员意愿和利益诉求的最大公约数。社会公正有两个基本价值取向：一是要让全体社会成员共享社会发展成果，二是要为每个社会成员的自由发展提供充分的空间。社会公正的这两个基本价值取向相辅相成、缺一不可。前者的主要功能在于确保社会的团结合作，后者的主要功能则在于激发整个社会的活力和创造力。社会公正的基本立足点是维护每个社会成员的基本权利，即无论社会成员是来自哪个群体，只要涉及社会成员基本权利的事情，都应得到一视同仁的保护，任何一个群体包括公共权力群体都不能损害别的群体的合理利益。罗尔斯指出：“一个社会，当它不仅被设计得旨在推进它的成员的利益，而且也有效地受着一种公开的正义观管理时，它就是组织良好的社会。亦即，它是一个这样的社会，在那里：(1)每个人都接受、也知道别人接受同样的正义原则；(2)基本的社会制度普遍地满足、也普遍为人所知地满足这些原则。”③既然现代社会基本制度的基本理念依据是社会公正，既然社会公正是全体社会成员意愿和利益诉求的最大公约数，那么以社会公正为基本依据的制度安排必定是“良法”，而不会是“恶法”。总之，正因为现代基本制度的基本理念依据是社会公正，所以维护和保护社会成员的基本利益，化解和缓解社会矛盾，确保社会的安全运行和健康发展，就成为现代基本制度的应有之义。

由上可见，从立足点上亦即目标取向的角度看，现代社会基本制度并不是要维护哪个特定群体的利益，而是以维护每一个社会群体的合理利益为基本

---

①〔美〕弗朗西斯·福山：《政治秩序的起源——从前人类到法国大革命》，毛俊杰译，广西师范大学出版社2012年版，第309页。

②〔古希腊〕亚里士多德：《政治学》，吴寿彭译，商务印书馆1965年版，第199页。

③〔美〕约翰·罗尔斯：《正义论》，何怀宏译，中国社会科学出版社1988年版，第3页。

出发点，以维护和促进社会公正为己任，其本身就是社会各个群体意愿和利益诉求的最大公约数。因而，这就从本源的意义上为有效地、大面积地化解和缓解社会矛盾提供了可能性。

（二）现代社会基本制度所具有的较强的包容性能够将大量社会矛盾吸纳到制度之内予以解决或缓解

现代制度文明的进步，使得社会各个群体共同认可的各个群体各自利益诉求的底部不断提高，换言之，各个群体之间利益诉求的最大公约数不断提高。这就意味着基本制度体系对于种种社会矛盾具有越来越大的包容性。

传统型制度的包容性十分有限。在制度文明较为落后的时期，社会各个群体对于社会共同体认同的边界一般定位在：

一是本共同体与别的共同体之间的严重防线，即本民族、本国家与外族、外国之间有着严格的区分。所谓“非我族类其心必异”一语便是从这个意义上讲的。二是本共同体内的正常秩序。一个社会，必然会有一定的正常运行秩序，否则，这个社会共同体就不可能存在。正常的社会运行秩序一旦出现问题，各个群体的利益都会受到损害。所以，社会各个群体对社会认同的公约数的要求较低，重点放在社会秩序方面，亦即相互间的“相安无事”，而不是利益安排公正与否的问题。社会秩序本身虽然也兼顾到各个群体的一些基础性利益的平衡问题，但落后的传统型制度是由占据主导位置的强势群体制定的，因而更多体现的是统治群体以及与此密切关联的群体的利益诉求，是一种侧重于对居于社会优势或“上层等级”位置的少数群体利益进行保护的制度，有着明显的群体利益偏向。在这样的条件下，一旦居于劣势或“下层等级”位置的多数人群体提出某种合理的利益诉求，并且这种利益诉求与居于社会优势或“上层等级”位置的少数群体的利益是相互抵触和冲突的，那么传统型制度一般来说要排斥前者而要保护后者。正是从这个意义上讲，从包容度大小的角度看，传统型制度对社会大众群体合理利益诉求的容量有限，容纳度较小。容纳度较小所造成的结果是，传统型制度的弹性较小，回旋余地有限。这不仅表现在传统型制度很少能够为各个群体提供谈判协商的常规程式，而且表现在传统型制度为民众提供的利益诉求表达的渠道以及情绪发泄通道十分有限。

一个显而易见的道理是，“如果社会越轨者能够找到获得同样目标的合法手段的话,他们就很可能不会发生越轨行为"①。但是,正如前面所提及的那样,传统社会不公正的制度安排,使得民众合理的利益诉求缺乏合法的表达程式和渠道,民众经常处在"诉求无门"的境地。这就必然会使这个社会不断形成大量的社会矛盾。问题在于,这样的社会不可能包容很多社会矛盾。在现有的秩序下或是制度内,除了统治集团以及与之关联度较高的群体的利益容易得到扩张(而且往往是以损害别的群体的合理利益为必要条件)外,大多数群体特别是基本民众大量合理的利益却很难得到保障,其合理的利益诉求甚至得不到起码的表达。既然制度的容量有限,同时社会矛盾还非解决不可,于是,社会矛盾相关方只能是按照各自实力大小的原则来解决相互间的社会矛盾。重要的是,社会矛盾如若长期得不到解决或缓解,长期积累下去,利益受损方的力量就会聚合起来,在制度外蓄积种种抗争能量,最终以制度外的各种方式包括暴力冲突的方式,形成各种各样的反对现有社会秩序、现有制度的抗争。有的社会抗争是在多个抗争方联合在一起,并且是在较长时间内蓄积了大量能量的基础之上形成的,因而十分激烈,甚至有可能将社会抗争演化成颠覆整个社会的社会动荡。如是,社会各个群体常常是没有赢家,全社会必然会为此付出巨大的成本。

现代社会基本制度则具有较强的包容性。随着现代化和市场经济的发展,制度文明得到了长足的进步。这不仅表现在社会各个共同体之间的交流增多,相互依赖性增强,相互包容度增大,更表现在共同体内部各个群体得以认同的最大公约数的重心由以往简单的秩序层面逐渐转到利益层面,而且在利益方面呈现出一种开放、包容的特征。现代社会基本制度体系已经不是一个简单的社会秩序问题,更不是基于哪个特定群体利益诉求的单向安排,而是基于社会各个群体合理利益的最大公约数而形成的,同时对于少数人群体合理的利益诉求也有着必要保护的制度安排。社会成员的利益诉求尽管千差万别,但从大的方面看,无非分两大类:一类是平等方面的利益诉求,强调作为平等的社会成员都应当具有相似性的、应当得到一视同仁保护的利益诉求;另一类是自由方面的利益诉求,强调不同的个体应当具有差异性的合理利益诉求,

①〔美〕L.科塞:《社会冲突的功能》,孙立平等译,华夏出版社 1989 年版,第 37 页。

而且这种差异性的利益诉求同样应当得到一视同仁的制度上的保护。而基于社会公正理念形成的现代社会基本制度所体现的，正是要让全体社会成员共享社会发展成果以及要为每个人的自由发展提供充分的空间这样两个基本价值取向。这就恰好对应了社会成员对于平等和自由的双重追求，换言之，对应了社会成员这两个大的方面的利益诉求。而且现代社会的基本制度所体现的以维护社会成员基本权利为基本出发点的社会公正的基本精神，能够包容社会成员之间和社会群体之间存在的多方面复杂的利益诉求。

正因为具有较强的包容性，相对传统型制度来说，现代型制度能够有效地化解社会矛盾。如前所说，现代社会的基本制度是根据大多数社会群体的意愿及利益诉求而制定的，具有较为广泛的民意基础，这就意味着社会各个群体都有平等的利益诉求表达的机会，都有通过制度来解决自己利益诉求的机会。不仅如此，从制度设计的角度看，现代社会基本制度比较系统和细致。这就意味着对于每一个群体来说，都有广泛、多种多样的利益表达渠道，都有公正合理的利益表达程序。凡此种种，使得现代型制度有着较大的弹性和较为广阔的回旋余地。对每一个群体合理利益的争取来说，现代社会基本制度是平等、开放和可行的。同时还应看到，同以往相比，公共权力的具体效应也发生了很大的变化。在传统社会，统治者以及与之密切相关的群体常常能够通过公共权力谋取、扩张本群体的利益。正如有学者指出的那样，“公众的仆人在管制市场方面常常会有其自己的利益，从而自由的私人选择会被公共选择所遮蔽或取代。官僚们创造出各种专项制度，因为这样的制度赋予他们权力和影响”①。现代社会则不然。由于现代社会条件下的公共权力越来越具有广泛的民意基础，并且公共权力也会受到有效的限制和制约而难以随心所欲地扩张自身的利益，因而公共权力能够越来越注重和维护而不是排斥民众的利益诉求。正因为如此，现代型制度能够吸纳大量复杂多样的社会矛盾，将之放到制度内予以解决和缓解。

（三）现代社会基本制度所具有的法治精神能够有效地化解社会矛盾

传统社会处理各种事务包括解决社会矛盾的通行方式是“人治”。人治之

---

①〔德〕柯武刚、史漫飞：《制度经济学：社会秩序与公共政策》，韩朝华译，商务印书馆2000年版，第355页。

所以不可能有效解决社会矛盾，究其主要原因，一是以强势群体的意志为准则来解决社会矛盾，而往往忽略了大多数群体合理的利益诉求。问题在于，对大多数群体合理利益诉求的忽略，意味着带有明显的群体利益偏好，缺乏起码的公道，而这恰恰成为大量社会矛盾的起始原因。正是从这个意义上讲，在不少情况下，人治精神和方式本身就是问题，而根本不可能成为有效解决问题的方式。二是随意性过强。依靠人治处理事情，最终往往变成依靠某个人处理事情。就个人来看，其能力、文化、性格、喜好以及经历往往差异很大。依靠人治精神和方式处理事情，有时在处理某个具体问题时或许有效，但就整体而言往往是低效的，并带有极大的不确定性，无法应对多种类型、大面积的社会矛盾。且不说个人在处理事情时经常是考虑不够周全，随意性过强，就是在处理同一类事情时也难免前后不同，朝令夕改。正如韦伯所指出的那样，传统社会的统治者在处理问题时，“一切都地地道道地建立在‘看人办事’之上的，也就是说，建立在对具体申请人及其具体要求的表态上，以及建立纯粹个人的关系、施恩、许诺和特权的基础之上”①。亨廷顿也指出：“完全仰仗某一个人的政治体制是最简单的政治体制。同时，这种体制也是最不稳定的。”②显然，以人治精神和方式来解决社会矛盾具有低效和不确定性的特征，进而会促使更多社会矛盾的形成。

与人治精神和方式不同，现代基本制度所具有的法治精神和方式则能够有效地解决社会矛盾。“法治”是相对“人治”而言的。只有以法治精神以及相应的法治方式，方能真正有效地解决社会矛盾。对此，至少可以从这样两个方面来理解。其一，真正站在公正的立场上来解决社会矛盾。法治精神强调法律至上，宪法至上。正如习近平所指出的那样，“要坚持国家一切权力属于人民的宪法理念”。“任何组织或者个人，都不得有超越宪法和法律的特权。

---

①〔德〕马克斯·韦伯：《经济与社会》（下卷），林荣远译，商务印书馆 1997 年版，第 364 页。

②〔美〕塞缪尔·P. 亨廷顿：《变化社会中的政治秩序》，王冠华等译，上海人民出版社 2021 年版，第 15 页。

一切违反宪法和法律的行为,都必须予以追究。”①真正的法律既包括了良法,也包括了一视同仁的精神。所以,法治精神为真正地超越各个群体的利益偏好提供了可能性:具有法治精神的现代型制度,不仅能够有效地杜绝占据优势位置的利益群体包括“既得利益群体”利益不恰当扩张的可能性,而且能够有效防范从人数上看为数众多的“大众群体”不合理的利益诉求(如不合理的平均主义式的、大众高福利性质的利益诉求)扩张的可能性。进一步看,这就从本源的意义上,为有效解决或缓解大面积、多种类、激烈的社会矛盾提供了可能性。其二,为人们的行为取向提供了可预期性。法治精神实际上也是在强调人们必须遵守各种行为准则。从具体的制度设计来看,这种行为准则细致复杂,既涵盖了社会、经济、政治以及文化领域的方方面面,涵盖了每个社会成员权利和义务的方方面面,也涵盖了每个社会成员具体的人生和职业生涯的各个阶段。并且,这些行为准则是以法律法规这样一种强制性的形式而存在的,因而就具有了公信力和权威性。所以,人们只要遵循了这些行为准则,其行为便具有可预期性。“一种文明的制度必须是人们所享有的权力、利益、责任最明晰的制度,换句话说,一种文明的制度必须是人们所享有的各自的权力、利益、责任边界最明确、相互之间发生的侵权夺利纠纷最少、互相推诿责任的可能性最低的制度。”②在这样的情形下,人们的行为便可以预期,人们的利益诉求就可以通过多种渠道进行表达,因而社会矛盾就能够得到有效的解决。

（四）现代社会基本制度所具有的公正程序能够有效地化解和缓解大量社会矛盾

公正程序是现代社会基本制度得以实施的必要保证。如果没有公正的程序,现代社会的基本制度就会出现问题,进而引发大量的社会矛盾。“使用不可靠程序并按其结果行动的人,不管他的程序在一个具体情况中是否起了作用,他都给别人带来了危险。”③相比之下,传统社会基本制度的实施就缺少这

①习近平：《在首都各界纪念现行宪法公布施行30周年大会上的讲话》，《人民日报》2012年12月5日。

② 董建新：《制度与制度文明》，《暨南学报》1998年第1期。

③〔美〕罗伯特·诺齐克：《无政府、国家与乌托邦》，何怀宏等译，中国社会科学出版社1991年版，第110页。

样一个公正程序，因而必然会出现诸如公正性匮乏、随意性过强以及利益偏好明显等重大弊端，使得大量的社会矛盾无法在制度内得到解决。

公正的程序所包含的公平对待的精神可以有效地防止政策安排过程中由利益偏好所催生的社会矛盾。一个社会在制定具体政策的过程中，有时容易受到拥有优势政治资源的政治精英群体或是拥有优势经济资源的经济精英群体的影响，从而造成某项政策被某个精英群体所左右，并相应出现制度或政策存在着明显利益偏好的现象。为了防止公共权力无止境地扩张，为了防止资本拥有者的为所欲为，为了防止某个利益群体"夹带私货"现象的发生，现代社会在其政策安排过程中，强调以公平对待亦即一碗水端平的精神，使制定和实施政策的直接当事人不能将自己的利益倾向和偏好体现在相关的政策之中，进而有效减少或缓解社会矛盾。"一旦进入程序公正的范围，那么，通过必要的公众参与、专业咨询、分工、间隔、民主决策等等，可以在很大的程度上保证相关的公正政策的制定和实施，防止权力与特定的利益群体相结合，并进而损害其他利益群体情形的发生。"①

现代社会中程序公正的多方参与原则有利于社会矛盾的化解和缓解。程序公正的一个重要原则是"多方参与"。社会是由所有的人所有的群体组成的社会，而不是少数人少数群体的社会，所以，在制定某项政策时，应当有多数人多数群体的代表参与，特别是应当有当事人或当事群体的代表参与。多方参与这种做法，能够起到有效化解和缓解社会矛盾的作用。一是当事人、当事群体能够有机会有渠道充分地表达自己的利益诉求，找出社会矛盾的症结所在，以多数人的力量和智慧找出化解和缓解社会矛盾的恰当对策，同时还能够以当事人、当事群体代表的介入为必要的压力和持续的督促，以促成相关社会矛盾的化解和缓解。二是能够在一定程度上释放当事人、当事群体的不满情绪。有时，对社会不满情绪的释放本身就是一件十分重要的事情。当事人、当事群体代表在制度内进行利益诉求时，从某种角度看，也是在释放某种不满的情绪。人们平时积怨的时常释放，有利于人们对社会不满能量的消解。从这个意义上讲，公正的程序构成了某种社会安全阀，能够使当事人、当事群体对社

① 吴忠民：《社会公正论》（第二版），山东人民出版社2012年版，第249页。

会的不满在一定程度上得以释放，而不至于由于不满情绪的长期积累而酿成巨大的现实破坏力。从某种意义上讲，"程序可以吸纳不满。人们对特定的立法可能很不满意，但是由于严格地遵循了特定的程序，立法听证，因而通过人们的参与使得人们对法律的服从变得顺理成章"①。一个社会，如果不允许当事人、当事群体在制度内充分表达利益诉求，实际上也就阻塞了社会不满情绪的释放渠道，使得当事人、当事群体对社会不满的能量在制度外长期蓄积。问题的严重性在于，一旦这种不满能量的蓄积达到一定程度，就会形成大量的现实社会矛盾冲突，进而对社会秩序造成巨大的冲击。

程序公正的公开性原则有利于有效化解和缓解社会矛盾。这里所说的公开性原则，主要是指相关信息的公开、透明。信息的误导和舞弊往往会催生一些社会矛盾。信息的公开和平等拥有，是防止误导和舞弊的必要条件。从知情权的角度看，程序公正的公开性原则体现在，无论哪个群体、哪个人，在其切身利益乃至相关利益方面，都能够平等地知悉相关的信息，避免出现相关信息被某一方垄断、而另一方却是相关信息匮乏的情形。一旦出现一方拥有大量相关信息，而另一方却只占有一小部分相关信息或缺乏任何相关信息，双方信息出现严重不对称的情形，那么，一是这种情形不可能公平，二是多方参与也就失去了应有的意义。其可能的后果必然是，"一方通过垄断信息可以在制定和实施政策的过程中进行种种舞弊活动，比如，可以通过信息的不对称对于其他社会群体进行各种类型的欺骗和误导"②。这就必然会损害另一方的合理利益，进而加重而不是减缓社会矛盾。所以，必须让社会矛盾相关方拥有对等的信息。信息的平等拥有不但可以防止信息不对称所造成的误导现象，而且能够使得社会矛盾相关方之间产生一种相互信任，进而有利于社会矛盾的化解。诺齐克指出："每个人都有这样的权利，即可以公开得到或可以得到足以充分显示一个用于他的裁决程序是可靠和公平的（或不亚于其他使用程序的）信息。""当这种信息是可以公开获得或为他所获得时，他就能知道这一程序是

---

① 贺卫方：《程序本身是一种文化》，《中国图书评论》2006 年第 7 期。

② 吴忠民：《社会公正论》（第二版），山东人民出版社 2012 年版，第 254 页。

否可靠和公平。”[1]另外，公开性原则对于社会矛盾相关方中占据优势位置的群体来说，客观上也会形成一种压力，可以起着一种监督、制约的作用，以防止某个占据优势位置的群体通过暗箱操作方式来隐瞒真相，借此来保护自己不恰当的利益，并进而延缓社会矛盾的缓解和化解。

总而言之，制度文明的进步使得现代社会能够应对更多的社会矛盾，能够将更多的社会矛盾纳入制度内解决或是缓解。于是，随着现代化和市场经济进程的推进，并非偶然的，社会矛盾越来越趋向于制度内化解和缓解。

三、制度内解决社会矛盾的重大意义

社会矛盾趋向于制度内解决和缓解，既是历史进步的标志，同时，对于社会的安全运行和健康发展也有着重大的现实意义。

（一）能够有效规避可能的社会动荡

一个社会的制度安排体系，表明这个社会所认可和允许做的事情的边界定在何处。博登海默在谈论法律的意义时指出：“法律的秩序要素所涉及的是，一个群体或政治社会是否采纳某些组织规则与行为标准的问题。这些规则与标准，按其设想，一定要给予为数众多却又混乱不堪的人类活动的模式和结构，从而预防不能控制的混乱。”[2]从某种意义上讲，反制度尤其是反基本制度，实际上也就是反现有的社会秩序。进一步看，从一定意义上讲，摧毁制度体系就意味着要摧毁社会秩序。一个明显的现象是，在社会发展过程中，随着经济结构和社会结构的变化，社会群体结构会相应发生程度不同的变化。一些新的社会群体出现了，一些原有的社会群体壮大了，原有的某些社会群体开始变弱，原有的某些社会群体趋于消失。相应地，社会群体之间的利益诉求也在不断变化。基于已有的制度安排，有的社会群体比如一些新出现的社会群体的利益诉求一开始并不被认可，因而类似社会群体属于“制度外”或“体制

---

①〔美〕罗伯特·诺齐克：《无政府、国家与乌托邦》，何怀宏等译，中国社会科学出版社1991年版，第107—108页。

②〔美〕E.博登海默：《法理学——法哲学及其方法》，邓正来、姬敬武译，华夏出版社1987年版，第237页。

外”的社会力量，属于应当被已有制度进行抑制或限制的社会力量。如是，则容易造成两个方面可能的社会危害。一个方面的可能危害是，做大社会的“异己”力量。一些社会群体如新出现的社会群体合理的基本利益诉求如果得不到制度层面的认可，就会对“主流”社会产生程度不同的不满和抵触心理。重要的是，长此以往，甚至会产生一种“标签”效应，即无论是本群体，还是别的群体，都会将该类群体视为社会的“异己”力量。这就更加使该群体同“主流”社会在心理层面上的抵触加重并积累。如果该群体的人数较多，并且与此相关的社会群体数量较多，那么，这就意味着同主流社会进行抵触或抗争的力量较为强大，而强大的社会“异己”力量会逐渐构成可能的社会动荡的社会基础。

另一方面的可能危害是，社会冲突势能的大量蓄积。当一个社会的制度体系无法容纳、化解和缓解社会矛盾，特别是当一个社会大量的社会矛盾主要是围绕着民众基本生存方面的利益诉求而长期无法在制度内进行正常表达时，势必会使大量社会矛盾特别是基础生存层面上产生的社会矛盾长期存在。重要的是，这些社会矛盾经过长期的积累、蓄积和加深，会形成巨大的社会冲突势能。而具有巨大社会冲突势能的抗争方必然会将社会的主要制度视为影响自身生存和发展的直接障碍，将统治方及相关群体视为直接的抗争目标，进而容易造成如是情形：抗争方的巨大冲突势能的蓄积一旦突破某个临界点，便会寻找制度外的部位，并且借助某个时机，甚至是借助某个“偶然”的事件，以非制度、非常规的方式如激烈的、暴力的、流血的抗争方式予以释放。

一旦社会“异己”力量以及社会冲突势能演化到一定地步而引发了社会动荡，其巨大的破坏性结果是不言而喻的：社会将为此付出巨大的生命、财富的成本，有时甚至会出现某种历史倒退的现象；而且在很多情形下，这对社会各个群体来说，是一种零和博弈，中断了必不可少的社会合作，社会各个群体的利益互相损害和抵消。在这样的情形下，对整个社会来说，没有赢家，只有输家。特别是，同以自然经济为基础的传统社会不同，现代社会更经不起大的动荡。“大众在行动上野蛮的、冲动的和情感的爆发，对整个社会，甚至全世界都意味着大灾大难，因为现代社会有机体的相互依赖日益猛烈地传播着每一个失调的结果。”①在现代社会和市场经济条件下，社会无论是在经济领域，还是在社会领域，或是其他领域，不但已经有着高度的积累，而且社会各个群体利益之间都具有高度相关性。一旦出现社会动荡，民众将付出更为巨大的代价，同时社会经济秩序由于复杂程度较高因而得以恢复的难度也相对更大。再者，制度外解决社会矛盾的做法，也会使社会面临一种难以预期的不确定性前景。

相比之下，将社会矛盾纳入制度内予以化解和缓解的做法，会使社会矛盾相关方倾向于采用协商谈判的方式解决问题，从而减小社会动荡的可能性，减小社会为之所付出的成本。“有些社会对立会导致政治的冲突。然而，这种冲突并非变得日益诉诸暴力和日益具有破坏性，而是通过各种组织和机构得到抑制，通过组织和机构，冲突可以在宪法制度之内得到表现。”②而且，制度内解决社会矛盾的做法，能够使社会矛盾相关方通过社会合作的方式实现互惠互利，达成双赢的局面。比如，在美国，围绕着劳资矛盾而产生的社会矛盾冲突之所以相对别的发达国家来说要缓和得多，一个重要的原因在于，美国的工人阶层通过自身的长期抗争，已经在制度和政策层面上获得了一些权利保障性的成果。“工人们从‘投票权的免费馈赠’中获得了利益。”③美国工人阶层现在已经可以通过较为成型的劳资双方协调谈判机制来比较充分地表达自己的利益诉求。

显然，如果能将社会矛盾纳入制度内予以化解，会对社会安全起到十分有益的作用。其一，可以在不小的程度上减小社会的“异己”力量，改变其“敌对”态度。如果能够将一些相关的制度进行必要的调整，使原本一些只能在制度外方能解决的社会矛盾进入到制度内来解决，就会在很大程度上使得原本被制度也就是主流社会排斥的社会“异己”或是“敌对”力量不再被排斥，使之

---

①〔德〕卡尔·曼海姆：《重建时代的人与社会：现代社会结构的研究》，张旅平译，生活·读书·新知三联书店2002年版，第41页。

②〔英〕拉尔夫·达仁道夫：《现代社会冲突》，林荣远译，中国社会科学出版社2000年版，第141页。

③〔美〕西摩·马丁·李普塞特：《共识与冲突》（增订版），张华青等译，上海人民出版社2011年版，第200页。

转变为同样能够被主流社会所认可的、能够同统治方以及相关群体相互合作的力量。这样做带来的结果必然是，制度外抗争力量的减弱以及社会基本制度整合能力的增强。亨廷顿指出："一个正在进行现代化的制度还必须具有将现代化造就的社会势力吸收进该体制中来的能力。"这种做法意味着，"乃是对一个制度的考验。成功的同化既有赖于政治体制的接受能力，又有赖于参与团体的适应能力，即为了进入政治体制中来，这些团体能情愿放弃它的某些价值观念和权利要求"①。科塞也认为：如果社会越轨者能够找到获得同样目标的合法手段的话，他们就很可能不会发生越轨行为。② 类似的看法不无道理。其二，可以明显减弱社会冲突势能的蓄积。应当承认，即便是在制度内解决社会矛盾，社会矛盾相关方之间仍然存在着一定的摩擦、纠纷和冲突，抗争方仍然会有这样那样的不满。将社会矛盾纳入制度内解决的做法，有一个益处，就是能够使社会矛盾相关方之间产生一种相对的信任感，产生一种在同一共同体当中不同群体相互间合作伙伴的感觉，而不是将对方视为敌人。如是，社会矛盾纠纷或是冲突的强度就有可能会明显变小。所以，将社会矛盾纳入制度内解决的明显结果便可能是，使社会矛盾抗争方的抗争力度较小的"小怨"得以大面积而且是持续的释放，来换取社会矛盾抗争方的抗争力度较大的"大怨"的消除，避免大的社会积怨的形成，防止大的社会冲突势能的蓄积，进而避免大的、颠覆性社会动荡的出现。正如科塞所说，"通过允许行为的自由表达，而防止了被阻塞的敌意倾向的积累"③。

（二）能够使社会各个群体有一种可以预期的生活和发展的前景

对绝大多数社会成员来说，最为在意的事情恐怕就是能够具有一种可预期的生活和发展的前景。而同人们可预期的生活和发展前景密切相关的至少有两个方面的重要问题需要解决好，一是社会各个群体的行为边界问题，二是人们所面临的种种个人风险问题。这两个重要问题如若解决不好，均会引发这样那样的社会矛盾冲突。而这两个重要问题均需要依靠公正合理的制度安

---

①〔美〕塞缪尔·P. 亨廷顿：《变化社会中的政治秩序》，王冠华等译，上海人民出版社 2021 年版，第 119 页。

②〔美〕L. 科塞：《社会冲突的功能》，孙立平等译，华夏出版社 1989 年版，第 37 页。

③〔美〕L. 科塞：《社会冲突的功能》，孙立平等译，华夏出版社 1989 年版，第 25 页。

排方能予以有效解决。

社会各个群体只有依靠公正合理的制度方能解决好各自的行为边界问题。任何一个社会共同体,都是由不同的群体聚合而成的。社会各个群体需要合作,进而不可避免地需要互动。而在社会互动过程中,社会各个群体的行为需要有恰当的边界。否则,某个群体的行为一旦越过恰当的边界,就会对别的群体的利益造成某种损害,进而不可避免地引发或加重社会矛盾冲突,严重者,甚至会造成社会秩序的丧失。而社会各个群体的行为边界,只有通过公正合理的制度方能得以确立并得到保障。诺斯认为:“制度确定和限制了人们的选择集合。”“制度包括人类用来决定人们相互关系的任何形式的制约。”“制度制约既包括人们对所从事的某些活动予以禁止的方面,有时也包括允许人们在怎样的条件下可以从事某些活动的方面。因此,正如这里所定义的,它们是为人类发生相互关系所提供的框架。”①通过制度确立并保障的社会各个群体的行为边界告知人们,在社会互动当中人们不能做什么事情。如果去做一些不应做的事情,就必然会招致利益受到损害的社会群体的抗争。通过制度确立并保障的行为边界不只是告诉人们不能做什么,还有积极主动的一面,这就是告诉人们能够做什么,告诉人们在什么样的情形下人们的行为还有什么样的空间。正如有学者所指出的那样,“在法治社会,法律一经公布,就昭示天下,成为人们的行为规则,每个人都可以按照法律的规定去从事各种行为,而不必担心出现难以预见的后果,因为每个人行为的后果在法律上都已经作出了规定。如此就可以为人们的行为提供长久的预期”②。这样看来,在遵循制度的情形下,社会各个群体就会使自身行为得以规范,相应地,社会矛盾冲突发生的可能性就会减小,同时社会还能够保持一种活力。

人们只有依靠公正合理的制度方能解决好个人所面临的种种风险问题。对于大多数社会成员来说,每个人在其生命历程和职业生涯过程中都不可避免地会面临种种风险。“由于社会资源分配结构的不完善、市场经济的风险、

---

①〔美〕道格拉斯·C. 诺斯:《制度、制度变迁与经济绩效》,刘守英译,上海三联书店 1994 年版,第 4—5 页。

② 王利明:《中国为什么要建设法治国家》,《中国人民大学学报》2011 年第 6 期。

家庭‘遗传’优劣势的不同以及个人能力的不同等多种因素的存在，社会成员不可避免地会遇到各种各样的生存与发展方面的风险。”[①]这些个人化的社会风险，不仅会使当事人程度不同地可能陷入某种困境，而且更为重要的是，由于当事人人数众多，因而这已经不是一个个人化的风险问题，而是一个事关整个社会的风险问题。原因很简单。如果是大量社会成员陷入困境，就势必意味着为数众多的社会成员对社会难以产生一种积极认同的态度，意味着社会整合性和社会团结性的减弱，进而容易催生大量的社会矛盾，引发大量的社会冲突。并且，一旦社会出现明显的经济波动，如较为严重的通货膨胀和失业现象，则会使这一问题更为严重。在现代社会和市场经济条件下，面对社会成员基本生存和尊严底线的刚性需求，社会完全能够以全社会的力量，基于社会公正的基本理念，通过基本社会保障制度的建设，设定某种制度化的保障底线，以此让每一个社会成员都能够有效应对可能遇到的个人风险。“从某种意义上讲，现代社会的基本制度是一种预先的制度准备与安排。它不仅可以有效地解决处境不利的社会成员‘当前的’困难，而且可以有效地增强社会成员解决‘未来的’困难的能力。”[②]如是做法，能够有效维护整个社会安全运行的重要底线，从一个重要的层面有效减少社会矛盾发生的概率以及社会矛盾本身的强度。

通过对制度内解决社会矛盾的分析，至少能够对我们产生这样两点启示：其一，一个社会在其现代化过程中应当尽可能将社会矛盾冲突纳入制度内化解和缓解的渠道。如是，便能在很大程度上降低社会矛盾冲突的强度，最大限度降低社会动荡的可能性，并相应减少社会付出的成本和代价。这一点，对于中国现阶段如何有效应对社会矛盾有着重要的现实意义。有学者认为：“现在中国的关键问题不是不让集体行动和社会运动出现，而是如何将其制度化。2005 年中国百人以上的集体事件就有 4.7 万起，而且呈逐年增加趋势。如果不能将它们制度化，一旦政府控制力下降，经济衰退，又出现了大型的话语，集

① 吴忠民：《论社会公正对制度建设的重要意义》，《社会科学》2008 年第 5 期。

② 吴忠民：《论社会公正对制度建设的重要意义》，《社会科学》2008 年第 5 期。

体行动就很可能'跨过'社会运动,转变成革命。"[①]其二,转型期的社会应当特别重视法治建设。说到底,制度内化解社会矛盾就是要用法治的方式解决社会矛盾。在现代社会和市场经济条件下,系统的制度体系主要体现在完整法律体系的建立,制度的不可或缺性主要体现在法治的不可替代性。"法治原则确证了法律高于任何具体的国家权力,这有助于在社会和法律中排除国家权力的任意,以和平的而非暴力的方式解决纠纷。"[②]对绝大多数国家和地区来说,在转型期,法治的不健全不完善是常有的社会现象,这不利于社会矛盾的化解。所以,对于转型期社会来说,只有大力进行法治建设包括法治意识的建设,才能建立起有效可行的制度体系,才能确立起法治的权威地位,进而有效化解社会矛盾。

① 赵鼎新:《社会与政治运动理论:框架与反思》,《学海》2006 年第 2 期。
② 叶传星:《法治的社会功能》,《法律科学(西北政法大学学报)》2003 年第 5 期。

第九章　社会动荡发生概率的降低趋势

社会矛盾无处不在,无时不有。这是一个不争的常识。不过,社会矛盾的一些具体样式却是随着历史的发展而有所变化的。从一个社会由传统社会逐渐走向现代社会(社会转型)的历程中,我们可以看到,一个明显的历史大趋势是,随着人类文明的进步,社会动荡虽然还不能说已经完全消失,但是,如果不是从不同社会共同体之间矛盾冲突(如国家利益矛盾与冲突)的角度着眼,而只是就同一社会共同体当中的社会矛盾相关方(社会矛盾相关的利益群体)之间的矛盾冲突而言,社会动荡尤其是激烈的社会动荡发生的概率在逐渐降低。正是类似的一些变化,对整个社会的多个重要方面产生了广泛而深远的积极影响。

一、社会动荡发生概率的降低成为一种历史趋势

正如本书前面所说,与一般的社会矛盾冲突现象明显不同,社会动荡一般是指一个国家在其转型期出现的极为严重的社会矛盾冲突,这些极为严重的社会矛盾冲突已经造成极为严重的负面影响,整个社会由此已经失控,整个社会处在动荡不安的情状当中。①

从传统社会到现代社会的历史发展进程(社会转型)来看,一个明显的历史大趋势是,就同一社会共同体内部而言,社会动荡特别是激烈的社会动荡发

① 参见本书第五章。

生的概率在降低。特别是从现代化由低到高的发展进程来看,更是如此。

(一)传统社会中社会动荡发生的概率较高

在传统社会,一般来说,社会动荡发生的概率较高,而且,社会动荡有时会以一种十分剧烈的方式表现出来,使整个社会付出惨重的代价。

当一个社会文明程度不高、生产力还处于比较落后的阶段时,其基本生活资源一般而言是比较匮乏的,极端精神因素的影响比较大,社会成员的包容意识相对不够,社会成员或社会群体之间的分工合作、相互依赖程度也比较低,社会同质性较强、异质性较弱,民众从众心理较强,制度也缺乏足够的容纳与化解社会矛盾的能力。在这样的时代条件下,一旦出现为数众多的社会成员或社会群体围绕着最为基本的生存资源而争斗的严重问题,则容易出现颠覆性的、激烈的社会动荡,并造成巨大的社会灾难。

在文明程度较低的传统社会当中,颠覆性的、激烈的社会动荡往往呈现出一种十分惨烈的场景。中国历史上唐朝末年和明朝末年所发生的社会动荡就是如此。据《旧唐书》记载,黄巢再次攻陷京师后,"怒坊市百姓迎王师,乃下令洗城,丈夫丁壮,杀戮殆尽,流血成渠"。"围陈郡百日,关东仍岁无耕稼,人饿倚墙壁间","俘人而食,日杀数千"。①《明史》有记载,张献忠"入黄州,黄民尽逃,乃驱妇女铲城,寻杀之以填堑"。"又西陷汉阳,全军从鸭蛋洲渡,陷武昌,执楚王华奎,笼而沈诸江,尽杀楚宗室。录男子二十以下、十五以上为兵,余皆杀之。由鹦鹉洲至道士洑,浮胔蔽江,逾月人脂厚累寸,鱼鳖不可食。""将渡,风大作,献忠怒,连巨舟千艘,载妇女焚之,水光夜如昼。"②

社会动荡往往会引发巨大的社会灾难。社会动荡必然意味着经济运行的停滞或半停滞,民众的日常生活陷入苦难状态,意味着社会战乱、社会暴乱持续不断,严重者,甚至会使广大生灵遭受涂炭。特别是在传统社会,更是如此。有学者通过统计发现,在中国历史上,"每次社会大动乱通常都有兵燹、饥馑、瘟疫接连发生,所以才造成人口数量的大幅度减少"。"历史上共有 7 次人口数量的大振荡,其中古代 6 次,分别发生在秦末、西汉末、东汉

---

① 刘昫等:《旧唐书·列传第一百五十下·朱泚 黄巢 秦宗权》。

② 张廷玉等:《明史·卷三百九·列传第一百九十七·李自成 张献忠》。

末、隋末、唐末五代、元末明初。其振荡的幅度，有的接近50%，有的则超过50%。中国古代人口数量大幅振荡的时期，一般也是古代社会发生大动乱和统治者‘改朝换代’的时期。或者说，每次人口数量的大幅振荡在社会层面对应着一次‘天下大乱’。”①

（二）现代社会社会动荡发生的概率越来越小

自“二战”结束以来，随着现代社会的来临和人类文明的进步，特别是跨入21世纪以后，社会矛盾相关方利益诉求的表达及抗争方式发生了明显的变化。在现代社会条件下，社会抗争活动虽然仍然存在，并且在局部地区社会骚乱十分激烈②，但是，具有颠覆性的、涉及全国范围的、具有伤筋动骨破坏性的，并且是伴随着激烈流血方式的社会动荡已经大幅度减少，并且很少出现。雷蒙指出，工业社会的一个重要趋向是，“渐渐摆脱消极状态，加紧展开请愿活动，革命运动的势头和运用暴力的癖好逐渐减弱”③。

在高度发达的社会中，“已经发展出了自己的价值观”。“这些价值观表明了它们所要追求的是更人道的、更纯洁的、更有文化的社会，一种更为自由的私人生活，以及追求政治活动与社会生活的民主化。这种向往正好与工业社会的传统阶级中占统治地位的价值观相矛盾，后者关心的是物质要求的满足，即生存与安全需要。”④现代社会条件下的社会抗争活动，即便是规模很大，也鲜有以颠覆现有的基本制度、基本社会秩序为主要目标，以激烈流血冲突为主要抗争方式的，并且造成严重社会灾难的社会动荡现象的出现。比如，2009年1月29日法国发生了规模巨大的示威游行活动。这场罢工活动由法国总工会、法国民主总工会、公务员联合会、全国自治公团联合会等团体发起，提出的利益诉求是就业保障、提高工资、减少不平等、改善劳动条件等等。当

---

① 王鸿生：《中国历史治乱和现代化进程中的人口因素》，《中国人民大学学报》2012年第3期。

② 如法国1968年的“五月风暴”事件等等。这些社会骚乱有时甚至会造成一些流血冲突事件，如美国1967年的底特律种族骚乱以及1992年的洛杉矶暴乱事件等等。

③〔法〕雷蒙·阿隆：《阶级斗争——工业社会新讲》，周以光译，译林出版社2003年版，第148页。

④〔美〕西摩·马丁·李普塞特：《共识与冲突》（增订版），张华青等译，上海世纪出版集团2011年版，第279页。

天法国各地有近200场示威游行活动,有100万以上的人参与了这次大罢工活动,造成了数亿欧元的经济损失。这场罢工活动尽管规模巨大,但并没有提出颠覆基本制度的目标,没有出现激烈流血的对抗,也没有引发巨大的社会灾难。再比如,2011年发生在美国的"占领华尔街"活动,提出的利益诉求是反对权钱交易,反对社会不公。这场活动也是规模巨大,波及100个以上的城市,但同样不是以颠覆现有的基本制度为目标的,也没有出现激烈对抗流血的局面,没有造成社会混乱无序的局面,更没有造成巨大的社会灾难。

（三）转型期社会动荡的发生呈现出较为复杂的情形

转型期的社会动荡呈现出一种相对复杂的情形。大致以二战为界限:二战之前,转型期的社会动荡有时仍会出现,有时还带有激烈冲突的色彩;二战之后,社会动荡有时会出现,但大规模、激烈、流血性的社会动荡已经很少出现。

在19世纪的早期工业化国家,惨烈的社会动荡时有出现。以巴黎公社为例,可以看到矛盾双方惨烈冲突的情景。"在通向巴黎各要冲的战斗中,公社社员牺牲了不下一万五千人,在5月21日至5月28日的街垒战中,阵亡的总人数约达二万五千人之多。"①"在'五月流血周'中,整个巴黎尸横遍野,血流成河。但在战火熄灭后,梯也尔仍然在巴黎大开杀戒。有两万人未经法庭审判被杀害或枪决,此外,一万三千人被判处流放阿尔及利亚或新喀里多尼亚。"②

二战后,在一些文明程度较高的国家的转型期,仍然出现了某些社会动荡的局面。不过,这些国家社会动荡的激烈、惨烈程度有所降低。虽然如此,这些国家的社会动荡所引发的巨大社会灾难和巨大的经济损失仍然不可避免,并且经济结构的重建十分艰难,为之后的现代化建设留下了巨大的隐患。

就二战后转型期国家的社会动荡状况而言,20世纪90年代俄罗斯的社会动荡具有较为典型的意义。20世纪90年代,苏联解体后,俄罗斯出现了社会

---

① 苏联科学院世界历史研究所:《1872年巴黎公社史》(下册),马龙闪等译,重庆出版社1982年版,第593页。

② 吕一民:《法国通史》,上海社会科学院出版社2002年版,第232页。

动荡的局面。俄罗斯也曾在短暂的时间内，在局部区域出现过较为激烈、流血的社会冲突现象，如炮击“白宫”（议会大厦）事件，但持续的时间不长，影响的范围有限。这一时期，俄罗斯的社会动荡主要表现在社会失去了正常的运行秩序，经济遭受重创，特别是俄罗斯民众的基本生活陷入了一种十分艰苦的状态。经此社会动荡，“布热津斯基直言俄罗斯已经跌落到‘第三世界的水平’。普京称之为‘20 世纪最大的地缘政治灾难和民族灾难’”[①]。这些，十分明显地表现在这样几个最为重要的经济指标上：其一，经济严重滑坡。“20 世纪 90 年代俄罗斯经济连续 7 年平均以每年 6.77% 的速度衰退，1992 年 GDP 下降幅度高达 14.5%。1998 年 GDP 只有 1991 年的 60.6%。”其二，通货膨胀严重，居民收入严重缩水。“消费价格指数 1992 年达到 26.1 倍，1993 年达到 9.4 倍，到 2000 年为 1991 年的 73.15 倍。”“居民实际可支配货币收入 2000 年不足 1991 年的一半，劳动者实际工资 1999 年只有 1991 年的 36%。1992—1995 年平均工资增长了 392 倍，而物价却上升了 1608 倍。生活在贫困线以下的居民人数在 1992 年和 1998 年分别达到 53% 以上。人口平均以每年 75.9 万人的速度减少，1991—2000 年共减少 672.6 万人。”[②]其三，失业率大幅度增高。“根据俄罗斯科学院就业问题研究所统计，俄罗斯的失业率 1992 年为4.76%，1993 年为 5.6%，1994 年为 7.43%，1995 年为 8.21%，1996 年为 9.05%。俄科学院院士、社会政治研究所所长奥西波夫认为，再加上大量的隐性失业者，实际失业人数已达有劳动能力总人数的 13%。”其四，人的预期寿命大幅度降低。“俄罗斯男子的预期寿命 1987 年时为 65.1 岁，1989 年为 64.2 岁，1991 年降到 63.5 岁，1992 年为 62 岁，1993 年降到了 59 岁，1994 年又降到57.5岁，1995 年为 58.2 岁，1996 年为 59.6 岁。”[③]

由上可见，作为一个历史趋势来说，随着历史进程特别是现代化过程的推进，社会动荡发生的概率在明显降低，强度也在降低。

---

① 关雪凌、刘可佳：《俄罗斯经济现代化：背景、布局与困境》，《俄罗斯中亚东欧研究》2011 年第 1 期。

② 李新、沈志义：《普京时期俄罗斯经济政策的调整》，《上海财经大学学报》2007 年第 4 期。

③ 王义祥：《俄罗斯转型时期的贫困化问题》，《俄罗斯研究》2001 年第 3 期。

二、社会动荡的可能性为何减小

在现代社会条件下,社会动荡之所以会大幅度减少,主要原因如下:

(一)社会成员基本生存需求的满足已经不成问题

伴随着大工业的兴起,社会生产力得到了空前的发展。正如《共产党宣言》所指出的那样,“资产阶级在它的不到一百年的阶级统治中所创造的生产力,比过去一切世代创造的全部生产力还要多,还要大”①。自二战以来,高科技获得了突飞猛进的发展,特别是自 20 世纪 90 年代中期以来,互联网技术获得了急速的发展。在高科技和互联网的推动下,人类的创造潜能得到了巨大的、倍增的开发。凡此种种,使得人们生活资料总量以及生存和发展的机会得到了大幅度增加,已经远远超出了其基本生存的需求。

除物质文明获得了长足发展外,在现代社会,以人为本、自由、平等等现代理念被人们普遍认同,制度文明也得到了相应的发展,这些又具体体现在社会福利政策的制度化和体系化上。比如,现代化程度很高的北欧国家已经建成“从摇篮到坟墓”的完整社会福利制度,几乎覆盖了社会成员人生各个阶段以及职业生涯主要方面的需求。社会福利政策特别注重对贫困者的援助。以失业救济为例,英国现行制度规定,如果失业者是单身,每周可以领取 45.45 英镑的失业救济金;如果他的妻子或伴侣没有经济来源,则升至每周 73.5 英镑。② 一个很明显的事实是,凡是现代文明程度较高的国家,其基尼系数一般都不高,甚至偏低。2000 年前后,德国的基尼系数为 0.28,法国为 0.33,挪威为 0.26,丹麦为 0.25,瑞典为 0.25,英国为0.36;美国最高,也不过 0.41。③ 在这样的条件下,基于民众基本生存问题而产生的大规模的、颠覆性的、暴力流血的社会动荡现象已经几乎不可能出现。

---

①《马克思恩格斯选集》(第一卷),人民出版社 2012 年版,第 405 页。

②〔荷〕M. 爱纳汉德等:《欧洲七国失业救济与社会援助制度》,陈绵水等译,中国财政经济出版社 1999 年版,第 267 页。

③ 世界银行:《2012 年世界发展指标》,中国财政经济出版社 2013 年版,第 74—76 页。

（二）极端精神因素的社会影响力越来越小

现代化过程的直接后果之一就是世俗化生活世界的形成。在传统社会，由于生产力极为低下，人们只能是满足于简单的生存，日出而作、日落而息成为多数社会成员亦即农民的固定生活方式，多年一贯不变。人们对生活甚至都缺乏想象力，风调雨顺、五谷丰登几乎就是最高目标。人们即便有什么理想目标，也大都由于缺乏相应的能力而无法实现，只好将之作为一种乌托邦目标放到彼岸世界或者是遥远的未来。在这样的情形下，人们必然缺乏“人”的自我意识，而只能匍匐在神灵脚下，乞求神灵的保佑。这是一些极端宗教力量产生巨大社会影响力的基础。而伴随现代化过程的推进，生产能力和科学技术获得了空前的发展，同时以人为本的意识在觉醒并获广泛认同，人们已经摆脱以往简单的生存观念，越来越重视现实的世俗化生活问题，越来越重视社会质量的不断提高。随之而来的是极端宗教意识的逐渐淡漠。极端宗教意识在现代社会已经很难具有较大的影响力。“在现代社会中，宗教在公共领域的影响力和重要性日益减退，宗教信仰越来越成为个人的私事。”①

现代化过程还意味着社会成员独立意识和理性意识的普遍形成。在传统社会，民众具有明显的依附性和愚昧性的特征。当时，人们在经济领域当中的严重人身依附性也延伸至社会领域和精神文化领域，表现为社会成员缺乏自主性，个人的行为和观念容易为群体或强势人物所左右。再者，当时人们文化程度低，缺乏理性意识和独立的判断能力。依附性和愚昧性，意味着人们对自己的行为有时难以进行理性的把握，因而容易形成一种从众心理。这种情形一旦在某个情境当中，与自身基本生存利益诉求结合在一起，加之有人领头前行的话，就容易形成比较激烈的社会矛盾冲突。现代社会则不然。市场经济使得每位社会成员都成为一个独立的“自然人”，自身的生存和发展都必须依赖自我独立的选择；科学技术的发展，使得人们越来越认同科学精神，越来越重视理性的判断；而法治社会的形成，则要求每位社会成员都必须按照规则行事。在这样的情形下，人们更倾向于以理性博弈取代激烈对抗。这一切，必然使得社会成员以往的附属意识、从众心理以及盲从心理大幅度大面积减弱，同

① 高师宁：《世俗化与宗教的未来》，《中国人民大学学报》2002 年第 5 期。

时，极端的意识形态、极端的种族主义以及极端的宗教意识的影响力必然相应地大幅度大面积减弱。凡此种种，进而使得社会动荡的概率明显降低。

另外，现代化过程还带来了一个后果，这就是人们宽容精神和包容意识的普遍化。现代社会是一个开放的社会，离不开社会各个群体之间的资源互换和文化交流。而要做到这一点，就必须具有宽容和包容的意识。在现代社会条件下，每个群体都有各自生存发展的合理位置和空间。这也是现代社会能够充分开发社会潜能，并且充满活力和创造力的原因所在。现代社会的这种普遍的宽容精神和包容意识，必然会在很大程度上消解唯我独尊、排斥其他群体和社会成员的极端精神因素的基础。

（三）社会流动渠道的增多以及社会流动本身趋于平等，使得社会成员的希望增多

在社会转型或现代化过程中，伴随着工业化的兴起、科学技术的发展以及由此所引发的职业结构、社会阶层结构的巨大变动，伴随着社会成员自由、平等意识的普遍形成，社会流动的速率必然会相应增大，社会流动特别是上行社会流动的机会也在增多并趋于平等，进而给民众带来了更多的机会和希望。相应地，人们不满的可能空间在减小。“工业社会与前工业社会相比：(1)社会流动的绝对比例通常是高的，并且向上流动——例如从低级职位流向更高级职位——明显多于向下流动；(2)流动的相对比例——或者说流动机会——是更平等的……(3)流动的绝对比例水平和在相对比例上的平等程度是随着时间而增加的。”①

一方面，社会成员流动机会的总量在增多。在现代社会和市场经济条件下，“因人口增加，专业性职业的绝对数量也增加了，经济发展使专业性职业在全部职业中的百分比提高。人口发展和经济增长为下一代提供越来越多的晋升机会创造有利条件。同时，特权阶层出生率较低有助于向上的社会流动”②。第一产业、第二产业的发展，科学技术的发展，社会成员生活质量的普

---

①〔美〕戴维·格伦斯基编：《社会分层》，王俊等译，华夏出版社2005年版，第300页。

②〔法〕雷蒙·阿隆：《阶级斗争——工业社会新讲》，周以光译，译林出版社2003年版，第180页。

遍提高,促使人们对服务行业的需求量迅速增大,进而导致大量职业种类特别是服务行业当中职业种类的大幅度增加,职业结构日益复杂化。现代社会当中非体力劳动者的比例开始超过体力劳动者。比如,英国体力劳动人员人数比例从 20 世纪 30 年代起开始缓慢下降,进入 20 世纪 70 年代后下降速度加快。英国的体力劳动人员在主要职业团体中的百分比从 1911 年的 74.6%下降到 1981 年的 47.7%,而非体力劳动人员的比例则由 1911 年的 18.7%上升至 1981 年的 52.3%。[①] 社会流动渠道的增多,意味着大量社会成员生存和发展机会的增多,进而更倾向于认同社会。相应地,社会动荡的概率自然降低。

另一方面,社会流动的机会也在趋于平等。市场经济对于资源充分流动的现实要求以及平等、自由、公平正义理念的价值追求,使得现代社会极为重视机会平等。机会平等所强调的是,凡是具有相同能力、相似意愿并有着同样努力付出的社会成员,应当有着相似的前景。"在社会的所有部分,对每个具有相似动机和禀赋的人来说,都应当有大致平等的教育和成就前景。那些具有同样能力和志向的人的期望,不应当受到他们的社会出身的影响。"[②]从某种意义上讲,现代化过程就是一个逐渐消除各种人为障碍、各种特权,确保每个社会成员能够平等发展的过程。"一是阻碍某些人发展的任何人为障碍,都应当被清除;二是个人所拥有的任何特权,都应当被取消;三是国家为改进人们之状况而采取的措施,应当同等地适用于所有的人。"[③]所以,在现代社会,社会成员的财富、权力以及声望往往是分离的,而不像传统社会当中三者往往是一体化的。在现代社会,对于社会各个群体来说,各有各的平等上升通道,而不会出现一家独大、赢家通吃的局面。这种情形,使越来越多的社会成员增加了对未来的希望。"社会流动越畅通,社会流动率越高,就越能调动社会各个阶层尤其是中低层社会成员的积极性,使他们充满希望,通过后致性规则亦即通过个人后天的努力奋斗,实现上升流动到更高层次的社会地位的愿

---

① 陈晓律等:《当代英国》,贵州人民出版社 2000 年版,第 276 页。

②〔美〕约翰·罗尔斯:《正义论》,何怀宏译,中国社会科学出版社 1988 年版,第 69 页。

③〔英〕弗里德里希·冯·哈耶克:《自由秩序原理》(上),邓正来译,生活·读书·新知三联书店 1997 年版,第 111 页。

望。”[①]希望的增加，意味着社会怨恨的减少，进一步看，实际上就减小了社会动荡发生的可能性。

（四）现代社会中异质性的增强有助于减弱抗争力量的直接对抗性

麦迪逊有一个观点十分重要。他指出：“如果多数人由一种共同利益联合起来，少数人的权利就没有保障。”必须找到有效方法，“使社会中包括那么许多各种不同的公民，使全体中多数人的不合理联合即使不是办不到，也是极不可能”。这个有效方法就是，“它所有的权力将来自社会和从属于社会，社会本身将分为如此之多的部分、利益集团和公民阶级，以至个人或少数人的权力很少遭到由于多数人的利益联合而形成的威胁”[②]。虽然麦迪逊的观点主要是针对政治结构而言，而且提出的时间也比较早，但这一观点对于从现代社会当中异质性增强的角度来理解社会动荡趋势的减弱这一重要问题有着不小的启发意义。

与传统社会不同，在现代社会，异质性成分越来越多。从一定意义上讲，整个社会越来越从一个同质性的社会走向一个异质性的社会。“社会机体中的子单元如各种行业、各种职业日益增多，社会机体中各种性质不同的成分也日益增多。”而且，“分化后的各种子单元的相对自主性逐渐形成”。[③] 在现代，社会异质性不仅越来越多，并且众多的异质性相互之间是重合叠加的。正如有学者所指出的那样，“实际的社会结构的特点则体现在复合异质性上，复合异质性是由几个有时是许多相交叉的类别参数来表示的。性别、种族、国籍、宗教和职业上的差异都不尽相同，尽管其中某些差异之间有相关关系。复合异质性指的就是由这些差异引起的各交叠群体及为数众多的亚群体”[④]。

显然，社会异质性的增多，对于社会矛盾冲突有着重要的缓冲作用。其一，各个群体利益诉求及观念的多样化，有助于直接减弱抗争群体的对抗力

---

① 陆学艺：《研究社会流动的意义》，《中国党政干部论坛》2004 年第 8 期。

②〔美〕汉密尔顿、杰伊、麦迪逊：《联邦党人文集》，程逢如等译，商务印书馆 1980 年版，第 266 页。

③ 吴忠民：《渐进模式与有效发展——中国现代化研究》，东方出版社 1999 年版，第 41 页。

④〔美〕彼特·布劳：《不平等和异质性》，王春光等译，中国社会科学出版社 1991 年版，第 123—124 页。

度。一个社会，如果同质性过强，则意味着这个社会的结构相对单一，各个群体的利益诉求及观念也相对单一。在这样的情形下，一旦某个主要群体的利益诉求尤其是基础性的利益诉求得不到应有的满足，那么，这种相对单一的利益诉求便会集中在一个方向、一个目标上（如基本生存问题）积累，进而逐渐酿成巨大的社会冲突势能，形成巨大的对抗力度。相反，在一个异质性成分占据主要位置的相对复杂的现代社会，社会各个群体的利益诉求从以往“单向度”的情形演变为“多向度”亦即多维度、多层面的情形，社会成员的观念也呈现多样化的状态，而且在现代社会当中，基本生存的利益诉求相对民众来说已经不是头等大事，所以，抗争群体利益诉求的目标往往容易出现分散化的情形，难以在一个方向上集中并持续积累。相应地，社会动荡所必需的大量社会冲突势能便难以形成，社会冲突的力度便会明显减弱，社会矛盾冲突很难在一个节点上集中爆发。其二，复杂多样的社会组织同样也有助于减弱抗争方的对抗力度。社会异质性的增强还表现为大量社会组织如各种行业协会、公益组织、利益群体机构等的出现。社会组织具有十分重要的功能，已经成为现代社会的有机组成部分。这些社会组织存在于不同的行业、不同的领域以及不同的层面，不但多种多样，也十分复杂。这些复杂多样的社会组织往往代表并维护着不同行业、不同领域社会群体的利益诉求。重要的是，这些存在于不同行业不同领域的社会组织，已经不可能具有某种令行禁止的权威和跨行业跨领域的“大一统”管辖力。在这样一种情形下，一方面，从微观上看，每一个社会组织对本行业本领域的群体有着不可缺少的整合意义；另一方面，从宏观上看，复杂多样的社会组织相互间具有一定掣肘、制约的作用。在这种情形下，任何一个群体包括的抗争群体，其规模都难以独自做大到明显左右整个社会的地步，其意志也难以达到高度统一以至于能够使其成员舍弃自家性命的程度。总之，在现代社会异质性成分大面积存在的情形下，社会各个群体利益诉求及观念的多样化、社会组织的复杂多样，极大地减弱了社会矛盾冲突势能的积累，减弱了社会矛盾冲突的力度。

（五）社会成员之间的相互依赖性日益加重

现代化过程的推进，使得社会分化程度越来越高，即职业化分工越来越细致，专业化程度越来越高，社会的各种复杂成分越来越多。这种越来越细致的社会分化所带来的一项重要后果，是社会成员之间、社会群体之间的相互依赖程度越来越高，社会的各个组成部分、各种构成要素之间呈现出一种高度关联性。这种高度关联性已经不是以往传统社会那种简单的社会分工所产生的社会整合程度所能比拟的。"现代社会所有部分的相互依赖使现代秩序比更为简单的经济组织形式敏感得多。实际上，庞大机制的各个部分愈是精密地相互适应，以及各个要素愈是紧密地结合在一起，对干扰的反应就愈重，即使是最轻的干扰。"[①]社会成员之间和社会群体之间相互依赖程度的提高，意味着经济及社会合作程度的提高。从社会成员、社会群体的各种经济及社会活动哪怕是细微的经济及社会活动来看，一个人、一个群体的各种活动，越来越离不开其他人、其他群体的协作与帮助。虽然在现代社会，社会成员的个体人意识在增强，个人的自由选择余地在增大，但是，即便是单个的社会成员要想实现一些差异化的追求，也离不开其他群体、其他社会成员所提供的平台和其他种种必要条件。

社会风险的大量出现，促使社会成员之间、社会群体之间的依赖程度性增强。从世界范围来看，世界经济一体化的形成，科学技术的迅速发展及扩散，社会能量的空前积累，使得现代社会面临着空前的不确定性，面临着空前的风险。"在现代化进程中，生产力的指数式增长，使危险和潜在威胁的释放达到了一个我们前所未知的程度。""在发达的现代性中，财富的社会生产系统地伴随着风险的社会生产。"[②]而且，这种社会风险涉及面十分广泛，扩散速度很快。"它们包含着一种打破了阶级和民族社会模式的'飞去来器效应'。生态灾难和核泄漏是不在乎国家边界的。即使是富裕和有权势的人也在所难免。它们不仅是对健康的威胁，而且是对合法性、财产和利益的威胁。"[③]吉登斯将风险分为两种类型：一是"外部风险"，也就是"来自外部的、因为传统或者自然的不变性和固定性带来的风险"；另一种类型则是"被制造出来的风险"，"指的是由我们没有多少历史经验的情况下所产生的风险。大多数环境风险，

---

①〔德〕卡尔·曼海姆：《重建时代的人与社会：现代社会结构的研究》，张旅平译，生活·读书·新知三联书店 2002 年版，第 41 页。

②〔德〕乌尔里希·贝克：《风险社会》，何博闻译，译林出版社 2004 年版，第 15 页。

③〔德〕乌尔里希·贝克：《风险社会》，何博闻译，译林出版社 2004 年版，第 21 页。

例如那些与全球变暖有关的环境问题就属于这一类”。[①] 社会风险一旦控制不当，就会造成巨大的灾难。面临着共同的社会风险，不同社会成员、不同社会群体必须共同应对、相互合作。在这种情形下，社会越来越成为社会各个群体共同应对风险的命运共同体。作为命运共同体的不同成员，社会各个群体之间的依赖性空前增强，可谓是一荣俱荣、一损俱损，损害了对方，就等于损害了自身。自己生存和发展的前提是别人的存在、发展及帮助。

总之，社会成员相互依赖程度的提高，使得人们越来越感觉到，互惠互利的社会交往对于各方的存在和发展都是有利的，因而合作共赢逐渐成为某种共识。“对于社会合作，我们别无选择，否则，要么是互不情愿直至仇视抱怨，要么出现互相抵制直至内战。”[②]哪怕对于占据优势位置的社会群体来说，利益的获得对自身的益处并非无止境的，利益对自身的益处是一个边际效应递减的事情。更为重要的是，给对方一定的发展余地，让渡某种利益对自身是有利的，可以换取诸如安全、尊重一类的益处。“在经济十分富足的社会中，精英中的许多成员可能倾向于作出一些经济上的让步，以便尽可能增大其他方面的报偿，如安全、尊敬和闲暇等。……精英们具有多重目标，并非只关注物质报酬的增大，所以，在一个高度富足和不断扩大的经济中他们可能愿意作出一定的经济让步。”[③]而占据优势位置利益群体的一定程度的利益让渡，有利于社会矛盾抗争方抗争力度的减弱，有利于社会动荡概率的降低。

综上所述，在现代社会条件下，既然社会成员基本生存需求的满足已经不成问题，人们为基本生存而意欲通过激烈流血的方式来毁灭对方的可能性越来越小，既然极端精神因素的影响越来越小，社会成员的行为取向越来越世俗化、理性化，既然社会流动的渠道越来越多、社会流动本身越来越平等，社会成员的希望在相对增多，怨恨在相对减少，既然社会成员之间的相互依赖性逐渐增强，社会群体之间命运共同体的意义在增大，合作共赢就逐渐成为某种共

---

①〔英〕吉登斯：《失控的世界——全球化如何重塑我们的生活》，周红云译，江西人民出版社 2001 年版，第 22 页。

②〔美〕约翰·罗尔斯：《政治自由主义》，万俊人译，译林出版社 2000 年版，第 320 页。

③〔美〕格尔哈斯·伦斯基：《权力与特权：社会分层的理论》，关信平等译，浙江人民出版社 1988 年版，第 328—329 页。

识，那么激烈、颠覆性的社会动荡发生的概率自然会大幅度降低。

三、余论

从以上对社会动荡发生概率逐渐降低趋势的分析中，我们不难形成这样两点看法：

（一）社会动荡发生概率的大幅度降低，有助于有效减小现代化进程中社会进步的成本

应当承认，在某些特定的历史条件下，一些重要的社会进步需要有时甚至是必须通过剧烈的社会变革包括剧烈的社会动荡才能摧毁妨碍社会进步的严重障碍，需要付出一定的代价。但这种代价不宜过大，否则其积极意义便会减弱。秦朝是中国历史上最为残暴的时期之一。在秦王朝统治下，赋税极为繁重，民众不但要按照田地的多少缴纳“田租”，还要按照人口的多少缴纳“户赋”，此外，还有名目繁多的苛捐杂税，而且徭役之负担达到了极点。一般民众“年十五始服役，六十岁老免。一生中须为正卒一年，屯戍一年，每年还要为更卒一个月”。“除此之外，还有大量的额外徭役，有的甚至不计役期。”[①]秦始皇挥霍无度，修建了大量的奢华宫殿，“关中计宫三百，关外四百余”。其中的阿房宫“东西五百步，南北五十丈，上可以坐万人，下可以建五丈旗”[②]。另外，秦朝还实施极为残暴的严刑酷法。凡此种种，严重损害了各个主要群体的基本利益甚至是最为基本的生存条件，使得民众难以长期忍受下去，引发了激烈的群众暴动，进而又引发了剧烈的社会动荡。经此动荡，秦王朝被推翻，以往严重妨碍经济社会发展的桎梏被破除。但秦末社会动荡的代价巨大。有记载，到了西汉初年，社会一片残破景象，“大城名都散亡，户口可得而数者十二三”[③]。经过西汉初年“与民休息”政策的实施，社会才开始恢复元气。

还应看到，并非每一次剧烈的社会动荡都必然会带来社会进步，有的社会

---

① 白寿彝总主编：《中国通史》（5），上海人民出版社1995年版，第228页。

② 司马迁：《史记·卷六·秦始皇本纪第六》。

③ 司马迁：《史记·卷十八·高祖功臣侯者年表第六》。

动荡并不具有“进步增值”的意义。在20世纪90年代的卢旺达，发生了灭绝式的种族仇杀，数十万人惨遭杀害，十几万女子被暴力侵犯。从社会动荡的角度看，其程度已达到极致。但这场罕见的社会动荡显然并没有带来社会进步。像中东一些国家中的社会动荡，也没有带来这些国家的社会进步。这意味着社会“白白”付出了巨大的成本代价。

同传统社会相比，现代社会更经不起社会动荡的打击。现代社会的分工十分复杂、专业化，需要各个职业群体的合作。任何一个群体都无法离开别的群体而独自生存。现代社会的经济总量十分庞大，而且现代经济是由极为复杂的各种经济实体及构成要素组合而成的，相互间是高度依存的，其中一个要素发生了变化或者消失了，对于别的构成要素进而对整个经济体都会产生十分不利的影响。在这样的情形下，一旦出现社会动荡现象，很有可能会产生传递、放大、叠加的种种连锁性的负面效应。“大众在行动上野蛮的、冲动的和情感的爆发，对整个社会，甚至全世界都意味着大灾大难，因为现代社会有机体的相互依赖日益猛烈地传播着每一个失调的结果。”[①]再者，由于现代社会体量庞大、环节复杂，一旦崩盘，不仅会遭受财富的巨大损失，而且其重建的难度也相对更大。另外，相比传统社会来说，现代社会的基本理念是以人为本，重视人的生命和生活质量，所以，在现代社会，从心理层面角度看，民众也更经不起社会动荡的打击。

显然，社会动荡发生概率的大幅度降低，不仅大幅度减小了现代化发展进程的成本，而且使得现代化发展具有了可持续性及可预期性。这种情形，既是人类社会自我调整的结果，也是社会文明进步的标志。

（二）转型期的中国社会应当积极缓解社会矛盾冲突

中国正处在一个剧烈的社会转型时期。在这样一个时期，巨量的事情被挤压在一个相对有限的时空当中，巨大社会能量的激活与规则体系的缺失这样两种情形同时并存，社会不公现象大量出现，社会风险空前增多。[②] 而且，社

---

①〔德〕卡尔·曼海姆：《重建时代的人与社会：现代社会结构的研究》，张旅平译，生活·读书·新知三联书店2002年版，第41页。

② 吴忠民：《中国现阶段社会矛盾凸显的原因分析》，《马克思主义与现实》2013年第6期。

会焦虑现象弥漫于整个社会。凡此种种,成为诱发和加重社会矛盾冲突的重要因素。

在中国现阶段,如何才能有效地缓解社会矛盾冲突,防止激烈社会矛盾冲突的出现,尽可能减小发展的代价?就此而言,涉及方方面面。择其大要,应特别注意好这样几件事情:

其一,保证民众的基本生存底线。在社会转型初期,民众对基本生存的需求十分迫切。这一问题解决得好坏,直接关乎社会基本安全。进一步看,如果民生问题解决得不好,使得民生问题与民主化问题两者结合在一起,就必然会对社会的安全状况产生更为不利的影响。具体到中国来看,尤其如此。与许多国家和地区特别是发展中国家和地区相比,在中国现阶段,社会矛盾所涉及的面十分广泛,而且各种类型的社会矛盾几乎都已出现。别的国家和地区有的社会矛盾,在中国大都已经出现,别的国家和地区没有的社会矛盾,在中国现阶段倒出现了不少。可以说,中国现阶段的社会矛盾呈现出一种"并发症"的情状。不过,如果从社会矛盾产生的基本根源来看,目前中国社会矛盾大多集中在基本民生或者说是同民众的切身物质利益直接相关的领域。正因为如此,在中国现阶段,有必要大力改善民生,建立一个初级的民生保障体系。如是,则能够从源头上减少激烈社会矛盾冲突发生的概率,至少可以减弱社会矛盾冲突的强度,确保一个较长时期的社会安定局面。

其二,为民众的自由发展提供充分的上行流动空间。民众是否拥有上行流动的空间,不仅事关民众生活的改善问题,而且事关现代社会和市场经济条件下民众的自致性努力有无平台的问题,事关民众对未来是否拥有希望的问题。一个社会,如果不给民众提供自致性努力的空间,那么这个社会的民众就会出现程度不同的不满乃至绝望心理。希望的减少或消失,绝望的增多,必然会产生大量的积怨,进而促成大量社会矛盾冲突的出现。反观如今中国的一些社会矛盾冲突,就是由于利益结构固化现象的大量出现,民众自致性努力的空间和发展的机会受到严重挤压,进而催生民众大量的不满及积怨所致。习近平指出,要"突破利益固化的藩篱,进一步解放和发展社会生产力,进一步激发和凝聚社会创造力”[①]。而拓展民众上行流动渠道的关键在于：从横向的角度看，必须消除种种歧视现象，如财富歧视、身份歧视（包括体制内外身份不平等、户籍制度身份歧视等）、种族歧视等等；从纵向角度看，必须破除不公正现象的代际传递，如“穷二代”“富二代”“官二代”等现象。唯有如此，方能使民众对未来抱有希望，进而使民众减少积怨并积极认同社会。

其三，为社会安全提供有效的制度保障。在现代社会和市场经济条件下，制度保障是解决或缓解社会矛盾的必要前提。现代社会是一个依靠公正合理的制度体系来运行的社会。现代型的制度具有公正性、广泛性、包容性等特征。通过制度或者是在制度内解决社会矛盾，对于社会矛盾的化解具有不可替代的意义。从总体角度看，通过制度化解社会矛盾，意味着社会共同体对社会各个利益群体意愿及利益诉求接受的广泛性、包容性和诚意；意味着社会矛盾的解决并非单方面决定的，而是可以通过协商的方式来化解的；意味着有章可循，通过法治的方式化解社会矛盾，从而最大限度地减少随意性。从利益诉求方的角度看，通过制度化解社会矛盾，意味着由于利益诉求渠道的增多，因而大量的利益诉求可以得到解决，即便暂时得不到解决的，也有渠道通过协商谈判的方式予以解决。凡此种种，以往那种社会矛盾积累叠加的情形便可得以有效缓解，进而减少社会矛盾特别是严重的社会矛盾冲突发生的概率。有学者指出：“如果一个国家把社会运动纳入体制的能力很强，该国家发生极端事件的可能性就会很小。反之，社会运动的参与者就有可能铤而走险，把整个社会搅得天翻地覆。”“政府反复强调中国的发展离不开稳定的环境，可谓明智之论。但与此同时，我们要清醒地认识到，稳定并不是指社会中不存在政治冲突或社会运动，而是指国家将社会矛盾和冲突纳入轨道的能力不断得到提高——这也应当是目前所说的‘提高执政能力’的宏旨要义。”[②]既然现代型的制度对于社会矛盾的化解如此重要，中国应当积极进行制度建设特别是法治建设，以此为社会安全提供必不可少的制度保障。

---

① 新华社武汉7月24日电：《习近平在武汉召开部分省市负责人座谈会时强调，加强对改革重大问题调查研究，提高全面深化改革决策科学性》，《人民日报》2013年7月25日。

② 赵鼎新：《社会与政治运动讲义》，社会科学文献出版社2006年版，第6页。

专论5　派出所所长访谈

访谈主题:城市社会治安状况

访谈对象:西南某省会城市某派出所所长

访谈员:吴忠民、彭红波

访谈时间:2019年8月13日

访谈地点:西南某省会城市

访谈方式:个案访谈

问:近年来社会治安案件有什么变化?

答:减少了,街面犯罪,比如抢劫和偷盗大幅减少,主要是科技发达了,科技投入力度大,另外群众现在外出都不带现金了。

问:辖区的抢劫事件多吗?

答:辖区内快两年没有发生抢劫案件了。

问:现在的社会治安案件中,哪些比较多?

答:主要是电信诈骗和金融诈骗。电信诈骗等非接触类诈骗大幅上升。辖区内有一所大学,派出所要定期对大学生进行培训,培训之后能管一段时间。

问:电信诈骗的破案率如何?

答:电信诈骗的主要窝点在境外,不好查。现在网络比较发达,诈骗团伙使用的服务器在境外,钱也可以在几分钟之内转移到境外,速度特别快。现在有反诈骗中心,如果被骗者能及时报案,那么我们就能够及时冻结账户,能够挽回一定的损失。虽然战机稍纵即逝,但是也有能够成功冻结的。

问:电信诈骗涉及的金额有多少?

答:几千、几万、几十万的都有。

问:电信诈骗涉及的企业多吗?

答:涉及企业的电信诈骗比较少,偶发,电信诈骗主要是针对个人。电信诈骗窝点(设)在缅甸、老挝的比较多,主犯主要是台湾人。台湾人是电信诈骗的鼻祖,侦查难,查获之后处理也非常困难,一般都要通过公安部统一行动。

电信诈骗的成本比较低，隐蔽性强，一个电信诈骗窝点，成本仅仅十几万。

问：电信诈骗获利率高吗？

答：这个得看概率，一伙人能获利几百万、上千万，上亿的都有。

问：入室盗窃的多吗？

答：辖区的高档小区比较多，入市盗窃比较容易发生，但公安部门通过和物业加强合作，能够在很大程度上防范，也都能及时破案。

问：辖区内的命案发生多吗？

答：比较少，但命案几乎100%破案。特别是通过视频监控，破案率大幅提升。

问：辖区的警力够吗？

答：远远不够，辖区才有30个警察，此外有89个辅警。辅警主要负责街面巡逻，以及各种信息的采集工作。

问：辖区吸食毒品的多吗？

答：现在吸食海洛因的比较少，主要集中于新型毒品。

问：本地吸毒的会比内地多吗？

答：会多一点，尤其是边境地区比较多。

问：在街面上乞讨的人多吗，是不是骗人的？

答：诈骗的成分不重，有一部分也是确实有困难。辖区内的乞讨现象不多，主要集中于城区的寺庙附近。

问：当前的社会治安案件中，政治要求多吗？

答：这个比较少，偶尔会有法轮功分子。当前的案件主要是经济问题，近年来法轮功消停了很多。

问：你半夜最担心接到什么类型的电话？

答：主要担心入室盗窃，但也不多，辖区已经好几年都没有发生了。辖区入室盗窃一般案值比较高，也会产生一些连锁反应，比如由入室盗窃引发的命案。

问：你的工资现在有多少？

答：一个月在9000到10000元之间，有警衔补贴，还有加班费。

问：在治安案件中，使用暴力武器的多吗？

答：这类情况不多。喝酒后打架斗殴的，顶多用棍棒和刀。

问:会不会存在个人制造炸药这种情况?

答:个人制造炸药比较困难,破坏力也很有限。

问:村民纠纷中的暴力事件多吗?

答:辖区内村民吵架,极端一点的主要是拳头,很少用极端的暴力手段。

问:你觉得治安案件下降的原因主要是什么?

答:一是技术手段(提高了),第二是老百姓生活都比较好了。现在存在治安案件主要集中于一些先天缺陷和受不良成长环境影响的人,如精神病人、冲动型犯罪人群。

问:辖区内信教的人多吗?

答:不多,人口比例不大,宗教之间的矛盾几乎没有。

问:本地人会歧视少数民族吗?

答:不会歧视,本地的少数民族比较多,但都比较温和。

问:现在警官的素质如何?

答:基本上都是大学毕业,因为公务员的门槛就是大学毕业生。

问:公安办案的经费都能保障吗?

答:经费基本上能够得到保障。

问:你们值班时安全有保障吗,应急处理突发事件能及时准备好吗?

答:值班的人都带枪,还配有巡逻车,巡逻车配备武器、枪支弹药、救生绳等器具,因为辖区的水面比较广。

问:现在巡逻可以用无人机巡逻吗?

答:可以用无人机,但无人机主要用于大型活动。受经费影响,一般不采用无人机巡逻,无人机巡逻可作为街面视频监控的一个补充。现在探头发挥的作用比较大,几乎都是高清探头。高清探头可以通过人脸识别辅助办案,很难通过整容等等伪装,因为人的很多要素是没法整容的,比如瞳间距。

问:从全国看,本地的社会治安状况如何?

答:本地的社会治安状况在全国(位列)不靠前的位置。虽然本辖区的治安比较好,但区域之间不平衡,有的辖区,特别是城乡结合部存在的问题比较多。

问:老百姓有安全感吗?

答:安全感没有问题,辖区大街上,女同志在夜间一两点都可以在路上闲逛。

问:你们的工作强度大吗?

答:工作强度非常大,我上班基本上不看日历,不看星期几,几乎也没有上下班的区别。

问:你觉得国家的整体实力如何?

答:空前强盛。比如我们基层,社区有活动,只要通知下去,群众哗啦啦就来了。特别是物流业、住宿业,只要通知下去,他们就会来。主要原因在于派出所服务在前,我们能够及时了解群众面临的问题和困难。现在不能以管理者自居,要有服务理念。酒店等特种行业需要许可,没有公安部门许可就不能开业。只要用心交往,服务在前,群众对我们还是比较信任的。

问:现在老板炫富的情况多吗?

答:这种现象少了很多,主要是前几年中借贷损失比较大,炫富的少了。

问:老百姓最担心什么?

答:主要是医疗和教育。好的医院就那么几个,全省的患者都集中到大城市的大医院,力量不够,好大夫太少。教育的不足之处主要表现在好学校不多,比如辖区的私立幼儿园比较多,而公立的比较少,就只有一个公立的幼儿园,总共只有15个班。

第十章　传统社会与现代社会矛盾特征比较

任何一个社会、任何一个时代，都必然存在着社会矛盾。以自然经济为基础的传统社会和以大工业和市场经济为基础的现代社会，是迥然不同的两种类型的社会形态。在传统社会和现代社会这样两种不同的社会形态当中，基于不同的经济基础、社会基础、政治基础，基于不同的理念，社会矛盾必然呈现出不同的特征。

一、社会矛盾出现的概率有明显差别

从出现的概率角度看，在传统社会，社会矛盾出现的概率较小；而在现代社会，社会矛盾出现的概率较大。

在数以千年的传统社会当中，虽然社会矛盾经常出现，而且当社会矛盾激化到一定地步时，会引发社会动荡，甚至会造成朝代的更迭，但相对而言，社会矛盾出现的概率及实际数量，比起现代社会来说，要小得多。与之形成鲜明对比的是，尽管现代社会的文明程度比传统社会高得多，但是，在现代社会，社会矛盾出现的概率及实际数量比传统社会大得多。究其原因，大致有以下两方面：

（一）传统社会和现代社会各自所拥有的社会能量及变化速率差别很大

传统社会是以自然经济为基础的。自然经济是通过简单的农业经济与家庭手工业的结合，来满足生产者的基本生活需求，而不是用来满足商品交换的。对于绝大多数劳动者来说，其劳动呈现出一种个体性、简单性、体力性和封闭性的情形。在自然经济条件下,人的种属能力不可能得到充分开发。所以,自然经济的进化度很小,多年不变,或者说在一个比较长的时期内的进化度很小。在自然经济条件下,社会成员只是能够实现简单的生活延续和生产延续。马克思在论及亚洲封建社会时指出:“由于产品地租形式同一定种类的产品和生产本身相联系,由于对这种形式来说农业和家庭工业的结合是必不可少的,由于农民家庭这样一来实现了几乎完全的自给自足,由于它不依赖于市场和它以外那部分社会的生产运动和历史运动,总之,由于自然经济本身的性质,这种形式也就完全适合于为静止的社会状态提供基础。”①显然,这样的社会所拥有的社会能量是相对有限的,常常保持在一个相对恒定的状态。相应地,在常态情形下,能够转换为社会矛盾的社会能量是有限的,能够借助社会矛盾来改变社会和推动社会发展的社会能量也是十分有限的。重要的是,在一般的情形下,如果满足了两个基本的条件,即地租额度及官府赋税能够保持在一个相对固定而且不过度、农业生产所高度依赖的气候没有出现十分明显反常的情形,那么传统社会往往容易保持一个比较稳定甚至是“超稳定”的局面,社会发展的速率极低,相应地,社会矛盾形成及加剧的概率也是比较低的。

现代社会则是以大工业、社会化生产以及市场经济为基础的。在现代社会,机器生产代替了以往的人工劳动,使得生产突破了人的生理局限;社会化生产使得人们充分开发了人的种属能力;市场经济使得生产要素的配置趋于高效化。凡此种种,使得整个社会的潜能或能量得到了巨大的开发和释放。凭借着大工业生产,“资产阶级在它的不到一百年的阶级统治中所创造的生产力,比过去一切世代创造的全部生产力还要多,还要大”②。在现代社会,不仅是社会能量得到了巨大的聚集和释放,而且,随着科学技术日新月异的进步,现代社会的发展速率也在持续增加。“自从蒸汽和新的工具机把旧的工场手工业变成大工业以后,在资产阶级领导下造成的生产力,就以前所未闻的速度

① 马克思:《资本论》(第三卷),人民出版社2004年版,第899页。
②《马克思恩格斯选集》(第一卷),人民出版社2012年版,第405页。

和前所未闻的规模发展起来了。”[1]现代社会当中巨量社会能量的聚集和释放以及发展速率的增加，给社会带来了空前的不确定性，使得社会矛盾形成及加重的概率大幅度提高。

（二）传统社会和现代社会两者的复杂程度差别很大

在传统社会，社会分化程度较低，社会单元往往不是“专化”，而是“普化”的；社会的构成要素及组合方式比较简单。中国的传统社会由士、农、工、商几个简单的阶层所构成，而且为了有效地“固本强基”，自商鞅变法始，历朝统治者多采取“重农抑商”的政策，强固了社会结构的简单性，使得社会分化程度提高的可能趋势进一步降低。马克思有一段经典的语言，对作为传统社会最为基础阶层的农民的基本组合方式作了如是的描述：“小农人数众多，他们的生活条件相同，但是彼此间并没有发生多种多样的关系。他们的生产方式不是使他们互相交往，而是使他们互相隔离。”“每一个农户差不多都是自给自足的，都是直接生产自己的大部分消费品，因而他们取得生活资料多半是靠与自然交换，而不是靠与社会交往。一小块土地，一个农民和一个家庭；旁边是另一小块土地，另一个农民和另一个家庭。一批这样的单位就形成一个村子；一批这样的村子就形成一个省。这样，法国国民的广大群众，便是由一些同名数简单相加形成的，好像一袋马铃薯是由袋中的一个个马铃薯汇集而成的那样。”[2]在传统社会，基于简单的构成要素和简单的构成结构，社会成员的利益诉求相对来说是比较简单的，进一步看，社会矛盾产生的部位相对来说也必然是为数不多的，社会矛盾产生的概率也必然是较低的。

而在现代社会，社会分化程度日益提高。现代化及社会化大生产的高效率目标，大幅度提升了人的“种属能力”，使得原本由一个社会单元做的事情，改由几个社会单元分别去做，社会单元的功能由原来的“普化”变为“专化”。于是，社会分化程度大幅度提高。这具体表现为各种经济单元、社会单元、政治单元、文化单元日益增多，各种与之相关的社会阶层和群体日益增多。例如，随着现代化进程的推进，“国家所行使的功能极大地增多了。人们只要考

①《马克思恩格斯选集》（第三卷），人民出版社 2012 年版，第 655 页。
②《马克思恩格斯选集》（第一卷），人民出版社 2012 年版，第 762 页。

察一下我国(指美国)一系列各种各样的部门与机构,及其主要的下属分支机构,就可以发现联邦政府现在行使着多少不同的功能。这一系列的部门和机构必须同18世纪末和19世纪初的情况进行比较,才能评价其中的变化有多大"①。社会分化程度的大幅度提高,使得现代社会的构成要素和构成结构呈现一种日益复杂的情状。

社会分化程度的大幅度提高,社会单元的大幅度增多,社会构成要素和构成结构的复杂化,意味着种种利益诉求的出现。于是,社会矛盾的形成点和"燃点"必然会相应增多,即社会矛盾发生的概率必然会增加。社会分化程度的提高同时还意味着各种要素之间依赖程度以及整合要求的提高,而一旦整合能力没有得到相应的提高,就意味着社会矛盾发生的概率会增加。更为严重的是,在世界范围内各个国家和地区之间相互依赖程度大幅度提高的条件下,社会矛盾也因之具有了一种传递性。"现代社会所有部分的相互依赖使现代秩序比更为简单的经济组织形式敏感得多。实际上,庞大机制的各个部分愈是精密地相互适应,以及各个要素愈是紧密地结合在一起,对干扰的反应就愈重,即使是最轻的干扰。""某个国家的政治蠢事则决定他国的命运,大众在行动上野蛮的、冲动的和情感的爆发,对整个社会,甚至全世界都意味着大灾大难,因为现代社会有机体的相互依赖日益猛烈地传播着每一个失调的结果。"②

二、社会矛盾的基本根源很不相同

毋庸置疑,无论是传统社会还是现代社会,社会矛盾的基本根源均在于利益问题。尽管非物质利益也很重要,但是就一般情形而言,大众群体最在意的还是基本的物质利益。进一步看,在传统社会和现代社会这样两种不同的社会类型中,围绕着基本利益问题,社会矛盾基本根源的具体表现有着明显差

---

①〔美〕格尔哈斯·伦斯基:《权力与特权:社会分层的理论》,关信平等译,浙江人民出版社1988年版,第318页。

②〔德〕卡尔·曼海姆:《重建时代的人与社会:现代社会结构的研究》,张旅平译,生活·读书·新知三联书店2002年版,第41页。

别:在传统社会,社会矛盾的基本根源在于土地问题;在现代社会,社会矛盾的基本根源在于社会成员基本权利的保障问题。

(一)传统社会中社会矛盾的基本根源是土地问题

在传统社会,社会矛盾的基本根源是土地问题,诸如农民与地主之间的矛盾、官民之间以及地主(领主)与皇帝(国王)之间的矛盾等等大都根源于此。

传统社会极为依赖大自然所提供的基本生活资料——土地。如果说在任何一个社会,土地资源都是一种极为重要的资源的话,那么,对于传统社会的绝大多数社会成员来说,土地问题就是一件更加迫切、更加直接的资源,是民众日常生活种种事情当中权重最大的一件。在以自然经济为基础的传统社会中,绝大多数社会成员是农民,人地结合是绝大多数社会成员的基本生存方式。土地不仅仅是社会成员最为基本的生产资料,更是社会成员最为基本的生活资料。是否能够拥有一块说得过去的土地,是这个社会绝大多数社会成员及家庭基本生存能否得到保障的必要条件。农民如果失去了土地,就意味着失去了赖以生存的基本条件,其他一切都无从谈起。地主如果失去了土地,就不成其为地主了。同时,对于国家统治者来说,土地资源是财力、军力及国力的基本保证,是事关国家政权能否得到正常运转、国力能否强大、统治者能否维持奢靡生活的头等大事。在传统社会,正是由于土地对社会各个阶层各个群体如此之重要,一旦在土地上出现了问题,就不可避免地引发种种社会矛盾。由此,我们也就理解了在传统社会当中社会矛盾尤其是严重的社会矛盾总是同土地问题联系在一起的主要缘由。

西方的传统社会(西方中世纪社会)和中国的传统社会(中国封建社会)各自社会矛盾的表现有明显的差别,中国传统社会中社会矛盾的频率和激烈程度要远远超过西方传统社会。一个突出的事例是,“人口死亡过半的大破坏在中国二千年间至少发生十次,西欧仅发生一次”①。之所以会出现这种情形,与这两个社会中土地问题不同的具体状况亦即不同的严重程度和激烈程度有着直接的关系。

---

① 陈平:《单一小农经济结构是我国长期动乱贫穷的病根》,《光明日报》1979 年 11 月 16 日。

西方中世纪社会的土地问题相对来说不是十分严重。在西方中世纪社会，基本的土地制度是封土制。在封土制下，土地是通过分封所得的。封建领主对于自己的土地采取长子继承制，而不允许土地的自由买卖，因而土地兼并现象不严重，由之引发的社会矛盾相应地也不严重。再者，西方中世纪社会的主要农业劳动者是农奴，他们对于封建领主有着高度的人身依附性，因而难有明确的土地诉求。另外，当时畜牧业生产在人们的日常生活中占有重要位置，这就多少降低了农耕土地的意义。这一切，使得西方中世纪社会的社会矛盾相对来说不是十分严重。

与西方中世纪社会相比，中国的封建社会很不相同。中国自从战国时期开始，便出现了较为普遍的土地自由买卖的现象，“除井田，民得买卖”。这种现象，贯穿战国直至近代的历史全过程。而且，伴随着国家土地所有制比重的逐渐减少，以及土地私有制比重的逐渐增加，伴随着商品经济的日益发展，这种土地自由买卖的现象带来了中国历史上的一个特有现象，即土地兼并问题。土地兼并进而导致大量农民失去土地而成为流民，造成流民问题。而土地兼并和流民问题，不可避免地引发或激化种种社会矛盾，如地主与农民之间的矛盾、大地主与中小地主之间的矛盾、大地主与皇帝之间的矛盾等等。同时，统治者为了维持自己奢靡的生活，政府为了维持庞大的政权运行开支，必须从农民和地主那里征收各种赋税，这就必然会加重已有的社会矛盾。假如这些社会矛盾得不到有效的解决，积累到某种地步，就会进而引发社会骚乱甚至造成严重的社会动荡。虽然与西方中世纪社会相比，中国封建社会的国家机器要复杂、精致、有力得多，社会结构要合理得多，民众的生活水准和质量也高得多，但是仍然无法有效化解由土地问题引发的社会矛盾。从中国封建社会两千多年的历史看，严重的、最后不可调和的社会矛盾之所以会周期性地演化为社会动荡，由之所引发的封建王朝更迭之所以会周期性地出现，最为主要的根源就在于土地问题。

（二）现代社会中社会矛盾的基本根源是社会成员的基本权利问题

在现代社会，与传统社会很不相同的是，社会矛盾的基本根源是社会成员的基本权利问题。

现代社会是建立在高度发达的经济基础之上的。在现代社会，对于绝大多数社会成员来说，人地已经分离，大多数社会成员已经没有土地，人们已经摆脱了靠天吃饭的生存方式，绝大多数社会成员的基本生存已不成问题。而且，经过多年的民主化建设，政治诉求也已经不是大问题了。在高度发达的经济基础之上，在以人为本和社会公正理念的推动下，经过多年的实践，大部分现代国家社会成员的基本权利得到了有效的维护，特别是北欧国家已建成了项目十分齐全的、对社会成员的整个生涯即“从摇篮到坟墓”普遍予以保障的社会福利制度。这种制度为包括工人阶级在内的所有合法社会成员提供了一个基本的生活与发展所需的福利保障制度体系，生活费用、房屋费用、医疗费用、教育费用等等都包括在这一制度内。① 在现代社会，社会成员最为在意的已经不是简单的基本生存问题，而是自身的基本权利是否得到了应有的保障。在现代社会，对于社会成员来说，基本权利保障问题的重要性类似于传统社会中土地对于农民的重要性。一旦社会成员的基本权利保障方面出现了问题，便会引发多种多样的社会矛盾。

在现代社会，由基本权利保障问题所引发的社会矛盾主要表现在两个方面：其一，围绕着民众基本权利保障水准问题而引发的社会矛盾。基本权利的保障已经成为现代社会民众的刚性需求，只能不断提高，而绝对不能下降。平心而论，经过了半个多世纪的建设，现代各个国家目前的基本权利保障已经处在较高的水准。“据统计，英国社会福利项目近60种，美国公民从出生到死亡可以享受2000多种的政府福利，北欧的瑞典、芬兰等国更是被誉为‘福利国家’的典范和示范‘橱窗’。”“1988年中央财政用于社会保障和福利的支出，美国为44.3%，联邦德国为69%，英国为44.9%。20世纪90年代，西方国家每年通过税收得来的国民收入大约占国内生产总值的1/3，欧盟国家则达到50%，其中一半以上用于各类社会福利开支。”②应当说，这种做法是一个国家难以承受的，特别是在经济危机时期。但是，无论哪个国家的民众都有一个共性的特点，也可以说是人类共同的弱点，这就是，人们一旦得到了某种利益，只要某种利益成为自身利益的一个有机组成部分，就不会在意这种利益的来源

---

① 吴忠民：《从阶级分析到当代社会分层研究》，《学术界》2004年第1期。

② 王春华：《从法国罢工事件透视西方福利制度的缺陷》，《中国工运》2011年第3期。

是否公正合理。这时，如果要取消其中某项不合理的利益，人们就很难答应了，甚至会招致较为普遍的反对。以法国为例。“一旦某项社会保障改革计划有可能影响某个社会群体的经济利益，他们就会举起自由与民主的政治大旗，运用革命和罢工的政治手段来维护自己的利益。整个20世纪，法国由于社会保障问题引发的大规模罢工有10次左右，平均每10年就爆发1次，其中第二次世界大战以来就爆发了7次，这就是1947年、1953年、1968年、1986年、1995年、2003年与2007年的罢工。”①其二，围绕着民众基本权利保障范围的不断拓宽而引发的社会矛盾。在现代社会，社会成员基本权利的保障经历了一个先是争取基础性基本权利的保障、继之争取多方面基本权利保障的过程。不能否认，在目前的现代国家当中，基础性基本权利已经得到保障，但人们并没有就此止步，而是开始争取更多方面基本权利的保障，如性别平等权利、种族平等权利、保护环境的权利、保护和平反对战争的权利等基本权利的保障，因之也引发了一些社会矛盾。其中，种族平等权利方面的诉求比较突出。以1992年美国洛杉矶社会骚乱为例。美国1992年4月末5月初的4天当中，由一名黑人拒捕并遭到警察毒打的事件，引发了规模较大的一次社会骚乱。在这场持续4天的骚乱中，有50—60人死亡，发生了约600起纵火事件，财产损失达8亿至10亿美元，大约1万人被逮捕。②

三、严重的社会矛盾的表现方式明显不同

无论是传统社会还是现代社会，一般性的社会矛盾都会采取相对温和的抗争方式如请愿、打官司、示威等进行，大规模激烈、暴力及流血的方式很少出现。但是，如果涉及当时人们看来是严重的社会矛盾，那么在传统社会和现代社会这样两种不同类型的社会当中，社会矛盾的表现方式就出现了明显的差别。在传统社会，严重的社会矛盾容易通过一些相对激烈对抗的，有时甚至是

---

① 丁建定、郭林：《战后法国混合型社会保障制度特征的形成及其影响——兼论法国社会保障改革缓进及罢工频发的原因》，《法国研究》2011年第4期。

② 周鹤龄主编：《世界各国发展中的社会冲突》，上海文化出版社2011年版，第190—194页。

流血、残暴的冲突方式表现出来；在现代社会，严重的社会矛盾一般很少通过激烈对抗的、流血的方式表现出来。

（一）传统社会中严重的社会矛盾容易通过一些相对激烈对抗的冲突方式表现出来

在生产力水平极为低下的传统社会，农民这一社会的主要阶层，有着很强的忍受能力。对大多数农民来说，其基本生存取决于是否拥有最为起码的生存资源，即最低限度的生产资料和生活资料。一般说来，一个农民家庭，只要拥有了基本的生存资源，是很难铤而走险，参加激烈的社会抗争活动的。正如有古人所指出的那样，"若令家畜五母之鸡、一母之豕，床上有百钱布被，甑中有数升麦饭，虽苏（秦）张（仪）巧说于前，韩（信）白（起）按剑于后，将不使一夫为盗"[①]。中国历史上时常发生的事情是，随着土地兼并现象的加剧，同时伴随着官府赋税的加重，农民最为基本的生活资源就有可能被剥夺。一旦农民最为基本的生活资源被剥夺，他们就会产生绝望的心理，面对造成自己苦难的另一方——或者是官府，或者是地主，有时会采取最为激烈的方式进行抗争，从而形成剧烈的社会动荡。这种情形，在中国历朝历代的农民暴动活动中常常出现。

对于失去基本生活资源、充满绝望的民众来说，他们的抗争往往带有报复性、毁灭性的成分，血腥色彩浓烈。以明末农民暴动的两次活动为例。"崇祯八年初，李自成与张献忠合兵攻取了朱元璋的老家凤阳。农民军焚毁了凤阳雄伟高大的宫殿，烧掉了明皇陵30万株参天巨松，大火燃烧数日，'光烛百里'。'士民被杀者数万，剖孕妇，注婴儿于槊，焚公私庐舍二万二千六百五十余间'。""1644年6月21日，四川重庆城通远门，3.7万名明军聚集。他们被编成百十个长队，鱼贯前进，到队伍前的木案处，伸出右手，放在案上。站在木案前的士兵手起刀落，那只手应声而断，留在案上，手指还在抖动。血如喷泉一样从断臂上喷出。执刀士兵一脚踢开被剁手的俘虏，喊到：'下一个，快点！'

---

① 李延寿：《南史》（第5册），中华书局1975年版，第1369页。

这是明末农民起义军张献忠部在处理被俘明军的情景。”①

从全国范围来看，这种激烈、血腥的报复性抗争所造成的结果常常是灾难性的、不可想象的。这种灾难性后果的一个具体表现，就是大量的社会成员死于惨烈的冲突当中。有学者通过统计发现，“从秦汉以来，中国人口多次出现的低谷一般总是在战乱之后，总数大致在1600万至3000万人之间。人口峰值往往出现在王朝中后期，唐朝（天宝十四年，755年）约9045万人，宋朝（1110年）为1.2亿人，明朝（1566年）则为1.663亿人。清初人口接近1亿，但到康熙乾隆时期，人口增长突破历史界限，1790年达3亿人以上，1851年达4.32亿人。此后，太平天国时期的战乱，中国人口又有一次小低谷，减到2.55亿人左右”②。

另外需要注意的是，在传统社会条件下，还有一种激烈的社会矛盾表现方式，这就是由极端的精神因素所引致的激烈对抗方式。在传统社会，由于社会的封闭和文明程度的低下，人们有时会产生一种极端的精神因素，如极端的宗教意识和极端的种族意识。这种极端的精神因素的特点是：自我存在的唯一性，对其他群体的极端排斥性以及手段的激烈性。

问题的严重性在于，这种极端的精神因素，一旦与某种源自利益的社会矛盾冲突结合在一起，便会变成一种极为残暴、血腥、激烈的冲突活动。从历史上看，极端的宗教因素所催生的激烈冲突行为十分典型地表现在“十字军东征”的惨烈行动上。“史学家们曾这样记载了1098年发生在叙利亚的屠杀事件：‘天刚亮法兰克人就进来了，大屠杀开始！连续三天不封刀，超过十万群众被杀或沦为俘虏。’1099年7月15日，当法兰克人经过40天的围攻而占领耶路撒冷之后，‘穿戴盔甲的金发西方武士，四处横行，手握刀剑，见人就杀，男人、女人、小孩无一幸免，掠夺民宅，强占清真寺。两天后，当杀戮停止时，城内

① 张宏杰：《农民起义书写了怎样的历史——以张献忠为例》，《社会科学论坛》2005年第10期。

② 王鸿生：《中国历史治乱和现代化进程中的人口因素》，《中国人民大学学报》2012年第3期。

几乎没有活的穆斯林'。"[①]极端的种族因素所引发的激烈冲突的典型案例之一,是20世纪90年代的卢旺达种族大屠杀事件。1994年,"卢旺达爆发了长达4个月的大屠杀和武装冲突。根据国际红十字会估算,在短短100多天里,卢旺达700多万人口中有近80万人被杀,400万人无家可归,其中200万人逃往国外,酿成了世纪罕见的灾难"[②]。

（二）在现代社会当中严重的社会矛盾一般是以相对温和的方式表现出来

与传统社会形成鲜明对比的是,在现代社会,尽管在十分少数情况下严重的社会矛盾也会以激烈、暴力的形式表现出来的,如1992年的洛杉矶骚乱事件,但在更多的情况下,严重的社会矛盾一般是以非暴力、相对温和的方式表现出来的。就此而言,2011年发生的大规模的占领华尔街运动和英国骚乱这两项比较严重的社会矛盾就说明了这一点。先看一下占领华尔街事件。2011年9月17日,有近1000名示威者进入纽约金融中心华尔街进行示威。示威者称:"我们是99%的人,不能再忍受那些1%的人的贪婪和腐败。"在不到一个月的时间里,"占领华尔街"运动以极快的速度从纽约蔓延至华盛顿、波士顿、芝加哥、旧金山等地,甚至蔓延到美国境外。受此影响,类似的运动不仅发生在美国,而且发生在许多发达国家。据占领华尔街运动的组织者们声称,运动在美国扩展到超过100座城市,在全球范围内则扩展到超过1500座城市。[③]再看英国骚乱事件。2011年8月4日,伦敦市警员射杀了一个黑人青年。8月6日,死者的亲人、家属、朋友和支持者们举行了一场和平游行,和平抗议演变为骚乱,并蔓延到伦敦的其他几个区埠。此后4天内,纵火、劫掠以及骚乱从伦敦扩展到英格兰全境。掠夺者们砸碎当地的商店,抢走商品。4天的骚乱直接导致5人丧生,至少16人受伤。据估算,有13000—15000人积极参与了骚乱。这场骚乱可能造成了高达5亿英镑的经济损失。超过3000人被捕,

---

① 张倩红:《解读阿拉伯人的内心创伤——评〈阿拉伯人眼中的十字军东征〉》,《世界历史》2006年第3期。

② 刘海方:《十周年后再析卢旺达"种族"大屠杀》,《西亚非洲》2004年第3期。

③ 周琪、沈鹏:《"占领华尔街"运动再思考》,《世界经济与政治》2012年第9期。

截至2011年10月12日，1984名犯罪嫌疑人出庭受审。[①] 从占领华尔街运动和英国骚乱两件事件中可以看到，在现代社会条件下，在由严重的社会矛盾所导致的社会冲突中，冲突的规模也许会很大，卷入者的情绪有时可能也比较激烈，但社会冲突的当事人一般不会主动诉诸激烈、流血的方式。在这类事件中，或许会出现少数人伤亡的现象，但一般系误伤所致。

现代社会中严重的社会矛盾表现形式之所以趋于温和和非暴力，原因大致有这样几项：其一，社会成员的基本生存状况已经不是问题。在现代社会，由于高度发达经济的支撑和比较完整的社会保障福利制度的覆盖，人们已经远离为基本生存资源而争斗的情形。而且，社会的持续发展，使得多数人有着上行空间。"农业社会中占主导地位的流动类型是向下的。在工业社会中，向上流动量如此之大，以至于一般都可以达到平衡，并且在大多数情况下，向上流动超过了向下的流动。"[②]这就使得民众很难产生绝望的心理。其二，社会各个群体之间的相互依存度很高。在现代社会，无论是从经济体系来看，还是从生活体系来看，人们都具有一种前所未有的相互依赖性。对于社会成员来说，虽然一荣不见得俱荣，但一损往往会造成俱损。其三，理性意识和宽容意识普遍化，甚至已经成为一种制度化的安排。在现代社会，极端精神因素逐渐淡出，至少在社会基本面上已经没有了赖以存在的基础，而宽容、包容意识逐渐成为社会的主流。基于前述原因，在现代社会条件下，严重的社会矛盾一般会采取温和的、非暴力的表现形式。

四、社会矛盾的化解能力差别很大

从社会矛盾化解能力的角度看，传统社会对社会矛盾尤其是对严重的社会矛盾的化解能力相对偏弱，而现代社会对于社会矛盾则有着较强的化解能力。

---

① 苗苗：《失序与弹压：2011年英国骚乱之诱因与刑事法制的反应》，《法学家》2012年第3期。

②〔美〕格尔哈斯·伦斯基：《权力与特权：社会分层的理论》，关信平等译，浙江人民出版社1988年版，第429页。

（一）传统社会化解社会矛盾的能力偏弱

相对来说，传统社会应对社会矛盾的能力是有限的。对此，至少可以从两个方面来解释：

第一，传统社会的制度安排无法容纳严重的社会矛盾。

传统社会的正常运行，有赖于如是几个条件的存在：大部分农民有土地耕种，官员能够正常地行使自己的职能而且官员的数量维持在一个合理的限度之内，皇权能够有效平衡并协调社会各个群体之间的利益关系。问题在于，传统社会的制度安排无法保证这些条件能够长期存在。其一，无法有效遏制土地兼并的趋势。农民及中小地主的生活一旦开始好转，就会考虑如何增加自己的土地数量。在荒地开垦已经没有空间的情形下，要想增加土地，只能购买别人的土地。而农民及中小地主的生活一旦恶化，为生活计，也会抛售自己的土地。无论前述两种情形当中的哪一种，都会导致土地集中现象的出现。于是，一方面大地主数量开始增多，另一方面则是破产农民及破产中小地主的增多。这种情形，不但会导致社会各个相关群体之间矛盾的加剧，而且会使国家财政收入减少，控盘能力减弱。其二，无法阻止官员数量加速度膨胀的趋势。中国传统社会当中的官员体制是一个等级体系。同西方中世纪社会相比，其合理之处在于，中国传统社会的制度安排在相当程度上是允许由下向上的社会流动的。不过，在这种条件下，中国却没有一个有效的由上向下的流动机制作为平衡。这样一来，官员群体人员的数量必然会出现迅速而且是加速度膨胀的趋势。官员群体加速度膨胀的情形，不但使得政府办事效率降低，而且使政府运行成本越来越大，为了维持越来越大的政府成本，政府必然要向民众征收越来越高的税负，从而必然加重官民矛盾。其三，皇权无法长期有效地协调社会各个群体之间的利益关系。从协调社会利益关系的角度看，皇权是一个矛盾体。皇权既是社会控制中心，又是一个有着自己特有利益的群体。从社会控制中心的角度看，皇权理应相对超脱于各个群体利益之外，照顾到各个群体的合理利益。但同时皇权又有着自身特有的既得利益。为了维护、扩张自己的既得利益，为了维持人数越来越庞大的皇族的奢靡生活，皇权必然要通过各种方式向其他群体争夺利益。于是，从长远看，皇权不但难以协调好各个群体之间的利益关系，缓解社会矛盾，相反，皇权常常成为社会矛盾甚至是严重社会矛盾的根源。

第二,传统社会应对社会矛盾政策的随机性比较强。

传统社会是一个“人治”社会,而不是“法治”社会。同“法治”社会不同,“人治”社会对于权力的拥有者而言是没有任何制约的。这就使得应对社会矛盾的政策具有很大的不确定性。某个时期,当国家遇到一个头脑清醒、有所作为的皇帝即“明主”时,那么往往可以实施一些诸如“轻徭薄赋”的减轻民众负担的政策,并严厉遏制大地主的土地兼并活动,从而广泛赢得民心,缓解社会矛盾。但更多的情形下却是遇到“昏君”和“暴君”。这些“昏君”和“暴君”往往对内横征暴敛,对外用兵无度。在这样的情形下,国库空虚,民众不堪重负现象接连不断地出现,其结果无疑是大面积大幅度地加重社会矛盾。

总之,面对日益积累的社会矛盾,传统社会无法从根本上予以彻底解决。所以,当社会矛盾积累到无以复加的地步时,只有通过社会动荡,即旧王朝被摧毁、新王朝得以重建这样一种激烈的、成本巨大的社会重组方式来解决。之后,往往又进入新一轮的社会矛盾再次日益积累、社会重组再次出现这样一个不断循环的周期当中。

（二）现代社会具备较强的应对社会矛盾的能力

同传统社会相比,现代社会有着较强的应对社会矛盾的能力。而且,这种能力主要是体现在制度能力上。

第一,现代社会有着较为合理而稳定的制度体系。

现代社会是一个凭借规范、合理、公正的制度体系而运转的法治社会。制度的健全性、合理性、法治性、权威性及有效性是现代社会得以正常运行的重要条件。这样一种制度体系能够有效而稳定地协调社会各个群体之间的利益关系。这就从根本上避免了人治社会的种种弊端,如随意性、多变性、人亡政息、成本过大、风险过多等弊端,以及由此所带来的社会常常面临一种不确定性的前景、人们缺少一种可以预期的长远目标等弊端。

第二,现代社会有着较强的吸纳社会矛盾的能力。

现代社会基本制度具有包容性和开放性。从这个角度看,现代社会有着较强的吸纳社会矛盾的能力。现代社会制度安排是,基于社会公正的基本理念,不排斥任何一个群体,试图维护各个群体的合理利益,至少从制度设计的立意上讲是这样的。因而,它会将民众不少的合理诉求,甚至在始初阶段以社会运动形式表现出来的利益诉求,逐渐纳入常规渠道予以解决。有学者发现:“当大多数社会运动被体制化以后,西方社会的社会运动总量大大增加了,但这些运动对社会的破坏力却变得越来越小,对政体本身的冲击力也显得越来越弱。也就是说,随着大多数社会运动纳入体制化过程,发生大规模骚乱,尤其是发生革命的可能性大大降低了。由此可见,一个国家内社会运动的发展规律以及发生颠覆性革命活动的可能性,从根本上取决于这个国家将一般社会运动体制化的能力。”[①]显然,现代社会对于社会矛盾的有效吸纳,不仅会减少社会的对立面,而且会降低社会群体之间对立程度。进一步看,经过这样一种有效吸纳,严重的社会矛盾往往会变为一般性的社会矛盾,一般性的社会矛盾往往会被化解。

第三,现代社会应对社会矛盾的制度能力能够与时俱进。

与传统社会不同的是,随着人们认识能力的不断提高,随着自由、平等、社会公正等基本理念被各个阶层广泛接受,现代社会的制度安排在不断地进步和优化,相应地,其应对社会矛盾的能力不仅不会丧失,而且能够与时俱进、不断增强。在这样的情形下,某个社会矛盾的出现或某个时期某个社会矛盾的加重,倒有可能成为不断优化制度、推动社会进步的契机。比如,美国在 20 世纪 60 年代曾面临着十分严重的、由于种族歧视而引发的大规模的黑人抗争运动。其结果是,对于这一严重社会矛盾的应对,促成了整个社会对于种族矛盾的高度重视,最终成为有效消除种族矛盾、族群矛盾,推动社会平等事业进步的重要契机。

---

① 赵鼎新:《西方社会运动与革命理论发展之述评——站在中国的角度思考》,《社会学研究》2005 年第 1 期。

第十一章　现代化进程中的妥协

同以往相比，随着现代化过程的推进和人类文明的进步，社会矛盾基本状况发生了很大的变化。一方面，社会矛盾的种类在增多，发生的频率在增加；另一方面，激烈的社会矛盾冲突特别是激烈的社会动荡的概率却在减少。[①] 造成此种情形的原因多种多样。其中的一个重要原因就是，随着社会文明程度的提升，随着社会群体相互间依赖度的大幅度提高，随着人们命运共同体意识以及相应的社会各个群体合作共生意识的普遍增强，与冲突方式相对应的妥协方式越来越成为人们解决相互间社会矛盾的重要选择。换言之，人们采取妥协方式用以解决社会矛盾的比例越来越高，越来越倾向于以妥协方式来有效解决相互间的纷争，以求得正和博弈，合作共生，尽可能避免负和博弈和零和博弈，避免两败俱伤或一方受损而另一方据此获益情形的发生。妥协方式已经逐渐成为人们解决社会矛盾的一种制度化安排，对于整个社会的进步产生了重大影响。

习近平在联合国大会发言时指出，“我们要坚持多边主义，不搞单边主义；要奉行双赢、多赢、共赢的新理念，扔掉我赢你输、赢者通吃的旧思维”，以此“打造人类命运共同体”。[②] 这一论述尽管是就现代国际治理而言的，但其意义实际上已经超出了国际治理问题。如果说从世界范围看整个人类社会包括各个国家是一个命运共同体的话，那么，一个国家中的各个社会群体更是一个命运共同体。所以，对同一国家共同体当中的各个群体有效解决相互间的社

---

① 吴忠民：《传统社会与现代社会的社会矛盾特征比较研究》，《教学与研究》2013 年第 10 期；吴忠民：《社会动荡发生概率降低趋势的分析》，《江海学刊》2015 年第 3 期。

② 习近平：《携手构建合作共赢新伙伴　同心打造人类命运共同体——第七十届联合国大会一般性辩论时的讲话》，《人民日报》2015 年 9 月 29 日。

会矛盾问题、实现合作共生而言,必要的妥协方式显得更加重要。

一、妥协的界定及其他

(一)妥协系社会矛盾解决方式的重要选项

只要是人,就不可能孤立地生存和发展,就必须组成人群,组成社会。“人的本质不是单个人所固有的抽象物,在其现实性上,它是一切社会关系的总和。”①只要有人群存在的地方,群体之间的交往就不可避免,以实现必需的社会合作。社会合作是社会存在与发展的必要条件。同时还要看到,只要有不同的人群,就必然存在着不同的利益诉求或不同的意愿。因而,在社会交往中,有着不同利益诉求的社会群体之间就不可避免地会产生种种社会矛盾有时甚至是严重的社会矛盾冲突。社会矛盾无处不在、无时不有,社会矛盾是一种常态的社会现象。重要的是,社会矛盾对于社会矛盾相关方的切身利益乃至命运产生着复杂而深远的影响,进而影响着整个社会运行和发展的基本状况。

为了确保自己的利益诉求程度不同地得以实现,至少为了确保自身已有的利益空间不被压缩,社会矛盾相关方必然会采取种种行为方式,以应对种种社会矛盾。就相应的行为方式而言,社会矛盾相关方最为常用的是两种方式:冲突(对抗、斗争、抗争)和妥协。其中,妥协便是一种常见的应对方式。正如有学者所说:“人类政治生活的根本问题是如何处理合作与竞争之间的紧张关系,妥协正是缓解以至消除这种紧张关系的一个基本要素。”②

马克思主义经典作家并没有一概地绝对排斥妥协,而是将妥协作为推进事业发展的一种重要方式。《共产党宣言》指出:“共产党人到处都努力争取全世界民主政党之间的团结和协调。”③马克思在总结巴黎公社经验教训时认为:“只要懂得一点常理,公社就可能同凡尔赛达成一种对全体人民群众有利

---

①《马克思恩格斯选集》第1卷,人民出版社2012年版,第135页。

② 艾维榭·马格里特:《妥协与卑劣妥协》,陈特安等译,人民日报出版社2012年版,第35页。

③《马克思恩格斯选集》第1卷,人民出版社2012年版,第435页。

的妥协——这是当时唯一能做到的事情。”[①]列宁指出：“‘不做任何妥协，不实行任何机动’这种操之过急的‘决定’，只会有害于加强革命无产阶级影响和扩大革命无产阶级力量的事业。”[②]“‘原则上’反对妥协，不论什么妥协都一概加以反对，这简直是难于当真对待的孩子气。”[③]毛泽东指出：“在各个策略阶段上，要善于斗争，又善于妥协。”[④]“在不损害人民基本利益的原则下，容许作一些让步，用这些让步去换得全国人民需要的和平和民主。”[⑤]“合作不能对任何一方有害，否则就不能持久，一定会破裂。不论是朋友之间、国与国之间或是政党与政党之间的合作，都是如此。”[⑥]特别值得注意的是，恩格斯在其晚年时期提出了历史发展的“合力论”。恩格斯指出：“历史是这样创造的：最终的结果总是从许多单个的意志的相互冲突中产生出来的，而其中每一个意志，又是由于许多特殊的生活条件，才成为它所成为的那样。这样就有无数互相交错的力量，有无数个力的平行四边形，由此就产生出一个合力，即历史结果，而这个结果又可以看作一个作为整体的、不自觉地和不自主地起着作用的力量的产物。……每个意志都对合力有所贡献，因而是包括在这个合力里面的。”[⑦]显然，恩格斯这里所说的合力，既包括必要的“斗争”形式，也包括必要的“妥协”形式。

（二）对于妥协概念理解的几个角度

概括地看，人们经常是从以下三种角度来理解妥协的概念：

一是道义的角度。

从道义的角度看，不少人往往将斗争甚至是激烈斗争一类的行为视为积极的、正面的行为，而将与之相对应的妥协行为视为一种负面的行为，并将之与“怯懦”“投降”“唯利是图”“出卖”“叛徒”“卑劣”一类的行为并列在一起。

---

①《马克思恩格斯全集》第35卷，人民出版社1971年版，第154页。

② 列宁：《共产主义运动中的“左派”幼稚病》，《列宁选集》第四卷，人民出版社2012年版，第184页。

③《列宁全集》第39卷，人民出版社2017年版，第17页。

④《毛泽东选集》第5卷，人民出版社1977年版，第497页。

⑤《毛泽东选集》第4卷，人民出版社1991年版，第1160页。

⑥《毛泽东文集》第6卷，人民出版社1999年版，第371—372页。

⑦《马克思恩格斯选集》第4卷，人民出版社1995年版，第605、606页。

从这一角度推至极端，便会站在纯粹意义上的“道德”制高点，将凡是道义上的“不妥协”的斗争行为视为积极、正面的事情，而将凡是基于利益考量的妥协行为视为“负面”的、“有害”的，至少是“不光彩”的事情。姑且不论从这一角度理解妥协行为是否合理，我们只是从研究范围的角度看，对妥协这一角度的理解，尽管涉及多个领域、多个学科，但更多是属于伦理学领域所要解释的人的“品格”“气节”一类的“好坏”问题，因而不属于社会矛盾研究领域的重要议题。

二是战术行为目的的角度。

基于战术行为目的的角度，有一种观点认为，妥协可以成为消灭对方的一种战术。具体之就是，从“战术”的意义上看，有时可以采取适当变通的妥协方式，暂时减轻来自对方的压力，以便积蓄力量，最终达到摧毁、消灭对方的根本目的。应当承认，这种看法在特定的历史条件下是能够成立的。文明处在相对落后的历史阶段时，常常会存在这样一种情形：社会矛盾双方中十分“强势”的一方不但危及另一方起码的基本生存条件，而且还拒绝与对方进行任何方式的谈判协商，一味地以暴力压制对方。在这样特定的历史条件下，基本生存状况没有希望的一方，只有采取暴力方式予以对抗，其自身才有可能获得起码的生存希望。为了实现这一目的，有时妥协方式作为一种战术是必要的。同时应当看到，这种做法带有一定的随机性，而且不一定适用于文明程度较高的社会。

三是现代社会条件下解决社会矛盾的角度。

从现代社会条件下解决社会矛盾的角度看，在现代社会条件下，作为社会矛盾的基本缓解方式，妥协行为具有了不同于传统社会的地位或“权重”。随着现代化进程的推进，社会各个群体之间的相互合作程度大幅度提高，相互依赖性大幅度加重，相应地，社会各个群体对妥协行为的需求量大幅度增加。“为了生存我们要妥协。”[①]同时，现代生产力的发展为妥协奠定了必要的物质基础，理性化程度的普遍提高使得妥协具有广泛的认知基础，现代制度体系的

---

①〔英〕以赛亚·伯林等：《未完的对话》，杨德发译，译林出版社 2014 年版，第 90 页。

出现为妥协提供了必要工具和有效保障。[①] 凡此种种，使得妥协行为在现代社会成为社会各个群体解决相互间矛盾的最为重要的选项，成为一种制度化的安排，并对社会进步产生了巨大的推动作用。“历史上成功的事业使我们有理由相信许多要求能完美地实现都是长时期中经过一系列的妥协而后取得的，并不一定是在每一步上都顽强地坚持按自己的方式才取得的。”[②]与传统社会相比，妥协行为在现代社会当中具有了“战略”的意义。

显然，我们所说的妥协，是指现代社会条件下社会矛盾缓解方式意义上的妥协。

（三）妥协的界定及特征

现代意义上的妥协，主要是指社会矛盾相关方通过沟通、谈判、协商等和平交往方式，寻找利益共同点，以某种利益互换、相互让步的形式，取得相互认可的利益平衡局面，避免相互间冲突的发生或冲突的进一步升级。与妥协相对应的行为方式是：冲突、对抗、斗争、抗争，等等。

现代意义上的妥协行为具有这样几个明显的特征：其一，现代社会当中妥协行为的基本立足点是合作共赢。与传统社会不同，现代社会当中妥协行为的理念依据是同一社会共同体当中的各个群体的合作共赢，而不是单方面的赢者通吃。“对于社会合作，我们别无选择，否则，要么是互不情愿直至仇视抱怨，要么是互相抵制直至内战。”[③]基于这样的理念，给对方留有生存发展的空间，从一定意义上讲就等于给自己留有生存发展的空间。所以，社会矛盾相关方在解决相互间的矛盾时，是以保留对方的生存空间为必要前提的，而不是试图消灭对方。这是传统社会和现代社会妥协行为的根本区别。由此，我们还可以看到，现代社会中的妥协行为尽管包含着博弈的成分，但其基本要旨却并非只是一种博弈技巧，而是事关解决社会矛盾纠纷的基本路径，至少是重要路径之一。

其二，社会矛盾相关方的存在具有一定的相对独立性。只有具备这一

---

① 吴忠民：《现代化进程中的妥协与社会矛盾》，《中国人民大学学报》2016 年第 6 期。

②〔美〕科恩：《论民主》，聂崇信等译，商务印书馆 1988 年版，第 186 页。

③〔美〕约翰·罗尔斯：《政治自由主义》，万俊人译，译林出版社 2000 年版，第 320 页。

点，方谈得上社会各个群体相互间利益的协商和妥协。比如，劳资矛盾妥协问题隐含着企业主群体和劳动者群体两者间利益交集的存在，此外有时还需要公共权力（如政府）等中间协调方的存在。同时，社会矛盾相关方必须具有一定相对独立地位。这里，“相对独立地位”十分重要。只有具备了这一点，社会矛盾相关方才存在妥协的可能性。如欧洲中世纪社会中的农奴对封建庄园主来说具有严重的人身依附性，其命运被后者完全左右，不具有自身的相对独立性，因而一般来说，农奴群体同封建庄园主群体之间不存在妥协与否的问题。

其三，妥协行为的基本方式是谈判协商。既然妥协行为的要旨是要实现合作共赢，那么与之相连的必然是要采取温和的谈判协商的方式，而不能以激烈的冲突方式来解决相互间的利益纠纷问题。“（妥协）可以让人们的关注集中到本质的比较上，从而澄清当前妥协的价值。关注的问题依旧是：这个提议是否比现状更好？”[①]否则，一旦发生激烈冲突，不但相关社会群体均会程度不同地付出原本可以不付出的不必要的代价，而且相关社会群体相互间还会失去相互合作所需要的相互信任这一必要条件，使得相互间未来的有效合作难以进行。

其四，社会矛盾相关方相互间进行利益让渡。对妥协的相关方来说，利益让渡必须是相互的，而不能是单方面的。“每一个乐观妥协都必须以相互让步为基础。”[②]“假如双方都得不到什么好处，那就应当承认妥协是不可能的，那也就不必谈它了。”[③]如果只是单方面的利益让渡，那就不是妥协，而是单方面的利益获取，或是一方对另一方利益诉求的强行压制。

其五，妥协方式并非解决或缓解社会矛盾的唯一选项。尽管在现代社会条件下，作为应对社会矛盾有效方式的妥协，其重要性日益凸显，所占据的比重越来越大，但是在现实社会当中仍然不可能完全取代冲突方式。应当看到

---

①〔美〕艾米·戈特曼、丹尼斯·汤普森：《妥协的精神》，启蒙编译所译，上海社会科学院出版社 2014 年版，第 84 页。

② 艾维榭·马格里特：《妥协与卑劣妥协》，陈特安等译，人民日报出版社 2012 年版，第 46 页。

③《列宁全集》（第 25 卷），人民出版社 1958 年版，第 317 页。

的是，在现实的现代社会条件当中，合理边界之内的妥协与合理边界之内的冲突相辅相成、缺一不可，两者共同构成社会进步的推动力量。

其六，相对相安无事局面的形成。社会矛盾相关方通过各自利益的互换让渡，换取了被对方认可的、有利于自己生存发展或安全状况的某种条件，取得了某个时间内的利益相对平衡局面，由此在某个时间内避免相互间的冲突，至少阻止冲突的进一步加重。

还有必要看到的是，正如积极有效的冲突有合理边界一样，积极有效的妥协也有合理边界。对于相关方来说，妥协的合理边界在于社会矛盾相关方的基本生存条件、基本权利以及核心利益不能受到损害。邓小平在外交方面许多成功的妥协举动，如“一国两制”“搁置争议、共同开发”等主张的实践中，就是严格把握了确保国家主权不受损害的合理边界。在妥协活动中，一旦社会矛盾相关方当中的一方利益让渡过大，超出了合理边界，那么，这样的妥协便是一种不公正、不合理的畸形妥协。

冲突和妥协共同推动着社会的进步和发展。显而易见的是，并非所有的社会矛盾都会推动社会的发展。严重的社会矛盾如果长期存在，得不到有效化解，不仅不会推动社会发展，而且还会严重影响社会的团结合作，进而使社会发展举步维艰。[①] 虽然如此，但毫无疑问，社会发展必定是由社会矛盾所推动的。而社会矛盾对于社会发展的推动，主要是通过两种途径来实现的。一种途径是，代表新的历史发展趋势的新的社会力量为实现自身的利益诉求，通过激烈的“斗争”方式，消除、削弱了“守旧”的社会力量，并进行新的社会建构，推动了社会发展。正如马克思所指出的那样，“当文明一开始的时候，生产就开始建立在级别、等级和阶级的对抗上，最后建立在积累的劳动和直接的劳动的对抗上。没有对抗就没有进步。这是文明直至今天所遵循的规律”[②]。达仁道夫也认为，“到目前为止的一切社会的历史，”“都是冲突的历史”。[③] 另一种途径是，在社会矛盾冲突的压力下，社会矛盾相关方通过“妥协”的方式进

① 吴忠民：《社会矛盾新论》，山东人民出版社 2015 年版，第 97 页。

②《马克思恩格斯全集》（第 4 卷），人民出版社 1958 年版，第 104 页。

③〔英〕拉尔夫·达仁道夫：《现代社会冲突》，林荣远译，中国社会科学出版社 2000 年版，第 42 页。

行谈判协商，相互间进行必要的利益让渡互换，达成新的、同历史发展趋势相一致的利益平衡点，造成新的“矛盾同一性”状态，以此更新经济结构、社会结构及政治结构，从而推动社会发展。列宁指出：“只要像德国和英国的左派共产主义者那样，说我们只承认一条道路，一条笔直的道路，说我们不允许机动、通融和妥协，这就犯了错误，这种错误会使共产主义运动受到最严重的危害，而且共产主义运动部分地已经受到或正在受到这种危害。”[①]科恩认为：“历史上成功的事业使我们有理由相信许多要求能完美地实现都是长时期中经过一系列的妥协而后取得的，并不一定是在每一步上都顽强地坚持按自己的方式才取得的。”[②]对于妥协的这种不可或缺的推动社会发展的积极作用，我们不宜忽略。否则，对于社会发展动因的解释将是不全面的。再者，需要说明的是，妥协与冲突两者有时是交织在一起的，难以截然分开。常常出现的一种现象是，社会矛盾冲突对整个社会造成了某种较大的压力。而恰恰是借助这样一种压力，妥协方式方能实施，其功效才能够充分显现出来。

（四）妥协方式愈益重要

伴随着现代化进程的推进，妥协方式越来越成为人们解决社会矛盾冲突的主要选项，在社会生活中的影响也越来越大。这突出表现为，在现代社会当中，妥协方式为人们所使用的概率越来越大。

在不同的历史条件下，冲突、妥协出现的概率不同。在传统社会，冲突发生的概率较大。与之形成鲜明对比的是，从大概率的角度看，在现代化进程中，妥协越来越成为人们解决社会矛盾的主要方式。就解决社会矛盾方式的选择而言，如果说以前是以冲突方式为主，在现代化进程中则逐渐变为以妥协方式为主。查尔斯·蒂利发现，与以往不同，到 19 世纪 40 年代以后，在法国、英国、美国等国家，“社会运动的大多数公开表演都是以非暴力的形式进行的，即使发生了诸如警察与示威者相互扭打的事件，其程度也远逊于旧的剧目形式”[③]。例如，持续 70 多年的爱尔兰共和军所引发的英国社会内部的激烈矛盾

---

①《列宁全集》（第 39 卷），人民出版社 2017 年版，第 82—83 页。

②〔美〕科恩：《论民主》，聂崇信等译，商务印书馆 1988 年版，第 186 页。

③〔美〕查尔斯·蒂利：《社会运动：1768—2004》，胡位钧译，上海人民出版社 2009 年版，第 74 页。

冲突，经过反反复复的谈判协商，最终于1998年签订了《贝尔法斯特协议》。该协议规定，爱尔兰共和军以放弃武器，放弃暴力斗争和恐怖活动的条件，换取英国政府同意其参与北爱尔兰地方自治政府的权力。该协议“可以看作是北爱尔兰冲突双方妥协的产物，体现了一种权力共享的精神。”[①]激烈的矛盾冲突最终以这样一种妥协方式予以解决。

二、现代化进程中的妥协逐渐成为一种基本的制度安排

人们较为普遍的、相对稳定的行为方式总是同一定的发展水准相适应的。“根据唯物主义观点，历史中的决定性因素，归根结底是直接生活的生产和再生产。”[②]从历史演进的角度看，妥协方式之所以能够逐渐成为解决社会矛盾的一种基本的制度安排，是由现代化以及人类文明的进步所决定的，具有历史的必然性。

（一）现代生产力的发展为妥协奠定了必要的物质基础

现代社会物质财富的极大丰富，使得冲突尤其是激烈社会冲突发生的概率大幅度降低，并进而使得大面积的妥协成为可能。在生产力极度落后、基本生活资料十分匮乏的社会，民众最在意的是如何活下去的问题。“一个简单的道理是，当一个人作为一个正常人所需要的起码的生理需求都成问题的时候，当人们所面临的基本生存问题达到非生即死或生不如死的地步时，由此所引发的激烈冲突的可能性必然会空前增大。”[③]在以自然经济为基础的传统社会，一旦大众的基本生存资源出现问题，如出现难以为继的情形，并遇到如是常见的情形：统治集团还要变本加厉地抽取民众的基本生活资源，如加重税收、劳役等雪上加霜的做法，那么，为了争夺有限的基本生活资源，社会各个群体很容易出现社会冲突甚至是激烈的社会冲突。正如恩格斯指出的那样，“为

---

① 杨小明、邱显平：《谈判与妥协——北爱尔兰民族冲突的化解机制探析》，《浙江学刊》2007年第4期。

②《马克思恩格斯选集》第4卷，人民出版社2012年版，第676页。

③ 吴忠民：《从基本生存诉求到基本权利诉求——转型期社会矛盾基本根源的演化逻辑》，《当代世界与社会主义》2015年第2期。

了活命、为了生存、为了一切而进行的战争，因而必要时也是你死我活的战争”①。正是从这个意义上讲，不妥协的冲突方式在当时具有历史必然性。在以往的社会，社会各个群体虽然也在进行社会合作，但相对而言，这种社会合作是比较脆弱的，形形色色的社会冲突不可避免，有时会中断正常的社会合作。而在现代社会，随着生产力的极大发展，社会物质财富以以往难以想象的速度大幅度增加，像马克思所说当时不到100年所创造的生产力比过去一切时代创造的全部生产力还要多，还要大。而且，在高度发达的物质基础之上，人们完全能够建立起对社会成员基本生存基准线进行全面保障的社会福利体系，一些发达国家甚至建立起对社会成员“从摇篮到坟墓”亦即整个生命历程进行保障的高福利保障体系。在这样的情形下，社会各个群体之间为争夺基本的生活资料而进行的“你死我活”“有你没我”的战争的可能性逐渐减小，社会各个群体更倾向于通过妥协方式而不是冲突方式来解决和缓解相互间的矛盾。

（二）社会各个群体之间相互依赖度的日益加重使得妥协的必要性日益凸显

现代社会的一个重要特征，就是社会分化趋势日益加重。在现代社会和市场经济条件下，“劳动者在有计划地同别人共同工作中，摆脱了他的个人局限，并发挥出他的种属能力”②。整个社会越来越职业化、专业化、复杂化。与之相对应的，却是日益专业化、专业化以及复杂化的社会各个群体相互间的依赖程度亦即一体化程度空前提高。“现代社会所有部分的相互依赖使现代秩序比更为简单的经济组织形式敏感得多。实际上，庞大机制的各个部分愈是精密地相互适应，以及各个要素愈是紧密地结合在一起，对干扰的反应就愈重，即使是最轻的干扰。”③在社会分化日益加重的情形下，某一职业群体越来越离不开其他职业群体，可以说其他职业群体的存在是自身存在的必要前提。现代社会当中社会合作的重要性远远超过以往社会。人们愈益认识到，社会

①《马克思恩格斯全集》（第2卷），人民出版社1957年版，第359页。

② 马克思：《资本论》（第1卷），人民出版社2004年版，第382页。

③〔德〕卡尔·曼海姆：《重建时代的人与社会：现代社会结构的研究》，张旅平译，三联书店2002年版，第41页。

各个群体之间是一种“一荣俱荣，一损俱损”的利益链条关系。社会矛盾的相关方亦即“对立的双方在发展过程的一定条件下面，有着相互促进、相互推动、相互激荡的作用，一个方面的发展，往往有赖于另一方面的存在”①。此群体利益的受损，非但并不意味着彼群体利益的增益，却常常会妨碍别的群体的利益增进。社会分化及“共生共存”趋势的日益加重要求社会各个群体之间必须保持有效合作的局面。

社会风险的日益增加，使得社会各个群体更加需要强化彼此间的社会合作。随着现代化进程的推进，时至今日，同以往明显不同的是，一个社会乃至整个人类社会，要面对日益严重的社会风险。一方面，社会风险越来越多。现代经济的空前发展，造成空前庞大的经济势能，这种庞大的经济势能一旦失控，后果不堪设想，将会影响所有群体的基本利益，甚至会影响到每个群体的基本生存底线。工业化以及科学技术的高度发展，不仅给人们带来各种便利和享受，也造成了严重的环境生态的破坏，影响到人们的基本生存问题。而核武器、生化武器一旦落入恐怖主义组织那里，人类将陷入巨大的灾难当中。另一方面，人类应对社会风险的防护体系却十分脆弱。随着世界经济一体化程度的加深，各个国家之间的社会风险必定具有高度的关联性。一旦出现某种社会风险，其传播速度呈加速度趋势，各个国家予以阻隔性抵御防范的难度将是非常大的。需要注意的是，现代化进程中的这种社会风险已经超越了具体的群体阶层，无论对哪个社会群体或哪个社会阶层都是极为不利的。“它们包含着一种打破了阶级和民族社会模式的‘飞去来器效应’。生态灾难和核泄漏是不在乎国家边界的。即使是富裕和有权势的人也在所难免。它们不仅是对健康的威胁，而且是对合法性、财产和利益的威胁。”②面对社会风险，社会各个群体需要进行有效的通力合作，方能予以有效的防范和抵御。习近平指出，“迈向命运共同体，必须坚持合作共赢、共同发展。要摒弃零和游戏、你输我赢的旧思维，树立双赢、共赢的新理念，在追求自身利益时兼顾他方利益，在寻求

① 艾思奇：《艾思奇文集》第二卷，人民出版社 1983 年版，第 588 页。
②〔德〕乌尔里希·贝克：《风险社会》，何博闻译，译林出版社 2004 年版，第 21 页。

自身发展时促进共同发展”[①]。

由上可见,在现代化进程中,社会分化趋势日益加重以及社会风险的日益增大,使得社会合作问题越来越成为一种必然的趋势。而对社会合作来说,妥协是一种相匹配的必要方式,因而妥协的必要性必然会随之凸显。

（三）理性化程度的普遍提高使得妥协具有广泛的认知基础

理性化是历史的必然趋势。随着文艺复兴运动对于人本身的解放以及对科学的倡导,思想文化的蒙昧时代早已宣告结束。“启蒙运动就是人类脱离自己所加之于自己的不成熟状态。不成熟状态就是不经别人的引导,就对运用自己的理智无能为力。……要有勇气运用你自己的理智！这就是启蒙运动的口号。”[②]更为重要的是,随着现代生产力以及市场经济的发展,与“蒙昧”相对应的理性化已经成为现代社会的一个重要特征。应当说,理性化是现代化的一项重要成果,是人类文明进步的重要标志之一。虽然人们对理性化程度及界限的解释有一定的分歧,如一些学者认为不能将之绝对化,但现代社会当中人们理性化程度的普遍提高,社会成员从原来的“从众者”越来越变成“理性人”,人们的行为方式越来越趋于理性化,却是一个不争的事实。

现代社会当中人们理性化程度的普遍提高主要表现在:其一,民众自主判断意识的增强。传统社会是以皇权或王权为轴心的等级社会,民众具有明显的依附性特征。在传统社会,“物质生产的社会关系以及建立在这种生产的基础上的生活领域,都是以人身依附为特征的”[③]。与之相适应的是,民众缺乏自我判断,具有明显非理性的从众、盲从的行为取向特征。密尔指出,虽然中国传统社会曾经“站在世界运动的前列”,但“几千年来原封未动”,“使一族人民成为大家都一样、叫大家都用同一格言同一规律来管制自己的思想和行为”。[④] 只有市场经济,才能够彻底消解以往社会的人身依附性。在市场经济条件下,一般来说,每一个社会成员都是独立竞争、相对平等的个体人,其自身的具体境遇取决于自身的努力,无法依靠别人或别的群体。如是,必然会使民

---

① 习近平:《迈向命运共同体　开创亚洲新未来》,《人民日报》2015 年 3 月 29 日。

②〔德〕康德:《历史理性批判文集》,何兆武译,商务印书馆 1990 年版,第 22 页。

③《马克思恩格斯全集》第 23 卷,人民出版社 1972 年版,第 94 页。

④〔英〕约翰·密尔:《论自由》,程崇华译,商务印书馆 1959 年版,第 77 页。

众形成独立判断、自主抉择、风险自担的行为取向。其二，民众判断能力的提高。现代科学史表明，现代知识是按指数规律增长的。无论是就其量的积累而言，还是就其质的飞跃而言，现代知识均呈突飞猛进的势头。① 现代知识的广泛传播以及大众教育的普及，使得无论哪个社会群体社会阶层的成员，其理性化程度都在提高，民众的判断能力也在普遍提高。况且，在信息互联网时代，单方面垄断信息的可能性越来越小，社会成员能够获得个人进行判断抉择所需要的基本信息。在前述条件下，民众对于协调自己与他人的利益关系问题能够做出合乎理性的判断和抉择。其三，人们的行为宗旨越来越回归人本身。现代社会的一个重要特征便是世俗化进程的推进，亦即民众越来越看重现实的生活，觉得人的幸福生活在现实的"此岸世界"当中就能实现，而无须到彼岸的"天国"或"乌托邦"当中去寻找。应当承认，这样一种以现实生活为基本取向的做法是最为理性的，构成了民众进行理性抉择的坚固基石。

在理性化的背景下，在和平的常态社会中，基于利弊得失的准则，一般来说，民众会倾向于选择妥协而不是以冲突为主要方式来解决相互间的矛盾问题。原因很简单，就社会矛盾问题的应对而言，过多地采取冲突方式，常常造成自身利益的不确定性；而如果以妥协方式为主的话，则往往是利益的可预期性。社会中存在一定的冲突是有利的，有利于形成某种必要的压力，以促使对方做出一定的利益让渡。但是，过犹不及。社会冲突一旦突破了一定的限度，则会对社会、对民众造成严重的负面影响。严重的社会冲突不但会造成"负和博弈"和"零和博弈"的现象，即社会矛盾的相关群体没有赢家，皆为输家，或者是只有单方面的赢家，重要的是，有时甚至会引发社会动荡。社会动荡必然意味着经济运行的停滞和半停滞，民众日常生活陷入苦难状态，意味着社会战乱、社会暴乱持续不断，严重者，甚至会使广大生灵遭受严重涂炭。② 严重的社会冲突不但对人们现在的基本生活状况有着负面影响，还会给人们的未来前景带来很大的不确定性。相比之下，妥协的积极影响要明显得多。虽然一时看来妥协不见得能够让自己一方的利益获得大幅度增进，妥协毕竟需要双方

---

① 吴忠民等主编：《发展社会学》，高等教育出版社 2002 年版，第 173 页。

② 吴忠民：《社会动荡发生概率降低趋势的分析》，《江海学刊》2015 年第 3 期。

都要进行利益让渡，但是从长远来看，妥协的积极影响是明显的。妥协能够避免冲突，能够保障社会的基本秩序，能够保证民众不陷入苦难的生活当中。在妥协的条件下，社会矛盾相关方中的任何一方现有利益状况的底线不仅不会受到损害，而且其长远利益常常能够得到持续不断、可积累的改善。重要的是，妥协方式不仅成本小，并且妥协方式能够保证整个社会的未来前景是确定的、可预期的。

正因为妥协这样的诉求方式是一种理性的选择，利大于弊，因而容易为现代社会中理性化的民众所广泛接受。在这方面，近代以来的英国具有典型意义。英国是一个十分重视妥协的国度，妥协甚至成为这个国家的民族传统。"英国人对真理的认识是精明而注重实际的，虽然是非正式的，却造就了他们对妥协的感情。"[①]英国自"光荣革命"以来的数百年现代化历程中，之所以没有出现较为激烈、涉面广泛的社会动荡局面，其社会之所以一直能够保持相对稳定有序的状态，一个重要的原因就在于这个国家善于或习惯于使用妥协的方式来应对社会矛盾。重要的是，不仅是英国，如今在越来越多的国家特别是发达国家当中，妥协已经成为民众常见的一种解决社会矛盾的方式。就一般情形而言，人们越来越将妥协作为主要的利益诉求方式。虽然人们现在有时也不排斥低限度的冲突方式，但更多的是将低限度的冲突方式作为辅助方式，试图通过低限度的冲突方式造成一种必要的压力，以便自己一方在即将开始的妥协活动当中获得更多的利益。

（四）现代制度体系的出现为妥协提供了必要工具和有效保障

社会各个群体之间的交往必须遵循一定的规则体系，这个规则体系就是制度。

制度文明有着不同的历史形态。在现代化和市场经济条件下，现代型制度文明开始形成和发展。随着市场经济的发展，社会成员作为个体人的独立、自由及平等意识越来越明显，社会成员利益诉求的种类和数量、利益诉求方式和生活方式呈现多样化情状，社会成员共同制定公共规则的意愿开始增强；随

①〔英〕约翰·莫雷：《论妥协》，启蒙编译所译，上海社会科学院出版社 2014 年版，第 14 页。

着职业分工的复杂化和精细化，社会控制和社会治理的水准在不断提高，以往相对简单的社会强行控制方式逐渐让位于人性化的、复杂的并具有精准的技术意义上的社会治理；随着人们面临的共同风险的增加，社会群体之间的依赖程度越来越高，社会成员之间、社会群体之间的共同体意识在增强，社会各个群体越来越倾向于采取相关方都能够接受的、互惠互利的方式来解决相互间的纠纷和矛盾，而尽可能避免“负和博弈”和“零和博弈”局面的出现。凡此种种，都推动了现代型制度文明的形成和发展。

对于妥协而言，现代制度体系既提供了有效的工具，也提供了有效的保障。

现代制度体系能为社会矛盾相关方的妥协提供必要的谈判协商渠道。传统型制度很少能够为各个群体提供谈判协商的常规程式，而且为民众提供的利益诉求表达管道以及情绪发泄渠道十分有限。当时有些冲突就是由于社会矛盾相关方“投诉无门”，缺少必要的谈判协商渠道进行妥协，因而加重加剧。如果社会越轨者能够找到获得同样目标的合法手段的话，他们就很可能不会发生越轨行为。① 现代制度体系则是在民众普遍利益诉求基础之上形成的，有着广泛的适应性。“从制度设计的角度看，现代社会基本制度比较系统和细致。这就意味着对于每一个群体来说，都有广泛、多种多样的利益表达渠道，都有公正合理的利益表达程序。”②现代制度体系具有开放性，能够随着新形势以及民众普遍利益诉求的变化而不断发展。于是，在现代制度体系下，社会矛盾相关方都能够找到进行妥协的渠道。

现代制度体系的包容性能够有效地减弱现有社会冲突的强度。现代制度体系的重要特征之一便是具有明显的包容性。“文明社会不同于野蛮社会的标准不在于它建立了多少秩序，而在于它容许多元的发展。”③这种包容性能够吸纳民众的不满，化解或缓解大量社会冲突。比如，“有些社会对立会导致政治的冲突。然而，这种冲突并非变得日益诉诸暴力和日益具有破坏性，而是

---

①〔美〕L. 科塞：《社会冲突的功能》，孙立平等译，华夏出版社 1989 年版，第 37 页。

② 吴忠民：《社会矛盾与制度内化解》，《马克思主义与现实》2015 年第 6 期。

③ 转引自徐大同主编：《西方政治思想史》（第四卷，19 世纪—二战），天津人民出版社 2005 年版，第 378—379 页。

通过各种组织和机构得到抑制，通过组织和机构，冲突可以在宪法制度之内得到表现"①。换言之，通过现代制度体系，一些现有的、带有冲突性质的社会矛盾能够转换为通过妥协就能够缓解或化解的社会矛盾。

现代制度体系的权威性和稳定性能够保证妥协方式长远的可依赖性和可预期前景。传统社会是人治社会。人治社会的制度缺乏稳定性，随机性过强。人治社会无法保障解决社会矛盾有效作法的稳定性、连续性，即便有时会出现某种有效的妥协行为，但其随机性过强，无法复制，因而不可预期。现代社会则不然。现代社会是法治社会，其主要制度是法律制度。而法律的基本特征就是权威性和稳定性。现代社会的制度体系具有较强的稳定性和可预期性，不会朝令夕改，不会随着某个人命运的变化而变化，因而能够保证妥协方式具有长远的稳定性和可预期的前景。

诚如上述，既然现代生产力的发展为妥协奠定了必要的物质基础，社会各个群体之间相互依赖度的日益加重使得妥协成为一种必要，理性化程度的普遍提高使得妥协具有广泛的认知基础，而现代制度体系的出现又为妥协提供了必要工具和有效保障。在这样的情形下，妥协就必然会成为现代社会当中人们解决社会矛盾冲突的常见方式。

三、妥协对现代社会的重要推动作用

从历史长河看，在现代化进程中所形成的常态化、制度化的妥协，是人类社会交往方式的一次重要进步，是现代文明的重要标志之一。重要的是，社会矛盾无处不在、无时不有，是社会各个群体每天必须面对的事情。正因为如此，所以，作为一种有效化解社会矛盾的行为方式，妥协尤其是制度化妥协在社会生活中的影响越来越大，对于现代社会有着不可或缺的维系和推动作用。

（一）妥协有助于减小社会矛盾冲突加剧的可能性

任何一个国家及社会都必然存在着社会矛盾，社会矛盾的存在是一种普

---

①〔英〕拉尔夫·达仁道夫：《现代社会冲突》，林荣远译，中国社会科学出版社 2000 年版，第 141 页。

遍现象。如果说有什么不同的话，这就是基于不同的历史背景及现实状况，各个国家及社会中的社会矛盾总体上加重或减弱的趋势不尽相同。有些国家及社会当中的社会矛盾之所以会呈现出加重的趋势，其中的重要原因在于：社会利益结构的不平衡，社会矛盾相关方对自己和其他方具体状况的误判，社会矛盾相关方之间缺少基本的共识，等等。

妥协恰恰能够消除或减弱社会矛盾加剧的成因。其一，妥协有助于解决至少是缓解社会利益结构的不平衡问题。通过妥协，社会矛盾相关方相互间能够进行程度不同的利益让渡，从而在一定程度上对原来的利益不平衡问题进行中和、折中，实现某种利益的平衡状态。科恩指出："政治上成熟的人会寻求持中的解决方法，使冲突各方都得到一定程度的满意。"①其二，妥协有助于消除社会矛盾相关方之间的某些误解误判现象。在妥协活动中，通过大量的谈判协商，社会矛盾相关方之间能够相互了解对方的基本状况、基本的利益诉求以及利益底线，而且通过对方的相关判断，对自身的具体情状也会有一个清醒的认识。如是，能够有效消除一些不必要的冲突，防止相互间冲突的进一步升级。而激进者却是不顾自身的具体处境亦即"实然"状况，一味地强调"应然"目标的实施，其结果必定会损害自身的长远利益。正如莫雷指出的那样，"狂热者之所以声名狼藉，恰恰是由于他们拒绝让步，损害了善的事业，用不明智的办法推广自己的意见，激发了原本可以避免的偏见；他们做事不留余地"②。其三，妥协有助于社会矛盾相关方之间达成一些共识。从某种意义上讲，妥协的过程，就是一个社会矛盾相关方寻找并达成共识的过程。通过妥协，社会矛盾相关方在保证各自利益底线的情形下，相互间进行一些必要的利益让渡、利益互换之后，便会形成某种互惠互利的局面。一旦互惠互利的局面得以形成，社会矛盾相关方就会认可这种局面，而且相互之间就会由此形成某种信任。在前述基础之上，社会矛盾相关方便会形成某种共识。共识的形成，意味着社会矛盾相关方相互间摩擦的减少，相应地，相关方进一步冲突的意愿就会随之降低或消失。

---

①〔美〕科恩：《论民主》，聂崇信等译，商务印书馆 1988 年版，第 184 页。

②〔英〕约翰·莫雷：《论妥协》，启蒙编译所译，上海社会科学院出版社 2014 年版，第 3 页。

总之，妥协有助于社会矛盾冲突发生率的降低，有助于社会矛盾冲突力度的降低。这就意味着规避了一些可能的社会风险，尤其是规避了某些可能的社会动荡，减少了社会发展的代价和成本。如果我们把视野放得更开阔一些，从世界范围看，凡是妥协方式做得比较成功的国家和地区，其现代化进程一般来说比较平稳，其成本代价也较小。

（二）妥协有助于形成有效的社会活力和社会创造力

现代社会是一个异质性社会，而妥协恰恰是同这样一种异质性社会相适应的行为方式。传统社会是一个社会分化程度很低的同质性社会，整个社会对社会成员差异化观念及差异化行为的容忍度较小，因而妥协难以成为较为普遍的交往方式。相反，整齐划一、强力改变倒是常见的交往方式。整齐划一、强力改变一类的交往方式压缩了社会成员思想和行为的空间，抑制而不是激发社会活力及社会创造力。与之不同，为现代异质性社会所普遍认同的妥协方式对社会成员多样化的观念、意愿、利益诉求及行为方式，对社会当中的各种差异化因素则予以认可和保护。妥协强调为社会矛盾相关方当中的每一方的生存和发展都留有合理的余地。而对社会矛盾相关方合理利益包括安全及财产需求底线的保护，则意味着对相关群体成员个性及自由发展空间的保护。实际上，对社会成员个性及自由空间的保护，就意味着能够从一个十分重要的方面激发社会活力和创造力，有助于推动社会发展。正如密尔所说，“生活应当有多种不同的试验；对于各式各样的性格只要对他人没有损害应当给以自由发展的余地；不同生活方式的价值应当予以实践的证明，只要有人认为宜于一试”。“凡在不以本人自己的性格却以他人的传统或习俗为行为的准则的地方那里就缺少着人类幸福的主要因素之一，而缺少的这个因素同时也是个人进步和社会进步中一个颇为主要的因素。”[①]霍布豪斯也指出：“共同利益包括每一个人。它建立在个性上，要求让社会每一成员有充分发展个性的机会。”[②]

社会矛盾相关方能够通过妥协找到利益共同点，并在此基础之上做到相

---

①〔英〕约翰·密尔：《论自由》，程崇华译，商务印书馆1959年版，第60页。

②〔英〕霍布豪斯：《自由主义》，朱曾汶译，商务印书馆1996年版，第67页。

互间交往活动的互惠互利。国家是一个由社会各个群体组合而成的社会共同体。恩格斯指出，国家的一项重要功能在于，“应当缓和冲突，把冲突保持在‘秩序’的范围以内”①。与传统社会不同，现代社会妥协方式的本质是社会矛盾相关方之间的平等协商，而不是通过强势的力量单方面打压弱势一方，强行安排利益格局。社会矛盾相关方相互承认对方为自己合作伙伴的平等地位，通过协商谈判的方式在相互间寻找社会矛盾相关方都认同接受的利益平衡点。而且，在现代社会，社会矛盾相关方之间的平等地位能够得到宪法层面法律制度的保障，任何群体都不能跃居法律之上。“任何组织或者个人，都不得有超越宪法和法律的特权。一切违反宪法和法律的行为，都必须予以追究。”②理论上讲，通过制度化的保障，社会矛盾相关方包括居于弱势位置的一方都能够拥有表达自己利益诉求的平等话语权，在妥协过程中进行平等协商谈判。这种做法，使得社会矛盾相关各方在有效维护自身合理利益的前提下，也为对方留出合理利益的空间，属于良性互动。从长远看，这就为社会矛盾相关方建立了一个良好的生存与发展的环境。

由上可见，现代文明中许多关键性的核心理念如自由、平等、公正、包容、参与、合作等等，都在制度化妥协方式中得到了比较充分的体现。社会矛盾相关方正是经由这样一种妥协方式，相互间的合作意识及合作信任得以增强，合作障碍得以减少，能够形成良性的社会交往和有效的社会合作，进而形成一种真正的社会合力、一种可持续的社会推动力量。而且需要看到的是，这样一种社会推动力量属于源自社会机体内部的内生性动力，具有自启动和可持续的积极意义。

（三）妥协有助于现代社会制度的不断创新发展

在现代社会条件下，妥协之所以能够成为一种解决或缓解社会矛盾冲突的重要方式，得益于相关制度的作用，使得妥协制度化。反过来看，妥协也对制度发生着重要影响，使之得以不断地创新发展。而制度的创新至关重要，它

---

①《马克思恩格斯选集》第4卷，人民出版社2012年版，第676页。

② 习近平：《在首都各界纪念现行宪法公布施行30周年大会上的讲话》，《人民日报》2012年12月5日。

不仅可以巩固已有的发展成果，而且能够推动社会的进一步发展。

制度的建立并非一劳永逸之事。作为时代产物的制度，随着时代的发展而不断创新发展。对此，可以从两个方面来理解。一方面，适应新的经济社会形势的深刻变化，社会原有的利益格局发生了很大的变化，一些新的社会群体出现了，或者是一些群体队伍壮大了，这就促成一些新的利益诉求的形成。与之相适应的是，原有制度安排需要进行必要的调整。另一方面，现有的一些制度虽然就总体而言是合理的，但不够全面，也需要进行必要的充实，以适应复杂的现代化建设的需要。还应看到的是，制度的创新发展有一个明显的特性，这就是：在现代社会和市场经济条件下，为了保证社会发展不至于出现严重的断层而损害整个社会的整合，制度体系必须具有一定的延续性和相对稳定性，而不可能彻底地推倒重来，否则，社会矛盾就会加剧，社会将会付出严重的代价。而妥协这一重要方式恰好能够适应这一需要。以妥协方式来推动制度创新发展的特点是：以某种现有的制度体系为基础，剔除其中不合时宜的旧制度的内容，而充实新的制度内容。这就能够既保证制度体系的延续性和相对稳定性，又能够推动制度体系的发展。

妥协是推动制度创新发展的主要途径。“从‘制度是内在生成的’意义上讲，这一制度结构的变革自然是在社会内人与人的互动和文明间互动的过程中实现的。”[①]妥协是由一系列具体的协商谈判以及让步活动组成的。这样的过程，是一个社会矛盾相关方寻找相互都能够接受的各自利益边界、利益诉求底线的过程。这个过程是比较艰难的。通过各个相关群体之间的试探、协商、磨合、讨价还价，最终拿出种种方案进行比较和筛选，其间还要想方设法避免冲突的出现而中断谈判过程。经过复杂艰难的谈判协商，某种相关方都能够接受的某种制度安排才有可能形成。实际上，这就是制度创新发展的过程。在这方面，美国法律体系的不断完善和改进的历程具有比较典型的意义。

（四）妥协有助于推动社会转型的顺利实现

从演化形式上看，社会转型是一种通过改革来渐次推动社会发展并实现

---

① 盛洪：《寻求中华民族新的制度结构》，儒家网 2010 年 3 月 6 日。http://www.rujiazg.com/article/id/501/。

现代化的过程。基本的社会秩序、和平的社会环境是社会转型的必要条件。与之相适应，强调合作、实现有效合作便成为社会转型这个时代最为重要的事情之一，进一步看，妥协方式也就相应地成为顺利推动社会转型的一件不可缺少的重要事情。

转型期是一个容易产生社会矛盾冲突的时期。在转型期，种种观念相互冲撞，社会成员的利益诉求多样化、复杂化，民众期望值高企，发展不平衡，社会利益结构不均衡，社会不公，巨大社会能量的激活与规则体系缺失这样两种现象并存，社会焦虑现象弥漫等问题相继出现。凡此种种，必然会催生大量的社会矛盾冲突，并对社会的安全运行构成种种威胁。在这样一个充满紧张、不安因素的时代背景条件下，一旦遇到某种经济社会的变故，且不说负面的因素，哪怕原本是某种公认的进步现象，很容易加剧已有的社会矛盾冲突。亨廷顿发现，“经济增长以某种速度促进物质福利提高，但却以另一种更快的速度造成社会的怨愤”。据此，亨廷顿形成了一个影响较大的观点：“现代性带来稳定，现代化引起动乱。”[①]再者，且不说一些相对偏于“守旧”的社会群体会阻碍社会发展，即便是表面看上去具有一些现代理念、比较“先进”的社会群体，由于其理念及诉求过于超前、过于激进，脱离了现实社会，变成一种非理性的社会力量，其结果是非但没有促进社会发展，相反却给社会安全造成许多负面影响，延阻了社会发展。法国大革命期间，有的社会群体如雅各宾集团，其理念不可谓不革命，但其激进行为却给法国社会造成巨大的破坏。“法国人不仅是写书而已；他们为空想着迷，为时代的希望狂热，成千上万人竟然走上街头，为了实现改造社会的宏大梦想甘愿献出鲜血和生命。其后也出现过同样的景象，即使我们没有看到，也非常清楚地意识到同样的情绪正在如地底的火焰一般慢慢燃烧。他们试图将浅陋的抱负转变为政治现实，从全人类幸福的抽象原则演绎出毫不妥协的结论，再据此建立新的社会秩序。”[②]

妥协方式有助于社会力量配置结构的改变，减缓社会矛盾冲突，进而推动

---

①〔美〕塞缪尔·P. 亨廷顿：《变化社会中的政治秩序》，王冠华等译，上海人民出版社 2021 年版，第 39、37 页。

②〔英〕约翰·莫雷：《论妥协》，启蒙编译所译，上海社会科学院出版社 2014 年版，第 13 页。

社会的顺利转型。通过妥协,通过社会矛盾相关方相互间必要的利益让渡互换,社会矛盾相关方之间的对峙能够缓解或减弱。原因很简单。“随着抗争方的力量不断壮大,双方持续冲突或冲突升级有可能导致优势方的利益损耗,甚至会影响到自身的安全。在这样的博弈压力之下,优势方基于两害相权取其轻的考虑,有必要以部分利益让渡的形式,换取总体利益的战略性安全和保障。同样地,优势方的实力对抗争方也构成一定的战略压力,抗争方也有必要做出相应的让步以巩固现实成果。”[①]如是,通过妥协,不但社会安全得到了保障,而且原来的社会紧张态势倒有可能成为形成新的社会利益格局的契机,社会由此实现了发展。再者,经由妥协,通过利益让渡互换,民众还能够改善自己的基本生存条件,获得大量的上行流动机会,进而其抗争力度也会随之减弱,这就减弱了激进力量的社会基础。随之而来的,是激进力量影响面的缩小和影响力的下降。凡此种种,对于社会的顺利转型无疑是十分有利的。西班牙20世纪70年代后期的社会转型之所以比较成功,同妥协方式的有效使用有着直接的关系。当时西班牙各种社会力量长期以来严重对峙。西班牙国王胡安·卡洛斯一世委托当时的首相苏亚雷兹,同各种相对保守和相对激进的社会力量进行长时期艰苦的谈判协商,最终达成妥协:西班牙国王获得尊崇的地位和安全的保障,而相对激进的社会力量获得合法的地位和参与选举的权利。其结果是,西班牙既开始形成现代型的经济结构与社会结构,同时保持了社会安全运行的局面。[②]

四、余论

在现代化进程中,尤其是在中国社会转型期,社会矛盾呈现多样化和复杂化的情状,并对社会产生复杂而深远的影响。而妥协则是解决社会矛盾必不可少的重要方式。既然如此,那么,我们就应充分用好妥协的方式,最大限度地发挥好其解决社会矛盾的积极作用。就此而言,需要特别做好以下两个方

① 吴忠民:《社会矛盾倒逼改革发展的机制分析》,《中国社会科学》2015年第5期。
② 林达:《西班牙旅行笔记》,三联书店2007年版,第451—472页。

面的事情：

（一）在妥协当中坚守社会公正原则

作为一种制度化安排的妥协，其核心是“良法”，而不能是“恶法”。而良法的依据便是社会公正。社会公正的基本精神是社会各个群体“得其应得”，以此获得社会各个群体相互间互惠互利的局面。具体到妥协行为而言，就是社会矛盾相关方应当基于合作共生的目标，既要考虑自身的合理利益，也要考虑对方的合理利益，相关方进行必要的利益获得和利益让渡，从而使得相关方都受益，至少在利益上都不受损。“所有参与合作的人都必须以某种适宜的方式（依一种合适的比较基准来判断，该方式是适宜的）来共享利益，或分担共同的负担。”①如果出现其中一方利益扩张、另一方利益却受到严重损害的局面，那就说明，这种妥协行为缺乏起码的公正性，不具有可持续性，必将会引发新一轮的甚至是愈益加剧的社会矛盾。如是，妥协便会程度不同地失去应有之义。

另外需要看到的是，即便其中的某一方特别是占据某种优势位置的群体，虽然在妥协中一时作出了较大程度的某种利益让渡，但从长远的角度看，并不意味着就一定是自身利益的净损失。作出利益让渡较大的一方不仅从对方那里获得了某种信任，而且有可能获得某种带有“期权”性质的利益回报。诚如福山所说，“在互惠利他中，是时间错位的，施惠的一方不期望立刻得到回报或分毫不差的补偿。互惠利他更像是我们理解的社交中道义上的礼尚往来，因此，被赋予了与市场交换截然不同的情感内容。……几乎所有我们认为是道德的行为都含有某种双向交换的成分，并最终使参与的双方都获得了好处”②。

（二）积极探讨具有中国语境意义的妥协方式

有效解决社会矛盾，对目前的中国来说是一个具有重大实践意义的问题。无论是同别的国家和地区相比，还是同中国历史不同时期相比，中国现阶段所

---

①〔美〕约翰·罗尔斯：《政治自由主义》，万俊人译，译林出版社 2000 年版，第 319 页。

②〔美〕弗朗西斯·福山：《大分裂：人类本性与社会秩序的重建》，刘榜离等译，中国社会科学出版社 2002 年版，第 222 页。

面临的事情是最多的、是巨量的。巨大社会能量的激活与规则体系的阙失这样两种情形同时并存，社会不公现象明显存在[①]，社会风险日益增大，社会焦虑现象弥漫在整个社会。凡此种种，使得当今中国的社会矛盾日益凸显。中国现阶段的这些日益严重的社会矛盾造成了复杂而深远的负面影响，给中国社会的未来前景带来了明显的不确定性。如若不予以有效解决，中国社会的安全运行和健康发展将成为不可能之事。显然，积极探寻可行的、具有可操作性的妥协方式，用以有效化解社会矛盾，形成良好的合作共生的社会局面，是一件必须要做和必须做好的事情。

就形成中国现阶段可行的妥协方式而言，涉及方方面面的事情。其中，应特别做好两件事情。一件事情是，充分激活工会、共青团、妇联等重要社会组织的活力，使之在解决社会矛盾的过程中发挥不可替代的作用。基于特定的历史背景，中国形成了工会、共青团以及妇联等体系化的社会组织。这些社会组织既有特定的、十分庞大的、涉及面广泛的对应人群，又有现成的纵向体系化沟通管道。这些社会组织本来具有的解决社会矛盾纠纷、冲突的功能一旦被激活，其功效不可低估。大量社会成员完全可以通过这些社会组织提供的管道，经过谈判协商的方式，有效化解或吸纳大量的社会矛盾。另一件事情是，积极发挥中国基层社会中"大调解"机制的作用。在目前以及未来一段时间，中国社会当中的"人情"仍然是一种较为重要甚至是比较普遍的现象。与之相应，一些社会矛盾纠纷难以通过法律判决的方式予以解决。有学者指出，"就现实而言，判决一般更适用于陌生人之间的纠纷，而调解等方式更适用于熟人之间的纠纷"。在中国的一些"地方、社区或行当，调解是比判决更公正有效的纠纷解决方式，也是相对便宜的纠纷解决方式；使用判决，从社会角度甚至从司法的角度来看，都可能得不偿失"。[②]"大调解"机制具有一定的权威性和公信力，能够使人们相对信服；又具有整合多种社会力量的广泛性，能够有效化解社会矛盾；同时，还具有一定的人情成分，能够使社会矛盾相关方为未

---

① 吴忠民：《中国现阶段社会矛盾凸显的原因分析》，《马克思主义与现实》2013 年第 6 期。

② 苏力：《关于能动司法与大调解》，《中国法学》2010 年第 1 期。

来保持正常的人情交往留有余地。在这样的情形下，中国基层社会中大量的社会矛盾纠纷可以通过“大调解”机制得以有效解决，或者至少是缓解。通过“大调解”机制，社会矛盾纠纷的相关方可以通过谈判、协商、利益让渡的形式，最终达成某种各方都能接受的协议。如是，中国社会中的大量社会矛盾就能够得以解决或缓解，而且大量社会矛盾的隐患能够得以消除。

第十二章　妥协的基本构成要件

一个明显的历史大趋势是，随着现代化过程的推进，就社会矛盾的解决或缓解而言，相对比较激烈的“冲突”方式所占的比重越来越小，而相对比较温和的、现代意义上的“妥协”方式所占的比重越来越大，以至于逐渐占据主要的位置。有鉴于此，学术界理应重视有关现代意义上的妥协问题的研究。但现实的情形是，目前学术界对妥协问题尚未引起足够的重视，而且一些有关妥协问题的研究往往“囿于”民主问题的视角，缺少应有的宏观视野，因而其研究难免会程度不同地受到限制。而就妥协问题研究而言，一个十分重要的问题就是必须弄清现代意义上妥协的基本构成要件等基础性的问题。

在现代社会条件下，作为缓解社会矛盾的基本方式，妥协这一行为方式大致是由三个基本构成要件组合而成的，即社会矛盾相关方普遍具有理性意识、公正合理的制度安排、大量的社会组织。

一、社会矛盾相关方普遍具有理性意识

从妥协方式的行为主体角度看，相关的社会各个群体如若普遍具有理性意识，说明这个社会的社会矛盾相关方有能力实现相互间的妥协。

现代社会的形成，标志着蒙昧社会的结束。伴随着现代化和市场经济进程的推进，现代文化知识迅速生成，同时也在迅速、普遍地传播；教育走向大众，甚至高等教育也出现了大众化的趋向。社会的普遍理性化成为一种历史趋势。重要的是，社会的普遍理性化对整个社会的方方面面包括社会矛盾相

关方对社会矛盾的解决方式都产生了巨大的影响。

（一）理性化有助于抑制极端的精神因素

社会的普遍理性化，极大地压缩了以往传统社会中曾经普遍存在的极端宗教意识和从众心理的生存生长空间。在传统社会，极端宗教意识和从众心理对社会矛盾的激化具有推波助澜的重要影响，在某个关键时期，甚至会引发严重的社会动荡。极端宗教意识和从众心理都是以极端的非理性为基本特征的。极端宗教意识强调本宗教或本教派对真理的独占性和唯一性，强调信众精神上的依附性，强调本宗教或本教派以外者皆为异端邪说，而且允许信众采用任何有效的方式包括激烈残酷的方式来消灭异端邪说者。“迷信通过妨碍理性思考的方式造成巨大的危害，尽管在一两件事情上，它偶尔也会带来一点点好处。然而与它强加的罪恶相比，它可以补救的罪恶就显得微不足道。”① 从众心理则意味着，社会矛盾相关方由于缺少理性和独立判断力，而陷入一种蒙昧且激烈的集体行为情境当中。一旦如此，当事人便“不再能够意识到自己的行为。他就像受到催眠的人一样，一些能力遭到了破坏，同时另一些能力却有可能得到极大的强化。在某种暗示的影响下，他会因为难以抗拒的冲动而采取某种行动”②。如是，社会矛盾冲突必然会激化。而在现代社会条件下，社会的普遍理性化所强调的是独立思考、理性判断。这无疑会阻遏极端宗教意识和从众心理的生存生长空间，至少使得极端宗教意识和从众心理在整个社会当中不占据优势位置。

（二）理性化有助于人们倾向于以妥协方式解决社会矛盾

社会的普遍理性化，使得社会矛盾相关方在解决相互间纠纷时更加倾向于采取妥协方式。现代社会的基石是市场经济。而在市场经济条件下，每一位社会成员都是一个拥有独立意识的个体人。为了自己的生存发展，每一个社会成员都必须进行自主的努力，以往的依附性特点已不复存在。为了趋利避害，为了不断改善自己的处境，每一个社会成员都必须理性地进行利益的权

---

①〔英〕约翰·莫雷：《论妥协》，启蒙编译所译，上海社会科学院出版社 2014 年版，第 39 页。

②〔法〕古斯塔夫·勒庞：《乌合之众》，冯克利译，中央编译出版社 2005 年版，第 17 页。

衡。个体人是这样，一个群体一个阶层也是这样。“具有妥协精神的人把双方的牺牲看成一种机会，既非固执地坚持原则又非放弃原则仅仅达成协议而已。”①具体到社会矛盾相关方在解决相互间矛盾纠纷时，相关的各个群体必然会基于自身的现实利益、未来利益以及付出收获之间的性价比问题，进行理性的利益权衡。其结果必然是采取妥协这样一种“性价比”较高的方式，以最大限度地获得正和博弈的效应，避免零和博弈和负和博弈局面的出现。相对来说，这种做法对于社会矛盾各个相关方来说并非最好的效果，但肯定是较好的效果，肯定是避免了最差的结果。正是从这个意义上讲，“理性妥协有利于增进社会的共同福利，实现帕累托改进，所以，人类社会总是在理性妥协的基础上排除分歧、缓和矛盾、协调利益关系，从而实现不断的发展与进步”②。

就社会矛盾相关方各自所拥有的能够进行相互利益让渡的资源而言，在一定条件下，只要经过理性的权衡和恰当安排，就能够程度不同地满足妥协的需求。社会矛盾相关方可以用来进行利益让渡的资源是多方面的，既有各方都十分在意的经济利益，也有其他方面的资源，如安全、尊严、社会地位、声誉等等。这些资源有时可以在同一层面上进行相互利益让渡，有时还可以在不同层面进行交叉性的利益让渡。中国清末民初年间“清帝逊位”一事堪称这方面成功的典型事例。当时，围绕着终结清王朝和开启中华民国的接续法统问题，原本激烈对立的共和派和保皇势力经过艰苦的谈判协商，最终形成妥协，完成最后的利益让渡：清朝皇室一方退位，获得了安全，并通过对方提供的《清室优待条件》保有自己最后的尊严；共和派则获得主要保皇势力抵抗的终止以及主要保皇势力对新建立的中华民国的认可。正如有学者所说，在1912年的中国情境中，“妥协却引导了一种平衡———皇亲、贵族、袁世凯，皆成为无负和平、齐赴共和的成员”③。不能否认，这种妥协有效推动了中国社会的进步，有助于结束延续两千多年的帝制，有助于开启共和制。

① 〔美〕艾米·戈特曼、丹尼斯·汤普森：《妥协的精神》，启蒙编译所译，上海社会科学院出版社2014年版，第82页。

② 周小毛：《理性妥协与协商民主》，《中国社会科学报》2015年8月13日。

③ 沈洁：《“家”“国”与“满”“汉”——再论清帝逊位和1912年大妥协》，《华东师范大学学报（哲学社会科学版）》2014年第3期。

二、公正合理的制度安排

（一）公正合理的制度安排是妥协行为方式的必要保障

从妥协行为方式运用的持续性来看，需要有一整套的制度安排来予以保障。

与传统社会的“人治”管理方式不同，现代社会的正常运行秩序和社会矛盾的解决，是依靠一整套公正合理的制度安排来予以保障的。

制度的重要性在于，社会以种种规制的形式，为社会各个群体提供稳定的行为规范，约束人们的行为，提供解决社会矛盾的渠道，整合社会各个群体相互间各种不同的利益诉求，维护社会的安全运行。在现代社会条件下，公正合理的制度安排使得大量的社会矛盾能够通过妥协的行为方式得以解决，进而使得激烈对抗的社会矛盾发生的概率相对来说越来越小。

（二）公正合理的制度安排有助于社会矛盾在体制内得以解决

公正合理的制度安排具有极大的包容性，能够将社会各个群体的各种利益诉求置放于体制（基本制度）内予以解决。一个社会的制度安排具有多大的包容性，对于社会矛盾纠纷的解决或缓解是一件非常重要的事情。如果制度的包容性有限，就意味着一个社会将很多社会群体、社会成员排斥在体制之外，意味着不少社会群体、社会成员的利益诉求无法在体制内得到应有的解决。如是，体制外的社会群体、社会成员则容易成为“天然的”反对派。因为，体制外的社会群体、社会成员不是体制内的受益者，不受体制的保护，因而难以认可现有体制，对现有社会没有义务、没有责任、没有约束，对现有体制容易形成抵触。体制外的人越多，社会可能的抵触面就越大。体制外的社会群体、社会成员的利益诉求特别是强烈的利益诉求如若长期得不到满足，便有可能以制度外的方式包括激烈冲突的方式来解决。如果社会越轨者能够找到获得同样目标的合法手段的话，他们就很可能不会发生越轨行为。而现代社会公正合理的制度则能够有效地解决这一问题。从本质上讲，现代社会的基本制度是基于平等理念设计而成，是对全体社会成员开放的，其包容性相对来说是最大的。在公正合理的制度条件下，“（1）每个人都接受、也知道别人接受同样的正义原则；（2）基本的社会制度普遍地满足、也普遍为人所知地满足这些原则”①。这样公正合理的制度安排，能够最大限度地将社会各个群体的利益诉求吸纳到体制内部，并通过谈判协商的妥协方式予以解决。或者说，公正合理的制度安排，能够使每一个社会群体、社会成员都有机会通过妥协的行为方式来解决自己的利益诉求。

（三）公正合理的制度安排能够解决人们的利益诉求

公正合理的制度能够最大限度地解决社会各个群体的利益诉求问题。对此，可以从两个方面来理解。一方面，公正合理的制度能够满足社会各个群体的利益诉求。社会公正有两个相辅相成的基本价值取向：既要使全体人民共享社会发展成果，同时也要为每一个人的自由发展提供充分的空间。而这两个基本价值取向无疑包括了社会各个群体成员利益诉求的基本内容，也意味着既能够保护多数人合理的利益诉求，也能够保护少数人合理的利益诉求。另一方面，公正的程序能够保证谈判协商这样的妥协方式能够顺利进行。公正合理的制度的一项重要内容便是公正的程序。社会矛盾相关方在妥协活动中，通过公正的程序，可以有效地防止势力较大的群体话语权过大、夹带私货、垄断谈判信息等弊端，进而确保妥协活动平等进行。不仅如此，通过公正的程序，“在地位平等和理性沟通基础之上，参与者可以自由发表自己的意见、见解、诉求；在相互讨论中权衡自己和他人的观点，或坚持自己的观点，或接受他人的观点，或产生新的想法，最终达成共识”②。

在现代化进程中，作为解决社会矛盾的妥协行为方式，越来越成为一种制度化的安排，并通过相应的法律制度得以保障。在传统社会，常常是实力大的强势群体一方采取强力控制甚至是镇压的方式来解决社会矛盾争端。在这样的背景下，强势群体之所以有时采取妥协的方式，往往是出于技术性或战术性的考虑，是基于具体的形格势禁条件的策略选择，即自身在社会力量对比结构中暂时居于某种不利情势下的策略选择；或者是由于对方抗争势能大增，同自己势均力敌，出于暂时技术性休战的考虑进行的某种妥协，因而不具有常态的

---

①〔美〕约翰·罗尔斯：《正义论》，何怀宏等译，中国社会科学出版社1988年版，第3页。
② 郭鹏：《协商民主的边界》《中国社会科学报》2015年6月15日。

意义。而与之不同的是，在现代化进程中，妥协越来越成为一种常态的制度化安排，具有较为广泛的适应性和较强的稳定性。相对而言，无论是占据优势位置的社会群体，还是处在相对弱势位置的社会群体，都是越来越习惯于依据一定的制度安排来解决相互间的矛盾。有学者注意到，美国"在上个世纪的后30年里……公民抗议已经成为政治过程的常规组成部分，它所传达的信息被视为选举、请愿以及游说等试图影响政府政策和实践的合法补充；同时，抗议者和警方反复使用的行动剧目以及他们之间的互动已经制度化、常规化，变得可以预测"①。

三、大量的社会组织

（一）妥协的行为主体不只是政府

虽然普遍具有理性意识意味着社会矛盾相关方能够认可接受妥协方式，公正合理的基本制度意味着妥协活动所必需的主要管道已经具备，但是对妥协方式的使用而言，只是具有这两个要件还不够，妥协方式还需要有谈判协商的组织者和实施者这样一个要件。一旦这三个要件都具备，方构成完整的妥协方式。

政府虽然对妥协的行为方式有重要影响，甚至有时扮演重要角色，但却无法承担起妥协行为具体组织和实施的主要角色。政府的主要职责是守护公正合理的基本制度，为民众提供公共服务产品，而不可能拥有足够的各方面的专业知识同各个方面各个领域的利益诉求者进行各种专门化的谈判协商，也不可能拥有足够的精力了解每一件利益诉求事情的具体情形。况且，很多利益诉求的处置原本就不是政府的责任。所以，政府一旦过多地越界干预各种利益诉求，不但容易代人受过，增加政府不必要的压力，无助于问题的解决，而且容易造成公共权力扩张问题，形成更为严重的社会危害。加之，政府与利益诉求者之间如果没有缓冲环节，两者更容易发生冲突。

---

① 转引自丁晔：《从国家与社会运动的互动看社会运动的"制度化"》，《国外理论动态》2013年第9期。

（二）谈判协商在很大程度上必须依靠社会组织来进行

从妥协行为方式的具体组织者和实施者的角度来看，谈判协商活动在很大程度上必须依靠社会组织来进行。

显然，只有社会组织，方能有效承担起妥协行为方式的具体组织者和具体实施者的主要角色。社会矛盾是大面积的，而且是源自社会各个层面、各个领域、各种类型的具体利益诉求。而社会组织恰恰是产生于、遍布于社会各个层面、各个领域的具体组织，不但相对来说对各种利益诉求的具体情形比较熟悉，而且比较职业化、专业化，同时还具备个人所不具备的整合能力和权威性。所以，社会组织能够承担起大量的同妥协方式相关的谈判协商活动。

社会组织能够成为各个群体利益诉求的有效表达者。在现代社会和市场经济条件下，由于社会成员平等意识、自主意识以及维权意识的普遍增强，由于社会成员多方面利益诉求的形成，社会矛盾必然会大量出现。社会矛盾不但数量大，而且种类繁多。客观上看，这就需要大量的社会组织来表达、代言社会各个群体大量复杂的利益诉求，以便有效缓解、解决由大量复杂的利益诉求所引发的社会矛盾。特别是来自相对弱势社会群体的利益诉求更应当引起人们的重视。这些社会成员数量巨大，但相对来说平时很少“发声”，属于“沉默的多数人”。“沉默的多数人”内含巨大能量，但由于缺少话语权，又有着较强的忍耐力，其重要性平时显示不出来，难以引起整个社会的关注。然而，这些人的不满能量一旦蓄积到某种地步，突破临界点而爆发出来，其毁坏力巨大。“沉默的多数人”需要有为之代言、表达利益诉求的社会组织。通过相关的社会组织，将“沉默的多数人”的利益诉求集中起来，使之变为有话语权的群体，及时地与相关群体进行谈判协商沟通。甚至社会组织还能够将“沉默的多数人”合理的利益诉求公之于众，引起整个社会的关注，对谈判对手形成某种必要的社会压力，使之作出合理的利益权衡，最终实现相关方合理的利益让渡，形成有效的妥协。如是做法，能够及时有效地释放、消弭社会的负面能量，防止社会抗争能量的蓄积加重，避免社会矛盾的进一步激化，从而有效地维护社会的安全运行。

社会组织能够使社会矛盾相关方之间的协商谈判职业化、专业化。妥协的必要路径就是谈判协商。社会矛盾相关方之间如何进行充分的谈判协商，对于是否能够形成有效的妥协来说至关重要。妥协“是利益各方为了达到一个都认可的‘共同利益’而放弃各自最大化利益的一种谈判方式和博弈机制”[①]。以妥协为目标的谈判协商是一种利益博弈。而在制度安排以及社会力量对比结构给定的条件下,博弈的职业化、专业化技能就十分重要了。个人的能力、影响力以及谈判协商技能均有限,不可能同对应方进行利益诉求上的谈判协商,哪怕自己的利益诉求十分合理。同个人相比,社会组织不但最了解具体情况,更客观理性,更具有实力和权威性,同时也更加具有谈判协商的技能。社会组织包括行业协会、社区组织、公益组织、社会工作组织等。谈判协商是社会组织一项必不可少的职能,因而久而久之也就成为一项必备的技能。社会组织不仅能够使社会矛盾相关方各种利益诉求条理化,并将之分成轻重缓急等不同层面的目标,还能够抑制不合理的、难以被对方接受的利益诉求。所以,代言各种利益群体的社会组织更容易基于理性的判断,基于自己同对方进行利益让渡的资源以及某种目标实现的可能性,进行各种职业化、专业化的谈判协商,从而形成恰当有效的妥协。比如,就劳资矛盾的缓解而言,工会组织、企业主组织以及政府这样的三方谈判机制就行之有效。

妥协行为方式的上述三个要件缺一不可。缺少其中的任何一个要件,妥协方式均无法成立。

美国宪法的形成便是成功妥协的一个典型事例。这种成功的妥协行为方式,同时包含了妥协行为方式所应当具有的三个构成要件。其一,参与宪法制定者普遍具有理性精神。美国在独立之前,“出于相信和需要,对其母国英国法律传统的尊重、保留与承认,不同程度地贯穿于整个殖民地时期。而殖民地法律境遇的烙印对美国的政治思想、法律观念一直有决定的影响;在美国法律制度中,那些中庸、妥协的内容几乎都可以在殖民地时期的法律中看到它们的身影”[②]。可以说,这种法治理性的传统对于制宪会议与会者有着重要影响,构成其通过谈判协商达成妥协的基调。加之,在最后于宪法上签字的39位

① 熊滨:《和谐社会的妥协方式简论》,《江西社会科学》2006年第11期。

② 曾尔恕:《试论美国宪法制定的法治渊源———英国的法治传统及其在北美殖民地的保留》,《比较法研究》2006年第1期。

代表中，绝大多数人都接受过正规教育，其中有一半以上的人拥有大学学位；重要的是，其中有 22 人当过律师或至少接受过比较系统的法律训练。这样一个身份结构的群体显然倾向于重理性、讲规则，尊重法律权威。其二，制宪会议本身有着公正合理的制度安排，特别是有着公正合理的程序。制宪会议严格遵守了这些制度安排和程序。会议一开始，先制定了会议规则：闭门讨论；以州为单位进行表决；多数方有权决定任何问题。以后的具体活动便是严格按照这个程序进行的。享有崇高威望的华盛顿以会议主席的名义主持制宪会议，但在会上始终不表态，没有以自己某种倾向性的意见来左右会议的讨论。"在会议上，代表们不受外界政治的干扰，对重大问题进行充分和详尽的辩论，各种意见都得到了表述的机会，这种坦率的辩论营造了一种协商和妥协的环境，对后来制宪的成功具有非常重要的意义。"①即便有对联邦政府十分不满的代表，也同意将宪法草案交由各州表决。其三，来自各州的参会代表具有比较广泛的利益群体代表性。当时美国的社会组织虽然还没有普遍发展起来，但由于来自各州的与会者身份的多样化，因而从一定意义上讲，这些代表在进行利益博弈时具有以后许多社会组织（如院外利益集团、企业主组织、农场主组织）利益博弈的替代功能。"在制定和批准宪法的过程中，代表不同地域和利益群体、抱有不同观点的人经过激烈辩论、反复协商，终于使宪法成为一个能够包容多元利益、留有妥协空间的文件，为实施提供了可能性。"②

四、对中国的启示

（一）转型期的中国愈益离不开妥协行为方式

弄清现代意义上的妥协概念以及妥协行为方式的基本构成要件，对于转型期的中国来说有着重要的启示意义。

---

① 王希：《原则与妥协——美国宪法的精神与实践（增订版）》，北京大学出版社 2014 年版，第 81 页。

② 李剑鸣：《美国宪法何以成为"活着的宪法"——读王希〈原则与妥协：美国宪法的精神与实践〉》，《美国研究》2001 年第 2 期。

中国正处在急剧的社会转型期。在这样一个时期，中国社会呈现出两种外观上看似乎是背离，实际上却是具有某种内在有机联系的现象。一方面，社会矛盾日益凸显。随着现代化以及市场经济进程的推进，中国民众的自由和平等意识开始普遍形成。与之相适应，中国民众的利益诉求呈现多样化的趋势，维权意识普遍增强。问题在于，来自不同群体之间的利益诉求不可能是完全一致的，有时是相互抵触的。客观上看，在这样的背景下，社会各个利益群体之间利益诉求的抵触点必然会大量增加，同时，一些原本属于“隐形”的社会矛盾开始显露而变成“显性”的社会矛盾。于是，中国在社会转型期必然会面临着多种类、大面积的社会矛盾。而且，如是大量的社会矛盾是被挤压在一个较短时期当中出现的，因而更给人一种来势“迅猛”的感觉。社会矛盾解决得如何，已经成为影响中国发展全局的大问题。重要的是，社会矛盾对于社会发展并非一概的都是起负面效应。大量现代化建设成功的国家和地区的经验说明，“在一定条件下，社会矛盾的倒逼也会成为社会发展的积极推动力量”①。

另一方面，与以往相比，中国社会各个阶层各个群体之间的相互合作更为重要。随着现代化和市场经济进程的推进，整个社会的职业化、专业化的分工越来越细致，社会的“异质性”成分越来越多，正在从原来的“同质性”社会变成一个“异质性”社会。与之相连，社会各个群体之间的相互依赖程度大幅度提高，任何一个群体如若离开了其他群体便无法生存。正是在这样的大背景下，社会各个群体之间日益密切的合作以及正和博弈的意识，便成为一种历史的必然趋势。况且，随着世俗化进程的推进，中国民众对于富裕而可预期的生活抱有普遍的期望，因而极为看重社会的安全。总之，无论是从现代化建设的客观需求来看，还是从社会各个群体的主观意愿上看，中国社会各个群体的合作意识无疑是前所未有地、大幅度大面积地增强了。

在中国社会转型期，既然解决社会矛盾是中国发展之必需，同时人们对社会矛盾的解决又必须有助于社会合作这一历史必然趋势，那么显而易见的是，妥协应当成为中国社会各个群体在解决相互间矛盾纠纷时所采用的行为方式

---

① 吴忠民：《社会矛盾倒逼改革发展的机制分析》，《中国社会科学》2015 年第 5 期。

的最为重要的选项。

（二）转型期的中国需要涵养妥协行为方式的三个基本构成要件

在中国现阶段，只有形成上述妥协行为方式的三个基本构成要件，方能建立完整的妥协行为机制，有效应对、化解社会矛盾，并进而推动社会的发展和进步。

第一，形成同妥协行为方式相关的普遍的理性意识。

随着现代化和市场经济进程的推进，随着教育的普及以及科学技术的发展，随着民众独立意识的普遍增强，整个中国社会各个群体的基本观念和基本心理取向发生了巨大的变化。政治精英已经从"革命党"转为"执政党"。相应地，我们国家已经从"以阶级斗争为纲"转变为以现代化建设为中心。邓小平指出，"我们当前以及今后相当长一个历史时期的主要任务是什么？一句话，就是搞现代化建设"[①]。从民众的基本观念和基本心理取向的角度看，现代社会的世俗化现实取向在中国已经形成，并且，"人们思想活动的独立性、选择性、多变性、差异性明显增强"[②]。在这样的背景下，中国民众大面积的非理性意识如大面积从众心理的生存土壤已经不复存在，中国社会各个群体普遍的理性意识已经初步形成。

在这样一种初步形成的理性意识的基础之上，就社会矛盾的应对来说，社会各个群体完全进一步可以形成理性的正和博弈的思维和行为，摒弃偏执的零和博弈以及负和博弈的思维和行为，即通过有效的妥协行为方式，通过恰当合理的利益让渡，实现相互间的合作共赢。这种做法之所以说是理性的，是因为，对于社会矛盾相关方来说，虽然不是各自利益的最大化（毕竟都做出了一些利益让渡），但肯定有助于防止激烈的甚至是暴力冲突方式的出现，避免了两败俱伤、成本过大的后果，而且由于建立了某种相互信任，因而相互间以后的一些可能的激烈冲突也可以缓解。

第二，做好同妥协行为方式相关的制度安排。

---

①《邓小平文选》第二卷，人民出版社 1994 年版，第 162 页。

② 胡锦涛：《在省部级主要领导干部提高构建社会主义和谐社会能力专题研讨班上的讲话》，《人民日报》2005 年 6 月 27 日。

作为整个社会认可并且是具有长远、可预期效应的妥协行为，仅仅依靠理性精神是远远不够的，还需要一整套与之相关的制度体系来予以保障。而这样一种规范的制度体系就是一整套与妥协行为相关的法律体系。可以说，一个社会中妥协行为有效机制积极效应的大小同一个社会中相关法律体系的完善程度是一种正相关关系。

在中国现阶段，做好同妥协行为方式相关的制度安排的关键在于：其一，杜绝制度及政策制定方的随意性。中国曾经经历过一个漫长的以人治方式为主要管理方式的封建社会。在人治方式的条件下，即便出现妥协方式，也往往是“因人”“因事”“因势”而生，表现出极大的不确定性，使人们无所适从。如今，中国正在建设法治社会，而法治社会的一个重要功能便是要消除前述不确定性，以确保妥协方式的稳定性和可预期性。其二，杜绝“多数人的随意性”。中国不仅是制度及政策制定方存在着随机性行为的问题，就是在民众以及“多数人”方面也存在着同样的问题。所谓“上有政策下有对策”便是这一问题的典型表现。不将这种现象杜绝，再好的同妥协行为相关的制度及政策也会变形走样。其三，同妥协方式相关的制度安排必须以社会公正理念为基本依据。社会矛盾相关方各有各的利益诉求。在这样的情形下，社会矛盾相关方如何进行利益让渡，换言之，按照怎样的依据进行相互间的利益让渡，方能为相关方所接受，也是一个关键问题。显然，作为同妥协行为相关的制度安排，必须要有“良法”意义上的基本遵循，方能为社会矛盾相关方所接受。这个“良法”意义上的基本遵循就是社会公正。社会公正的精义是，“给每个人他所应得”，强调各尽所能、各得其所。实际上，社会公正理念能够为社会各个群体的利益诉求提供合理的最大公约数。而为了充分体现社会公正的精义，就必须经过民主协商的流程。唯有如此，才能最大限度地将社会各个群体的合理利益诉求公正地体现在制度和政策当中。一旦将社会公正理念注入制度安排当中，使社会公正理念成为制度安排的精髓，那么，这样的同妥协方式相关的制度安排便能够成为社会矛盾相关方进行利益让渡的基本遵循。

第三，大力发展社会组织。

社会矛盾的覆盖面广阔，相应地，妥协行为也理应大量大面积形成，因而一个社会必须拥有大量的社会组织。改革开放以来特别是 20 世纪 90 年代以来,中国的社会组织获得了长足发展。截至2015年底,全国共有社会组织66.2万个。[1] 虽然如此,中国社会组织的现实情形同现实需求相比,差距仍然较大。法国每万人拥有110个民间组织,日本是97个,美国是52个,而中国仅为3个。[2] 重要的是,中国目前的社会组织不仅数量小,而且许多社会组织仍或带有半官方的色彩,或带有草创不久的色彩,专业化程度尤其是谈判协商的专业化程度较低。这些,不利于中国现阶段社会矛盾相关方妥协活动的有效展开。

在中国现阶段,大力发展社会组织的关键点有两个,即激活已有者,培育新类型者。一是要激活已有的"准社会组织"。由于种种历史的原因,中国拥有比较庞大的、由官方直接主办的"准社会组织",如从事群众活动的工会、共青团、妇女联合会、少工委,以及大量的各种协会、学会,等等。这些"准社会组织"往往有着较大的摊子,自成体系,并得到相关领域或社会群体的认可。这些"准社会组织"尽管缺少现代意义上的职业化、专业化的功能,而且效率较低,很难满足社会矛盾相关方对于有效达成妥协目标的需求,但是如果对之进行旨在"去官办化"的有效改革,赋予其新的功能,优化其构成结构和运行机制,那么,这样一些"准社会组织"仍然有可能实现创造性转化,其巨大潜能会被激活,形成某种事半功倍的积极效果。二是要大力发展新类型的社会组织。改革开放以来,在市场经济逐渐形成和社会结构发生巨大变革的背景下,大量的新类型的社会组织如新型的社会团体、基金会、公益慈善组织、民办非企业单位以及中介组织等等开始出现。尽管目前这些新类型的社会组织存在这样那样的不足之处,但是应当看到的是,这些新类型的社会组织的生长空间巨大。所以,我们必须适应新的形势,大力推动新类型社会组织的建设。就此而言,特别需要做好这样几件事情:通过取消原有的一些限制,如降低门槛来帮助一些新类型社会组织的顺利"出生";通过必要的资金资助以及减免税费,来扶持其生存和发展;通过严格的法律规定,来规范其运行机制。

---

① 中华人民共和国民政部:《2015年社会服务发展统计报告》,民政部门户网站,2015年7月11日。http://www.mca.gov.cn/article/sj/tjgb/201607/20160700001136.shtml。

② 林衍:《"让社会自己管好自己"》,《中国青年报》2012年3月28日。

第十三章　传统社会与现代社会妥协之比较

对于一个国家来说，应对和解决社会矛盾是其实现安全运行和健康发展的必要条件。而作为有效应对和解决社会矛盾主要方式之一的妥协行为方式，随着现代文明的生长，其重要性日益凸显。

与传统社会当中的妥协行为相比，现代意义上的妥协行为有着较为明显的不同。对传统社会当中的妥协行为方式与现代社会当中的妥协行为方式进行比较，归纳两者各自不同的特征，对于充分理解和把握社会矛盾的有效解决方式有着十分重要的意义。

一、妥协行为方式的需求程度及需求量不同

（一）社会各个群体对妥协行为方式的需求程度及需求量有着明显的差别

应当承认，无论是在传统社会还是在现代社会，就社会矛盾的解决方式而言，都不可能是“绝对纯一”地或者一概采取相对激烈的冲突方式，或者一概采取相对温和的妥协方式，两者常常是并存或是交织在一起的。虽说如此，但是在不同的历史条件下，从整个社会对社会矛盾不同解决方式的需求程度和需求量来看，传统社会对妥协行为方式的需求程度偏低，需求数量偏小，而现代社会对于妥协行为方式的需求程度偏高，需求量偏大。换言之，与传统社会不同的是，在现代社会当中，从一定意义上讲，妥协行为方式日益成为社会各个群体解决相互间矛盾的一种“日常”的、“下意识”的重要选项。

（二）妥协行为方式的需求程度和需求量之所以有明显差别的主要原因

传统社会和现代社会对于妥协行为方式的需求程度和需求量之所以有明显差别，其主要原因大致有以下几个：

第一，社会各个群体之间合作及依存程度的不同。

无论是在传统社会还是在现代社会，既然是同一个社会共同体，社会各个群体相互间就必然存在着相互合作及相互依存的关系。但是，在不同的社会中，这种合作及依存的程度是有差别的。正是这种差别，导致了传统社会和现代社会对妥协行为方式的不同需求。

在以自然经济为基础的传统社会，生产力十分落后，经济规模狭小，社会分化程度低下，职业化分工十分简单。相应地，虽是一个共同体，但社会各个群体之间存在着明显的隔离性，社会阶层结构比较简单，社会各个群体相互间的合作及依存度较低，社会整合程度较低。正如马克思所描述的那样，自然经济条件下，就人数最多的农民群体成员的基本生活和基本生产状态来看，"小农人数众多，他们的生活条件相同，但是彼此间并没有发生多种多样的关系。他们的生产方式不是使他们互相交往，而是使他们互相隔离"。"每一个农户差不多都是自给自足的，都是直接生产自己的大部分消费品，因而他们取得生活资料多半是靠与自然交换，而不是靠与社会交往。""就像一袋马铃薯是由袋中的一个个马铃薯汇集而成的那样。"①不仅如此，就是欧洲中世纪最为重要的社会经济基本单元亦即封建领主庄园，其基本的生活及生产也带有明显的自给自足、自成体系、相互隔绝封闭的特点。

建立在自然经济基础之上的传统社会，呈现出"机械团结"的情状。在这样的社会，广大社会成员普遍缺乏个体人的自我意识，他们无法自己代表自己；而且，社会各个群体之间经济生产联系和社会生活交往的机会很少。于是，社会的团结及整合只能依靠皇权、行政权力的运作体系和集体意识来维系。机械团结必然会导致社会矛盾解决方式的"机械性"和"简单性"。在这种情形下，社会的整合只能是一种强行的整合，"是以约束性制裁的存在为前

---

①《马克思恩格斯选集》第1卷，人民出版社2012年版，第762页。

提，在这种制裁制度下，盛行的主要是刑法，它将任何威胁或违反集体良心的行为确认为犯罪，由此实现社会对每个个体的日常生活的有效监督和控制"[①]。除非到了其基本生存条件极度匮乏以至于活不下去而必须抗争造反的地步，一般来说，传统社会中的广大社会成员很难普遍产生通过某种谈判协商的方式来实现自己利益诉求的想法，因而也就谈不上普遍关注妥协行为方式的问题。这样看来，在传统社会，整个社会对妥协行为方式的需求程度较低，需求量较小。

而在现代社会条件下，社会合作及社会依存程度表现出一种迅速提高的趋势。随着现代生产力的发展以及现代生产规模的增大，社会分化程度越来越高，职业化分工越来越细致。"社会容量和社会密度是分工变化的直接原因，在社会发展的过程中，分工之所以能够不断进步，是因为社会密度的恒定增加和社会容量的普遍扩大。"而且，"社会职能越是专门化，就越是需要某些附加因素：人们必须紧密地结合在一起，以便进行共同合作"。[②] 高度的社会分化所带来的必然是高度的社会整合，即社会各个群体之间、社会各个单元之间以及社会各个领域之间的合作程度越来越高，相互依存程度越来越高，社会的任何一部分越来越无法脱离其他部分而独自存在。"现代社会所有部分的相互依赖使现代秩序比更为简单的经济组织形式敏感得多。实际上，庞大机制的各个部分愈是精密地相互适应，以及各个要素愈是紧密地结合在一起，对干扰的反应就愈重，即使是最轻的干扰。"[③]

现代社会条件下社会合作及社会依存程度的大幅度提高，使得整个社会在应对解决社会矛盾时，对于妥协行为方式的需求程度更高，需求量相应出现大幅度增加的情状。从一定意义上讲，一个社会的现代化程度越高，那么这个社会对于妥协行为的需求程度就越高，需求量就越大。其一，社会合作及社会依存程度的大幅度提高，意味着社会各个群体之间交往机会的大幅度增加。

① 文军主编：《西方社会学理论：经典传统与当代转向》，上海人民出版社 2006 年版，第 75 页。

②〔法〕埃米尔·涂尔干：《社会分工论》，渠东译，三联书店 2000 年版，第 219 页。

③〔德〕卡尔·曼海姆：《重建时代的人与社会：现代社会结构的研究》，张旅平译，三联书店 2002 年版，第 41 页。

而社会交往机会的大幅度增加,也就意味着可能的社会纠纷和社会矛盾冲突概率的大幅度增加,进一步看,作为社会矛盾解决方式重要选项的妥协行为方式也就越来越被相关群体所重视。其二,社会合作及社会依存程度的大幅度提高,意味着社会各个群体越来越成为同一个"利益共同体"或"命运共同体"。这种利益共同体的重要表现之一,就是社会各个群体相互间在利益方面往往是一荣俱荣、一损俱损,比如一个社会当中的金融体系一旦崩盘,绝大多数社会成员的经济利益都会因之严重受损。正是从这个意义上讲,社会各个群体之间的"分歧越是深刻","妥协理念的需求就越大"。[①] 在不少情况下,帮助别的社会群体,就等于帮助自己,"助人"就等于"自助";增进了别的群体的利益,就等于增进了自己的利益,"利他"就等于"利己"。社会矛盾各相关方一旦过度损害了别的群体的合理利益,也就意味着损害了自身生存和发展的必要条件,亦即损害了自身的合理利益。对社会各个群体来说,逐渐形成如是共识,合作才能实现共赢,持续的冲突只会造成相关方利益的零和博弈,其后果对相关方当中的任何一方均有害无益。"对于社会合作,我们别无选择,否则,要么是互不情愿直至仇视抱怨,要么出现互相抵制直至内战。"[②]在这样的情形下,妥协行为方式便必然日益成为社会各个群体所必需。

第二,同质性社会与异质性社会对妥协行为的各自需求差别很大。

传统社会是一个同质性社会。在一个同质性社会中,因为社会分工简单、专业化程度低下,致使不同群体的类型较少、数量较小,而且社会各个群体相互间的交集机会较少,各自利益诉求可能让渡的弹性空间很小,因而对于妥协行为方式的需求程度及需求量都较为有限。再者,由于当时生产力极度低下,大多数社会成员整日忙于基本生计,其闲暇时间很少,很难出现多个层面的利益诉求;而且,大多数社会群体由于忙于自身的基本生计,其生活目标相对简单单一,即主要社会群体(农民群体)的主要生活期盼只是年复一年的五谷丰登,自己以及后代能够持续地生存下去。"在这样的情形下,一旦某个主要群

---

①〔美〕艾米·戈特曼、丹尼斯·汤普森:《妥协的精神》,启蒙编译所译,上海社会科学院出版社2014年版,第174页。

②〔美〕约翰·罗尔斯:《政治自由主义》,万俊人译,译林出版社2000年版,第320页。

体的利益诉求尤其是基础性的利益诉求得不到应有的满足，那么，这种相对单一的利益诉求便会集中在一个方向、一个目标（如基本生存问题），并不断积累进而逐渐酿成巨大的社会冲突势能，形成巨大的对抗力度。"[①]基于前述情形，虽然同质性社会中冲突的强度较大，但客观上看，社会各个群体对妥协行为方式却相对难以形成大量的需求。

现代社会则是一个异质性社会。伴随着现代化和市场经济的推进，个体人的独立性也在普遍增强，同时，大量的职业、专业机构、行业协会、团体等等纷纷出现，各种不同的社会群体以及社会单元的种类及数量越来越多。这些都导致整个社会当中大量差异性成分的形成。在这样一种大量差异性成分存在的条件下，社会各个群体、社会各个单元之间更加需要高度的社会整合。正如涂尔干所说，"个人越变得自主，他就会越来越依赖社会"，"个人不断膨胀的同时，他与社会的联系却越加紧密"。[②] 需要看到的是，高度的社会整合有赖于与之相适应的大量的、大面积的利益平衡点的维系。就大量利益平衡点的维系而言，妥协行为实为最为重要的社会行为。进一步看，异质性社会客观上对妥协行为形成了大量、大面积的需求。而且，大量异质性成分的存在，意味着社会各个群体各自的"兴奋点""兴趣点"增多，亦即利益诉求种类的增多。如是，不但使得社会各个群体之间需要协调平衡的事情增多，而且使得大量社会成员对社会可能不满的能量分散化。这些，在客观上意味着人们更多地选择妥协行为方式来解决相互间的矛盾纠纷，意味着整个社会对妥协行为方式的需求程度提高，需求量也随之增加。

如果说异质性社会从客观上讲对妥协行为方式形成了大量以及大面积的现实需求的话，那么，从现代社会当中的异质性因素各自"主观"的角度看，它们的相关行为则为大量妥协行为方式的实际出现提供了可能性。其一，不同群体利益之间交织现象的大量存在，使大量妥协行为方式的出现成为可能。异质性成分的大面积存在，意味着社会各个群体的利益交织在一起，社会各个群体之间利益攸关的部位越来越多。这种情形能够催生社会各个群体"相安

---

① 吴忠民：《社会动荡发生概率降低趋势的分析》，《江海学刊》2015 年第 3 期。

②〔法〕埃米尔·涂尔干：《社会分工论》，渠东译，三联书店 2000 年版，《第一版序言》。

无事”的意愿。而这种“相安无事”的意愿，只能通过妥协的行为方式方能实现。其二，同一群体甚至同一个人的多层面利益诉求的大量存在，为大量妥协行为的出现提供了可能。随着社会物质财富的持续增加，对大多数社会群体来说，同传统社会相比，不仅其生存底线已经不成问题，而且其闲暇时间显著增多。这是一个极为重要的历史性变化。于是，大量社会成员有意愿也有能力形成主要职业之外的利益诉求或兴趣爱好。而这种主要职业之外的利益诉求或兴趣爱好有时也会成为相关群体十分重视并坚持的事情。有学者用“复合异质性”一词来描述这种现象，指出：“实际的社会结构的特点则体现在复合异质性上，复合异质性是由几个有时是许多相交叉的类别参数来表示的。性别、种族、国籍、宗教和职业上的差异都不尽相同，尽管其中某些差异之间有相关关系。复合异质性指的就是由这些差异引起的各交叠群体及为数众多的亚群体。”①就不同社会群体的成员来看，其基本职业虽各不相同，却可以在某种条件下组成拥有相同“亚身份”的“亚群体”，如股民群体、“基民”（基金买者）群体、“驴友”（旅游相伴者）群体、网友群体，并由此形成职业之外的亚利益诉求。同一群体或同一个人的多层面利益诉求的存在，意味着在同一群体或同一个人身上存在着多种利益基点。而不同群体、不同社会成员之间一旦产生某种矛盾，为解决这种矛盾，他们可以在别的共同利益基点上进行利益互换让渡，从而实现相互间某种必要的妥协。比如，对于一些富人来说，其已有财富实力对自身所具有的生存及生活质量的意义已呈现出边际效应递减的情形，因而有时他们愿意采取某种财富让渡的方式，用以实现自己在其他方面的利益诉求。“在经济十分富足的社会中，精英中的许多成员可能倾向于做出一些经济上的让步，以便尽可能增大其他方面的报偿，如安全、尊敬和闲暇等。……精英们具有多重目标，并非只关注物质报酬的增大，所以，在一个高度富足和不断扩大的经济中他们可能愿意做出一定的经济让步。”②

第三，传统社会和现代社会所面临的社会风险差别很大。

---

①〔美〕彼特·布劳：《不平等和异质性》，王春光等译，中国社会科学出版社 1991 年版，第 123—124 页。

②〔美〕格尔哈斯·伦斯基：《权力与特权：社会分层的理论》，关信平等译，浙江人民出版社 1988 年版，第 328—329 页。

只要存在着社会，就必然会有社会风险与之相伴随。“从历史的维度看，自从人类出现在地球上以来，就会面临各种各样的自然风险和社会风险，从一定意义上说，人类文明发展的历史也是一部挑战风险、战胜风险的历史。”[①]不过，就所面临的社会风险的数量、种类以及社会风险的演化趋势而言，传统社会与现代社会还是有着明显的差别。

在传统社会，经济规模较小，社会成员活动比较简单。作为最为基础的、也是人数最多的农民群体成员，其常态、相对比较固定的活动方式是“日出而作，日落而息”，整个社会的发展速度十分缓慢。当时社会所面临的风险主要是来自自然界的风险，即难以预料的“天灾”风险。传统社会虽然有不少来自社会本身的风险亦即“人祸”风险，如，统治层恣意妄为的行为引发的社会风险，外族入侵引发的风险，等等，但相对而言，其数量偏小，种类偏少，演化速度也较为缓慢。加之，当时各个区域之间相对封闭隔绝，因而即便产生一些人为的社会风险，其传递性也偏弱，延展空间相对有限。

而在现代社会，社会风险则是大幅度大面积地出现。现代经济规模的空前扩张，带来巨量的不确定性因素。“在现代化进程中，生产力的指数式增长，使危险和潜在威胁的释放达到一个我们前所未有的程度。”[②]科学技术如核技术、生物技术以及化学技术等等的空前发展，在为人类带来巨大福祉的同时，也给人类造成了许多潜在的威胁。现代化进程在各个国家和地区取得长足进步的同时，也形成了大量的社会矛盾冲突，亦即亨廷顿所说的情形：“现代性孕育着稳定，而现代化过程却滋生着动乱。”[③]互联网的出现，在给人类社会提供巨大便利和注入巨大创造活力的同时，也对社会矛盾冲突产生了一种推波助澜的效应。而世界经济一体化的进程在为各个国家和地区提供了巨大发展动力和发展空间的同时，也为社会风险的跨国传递和延展提供了巨大的空间。“它们包含着一种打破了阶级和民族社会模式的‘飞去来器效应’。生态灾难和核泄漏是不在乎国家边界的。即使是富裕和有权势的人也在所难免。它们

---

① 马玉民：《风险论》，兰州大学出版社 2000 年版，《导言》。

②〔德〕乌尔里希·贝克：《风险社会》，何博闻译，译林出版社 2004 年版，第 15 页。

③〔美〕塞缪尔·P. 亨廷顿：《变化社会中的政治秩序》，王冠华等译，上海人民出版社 2021 年版，第 31 页。

不仅是对健康的威胁，而且是对合法性、财产和利益的威胁。”[①]在前述情形下，现代社会所面临的社会风险，不仅是数量大、种类多，而且其演化呈加速度的趋势。

在现代社会，对同一社会共同体的各个群体来说，社会风险是一个必须共同面对的问题。而且，相对社会各个群体相互间的一些矛盾而言，由于社会风险的巨大不确定性以及加速度演化的趋势，因而社会风险处于更为重要的位置，是需要予以“优先”考虑和解决的问题。由此可见，在现代社会这样的社会风险时代，社会共同体当中的各个群体更需要进行有效的合作。不这样做，每个群体的生存底线都会成为问题。而社会各个群体要想进行更加有效的社会合作，就更加需要用妥协行为方式来解决相互间的矛盾冲突。问题在于，现代社会当中的社会风险无论是就种类而言，还是就总量而言，均呈现增长而不是减缓的趋势。客观上讲，社会各个群体为了有效应对日益增加的社会风险，就必须加强社会合作；而要加强社会合作，就离不开妥协行为方式。于是，整个社会对社会合作所必需的妥协行为方式的需求程度就更高，需求量也持续增加。

二、妥协行为方式的价值理念依据明显不同

显而易见的是，价值理念（或价值观念）是影响民众基本行为取向最为重要的因素之一。人们总是基于某种价值理念而形成某种与之相适应的重要行为。作为某种行为合法性依据的价值理念，决定着该种行为社会认同度的大小、社会影响力的大小以及该种行为能够走多远。

在不同的社会中，人们妥协行为方式的价值理念依据很不相同。在传统社会，人们妥协行为的价值理念依据往往是等级意识；在现代社会，人们妥协行为方式的价值理念依据则是社会公正基本理念。

人们妥协行为方式的理念依据或观念依据的迥然不同，造成传统社会中妥协行为方式与现代社会中妥协行为方式两者之间的明显差别。

---

①〔德〕乌尔里希·贝克：《风险社会》，何博闻译，译林出版社2004年版，第21页。

（一）认同妥协行为方式的人群规模大小的不同

在传统社会，整个社会所遵循的是等级意识。从宏观社会结构来看，传统社会是一个严格的等级制度社会。“等级结构和阶级结构——社会基本结构形式紧密地交织在一起，结成所谓高贵的统治者和低贱的被统治者的网络，构成了古代社会不平等的主要根源和基础，对整个社会生活和历史发展产生决定性的影响和作用。”①“君君，臣臣，父父，子子，”等级森严，整个社会据此井然有序。在这个等级制度当中，皇帝（国王）处在顶端，依次往下的等级分别是皇族（王族）群体、贵族集团、官员集团、地主（封建领主）群体、农民群体以及手工业者群体等。处在不同等级的社会成员，其身份及其他方面的社会境况十分不平等。“在各个等级中，愈往上，较高等级的人数就愈少，而特权也就愈大。相反，愈往下，则人数就愈多，而特权就愈少愈小，直至消失，只剩下义务。”②

相对来说，传统社会当中认同妥协行为的只能是小众群体的事情。妥协行为方式是一种社会矛盾相关方的协商活动，带有某种对等性。传统社会是一个等级制社会，不同等级之间不可能存在着对等性，比如皇帝凌驾一切的权力的合法性依据是来自“君权神授”，跟其他群体没有多少关系。而这一点是为整个社会所普遍认可的。既然是一个等级制社会，妥协活动一般来说只能是在同一等级内部进行，比如，同是在较高等级的官员群体内部，或者同是在较低等级的农民群体内部，一旦遇到矛盾纠纷有可能会采取妥协的行为方式予以解决，实现“同等”的利益互换或是让渡。而在不同等级的社会群体之间，除非是较高等级成员遇到较大的压力，处在“形格势禁”的环境中，有可能采取妥协行为方式，在“正常”的条件下，较高等级的社会群体成员没必要同较低等级的社会群体成员进行谈判协商。可见，在传统社会，妥协行为方式相对而言是一个小众群体而不可能是一个大众群体的事情。

在现代社会，人们普遍认同的是社会公正基本理念。社会公正的要义在

---

① 施治生、徐建新主编：《古代国家的等级制度》，中国社会科学出版社2003年版，《序言》。

② 吴忠民：《中国社会发展论》，湖南出版社1995年版，第90页。

于，一是，每一位社会成员都具有平等的基本权利。“一个国家的一切公民，或一个社会的一切成员，都应当有平等的政治地位和社会地位。”①二是，每一位社会成员都有自由发展的空间。“所谓自由，主要是指在合理法律的规定范围中，社会成员能够免于他人的限制和强制、做自己想做的事情。”②在现代社会，每一位社会成员都拥有自主选择的权利和自主发展的空间，任何一个群体的成员都不能人为设障阻碍别的群体成员的自由发展。三是，社会各个群体之间应当是一种互惠互利的关系：任何一个群体的利益增进都不能以损害相关群体的合理利益为前提，任何一个群体在实现自身利益增进的同时，相关群体的合理利益也应当随之得以增进，至少不能受损。正如罗尔斯指出的那样：“财富和收入方面的差别无论有多么大，人们无论多么情愿工作以在产品中为自己挣得更大的份额，现存的不平等必须确实有效地有利于最不利者的利益。否则这种不平等是不被允许的。”③

社会公正理念使得妥协行为方式走向大众成为一种可能，换言之，基于社会公正的基本理念，现代社会当中的妥协行为方式能够成为一种大众群体的事情。其一，从纵向角度看，以往上下有严格等级界限的等级制度逐渐被以职业分工为主要依据的相对平等的阶层结构所取代。在现代社会，以特权为标识的既得利益群体逐渐消失，社会扁平化的趋势日益加重，同时，各种以协调整合社会群体之间矛盾冲突为基本职能的社会组织纷纷出现。凡此种种，使得社会各个阶层之间平等对话协商以及相应的妥协行为方式日益成为一种可能。其二，从横向角度看，相近社会群体之间以及同一社会群体成员内部的平等协商对话越来越行之有效，进而使得妥协行为成为这些群体必不可少之事。其三，公共权力日益受到各个方面的制约规范，其以往的“异化”色彩日益淡漠。从原本意义上讲，“作为以维护和促进公共利益为己任的政治精英群体，特定的职业要求使得这一群体具有同其他群体所不具有的公共性特征，同时

---

①《马克思恩格斯选集》第3卷，人民出版社2012年版，第480页。

② 吴忠民：《社会公正论（第二版）》，山东人民出版社2012年版，第317页。

③〔美〕约翰·罗尔斯：《作为公平的正义——正义新论》，姚大志译，上海三联书店2002年版，第103页。

具有其他群体所不具备的、由国家所赋予的实施目标的强制性能力”①。在以往的传统社会，统治集团对公共权力进行了垄断，使公共权力的“公共”性质越来越弱，以至于公共权力出现了异化亦即“公权私化”的情形。当时，统治集团运用这种强大的、异化的、几乎是无所不在的权力，对整个社会实施强行的控盘，来侵占别的群体的合理利益，维护并扩张自己的既得利益。在这样的情形下，妥协行为方式不可能成为社会各个群体的事情。现代社会公共权力的合法性依据则来自民众的普遍认同。在现代社会，公共权力受到社会各个方面的严格监督制约，其异化的现象逐渐消失。“任何组织和个人都必须在宪法法律范围内活动，都不得有超越宪法法律的特权。”②显然，公共权力异化现象的消失及回归“正常”，能够为社会各个群体之间的对话协商以及相应的妥协行为方式提供有效的保障。

（二）社会整合方式本身是否具有公正性有明显差别

在传统社会，社会整合方式不可能是公正的。与等级意识相匹配的必然是人身依附性。诚如马克思所指出的那样，在以自然经济为基础的社会，“物质生产的社会关系以及建立在这种生产的基础上的生活领域，都是以人身依附为特征的”③。人身依附性表现为，较高等级成员对较低等级成员的命运拥有着独断的权力，即高等级成员与下等级成员的关系是“主子”与“臣子”的关系，“主子”可以决定“臣子”的命运，“臣子”必须听命于“主子”。

在人身依附性条件下，传统社会的整合方式至少具有这样两个明显有悖于社会公正的特征：其一，单方面决定。就重要利益安排的政策而言，是由高等级成员单方面决定，而不是来自相关方的对等谈判协商。特别是君主，更是拥有着单方面决定的巨大权力。“君主是国家中个人意志的、没有根据的自我规定的环节，是任性的环节。”④即便高等级成员有时听取低等级成员的意见想法，那也只是仅仅具有“咨询”的色彩，而并非具有对等谈判协商的性质。有

① 吴忠民：《走向公正的中国社会》，山东人民出版社 2008 年版，第 187 页。
② 习近平：《在庆祝中国共产党成立 95 周年大会上的讲话》，《人民日报》2016 年 7 月 2 日。
③《马克思恩格斯全集》（第 23 卷），人民出版社 1972 年版，第 94 页。
④《马克思恩格斯全集》（第 1 卷），人民出版社 1956 年版，第 275—276 页。

学者指出,“中国传统政治决策过程特点可以用‘兼听独断’四个字来概括”①。中国明朝皇帝朱元璋在制定利益分配政策时,为自己亲属包括子孙后代安排的经济政治政策极为优厚,以至于使这些优厚政策逐渐成为明朝民众的巨大负担。“太祖大封宗籓,令世世皆食岁禄,不授职任事,亲亲之谊甚厚。然天潢日繁,而民赋有限。”但与此同时,朱元璋对于官员甚至包括高级官员的“官禄”待遇却压得很低,以至于低到有人产生“自古官俸之薄,未有若此者”感慨的地步②。其二,强行控制。在传统社会,较高等级成员与较低等级成员之间从理论上讲没有商量的余地,更谈不上相关方进行对等协商谈判的问题。基于根深蒂固的等级意识和人身依附性,处在绝对强势的较高等级成员在进行社会整合时,习惯于使用强行控盘的方式,有时甚至使用不人道的暴力方式。

随着现代化和市场经济进程的推进,以人为本、社会公正、自由、平等等重要的现代理念日益普遍化,得到社会各个群体的普遍认同;同时,以往的等级意识及相应的人身依附性逐渐消失,单方面决定人们命运以及强行控制的社会整合方式逐渐被摒弃。

与现代理念相适应,现代社会当中的社会整合方式越来越具有公正性,妥协行为方式也越来越成为社会各个群体在解决社会矛盾时所认同的重要方式。其一,社会成员越来越具有普遍的参与意识。在事关自身切身利益以及与己相关的社会议题上,人们越来越希望通过种种渠道充分表达自己的利益诉求,而无法忍受由别的人或群体来单方面决定。况且,随着互联网时代的到来,包括自媒体在内的大众媒体逐渐成为普及化的民众表意工具。民众借助种种渠道和表意工具,能够就共同关注的议题进行充分的讨论协商,还能够相互提醒、充分理解,从而消除误解,加深认识。再者,通过种种渠道和表意工具,民众合理利益诉求的提出对政府等公共权力而言是某种必要的提醒,能够为社会矛盾相关方之间的协商谈判进行某种必要的铺垫,从而有助于促成相关矛盾问题的解决。其二,社会成员越来越倾向于以“温和”的方式来解决矛

---

① 刘泽华主编:《中国传统政治哲学与社会整合》,中国社会科学出版社 2000 年版,第 163 页。

②《明史·志第五十八·食货六》。

盾问题,实现互惠互利乃至共同发展的局面。社会公正的一项重要内容便是强调社会各个群体之间的互惠互利。在现代社会条件下,社会群体以及社会成员相互间都具有平等的地位,都具有各自合理的利益;同时从社会合作的角度看,社会各个群体都是必不可少的,社会共同体是由各个群体共同构成的,社会越来越成为一个有机整体。显然,无论是从"应然"还是从"实然"的角度看,社会各个群体都有必要通过平等的谈判协商,以相互利益让渡的方式亦即妥协的行为,以"温和"的方式,来解决相互间的矛盾问题,从而有效地实现互惠互利乃至共同发展的局面。正如有学者所指出的那样,"不得不妥协,才能实现大多数制度变革,包括那些用于鼓励妥协的变革"①。

三、妥协行为方式的实现路径差别很大

传统社会和现代社会中妥协行为方式的实现路径有着很大的差别。在传统社会中,妥协行为方式带有明显的随机性色彩;而在现代社会当中,妥协行为方式则逐渐成为一种制度化的安排。

（一）传统社会中妥协行为方式带有明显的随机性色彩

在传统社会,由于等级意识以及人身依附性根深蒂固,社会整合只能依靠单方面决定以及强行控制等方式来实现。在传统社会,由于缺少社会各个方面力量的有效制约制衡,因而社会的主要控制力量被掌握在少数人甚至是个别人那里。就个人而言,其裁决的自由空间过大。其独特的个人经历、心理性格、行为方式甚至是嗜好等等十分个性化的事情对其采取怎样的措施、制定怎样的政策能够产生十分重要的影响。重要的是,个性化的事物是不可能具有稳定性的。在这样的情形下,重大政策的制定者即便就某些问题的解决有时会采取妥协行为方式,但这些妥协行为方式常常具有个性化的随机性色彩,而不可能具有稳定、一致性、可持续性的特征,致使人们无从把握,无所适从。

传统社会中妥协行为方式的随机性色彩主要表现在:其一,因人而异。在

---

①〔美〕艾米·戈特曼、丹尼斯·汤普森:《妥协的精神》,启蒙编译所译,上海社会科学院出版社 2014 年版,第 175 页。

传统社会,等级制中的高等级成员对低等级者而言,个人的自由裁决量过大。在这样的情形下,巨大权力拥有者个人的具体行事风格,便会对被统治者产生重大的影响。遇到开明的、具有包容风格的君主如唐太宗,有可能会推出一些像是“轻徭薄赋”等带有某些妥协色彩的利益让渡政策;而一旦碰到残暴的君主如秦始皇、隋炀帝等人,则难免实施极为残暴的、甚至是没有人性的横征暴敛的政策。其二,因事而异。任何一个社会所面临的各种事情总有轻重缓急之分,因而处理问题的方式必然有所区别。在传统社会,就一些根本性的制度如君主继承制度而言,不存在社会各个群体进行讨论协商的可能性。而对一些具体的事情如具体的赋税劳役以及官员人事安排政策,君主同臣子之间有时可以讨论协商,甚至能够做出某些妥协。其三,因势而异。在传统社会,统治者对整个社会单方面的强性控盘,有赖于强大实力的存在。问题在于,社会各种力量的对比有时会发生一些变化。统治者的实力有时会由于种种原因而变弱。一旦如此,面对某种日益增大的反抗力量,统治者要想一味地予以“平定”,便有些力不从心,或者是由于成本过高而不值得。于是,从历史上看,统治者对抗争力量有时会采取某种妥协的方式,如进行一些“招安”的活动。原本具有强大权力的君主之所以有时对反抗者会实施类似于“招安”的妥协政策,“大多情况下是因为其力量不足或者是发生武装抗争的地区难以深入,想靠武装平弭动乱而不能”①。统治者通过类似的“招安”行为,以某种利益让渡的方式,不但能够消除某种反抗活动,而且有时还可以借助于被招安的某种原本属于反抗的力量,来平定另外的反抗力量,可谓是一举两得的事情。这方面,北宋末年朝廷对以宋江为首的反抗力量的招安就是典型的事例。

（二）现代社会中的妥协行为方式则逐渐成为一种制度化的安排

与传统社会不同,在现代社会,妥协行为方式逐渐成为一种制度化的安排。在现代化和市场经济的时代条件下,现代制度文明开始形成和发展。随着现代生产力和市场经济的发展,社会成员作为个体人的独立、自由及平等意识越来越明显,社会成员共同制定公共规则的意愿开始增强;随着世俗化进程的推进,极端精神因素的影响力越来越小,制度设计的理性化程度越来越高;

① 王学泰:《话说“招安”(上)》,《社会科学论坛》2003 年第 11 期。

随着职业分工的复杂化和精细化，社会控制和社会治理的水准在不断提高，以往相对简单的社会强行控制方式逐渐让位于复杂的、技术意义上的社会治理；随着人们面临的共同风险的增大，社会群体之间的依赖程度越来越高，人们的合作共赢意识增强，社会各个群体越来越倾向于采取相关方都能够接受的、互惠互利的方式来解决相互间的纠纷和矛盾，从而共同推进社会的进步。“政治上最糟糕的无知之错就是坚持实行一套理想的原则，而其他人却有持异议的权利，如果得不到其他人的赞成，那些计划就不可能实现。”①凡此种种，推动了现代制度文明的形成和发展。与之相适应，在现代社会，作为解决社会矛盾重要方式的妥协行为方式便成为一种制度化的安排，并因此具有了有效性、稳定性、持续性和权威性的特征。

从可行的角度看，在现代社会，妥协行为方式之所以能够成为一种制度化的安排，至少是具备了两个现实的必要条件：

第一个现实的必要条件是，基于社会公正的基本理念。现代社会中的制度化安排，已经不仅仅是一个法治的问题，更是一个具有公正性的制度化安排的问题。“正义的主要问题是社会的基本结构，或更准确地说，是社会主要制度分配基本权利和义务，决定由社会合作产生的利益之划分的方式。所谓主要制度，我的理解是政治结构和主要的经济和社会安排。”②只有基于社会公正基本理念的制度化安排，社会各个群体之间的妥协行为方存在有“良法”（而不是“劣法”）可依、对等谈判协商、互惠互利的可能性。特别是，妥协行为能够凭借公正的程序予以保障，如一视同仁、信息公开、多方参与等等，用以确保“制定和实施政策的直接当事人不能将自己的利益倾向和偏好体现在相关的政策之中”，并“允许相关社会群体有充分的参与和表意的机会，使之能够充分地表达自己的意见，维护自己的利益”。③

第二个现实的必要条件是，借助于相关社会组织的帮助。单个的社会成

---

①〔英〕约翰·莫雷：《论妥协》，启蒙编译所译，上海社会科学院出版社 2014 年版，第 71 页。

②〔美〕约翰·罗尔斯：《正义论》，何怀宏等译，中国社会科学出版社 1988 年版，第 5 页。

③ 吴忠民：《社会公正论（第二版）》上册，山东人民出版社 2012 年版，第 252 页、第 253 页。

员或是一些社会成员如果只是依靠自身的力量同某些群体进行谈判协商，来实现相互间的某种利益让渡，其力量难免有些单薄，加之谈判协商所必需的相关专业知识较为匮乏，进而出现谈判不对等的情形。为了避免不利现象的出现，在现代社会中，单个的社会成员或实力偏弱的社会群体完全可以借助于一些相关的专业化的社会组织进行谈判协商活动。比如，劳资关系中的劳方成员如果只是单个地同资方进行谈判，显然是势单力薄，且不具有必需的专业知识。所以，劳方成员可以借助于工会组织同资方进行有效的对等谈判。

四、余论

从以上对传统社会中妥协行为方式和现代社会中妥协行为方式的对比分析中，我们可以发现，随着现代化进程和市场经济进程的推进，妥协行为方式逐渐成为民众解决社会矛盾的最为重要的选项，整个社会对妥协行为方式的需求程度越来越高，需求量越来越大；随着人类理念的不断进步，妥协行为方式越来越为大众人群所接受，并且妥协行为越来越具有公正性；而且，随着妥协行为方式日益成为一种制度化的安排，妥协行为越来越具有现实性、稳定性和可持续性的特征。一言以蔽之，从一定意义上讲，妥协行为方式越来越成为一种历史的趋势和时代潮流，越来越成为人们在解决社会矛盾时所采取的主要方式。

由于妥协行为方式适应现代化趋势，并具有合作共赢的特性，因而能够为民众所认同，并能够减少社会为现代化进程所付出的成本，有利于社会安全，有利于现代化进程的平稳推进。所以，当应对和解决某种社会矛盾存在着使用妥协行为方式的可能性时，却不选择妥协行为方式，而一概地选择冲突方式，那就会使现代化进程的不确定性增加，加大现代化建设的不必要的社会成本（包括生命及财富成本）的付出。

第十四章　以妥协方式有效化解社会矛盾

改革开放以来，中国社会的变化幅度之大、范围之广，用翻天覆地一词来概括实不为过。一方面，中国的经济取得了举世公认的巨大成就。另一方面，随着社会结构的巨大变化，社会成员的利益诉求呈现多样化、复杂化的情状，由此带来前所未有的、大量的、种类繁多的社会矛盾纠纷。习近平指出，目前中国面对两个“前所未有”的挑战，即“改革发展稳定任务之重前所未有，矛盾风险挑战之多前所未有”①。

应当承认，中国现阶段社会矛盾纠纷的大量出现，是一种历史的必然。重要的是，这些社会矛盾纠纷能否得到有效的化解或缓解，方是问题的关键所在。换言之，中国未来的现代化建设能否得到有效的、可持续的推进，在很大程度上取决于社会矛盾纠纷状况化解或缓解得如何。就社会矛盾纠纷的化解或缓解而言，在现代化和市场经济这样一个新的时代背景下，以往“以阶级斗争为纲”的做法显然不可能继续延续下去，而妥协的方式必定逐渐成为中国化解或缓解社会矛盾纠纷有效路径的基本选项。

一、妥协系中国现代化建设所必需

（一）以妥协方式化解社会矛盾是一种历史趋势

从某种意义上讲，以妥协方式化解或缓解社会矛盾纠纷，是现代文明的一

① 新华社北京10月24日电：《中共中央召开党外人士座谈会》，《人民日报》2014年10月25日。

个重要标志。随着现代化进程的推进和人类文明的进步,“与冲突方式相对应的妥协方式,越来越成为人们解决相互间社会矛盾的重要选择”。“妥协方式已经逐渐成为人们解决社会矛盾的一种制度化安排,对于整个社会的进步产生了重大影响。”[①]通过妥协以及相应的必要利益让渡,不仅会使社会矛盾相关方程度不同地实现互惠互利、合作共赢,有助于增进社会矛盾相关方之间的相互信任感,而且有助于减小整个社会为现代化建设所付出的成本和代价,有助于社会安全局面的维护,进而有助于现代化建设得以有效的和可持续的推进。凡是现代化建设成功的国家和地区,几乎都印证了这一点。在发达国家,社会矛盾涉及面最为广泛之一的劳资矛盾纠纷便是通过制度化的协商妥协予以化解或缓解的。在现代社会和市场经济条件下,劳动者通过工会这样一种组织形式将自己的利益诉求集中起来,然后同雇主方进行协商谈判,经过相互间必要的利益让渡,最终形成劳资双方在某个时间段都能够接受的利益平衡点。同样,在现代社会和市场经济条件下,同一行业生产者之间的大量矛盾纠纷则是在行业协会范围内来化解或缓解的。行业协会不但要通过沟通协商的方式,向政府表达自身的利益诉求,维护业内生产者的利益,还要通过业内行规和公约的制定,对业内成员进行集体性的自我约束,防止业内生产者之间的不公平竞争,从而有效化解或缓解业内成员之间的矛盾纠纷。

（二）妥协方式对于中国现代化建设更加重要

应当看到,对转型期的中国现代化建设而言,以妥协的方式来化解或缓解社会矛盾纠纷是一件更加重要的事情。

以妥协的方式来化解或缓解社会矛盾纠纷,是中国在新的时代条件下亦即“以现代化建设为中心”时代背景下的必需。

纵观新中国成立至今 70 年的发展历史可以发现,中国在不同的时期有着不同的“时代中心”。在改革开放以前的 30 年间,中国的现代化建设取得了巨大成就:摧毁了延续数千年之久的封建土地所有制,社会实现了重构,整个社会大面积地实现了初步平等,重工业体系得以初步建立,国家安全防卫体系得以初步形成,等等。但同时必须看到,当时国家的中心任务逐渐偏离了现代化

---

① 吴忠民:《现代化进程中的妥协与社会矛盾》,《中国人民大学学报》2016 年第 6 期。

建设的轨道，“以阶级斗争为纲”逐渐成为时代的主题。“党在长时期内的重大失误，就是没有把工作重点转移到经济建设上来，仍然坚持以阶级斗争为纲，轻视教育科学文化建设，极端夸大意识形态领域的阶级斗争，直到发生‘文化大革命’那场内乱。”①改革开放以来，中国的时代中心发生了巨大变化，已经由原来的“以阶级斗争为纲”变为如今的“以现代化建设为中心”。党的十一届三中全会提出，要“把全党工作的着重点和全国人民的注意力转移到社会主义现代化建设上来”②。自此以后，现代化建设便取代了“阶级斗争”而成为中国的时代中心。在新的时代条件下，过去作为阶级斗争主要“标靶”的私营企业主群体现在已经成为现代化建设的重要力量，“他们与工人、农民、知识分子、干部和解放军指战员团结在一起，他们也是有中国特色社会主义事业的建设者”③。而现代化建设是全体人民亦即社会各个群体的共同事业。继之，我们党又不断完善了现代化建设的基本内容，提出和谐社会建设的目标任务。2002 年，党的十六大首次将“社会更加和谐”作为全面建设小康社会的重要目标之一。2004 年，党的十六届四中全会首次提出“构建社会主义和谐社会”的目标和“社会建设”的任务。2006 年，党的十六届六中全会通过《关于构建社会主义和谐社会若干重大问题的决定》，提出要“着力发展社会事业、促进社会公平正义……推动社会建设和经济建设、政治建设、文化建设协调发展”④。实际上，这就形成了包括社会建设在内的“四位一体”（以后逐渐扩展成为“五位一体”）的现代化建设总体布局。

在“以现代化建设为中心”“社会建设”这样一个新的时代条件下，社会各个群体之间已经没有了根本性的利益冲突，社会各个群体的和谐相处成为中国“两个一百年”的重要发展目标。与之相适应，对于社会各个群体相互间的

---

① 中共中央文献研究室编：《十二大以来重要文献选编》（下），人民出版社 1988 年版，第 1176 页。

②《中国共产党第十一届中央委员会第三次全体会议公报》（一九七八年十二月二十二日通过），中共中央文献研究室编：《三中全会以来重大文献选编》（上），人民出版社 1982 年版，第 4 页。

③ 江泽民：《在庆祝建党八十周年大会上的讲话》，《十五大以来重要文献选编》（下），人民出版社 2003 年版，第 1916—1917 页。

④《关于构建社会主义和谐社会若干重大问题的决定》，《人民日报》2006 年 10 月 19 日。

矛盾纠纷，就不可能用以往那种“有你没我”、激烈的斗争方式来解决，而只能采取温和的、协商妥协的方式予以化解或缓解。正因为如此，在中国现阶段，协商妥协方式便成为化解或缓解社会矛盾纠纷的一个不可缺少的、极为重要的选项。

第一，以妥协的方式来化解或缓解社会矛盾纠纷，是中国现阶段社会利益共同体各方进行有效合作的必需。

现代化和市场经济进程的推进，促使社会各个群体之间的相互依赖程度日益提高。在现代大工业以及互联网的条件下，社会分工的专业化、职业化以及复杂化成为一种历史的趋势，社会中不同类型、不同性质的成分越来越多，社会愈益成为一个“异质性”社会。在日益复杂的“异质性”社会中，整个社会的“整合性”也在空前增强，换言之，社会的各个群体各个成员愈益表现出对其他群体其他成员的高度依赖，已经无法离开其他群体其他成员而“孤立”“独自”地生存和发展。于是，社会的各个群体各个成员在利益上呈现出一种一荣俱荣、一损俱损的情状。“相互依赖程度越高，对相对利益问题的关注就越敏锐。正如席勒所说：‘合作产生相互依赖，拒绝合作为每一当事人强制和反对别人提供了条件。’”①再者，在现代社会和市场经济条件下，无论是对社会整体而言，还是对单个社会成员而言，都要面临空前的“社会”风险和个人生命历程及职业生涯的“个人”风险，因而都需要通过必需的社会合作，以社会整体的力量来抵御这些风险。随之而来的是，社会各个群体各个成员对社会合作的需求程度更加增强。“对于社会合作，我们别无选择，否则，要么是互不情愿直至仇视抱怨，要么出现互相抵制直至内战。”②而要进行合作，社会矛盾纠纷相关方就必须进行必要的妥协。

在现代社会和市场经济条件下，社会各个群体各个成员相互间的关系，一是缺一不可的，二是平等的。所以，社会利益共同体得以维系的关键在于社会各个群体利益增进上的相向而行、互惠互利。一个群体的利益增进如果是以另外群体的利益受损为前提条件，那么，长此以往，这个社会便会产生大量的矛盾纠纷，

① 〔美〕L. 科塞：《社会冲突的功能》，孙立平等译，华夏出版社 1989 年版，第 63 页。
② 〔美〕约翰·罗尔斯：《政治自由主义》，万俊人译，译林出版社 2000 年版，第 320 页。

会积累社会骚乱乃至社会动荡的势能。一旦出现社会骚乱或是社会动荡的局面，对于社会各个群体各个成员来说，没有赢家，皆为输家。进一步看，社会各个群体各个成员之间互惠互利的必要途径就是妥协。而妥协的核心是合理的利益让渡。“在利益分配不均的前提下，排除极端的激进的做法，消除利益固化的主要渠道就是进行利益让渡。所谓利益让渡，就是指某一或某些社会行动主体依据一定的规则向其他社会行动主体让渡出部分利益，希图实现社会整体利益最大化的过程与状态。”①显然，只有通过妥协进行必要的利益让渡，方能实现社会矛盾相关方之间的互惠互利，方能实现必要的社会合作。

第二，从现实的角度看，在中国现阶段，以妥协的方式能够有效化解或缓解大多数的社会矛盾纠纷。

中国现阶段是社会矛盾凸显期。群体性事件 1993 年为 0.87 万起，2008 年超过 9 万起，2010 年为 18 万起，2013 年为 16.5 万起。② 公共安全方面的预算支出是一个综合性的指标，能够在很大程度上说明整个社会安全运行的基本状况。中国在这方面的支出连年超过国防支出。2017 年，中国在公共安全上的一般公共预算支出高达 1.25 万亿元，而国防上的一般公共预算支出为 1.04万亿元。③ 前者高出后者 20%。中国现阶段的社会矛盾纠纷不仅数量大，而且种类多。可以这样说，别的国家有的社会矛盾纠纷，中国几乎是一应俱全，而别的国家没有的社会矛盾纠纷，中国却出现了不少，如农民工由于不平等对待引发的社会矛盾纠纷、国企原有的大量职工被“买断工龄”引发的社会矛盾纠纷，等等。

中国现阶段的社会矛盾纠纷属于“温和型”的社会矛盾纠纷。如果一个社会当中存在某种激烈的意识形态，并且这种意识形态介入了社会矛盾冲突，那么，整个社会的矛盾冲突就会由之而加重。正如科塞所指出的那样，意识形态使社会矛盾冲突的“参与者感到他们只是集体或群体的代表，不是为自己而只

---

① 王道勇：《全面深化改革时期的利益让渡与社会合作》，《中国特色社会主义》2016 年第 5 期。

② 朱力等：《现阶段我国社会矛盾演变趋势、特征及对策》，中国社会科学出版社 2018 年版，第 129—130 页。

③ 国家统计局：《中国统计年鉴 2018》，中国统计出版社 2018 年版，第 219 页。

是为他们代表的群体的理想而战斗的冲突似乎要比为个人原因而进行的斗争要更激进、更冷酷无情”①。另外，一个社会中的社会矛盾纠纷如果是同一部分社会成员最基础、最迫切的生存(生物学意义上的生存)性条件联系在一起，即当一部分社会成员面临“或者生存，或者斗争”这样一个二选一的“绝望”困境，那么由之所催生的社会矛盾纠纷便容易呈现某种激烈的情状。我们在分析中国现阶段社会矛盾纠纷时可以发现，中国现阶段绝大多数社会矛盾并没有同某种激烈的意识形态联系在一起，因而相互间的矛盾冲突难以达到激烈的地步。中国现阶段社会矛盾纠纷有一个重要特征，这就是，“民生需求甚于政治诉求”，“从社会矛盾形成部位的角度看，中国现阶段社会矛盾的形成多集中在与基础民生或民众切身物质利益直接相关的部位”②，更多的是一种“民生”方面的利益诉求，而不是“民主化”方面的诉求。从涉及人数最多的劳资矛盾来看，劳方的主要利益诉求主要限于经济方面，如增加工资收入、提供平等的社会保障等。从表现力度较大的征地拆迁引发的社会矛盾纠纷来看，当事者的主要利益诉求也是限于增加拆迁补偿等。中国现阶段社会矛盾之所以主要根源于民生需求，原因是多方面的，其中的一个重要原因便是与经济发展相比，中国的民生保障水准没有得到相应的提高，与民生相关的制度建设没有跟进。不过，需要注意的是，中国如今的民生问题已经不是一个事关民众能否继续“生存”下去、“活”的问题，而逐渐成为一个“更好地生存”下去的问题。而且，中国民众对未来前景抱有希望，大多持有乐观态度，远远没有达到“绝望”的地步。有调查显示，对于未来的社会稳定局势走向，民众表现了很强的信心，约九成(88%)受访者认为未来社会将朝着稳定方向发展。③ 另有调查显示，民众虽然对地方政府的信任度较低，但对中央政府的信任度却较高。2010 年，市民对中央政府和全国人大的信任得分分别为 75.8 分和 75.5 分，属

① 〔美〕L. 科塞：《社会冲突的功能》，孙立平等译，华夏出版社 1989 年版，第 105 页。

② 吴忠民：《中国现阶段社会矛盾特征分析》，《教学与研究》2010 年第 3 期。

③ 环球舆情调查中心：《中国稳定局势民众预期调查报告(摘要)》，新疆哲学社会科学网，2010 年 9 月 20 日。http://www.xjass.com/jj/content/2010-09/20/content_165462.htm。

于“中度信任”的高端水平。[①] 民众对中央政府这种中高度信任程度有着重要意义，意味着历来对政府有着较高依赖度的中国民众对未来有着一定的信心。

既然中国现阶段的社会矛盾是主要来自民生需求的“温和型”的社会矛盾，不是根本的利益冲突，那么，我们完全可以通过建立相应的协商妥协制度，以妥协的方式予以化解或缓解中国现阶段的大多数社会矛盾纠纷。

二、妥协方式的进展

改革开放以来，随着现代化建设成为时代中心以及现代化进程的推进，随着社会结构的深刻变化，随着社会成员自由、独立、平等意识的普遍增强，与以往相比，妥协方式取得了长足的进步，逐渐成为中国化解或缓解社会矛盾纠纷的重要选项。

（一）与妥协相关的制度安排开始初步形成，并初步开始发挥一定的积极作用

具有某种法律法规意义的、与妥协相关的制度安排开始初步形成，意味着在一些领域，社会矛盾相关方当中某一方单方面“强势”决定整体利益结构安排的情形开始结束。这种情形对于中国的经济社会生活产生了初步的却是日益增大的积极影响。这方面比较典型且影响面较大的事情至少表现在两个方面：劳资关系三方协商机制的初步形成和运行，各种听证会形式的出现。两者分别涉及具有广泛影响的劳资矛盾和同民众日常生活密切相关的经济社会领域。有关劳资关系的三方协商机制是指，政府、雇主组织和雇员三方根据一定的规则和程序，通过特定形式进行对话和协商，相互影响和相互制约，共同协调劳动关系的制度。[②] 劳资关系的三方协商机制是如今发达国家在协调劳资关系方面的一种较为常见的制度安排。21 世纪之初，适应市场经济体制基本形成的新形势，中国开始初步形成劳资关系的三方协商机制。《中华人民共和

① 王俊秀、杨宜音主编：《2011 年中国社会心态研究报告》，社会科学文献出版社 2011 年版，第 147 页。

② 杨燕绥：《劳动和社会保障法（2005 年版）》，中国劳动社会保障部出版社 2005 年版，第 186 页。

国劳动合同法》第五条规定，“县级以上人民政府劳动行政部门会同工会和企业方面代表，建立健全协调劳动关系三方机制，共同研究解决有关劳动关系的重大问题”①。《中华人民共和国工会法》第三十五条规定，“各级人民政府劳动行政部门应当会同同级工会和企业方面代表，建立劳动关系三方协商机制，共同研究解决劳动关系方面的重大问题”②。国家人力资源和社会保障部、中华全国总工会和中国企业联合会/中国企业家协会于2001年通过了《关于建立健全劳动关系三方协调机制的指导意见》，正式建立了国家协调劳资关系三方会议制度，继之得到快速发展，逐渐开始发挥重要的作用。截至2012年，全国各级地方及产业工会参与建立的劳资关系三方协调机制有2.4万个，其中，省级32个，地级329个，县级2590个，县及县级以上地方共建立三方协调机制2951个。③ 劳资关系三方会议制度以协商妥协、利益让渡的形式解决或缓解了中国社会中的大量劳资矛盾纠纷。像是2010年影响很大的“南海本田停工事件”便是在劳资关系三方协调机制的框架内，社会矛盾相关方通过谈判协商，各自进行必要的利益让渡，最终得以解决的。

听证会制度也得到了明显发展。从某种意义上讲，听证会是一种政府与民众进行沟通的有效方式。民众通过听证会这样一种制度安排，可以将一些事关自身切身利益的事情向政府表达，通过与政府的协商，有时甚至会形成某种妥协，达成某种共识。20世纪90年代后期，国务院的相关法规就已经提及听证会事宜。2004年，国务院印发的《全面推进依法行政实施纲要》，其中第十二条明确规定，“社会涉及面广、与人民群众利益密切相关的决策事项，应当向社会公布，或者通过举行座谈会、听证会、论证会等形式广泛听取意见”④。此后，听证会开始明显增多。许多地方政府就一些事关民众切身利益的事情，举行了多种多样的听证会，如价格听证会、环境问题听证会、公共工程建设听

---

①《中华人民共和国劳动合同法》，中华人民共和国人力资源和社会保障部网站。http://www.mohrss.gov.cn/SYrlzyhshbzb/zcfg/flfg/fl/201605/t20160509_239643.html。

②《中华人民共和国工会法》，中国工人出版社2022年版。

③ 中华全国总工会研究室：《2012年工会组织和工会工作发展状况统计公报》，《中国工运》2013年第6期。

④ 中华人民共和国国务院：《全面推进依法行政实施纲要》，中华人民共和国中央人民政府网站。

证会等等。虽然听证会本身的重心还不是直接解决现实的矛盾纠纷，但毫无疑问，听证会多是涉及民众切身利益问题，因而对于防范官民之间一些可能的矛盾纠纷有重要意义。

（二）作为妥协基本构成要件之一的社会组织也获得了迅速发展

社会组织是妥协方式中不可缺少的一个有机组成部分。妥协是社会矛盾相关方之间的行为，既不能完全依靠政府来包办一切，也不能依靠相关方当中的个体人来进行，因为个体人既没有足够的精力和能力，也没有必要的、专门化的协商谈判技能。所以，一般来说，妥协行为的基本单元只能是社会组织。只有社会组织方能将相对分散的个体人的利益诉求及能量聚合起来，成为个体人的代言人（表意机构）来进行协商谈判。来自不同领域的、各种类型的社会组织，“相对来说对各种利益诉求的具体情形比较熟悉，而且比较职业化专业化，同时还具备个人所不具备的整合能力和权威性。所以，社会组织能够承担起大量的同妥协行为相关的谈判协商活动”①。显而易见的是，如果没有社会组织，妥协活动就无法正常进行。

改革开放以来，中国的社会组织获得了长足的发展，在某个时段甚至出现某种“井喷”式的增长。社会组织的数量在 1988 年只有 4446 个；1990 年首次突破 1 万个，为 10855 个；1992 年突破 10 万个，为 154502 个；2001 年又突破 20 万个，达到 210939 个；2005 年又突破 30 万个，为 319762 个。② 之后的 10 年，更是社会组织突飞猛进发展的时期，截至 2015 年底，全国共有社会组织 66.2 万个，另外还有基层群众自治组织共计 68.1 万个，其中：村委会 58.1 万个，村民小组 469.2 万个，居委会 10 万个。③ 从社会组织分类的角度看，中国目前的社会团体、基金会、民办非企业单位以及基层群众自治组织哪一种类型均没有缺少。重要的是，社会组织对中国现阶段社会矛盾纠纷的化解或缓解已经产生了不可缺少的积极影响。以工会组织为例，2012 年，在各级工会组织的推动下，全国签订集体合同 224.5 万份，比上年增加 44.3 万份，增长

① 吴忠民：《妥协之界定及构成要件分析》，《教学与研究》2017 年第 6 期。

② 国家统计局：《中国社会统计年鉴 2008》，中国统计出版社 2008 年版，第 317 页。

③ 中华人民共和国民政部：《2015 年社会服务发展统计公报》，民政部网站，2016 年 7 月 11 日。http://www.mca.gov.cn/article/sj/tjgb/201607/20160700001136.shtml。

24.6%；覆盖企业579.2万个，比上年增加215.7万个，增长59.3%；覆盖职工26719.7万人，比上年增加4272万人，增长19.0%。① 再如，以缓解社会矛盾纠纷为主要职责的“人民调解协会”等社会组织也获得了较为长足的发展。截至2014年，仅上海一地目前就已建立了大量的专业性、行业性的人民调解组织网络、调委会，其总数已达173个，全市共有人民调解员3.3万多人，其中专职人民调解员9000余人。据统计，2011—2013年，上海人民调解组织共受理各类民间纠纷80余万件，调解成功近76.4万件，调解成功率约96%。②

（三）基层社会对妥协方式进行了许多有益的探索

改革开放以来，适应社会的巨大变化，中国不少地方的基层社会，对于当地社区如何通过必要的协商妥协方式化解现有的社会矛盾纠纷，杜绝可能的社会矛盾隐患，进行了许多富有创造性的探索。就此而言，比较典型的事例当属社区议事制度的探索和乡规民约的探索。无论是在城市还是农村，社区是绝大多数居民最为关切的生活聚集区。由于居民的利益诉求不同、生活方式千差万别、对公共服务要求的不尽相同以及各自收入财富状况的差异，居民之间难免会产生各种各样的矛盾纠纷。当这种矛盾纠纷积累到一定地步时，对整个社区居民的生活质量乃至心理都会产生程度不同的不利影响。也正因为如此，很多社区开始建立起本社区的议事机构及议事制度。按照某种议事规则和程序，社区居民或居民代表对本社区共同感兴趣的利益诉求进行充分的协商讨论，形成某种妥协，达成某种一致。“社区居民协商模式是有关社区公共事务的重大问题和重要决策提交、发布和执行前，先以公告的形式告知居民，由居民通过专题协商会、座谈会的讨论，对公共事务的议案或决策有问题或有需要修改补充的部分大家彼此协商解决，共同商量以便取得一致意见。用这种方式一方面把大家的不同观点和看法予以展现，另一方面把问题或矛盾在激化之前予以解决。”③在这方面，“枫桥经验”是比较成功的事例。20世

---

① 全国总工会研究室：《2012年工会组织和工会工作发展状况统计公报》，《中国工运》2013年第6期。

② 人民网上海12月4日电：《上海拥有人民调解员3.3万人》，人民网，2014年12月4日。http://sh.people.com.cn/n/2014/1204/c176737-23110725.html。

③ 江亚南：《城市社区综合管理民主议事制度创新》，《理论观察》2012年第6期。

纪60年代初期，浙江省诸暨市枫桥镇创造了以“矛盾不上交，就地解决”的方式来化解社会矛盾纠纷的“枫桥经验”。“枫桥经验”通过“发动群众”“摆事实讲道理”的方式，成功地化解了当地许多棘手的社会矛盾纠纷，成为当时中国基层社会化解社会矛盾纠纷的典型事例。改革开放以来，顺应历史的发展变化，“枫桥经验”与时俱进，增加了一些新的内容，如“成立调解总会和专项调解中心，成员基本为民间人士，工资纳入财政”，“处理群体事件不派大批警察”，“高层重视依靠群众化解社会治理难题，解决社会矛盾”。① 如今看来，“枫桥经验”再进一步发展的关键在于“法治化”，即将之纳入“法治化”的轨道，减少其“政府运作”的痕迹。正如习近平指出的那样，“发扬优良作风，适应时代要求，创新群众工作方法，善于运用法治思维和法治方式解决涉及群众切身利益的矛盾和问题，把‘枫桥经验’坚持好、发展好”②。

乡规民约在中国历史上源远流长，有着深厚的历史土壤和广泛的现实基础。在现代社会和市场经济条件下，中国很多农村社区通过村民的广泛参与、充分协商、形成共识的妥协路径，重新制定了乡规民约，为乡规民约注入了新的时代内容，赋予其新的生命力。由于乡规民约具有一种中国农村“语境”的意义，更容易为农村居民所认可、所接受，所以，采取“旧瓶装新酒”的方式，可以使之在当下农村社会发挥某种难以替代的积极作用。“对于村民来说，能否享有村民资格、能否得到宅基地、能否分到征地补偿款，法律法规不一定管得着，无法直接影响村民的行为，却与村规民约息息相关。中国有75000万农民，村规民约的功能不可小视，可以说，村规民约直接左右着7亿多农民的行为方式和生活方式。”③可以说，通过协商妥协而形成的乡规民约对于化解或缓解农村社区的社会矛盾纠纷有着重要意义。有调查显示，在很多农村社区，“正是由于一些乡规民约有效发挥作用，致使社会上偶尔出现一些不良行为，也会马上受到社会舆论的批评，甚至一些缠访闹访行为也因此而息访”④。

---

① 涂重航：《“枫桥经验”再升温：有矛盾在当地解决》，《新京报》2013年10月11日。

②《习近平：把“枫桥经验”坚持好、发展好，把党的群众路线坚持好、贯彻好》，《人民日报》2013年10月12日。

③ 李慧英：《修订性别平等的村规民约需要注意的几个问题》，《中国妇运》2012年增刊。

④ 朱仁秀：《让乡规民约发挥作用》，《学习时报》2015年4月8日。

三、妥协方式发育的不足之处

在看到妥协方式取得重要进展的同时，还应看到，中国现阶段的妥协方式在其发育过程中还存在着一些明显的不足之处。

（一）与妥协方式相关的系统制度安排尚未形成

虽然自改革开放以来中国以妥协方式来化解社会矛盾纠纷已经成为一种趋势，一些有关矛盾纠纷化解的制度安排框架也已大致形成，妥协方式获得明显发展并愈益成为人们化解或缓解社会矛盾纠纷的重要选项，妥协方式被越来越多的社会成员所认同。但是，目前看来，妥协方式尚未成为一种系统的、真正具有可操作性的制度安排，中国现阶段妥协方式的制度安排在某种程度上呈现"零散化""碎片化"的情状，并且相关的一些制度安排有时只是"徒有虚名"，甚至只是"一纸空文"，不具有真正的权威性和现实有效性。比如，从大到有关民众与政府之间的沟通协商机制以及民营企业与国有企业之间的谈判协商制度等，小到行业协会对本行业内各个企业如何协调利益关系的谈判协商、征地拆迁当事人与商家或相关地方政府之间的谈判协商制度以及小摊贩与城管部门如何谈判协商的制度安排等，均未形成配套性并具有可操作性的具体制度安排。再者，即便一些有关谈判协商的制度规则已经具备，却往往没有能够得到很好的遵守。以涉及人数2.8亿人的农民工的劳动合同签订为例，2016年与雇主或单位签订了劳动合同的农民工比重仅为35.1%，其中，外出农民工与雇主或单位签订劳动合同的比重仅为38.2%，本地农民工与雇主或单位签订劳动合同的比重仅为31.4%。① 而且在这些合同中，有利于企业主的霸王条款现象严重。上海市总工会的一项抽样调查则显示，近38%的企业在劳动合同中设有侵犯劳动者权益的"霸王条款"，一些企业对于劳动时间、岗位、报酬等劳动合同中的关键条款，或者在其合同文本中对这些关键条款语

① 国家统计局：《2016年农民工监测调查报告》，国家统计局网站，2017年4月28日。http://www.stats.gov.cn/tjsj/zxfb/201704/t20170428_1489334.html。

焉不详。[1]

（二）以随机性的人治方式而不是法治的方式来处理社会矛盾纠纷

在中国现阶段，社会矛盾相关方尚未形成普遍的、根深蒂固的法治精神，系统完整的法律制度也尚未建立起来。在这样的情形下，人们在化解或缓解社会矛盾纠纷时，有时会采用一种只是考虑自身的眼下利益、而不考虑长远效果的非法治方式。无论是从“民”的角度看，还是从“官”亦即政府的角度看，这一现象均比较明显。

从“民”的角度看，有时会出现两种形成鲜明对比的现象。一种现象是，一些社会成员的合理利益受到损害，但却不懂得用法律来维护自己的合理利益，而采取一味“忍耐”的方式，其结果只能是自身的合理利益愈益受到损害。另一种方式则是，在涉及自身切身利益时，不管有没有道理，或是道理是否充分，而采取“闹访”“缠访”的方式形成压力，促使政府作出“不合理”“不合法”的利益让步，从而使自己最大限度地获得利益。在某乡镇，“因修路拆迁，引发了一起村民聚集事件。村民聚集阻碍施工的理由是，新修的公路仅经过甲乙两村边界中甲村的一侧，因此甲村能获得征地补偿，可乙村却一毛钱也拿不到。乙村村民眼红之下，强烈要求当地政府修改公路图纸，让公路也经过乙村，否则谁都别想修路”[2]。这种方式一旦成功，便会产生劣币驱除良币的示范效应，鼓励民众采取非法治的方式，而不是鼓励民众遵纪守法，因为后者经常会利益受损。

从“官”亦即政府的角度看，也常常存在两种明显的非法治做法。一种做法是，有时政府为了“维稳”面上的指标，不问事情的是非曲直，而采取“花钱买平安”的方式，以求“息事宁人”。“官员在维护地方稳定的硬性考核指标之下，难以完全还原案件事实，只好被动接受访民一方所塑造的事实形态，并协

---

① 新华社上海1月25日电（记者高路）：《上海推出劳动合同范本对企业“霸王条款”说“不”》，中华人民共和国中央人民政府网站2007年1月26日。http://www.gov.cn/banshi/2007-01/26/content_509454.htm。

② 尉廷：《无理“闹访”谁惯的》，《新华每日电讯》2015年7月31日。

调纠纷，甚至自身花钱补偿买平安。”[①]这种做法同样也会产生“劣币驱除良币”的效应，而且会使政府的信用受到严重损害。政府另一种明显的非法治做法是，试图以动员方式来达到“立竿见影”的效果。面对大量的社会矛盾纠纷，为了保证社会安全局面，作为没有办法的办法，有时有的地方政府采取“大走访”“大接访”等超常规方式，投入巨大的精力物力，遍访辖区的每一户居民、每一家企业，试图征询每一家居民每一个厂家的利益诉求。须知，民众的利益诉求不是短时间之内形成的，也不可能在短时间之内能够化解或缓解。所以，这种做法尽管对大量社会矛盾纠纷的化解或缓解，具有某种程度的救一时燃眉之急的即时效应，但毕竟不是一种有效的制度安排，其“运动”色彩明显，带有明显的随机性色彩，不可持续，而且会将大量的“显性”社会矛盾纠纷变为“隐性”社会矛盾纠纷暂时得以掩盖，这些没有得到解决的“隐性”社会矛盾纠纷日后还会发酵而表现出来。

（三）社会组织的发展远远满足不了社会的实际需要

虽然近十几年以来中国的社会组织得到了长足的发展，但应当承认，社会组织无论就其数量还是就其质量而言，离社会的实际需要仍然差距很大。法国每万人拥有民间组织 110 个，日本是 97 个，美国是 52 个，而中国仅为 3 个。[②] 显然，中国现阶段规模如此之小的社会组织所起的作用必定十分有限。有数字显示，2008—2012 年，中国各种公益慈善组织平均每年所接受的捐赠款物只有 878 亿元；从年度看，2012 年各种公益慈善组织所接受的捐赠款物只有 817 亿元，仅占当年 GDP 总量的 0. 16%，人均捐款数额仅为 60. 4 元。[③] 相比之下，2008 年，美国慈善组织接受的捐款总额高达 3076. 5 亿美元，占当年 GDP 总量的 2. 2%。[④] 不仅如此，中国目前社会组织的职业化、专业化程度明显偏低，难以真正做到谈判协商，进而实现合理的利益让渡，最终实现妥协共赢的目的。不少社会组织带有浓厚的“官方”或“出资方”的色彩，难以代表原本的

---

① 叶晓川等：《博弈背景下群体性涉法闹访及其执法优化》，《国家行政学院学报》2017 年第 3 期。

② 林衍：《“让社会自己管好自己”》，《中国青年报》2012 年 3 月 28 日。

③《中国慈善捐赠额总量、人均量连续两年下滑》，《南方日报》2013 年 9 月 22 日。

④ 饶锦兴：《美国慈善事业发展印象》，《社团管理研究》2011 年第 1 期。

“委托方”,也难以为了维护“委托方”的利益同对方进行有效的谈判协商和妥协。有的国有企业工会所起的作用仍然停留在计划经济时代那种发放物质福利的范围,而没有为积极维护职工的合法权益而奔波。就私营企业的一些工会组织来看,有学者发现,在劳动者集体争议中,工会经常失声、软弱,甚至站在雇主的立场上。比如,“南海罢工事件中,工会的作用非常令人遗憾,工会不仅没有代表工人向雇主提出合理要求,反而与工人发生冲突,这种情况在国际劳工运动史上是罕见的”①。

由上可见,在中国现阶段,由于协商妥协的制度安排缺乏全面性、权威性、有效性和可操作性,于是,大量的社会矛盾纠纷被排斥在协商妥协的制度之外;法治精神的匮乏又使得社会矛盾相关方减弱了通过协商妥协来实现共赢的意愿;而社会组织发育的不足,则使得社会矛盾相关方即使想进行必要的协商妥协,却没有相应的依托组织机构来进行。凡此种种,使得中国目前的大量社会矛盾纠纷很难通过谈判协商的路径得以化解或缓解,进而对中国社会的安全运行和健康发展产生了诸多负面影响。

四、有效促进中国现阶段的妥协

伴随着现代化进程的推进,社会各个群体的利益诉求必然呈现出多样化、复杂化的情状,相应地,社会矛盾纠纷必然会大量出现。正是从这个意义上讲,我们应当将大量社会矛盾纠纷的存在视为现代社会当中的一种“常态”现象,无须大惊小怪。同时还应当看到,这些社会矛盾纠纷必须被控制在一定的范围之内。否则,社会矛盾纠纷的积累一旦突破一定的临界点,就会形成某种大面积的不合作现象,甚至会引发某种激烈的社会冲突乃至社会动荡现象的出现。一旦如此,整个社会将为此付出巨大的成本,现代化建设进程将会被延误;对社会各个群体来说,没有赢家,都是输家。而就社会矛盾纠纷的化解或缓解而言,在现代社会和市场经济条件下,妥协是一种必不可少的、而且是愈

---

① 常凯:《南海罢工三重要启示》,爱思想网站,2010 年 10 月 14 日。http://www.aisixiang.com/data/36584.html。

益重要的有效方式。

如何方能使妥协成为化解或缓解中国现阶段社会矛盾纠纷的有效方式？就此而言，涉及方方面面的事情，千头万绪。其中，要特别注意做好以下三个方面的事情。

（一）注重妥协方式的制度化建设

只有将社会矛盾纠纷纳入制度范围，方能真正谈得上通过妥协方式予以化解或缓解。换言之，社会矛盾纠纷如果纳入不了制度之内，其升级加重的可能性就会增加。如果社会越轨者能够找到获得同样目标的合法手段的话，他们就很可能不会发生越轨行为。① 另外需要注意的是，即便有些社会矛盾纠纷在制度之外有时也可能通过某种妥协的方式得以化解或缓解，但这种化解或缓解带有明显的随机性，不可持续。

至于妥协的制度建设，应特别注重做好如是两件事情：一件事情是要以社会公正为基本依据来制定"良法"。须知，并非所有的制度都是有益无害的，制度有好的制度亦即"良法"和不好的制度亦即"恶法"之分。良法是指"大家所服从的法律又应该本身是制订得良好的法律"。"凡订有良法而有志于实行善政的城邦就得操心全邦人民生活中的一切善德和恶行。"②换言之，良法是基于社会公正基本理念而形成的，恶法则是不符合社会公正基本价值取向的。所以，只有良法方能够有效化解或缓解社会矛盾纠纷，恶法不但无助于社会矛盾纠纷的化解或缓解，反倒会加重社会矛盾纠纷。党的十九大报告指出，应当"以良法促进发展、保障善治"③。所以，只有基于社会公正的基本理念，站在客观、中立的立场，"一碗水端平"，以维护每一个社会成员平等的基本权利特别是基础性的基本权利为出发点，方能建立起化解或缓解社会矛盾纠纷的有关妥协方式的"良性"制度安排。只有基于这样的制度安排，方能使"所有参与合作的人都必须以某种适宜的方式（依一种合适的比较基准来判断，该方式

---

①〔美〕L.科塞：《社会冲突的功能》，孙立平等译，华夏出版社1989年版，第37页。

②〔古希腊〕亚里士多德：《政治学》，吴寿彭译，商务印书馆1965年版，第199、138页。

③ 习近平：《决胜全面建成小康社会　夺取新时代中国特色社会主义伟大胜利——在中国共产党第十九次全国代表大会上的报告（2017年10月18日）》，《人民日报》2017年10月28日。

是适宜的）来共享利益，或分担共同的负担”①。

另一件事情是以妥协的方式建立有关妥协的制度安排。就妥协制度安排本身的形成过程而言，也存在着一个如何公正地进行亦即遵循“程序公正”的问题。在这方面容易出现的问题是，某个实力较大的群体具有过大的话语权，单方面决定了带有某种利益偏好的制度安排。一旦如此，相关的制度安排就无法实现公正的妥协。解决这一问题的关键在于，应当使社会矛盾相关方都有代表参与这一过程，而且在参与的过程中，都有平等的话语权、充分的知情权等等，也就是，以妥协的方式来保证妥协制度形成过程本身的程序公正。唯有如此，相关的制度安排方才有可能最大限度地减少制度缺陷，并最大限度地使相关的妥协制度安排得到各方的认可，进而具有必要的公信力。1787 年美国宪法的形成过程便充分体现了一种“伟大的妥协精神”。这部宪法是由来自多个群体各个地区的 55 位代表经过充分表意和协商最终达成妥协，从而共同认可决定的。“他们当中有三分之二的人从事法律业务，其中 14 人担任过各邦的法官。”这些代表“开了将近四个月的会（5 月 25 日—9 月 17 日），不停地争吵妥协，或者用莅会的汉密尔顿的话说就是‘逐日进行连续不断地、冷静地协商’，最终搞出一部延续至今的美国宪法”②。

（二）“以点带面”促进妥协方式的进步

制度化妥协尽管对中国社会极为重要，是化解或缓解社会矛盾纠纷之急需，但同时要看到，制度化妥协的进步是一个逐渐促进的过程。这个过程不可能通过平均用力、“齐步走”的方式来进行。相对而言，比较有效的促进方式就是“以点带面”，即选择几个社会矛盾纠纷影响面及影响力较大的具体领域或部位，先行一步，有效地促进妥协的制度化建设，以此带动相关领域妥协方式的制度化建设。

从以点带面的角度看，从可行性角度看，妥协的制度化建设宜选择在劳资协商制度和社区居民自治制度这样两个重要领域先行一步。在中国现阶段，被劳资关系覆盖的社会成员达数亿人之多，劳资关系是最基本的社会关系之

---

①〔美〕约翰·罗尔斯：《政治自由主义》，万俊人译，译林出版社 2000 年版，第 319 页。

② 任东来：《美国宪法的形成：一个历史的考察》，《社会科学论坛》2004 年第 12 期。

一。劳资矛盾解决得如何，不仅决定着中国的社会阶层结构公正与否，也直接影响到中国社会能否安全运行。解决劳资矛盾的关键在于，形成有效的政府、雇主组织以及工会三方协调机制。在这个协调机制中，三方各自的职责范围要清晰，任何一方既不能缺位，也不能一支独大。而且，在中国现阶段，鉴于"强资本、弱劳工"的现实情况，要特别注重形成有效的集体协商制度，否则，"为数众多的工人如果只是凭借自身个体的力量，无法应对处在强势一方的雇主提供的不公正的劳动条件"①。

另外，推进社区居民自治制度建设也是一件十分重要的事情。在现代社会和市场经济条件下，同劳资关系相比，社区是覆盖面更加广泛的领域，几乎涉及绝大多数社会成员。如今，社区不再是一个基层行政单位，而是一个由来自不同职业不同阶层的社会成员共同组合成的一个共同体。"社区不再是政府的'脚'，已成为具有独立利益、独特志趣的社会生活共同体，一个自主、自愿、自组织的社会生活共同体。"②在一个社区中，居民们在职业、经济收入、社会地位、文化等各个方面存在诸多差异，容易产生种种矛盾纠纷。由于这些矛盾纠纷往往是同社区居民日常生活息息相关的，因而社区居民对于这些矛盾纠纷的解决意愿也就相对更加迫切。对于这些矛盾纠纷，显然不能依靠行政体制及行政命令来予以化解或缓解，而只能依靠社区的自治组织来应对。在新形势下，这种社区组织的建设应当是在政府的引导下，形成某种带有自治性质的组织。社区自治组织应当采取社区业主和社区居民平等参与的方式，就社区居民共同关注的利益问题进行协商、妥协，从而达成某种共识。同时还要考虑到的是，中国各个地区之间发展很不平衡，各种社区类型很不相同，生活在不同类型社区中的居民的利益诉求又是千差万别，所以，中国目前社区自治的类型不宜固定化，而是应当鼓励各类社区在自治方面进行多种探索，形成切合中国各地实际状况的多种社区自治模式。社区自治制度建设，其意义不仅仅在于推动中国基层社会的协商妥协方式的进步，而且由于社区居民来自社会的各个方面，所以社区的自治制度建设还有助于整个社会以妥协方式化解

---

① 吴忠民：《以妥协方式有效化解社会矛盾》，《中国人民大学学报》2018 年第 1 期。

② 王颖：《扁平化社会治理：社区自治组织与社会协同服务》，《河北学刊》2014 年第 5 期。

多种类型社会矛盾纠纷水准的普遍提升。

（三）应当特别重视妥协方式的内生性发展

尽管妥协方式对化解或缓解社会矛盾纠纷至关重要，但是，我们在促进妥协方式发展时，要避免速成论，切忌只是做面上的锦绣文章。应当看到，通过动员式的促进妥协方式的做法，如遍地开花地动员社区居民进行参事议政的做法，虽然一时有着轰轰烈烈的效应，但实际收效十分有限。相比之下，重视妥协方式的内生性发展的做法更加重要。妥协方式的这种内生性发展强调的是，重视社会本身以妥协方式化解或缓解社会矛盾纠纷的实际需求和实际能力的提高。妥协方式的这种内生性发展的具体状况如何，特别取决于社会组织发育的实际状况如何。从一定意义上讲，社会组织数量的大小，能够反映这个社会对妥协方式的需求程度，而社会组织专业化职业化水准的高低，则在一定程度上决定了这个社会以妥协方式化解或缓解社会矛盾纠纷能力的强弱。离开了社会组织，妥协方式就成为无源之水、无本之木。所以，在中国现阶段，促进妥协方式内生性发展的关键之一就是要有效发展社会组织。而有效发展社会组织的关键又在于：一是要降低社会组织成立的门槛，取消以往与此相关的人为限制；二是政府要为目前很多实力偏弱的社会组织提供必要的资金资助，提供一些必要的项目帮助；三是要培养社会组织赖以正常运行所必不可少的专业化职业化人员队伍。

总之，只要做好上述三方面的事情，那么，假以时日，中国的妥协方式方有可能得到有效而持续的发展，就能够起到有效化解或缓解大量社会矛盾纠纷的积极作用，进而能够有效推动中国社会的安全运行和健康发展。

专论6　街道办事处党工委书记访谈

访谈主题：城市基层社会矛盾化解状况

访谈对象：西南某省会城市一位街道办事处党工委前副书记、两位街道办事处党工委书记

访谈员：吴忠民、彭红波

访谈时间：2019年8月8日、8月9日

访谈地点:西南某省会城市

访谈方式:个案访谈

1. 某街道办事处党工委某前副书记访谈

问:您觉得近几年的社会风气如何?

答:近几年社会风气很好。在党风政风方面,干部以前觉得很舒服,现在不一样了,管得越来越严了。另外,在利益集中的地方,比如公安、消防、城管、医疗,还依然存在贪污腐败的现象。随着“放管服”改革的落地①,很多行政许可权下沉,由“为民服务中心”统一改为“中心”,中小企业少跑腿,执法人员少罚款,但随之而来的是区级收入减少了。城管和交警等部门的罚没收入是区级政府很重要的收入来源。

问:您觉得居民最满意的事情是什么?

答:不能一概而论,主城区、城乡接合部和农村不一样,因为他们的需求不一样。城市居民对政府的需求主要是老人的养老、孩子的教育,还有医疗保障。总体看,最满意的事情是社会保障,主要是中老年人的医保。年轻人对政府的需求不多,对政府而言,他们就不大好管理。我们现在的办法是通过社会组织吸引更多年轻人,以便使他们接收党和政府的教育。比如通过社会组织组织开展辩论赛、英语角、交友,为他们免费提供场地等服务,以吸引和凝聚更多年轻人。

问:居民最不满意的是什么?

答:最不满意的主要是教育。教育问题当中主要是对教师的师德教育。正常上课时间不深入讲解,而是把主要内容放到下课后补课,通过补课赚钱。随着民办教育机构的发展,师德师风更严重,地方政府管不了,家长不满。

问:老百姓对不满意的事情会采取什么方式?

答:老百姓满意的是能找到人办事。同时不满意的是中央政策到地方,经过层层传达,百姓就会有不解。比如,艾滋病人办低保,因为有了宝马就办不了低保,这些人就不满,甚至会拿针头抽自己的血来吓唬办低保的工作人员。

---

① “放管服”是指政府简政放权、放管结合、优化服务方面的改革。

也有群众写举报信,但辖区是老旧小区,群众的文化层次偏低,诉求渠道不畅,写举报信的少。特别是年轻人写举报信的更少。涉及征地拆迁、金融诈骗的群众比较倾向于采用上访(方式)。

金融领域的工作以前没做好,会存在一些问题,如泛亚金融(公司),骗老百姓的钱,承诺获得10%到20%的收益,当时不叫高利贷,是以贵金属投资的名义。但后来出了问题,但群众又不能起诉,不能用法律手段。这个事件中,诈骗方死了一个、外逃了一个、被判刑了一个,但还是没有解决问题,很可能解决不了。

地产项目也存在问题。政府推动房地产开发,但房产开发出现了问题,政府既要维护群众的利益,又要维护开发商的利益,群众无法上访,最后矛盾都集中到街道,最激烈的时候有70多个上访户围着一个人。街道的责、权、利不统一。

问:您觉得近几年的社会治安状况和十年前相比有什么变化?

答:可以说发生了翻天覆地的变化,变化很大,好了很多,小偷少了,社会治安好了,派出所履职了。以前警察怕担责,警察都不配枪,维护群众权益时没有威慑力,并且警察自己的权益都很难保障。

问:您觉得为什么社会上没有暴力袭击?

答:一方面是社会基本公平,另一方面是法治化水平和法治化程度提高了。比如现在的"治安管理处罚法",可以说是历史上最严厉的法规。两口子吵架,只要身上有伤,男女都要各拘留5天。(所以)不能发生冲突。小偷小摸,拘留15天。现在开展扫黑除恶,凡是有点嫌疑的,就要被严查。所以群众的安全感大幅提升。

问:您觉得我们党在维护社会稳定方面发挥了什么作用?

答:第一是主导作用。在党的领导下依法维护社会稳定。第二是维护了社会公平正义。第三是社会保障,这是最关键的。

问:社区群众的收入大概多少就算是比较好的了?

答:两口子每月收入人均1万,生活就算比较好了。人均收入每月5000元就算小康了。本地餐厅工作人员一般一个月工资3000元,一般也不买保险,只有店长、领班才会有保险。其原因可能是政府在经济工作中盲目追求规模,区级收入只统计规模以上企业,对小规模企业的统计不到位。

问:企业和政府的来往多吗?

答:非常少。现在有专门的管理公司,企业和政府的来往就更少了。

问:给员工涨工资的钱从哪里来?

答:财政收入、非税收入和卖地的收入。本辖区主要是商业街区的服务业所形成的产业链条。如通过商务楼宇吸引制造企业及其配套的服务业,吸引中高端生活服务业。城市中心区只有从金融业着手,发展创新型业态,才能吸引更多高端企业和人士。

问:辖区的外地人多吗?

答:本地人居多,但在假期时外地人稍微多一些。

问:本地的城市管理与其他一线和二线城市相比,街面的干净整洁度不是很好,怎么看这种现象呢?

答:主要还是经济实力的原因。城市管理水平和经济发展脱节。上海等地的城市管理队伍早就整合起来了,但本地直到去年(2018 年)才整合到位。另外一方面,城市管理的经济投入少,没钱投。10 年前,公务员两个月的工资被扣除,用于买树苗绿化街道。之前的环卫工作仅仅是找几个人扫地,但现在投入多了,引入了外地的环卫企业。

问:本地居民中回民多吗?

答:不多。辖区有一个清真寺。回民喜欢在清真寺周边活动。只要有清真寺,回民就多。

问:信基督教的多吗?

答:不多。信教需要官方注册。如果有非注册登记的信教群众开展宗教活动,公安就要介入。

问:现在派出所的警力够吗?

答:警员少,他们工作强度大,年龄也偏大。并且基层派出所的年轻警员,都想方设法去公安局、公安厅。

问:社区的工作力量够吗?

答:基层公务员和基层民警一样,太辛苦,工作强度大,年轻人太少。一个大学毕业生到实职正科起码得十年。

问:您觉得现在群众有仇富心理吗?

答:现在群众的生活更难了,但没有仇富心理。机关正科级公务员的工资 8000 元左右,再加上公积金,大概能有 11000 元。普通科员的工资 6000 元左右。

问:外地人和本地人之间有矛盾吗?

答:本地人比较包容。我就是外地人,但是很适应,没有感觉被排斥。

问:你觉得现在群众的焦虑感强不强?

答:还是有一点焦虑。主要和个人的状况有关。老百姓对未来的担心主要是房产是否升值。

问:从政府角度看,最担心的事情是什么?

答:第一是信访,特别棘手,管不了,但还要承担责任。第二是消防突发事件,地方政府管不了应急部门,比如突发山火,街道社区没有专业力量,只能动员街道社区的普通员工灭火。第三是教育均衡问题,地方政府很难管。

问:本地的环境污染严重吗?

答:相对比较好,污染源主要是建筑工地,特别是大规模修地铁引起的。

问:现在民营企业发展难吗?

答:民营企业还是很艰难,规模不大。

问:老百姓参与意识强不强?

答(L 姓社区工作者):社区事务中居民的参与感比较强,比如居民自治,老城区的省市退休人员比较多,小区的老年人比较多,他们的参与度比较高,而流动的年轻人参与度不高。

问:社区的工作经费有多少?

答:社区的工作经费每年有 20 万,社区工作者一个月领 2800 元的补贴,年底有 1000 元到 4000 元不等的绩效。辖区的社区工作者主要是退休(或)失业人员。

问:您觉得有没有必要取消街道、保留社区呢?

答:不能取消。街道在公共服务方面发挥了最主要的作用,社区主要做一些前期的基础工作。相反,区级政府没必要那么多。现在街道主要是服务工作而不是经济工作。社会治理工作中 90% 的工作属于街道,街道是社会治理的主力，比如低保、残疾人社会工作、基层党建等等，都需要街道。

问：现在退伍的人意见大不大？

答：主要是一些自卫反击战中的参战老兵上访。但真正参战的退伍军人上访的比较少，反而是那些没有参战、甚至是在后方从事保障工作的退伍军人上访的比较多。退伍军人的认定比较困难。真正在一线参战退伍的军人每月给3000—4000元的生活补贴。那些没有在一线参战的、没有补贴的主要是文艺兵、炊事兵，他们意见比较大。……

2. 某闹市区某街道办事处党工委书记访谈

问：和十年前相比，您觉得百姓最满意的是什么？

答：一是生活质量总体提升，每年都有改善，这都是大家的共识；二是安全感提升了。

问：您认为现在和十年前相比，社会治安有什么变化？

答：好了很多。通过加强城市管理，加大夜间执法力度，打架斗殴、小偷小摸等类似的案件少了很多。

问：黑社会性质的案件多吗？

答：特别明显，比如孙小果案件。但这个案件最后还没有定性。

问：您觉得老百姓最不满意的是什么？

答：拥堵。这个和城市建设有关，本地在大量修地铁。现在还没有在根本上解决。城市空间格局决定了交通框架。一旦主干道维修，便会波及整个城市。

问：您觉得近年来群体事件的数量有没有上升？

答：本辖区内呈下降趋势，集中在征地拆迁、城中村改造、拖欠工资、拖欠工程款等几个方面。

问：您觉得现在的老百姓幸福吗？

答：幸福感和自己的追求有关。自己有一套房子，有车，孩子也上大学了，感觉也很好。市中心生活很悠闲。

问：在当地，公务员的工资处于什么水平？

答：算中等偏上。体制内还是比较有吸引力。辖区招聘，招15名社区工作者，待遇为4100元，扣除五险后有2700元，也不解决户口。公告发布后，竟然有800多人报名,绝大部分是本科生,还有研究生。这可能和就业形势有关。这些人的幸福感肯定不高。

问:你觉得群众是否感到焦虑?

答:不会有。现在社会安定、社会稳定,群众是否焦虑,主要是和日子好不好过、工资高不高有关。

问:你觉得一个人挣多少钱就算比较体面呢?

答:在本地,扣除保险,每月收入能达到5000元就满足了。本地消费水平不高,但房价涨得太快,对百姓来说是压力,对有房人来说倒很好。

问:您觉得在老百姓看来,现在什么职业最好?

答:第一是公务员,第二是进事业单位,比如大学老师、中学老师、小学老师。

问:您觉得现在百姓最担心的事是什么?

答:感觉应该都挺好的,不会想太多,可能最直接的是物价上涨,不过大家都习惯了。

问:您觉得一个家庭有多少存款就算踏实了?

答:有5万就可以了,可以应付生病等突发情况。如果有更多的钱,那就拿去投资理财产品或者买房。但现在买金融产品的风险比较大。百姓的投资渠道太少,把钱存在银行实际上是亏钱的。现在强调房子是用来住的、不是用来炒的,但现在除了房子,其他的投资渠道都太少了。相对而言,房子是老百姓比较好的投资选择,可以防止通货膨胀。

问:您觉得现在老百姓的参政意识高不高?

答:百姓参政议政意识在不断提高,法治意识不断提高,也愿意参与一些事情,比如社区的公共活动。

问:您觉得现在基层政府的公信力强不强?

答:应该是增强了。特别是法治的进步,对公务员的约束更严。机关(以往)门难进、脸难看、事难办的现象现在几乎不存在了。一旦出现,很快纪委就会来查。

问:您半夜最担心的是接到什么电话?

答:第一最怕火灾。辖区的老旧小区多。老城区的房子大多是土木和砖木结构。前一段本地发生了两起火灾,烧伤了十几个人。现在都是免费安装充电桩,群众可以通过扫码或者办卡充电,并且电费也可以优惠。但有的老百姓很难接受,硬是要从自己家里面拉一根电线到小区楼道,似乎觉得用自己的电就不用钱。第二是暴恐。辖区为城市核心区,流动人口多,容易成为暴恐分子的作案地点。前年就有一个暴恐分子到本辖区逗留几个小时,准备行凶,还好我们准备充分,后来(这个暴恐分子)被击毙了。现在加强了防范,增加了技术力量,中心广场有武警执勤,发挥了震慑作用。

问:您觉得群众有多大的委屈就会反社会?

答:这个应该和个人的性格有关。所有人都会吃亏,关键是吃亏之后怎么看,比如重庆的帽子姐。有些人性格极端,容易反社会。

问:您觉得我们党在应对突发事件方面有什么优势?

答:发动群众,动员群众。社区和街道一旦有事情,可以从社区中找人来帮忙。我们有堡垒户。这些群众听党的话,特别是老同志。即使老同志来不了,他们也会安排他们的子女来。

问:您觉得政府在哪些方面做得不好,会造成不稳定?

答:侵犯了他人的利益。比如城中村改造、征地拆迁,影响到群众的基本生存。有些被拆迁户被拆之前有5层小楼,自己住一层,其他的出租。被拆迁后的补偿不到位,就会引发矛盾。政府要城中村改造,企业要赚钱,群众要更高的补偿,肯定会产生矛盾。

问:现在街道的工作力量够吗?

答:现在街道的编制有58个公务员,包括执法人员,还有20个人是事业编制。不过在街道上干工作,不同编制的人员分得不是太清。但在一些领域又有区别,比如"车改"。……

3. 某旅游开发区某街道办事处党工委书记访谈

问:你们辖区环境比较好,矛盾多吗?

答:我们街道是2009年成立的,辖区的矛盾不多。辖区的居民非富即贵,很多省里的领导都在本辖区居住。辖区的征地拆迁也基本结束,全部拆完了,可供开发的空间也用完了。当前征地拆迁不是主要任务。现在我们面临的主要问题是征地拆迁的后遗症,特别是村民的安置问题。征地拆迁后,被拆迁户的就业问题，失地农民转变为市民后的市民化问题，一些年纪大的拆迁户很难接受。以前一些被拆迁户有三四套房，自己住一套，其他的出租，有一笔收入。但在回迁后，出租收入就减少了。现在他们的就业是我们最关心的，通过搞就业培训，帮助他们掌握一些技能，比如食品加工、糕点烘焙、物业管理、花工、保安、保洁等，工作后一个月有2000多元的收入。如果他们长期待在家不就业，就会闲下来打麻将，对于市民精神层面的提高是不利的。政府要引导帮助他们顺利实现从村民到市民的转变。

问：辖区的小偷小摸多吗？

答：很少发生，辖区治安环境还算比较好。小区会有一些入室盗窃，因为住在辖区的有钱人比较多。我们现在正通过加强物业管理、加强治安管控，尽量减少案发率。

问：辖区有多少人呢？

答：辖区有10个社区居委会，有7万常住居民，也就是有7万户籍人口。

问：您最担心发生什么事？

答：辖区的城中村改造后遗症比较多。有些征地拆迁问题将近10年都未能解决，没有拿到产权证，或者没有回迁。我们现在正督促投资商尽快办理产权证。如果投资商破产，那么问题就更大了。度假区的拆迁安置工作做得还好，回迁还算比较顺利。但有一部分拆迁户在外租房子，没有回迁，飘在外面，这个群体规模很大，辖区涉及10万人左右。开发商的资金链断了，交不了房，资产要重组。

问：在征地拆迁中有没有发生伤亡事件？

答：本辖区没有，但本市发生过征地拆迁，比如附近就发生过因拆迁而引发的群体性事件。部分村民动员一些村民采用过激行为反映诉求，政府也未能提前介入，错过了化解矛盾的时机，导致矛盾激化。公安进村后，干警被村民浇上汽油，矛盾激化到无法控制的程度。现在扫黑除恶，有一个人因为这件事又被控制起来了。

问：你们辖区存在黑恶势力吗？

答：在辖区排查过，包括原来的26个村民小组，都没有典型的黑恶势力。辖区存在的问题主要是黑导游。

问:除了征地拆迁引发的问题,您还担心什么呢?

答:辖区的生产型企业少,安全事故倒不怎么担心。担心的主要是食品药品安全、交通安全,因为辖区的人流量大,餐饮企业多。

问:怎么保障食品安全呢?

答:我们有食品安全方面的专业力量,比如食品药品监督管理局。辖区重大活动期间,都要对各大餐厅例行巡查。现在暴恐形式多样,本辖区是本省政治活动较集中的地方,管理要更为严格。

问:辖区的诈骗案件多吗?

答:现在对旅游区进行了整顿,不允许导游引导购物,大的诈骗没发生过。

问:辖区的流浪汉多不多?

答:流浪汉不多,一旦发现,我们会同民政或者救助站(予以解决)。流浪汉在寺庙附近多。

问:辖区有派出所吗?

答:每个街道基本上都有派出所,辖区派出所有30个民警、80个辅警。

问:您觉得居民会有仇富心理吗?

答:即使有也只是内心的,但是行为上不会表现出来。

问:您觉得群众会有焦虑感吗?

答:群众总体上还是比较满足,生活有保障,还经常锻炼身体,安全也比较有保障。

问:本地人和外地人相处会有矛盾吗?

答:本地人比较包容、友善、忠厚。本地人和外地人没有什么不一样的。

问:现在会有人希望回到过去吗?

答:现在经济社会发展总体较好,没有人想回到以前,都觉得现在好,对发展还是很有信心的。现在无非是群众对政府在上学、就医、出行等民生问题上没有做到位会有一点怨言,但不会有否定,希望回到过去(的人)几乎不会有。如幼儿园问题,现在应当多建公办幼儿园,但公办的少,民办的多。公办收费低,教师固定,管理正规。还比如,征地拆迁后的居民现在都是城镇户口,但医保还是新农合,不是市民的医保。还有失地农民的养老保险,高龄80岁以上会有补贴,60岁以上也有,但不多。

问:现在街道办主要做些什么工作?

答:街道现在没有招商引资(的任务),主要是协同(国家土地)收储、社会治理、服务居民。社区专职工作人员有15人,最低的有12人,按辖区人口来配。

问:社区的办公经费有多少,够不够?

答:城市社区20万,党建经费8万,日常工作每个月3000元。现在的基层治理还应当加大投入,提高社区专职工作者的待遇,权力要下放到社区。城市社区工作经费主要用于辖区服务群众,项目化使用,如老旧小区的改造、健身设施的安装,但有限的资金做不了多少事情。

问:现在社区工作者有什么变化?

答:社区工作者的最大变化是知识化、年轻化。现在从村转变为社区,存在社区工作人员老化的问题,我们鼓励社区工作者考各种资格证,比如社会工作师的等级考试,有了社工证,就可以加分,就可以增加待遇。

问:您觉得哪种类型的上访最为激烈?

答:越级上访。有矛盾要尽量在社区、街道解决。有些直接去上北京上访。

问:您一直在街道工作吗?

答:我以前在村里面工作了10年,先后任村委会主任、书记,2009年考上公务员,到乡镇工作了10年。

问:现在考公务员有学历要求吗?

答:有要求的。特别优秀的村干部可以直接提拔,但需要专科以上(的学历),并且需要是主要负责人。

问:村委会主任一定要党员吗?

答:不一定。但按照要求,要实现书记主任一肩挑,体现党组织的领导核心作用,防止主任和书记之间产生矛盾。但现在大量年轻人出去打工,在竞选中胜出的基本上是老同志,能人治村、富人治村比较常见。

第十五章　利益让渡的关键所在

社会共同体至关重要，是人类社会得以延续、运行和发展的基础。这是毋庸置疑的。从社会层面上看，在现代社会和市场经济条件下，有效的社会合作是社会共同体得以维系和发展的关键所在。而社会合作赖以有效进行的关键在于公正地平衡、协调各种利益关系。再进一步看，公正平衡利益关系的关键则在于形成公正有效的利益让渡机制。

随着现代化以及市场经济进程的推进，随着现代生产力的愈益发达以及物质财富的愈益丰富，随着人类观念的不断进步，社会共同体必然会出现如是情形：一方面，社会分化愈益加深，相应地，社会的差异性及相伴的异质性因素大量增加，社会各个群体的利益诉求愈益呈现出多样化、复杂化的情状，由此而形成的社会矛盾纠纷大面积大幅度地增多；另一方面，社会整合程度也在愈益提高，社会各个群体之间的依赖性愈益加重，社会共同体的意识愈益增强，任何一个群体愈益离不开别的群体而“独自”生存和发展，换言之，彼群体的生存和发展，是此群体生存和发展的必要条件。在这样的情形下，解决相互间的矛盾纠纷、协调相互间的利益关系必然成为社会各个群体极为关注的重大问题，进一步看，合作共赢就必然成为各个群体共同追求的一个普遍目标，甚至逐渐成为一种制度安排。“一个社会应当努力避免使那些状况较好者对较差者福利的边际贡献是一负数。”①

显然，在现代社会和市场经济条件下，有效地化解社会矛盾纠纷、协调利

①〔美〕约翰·罗尔斯：《正义论》，何怀宏等译，中国社会科学出版社 1988 年版，第 99 页。

益关系、实现合作共赢，是社会安全运行和健康发展的必要条件。“在利益分配不均的前提下，排除极端的激进的做法，消除利益固化的主要渠道就是进行利益让渡。”[①]而合作共赢最为基本的必要前提条件就是社会各个群体相互间必须进行必要的利益让渡。[②]

在现代社会和市场经济条件下，社会能否得以安全运行和健康发展，在很大程度上取决于社会各个群体之间利益让渡实现得如何。毋庸置疑，对每一个社会群体乃至每一个社会成员来说，利益是最为重要的事情。诚如马克思所说：“人们奋斗所争取的一切，都同他们的利益有关。”[③]进一步看，社会共同体当中各个群体相互间能否形成平衡的利益关系，是能否形成社会合作共赢局面的前提条件。而利益让渡对协调平衡社会各个群体的利益关系至关重要。在解决各种社会矛盾纠纷时，通过必要的甚至是必需的利益让渡，社会各个群体能够避免零和博弈和负和博弈亦即两败俱伤情形的发生，最大限度地减小社会为之付出的总成本。科恩指出，“如果对立各方认为不妥协地维护其势不两立的立场，比维护他们同在的社会更为重要，这个社会就必然要毁灭”[④]。也只有通过必要的利益让渡，社会各个群体之间方能实现正和博弈，实现积极的利益平衡，形成一种“帕累托效应”，在此基础之上实现有效的社会合作，进而确保社会的安全运行和健康发展。

所谓利益让渡，主要是指利益诉求相关方基于一定的公正规则或程序，以协商妥协的“温和”方式，通过某种必要的利益转让，实现相互间的某种利益平衡。利益让渡的要义在于，一是利益相关方以协商妥协的温和方式，而不是以激烈冲突的方式来解决矛盾纠纷问题；二是相互间本着自愿的原则，有条件地

---

① 王道勇：《全面深化改革时期的利益让渡与社会合作》，《中国特色社会主义研究》2016年第5期。

② 本书所提及的“利益让渡”一词与社会交换理论当中所说的“社会交换”一词有一定的相关性，但不是一回事。社会交换理论所说的社会交换是指社会成员几乎所有的行为都是一种“常规”“例行”的“日常行为”。而本书所说的利益让渡只是人们行为当中的一部分，是相关利益群体通过谈判协商的和平方式，各自进行必要的利益取舍，用以平衡相互之间的利益关系，并不是一种“常规”“例行”的“日常行为”。再者，社会交往纵贯整个人类历史过程，而作为一种制度化的利益让渡现象只存在于现代社会中。

③《马克思恩格斯全集》（第1卷），人民出版社1956年版，第82页。

④〔美〕科恩：《论民主》，聂崇信等译，商务印书馆1988年版，第185—186页。

进行某种利益转让，而不是强行或是被迫地进行利益转让；三是相互间基于公正的双赢或互惠互利原则，至少是某一方的利益增进不能损害相关群体的合理利益，而不是某一方的获益以损害另一方的合理利益为必要前提。

在现代社会和市场经济条件下，利益让渡的有效实现，取决于利益让渡的三个基本要件亦即必要的社会共识、多样化的利益让渡方式以及公正有效的协调方是否同时存在，取决于这三者之间是否能够得到有效整合。必要的社会共识决定着利益让渡行为取向具有较大的空间；多样化的利益让渡方式决定着利益让渡具有可行、现实的实现途径；而公正有效的协调方决定着利益让渡的非偶然性和稳定性。

一、形成必要的社会共识

在现代社会和市场经济条件下，普遍意义上的、涉及众多群体、众多社会成员的利益让渡的形成，需要一个必要前提：这个社会必须具有众多群体、众多社会成员所认可的社会共识。习近平在谈论民主协商时指出，“众人的事情由众人商量，找到全社会意愿和要求的最大公约数，是人民民主的真谛”①。利益让渡亦同此理。社会各个群体在重要利益方面的共识在不小的程度上有助于相互间某种重要的一致性行为取向的形成。虽然我们还不能简单地认为某种社会共识就一定能够导致某种利益让渡行为的出现，但毫无疑问，社会共识对利益让渡行为的形成具有不可或缺的重要催生意义。必要的社会共识有利于促成社会各个群体相互间在其基本行为取向和基本意愿上较为普遍的一致性，能够保证相互间不至于在基本观念、基本行为取向以及基本前景预期上出现严重的分歧，保证相互间不出现激烈的冲突对抗，进而有助于使相互间的利益让渡成为一件大概率的事情。

在现代社会和市场经济条件下，必要的社会共识包括多方面的内容。其中，最为重要的内容当属社会公正的基本理念、世俗化的行为取向以及民众对

---

① 习近平：《在庆祝中国人民政治协商会议成立 65 周年大会上的讲话》，《人民日报》2014 年 9 月 21 日。

未来发展前景的信心和希望。

（一）普遍认同社会公正的基本理念

社会公正既是现代社会当中最为重要的基本价值理念，也是社会各个群体各个成员利益诉求的最大公约数。社会公正理念有两个十分重要、缺一不可的基本价值取向。社会公正的第一个基本价值取向是，要让全体社会成员共享社会发展成果。马克思和恩格斯指出，“从人就他们是人而言的这种平等中引申出这样的要求：一切人，或至少是一个国家的一切公民，或一个社会的一切成员，都应当有平等的政治地位和社会地位”①。恩格斯还指出，“把生产发展到能够满足所有人的需要的规模；结束牺牲一些人的利益来满足另一些人的需要的状况；”“使社会全体成员的才能得到全面发展”。② 社会各个群体之间的利益应是互惠互利、相互促进的，而不能是此消彼长的。社会公正的第二个基本价值取向是，要为每一个社会成员提供充分的发展空间。马克思和恩格斯指出，“每个人的自由发展是一切人的自由发展的条件”③。恩格斯认为，社会主义制度就是要“给所有的人提供真正的充分的自由”④。罗尔斯也认为，“所有的社会基本善——自由和机会、收入和财富及自尊的基础——都应被平等地分配，除非对一些或所有社会基本善的一种不平等分配有利于最不利者”⑤。

社会公正基本理念对于利益让渡具有至关重要的作用。它决定着现代社会中社会各个群体的基本行为取向，进而决定着社会各个群体之间利益让渡的较大空间。基于社会公正的基本理念，社会各个群体必然形成如是的社会共识：一是每一个群体每一个成员都拥有相似的、基本的平等权利。社会公正理念包含共享、平等的内容，否定社会等级制，认可的是社会成员平等的基本权利。二是社会各个群体和各个成员都拥有自主选择的、差异化的自由发展和自由流动的机会。社会公正理念所包含的自由发展的内容否定的是社会成

①《马克思恩格斯选集》（第3卷），人民出版社2012年版，第480页。
②《马克思恩格斯文集》（第1卷），人民出版社2009年版，第689页。
③《马克思恩格斯全集》（第39卷），人民出版社1974年版，第189页。
④《马克思恩格斯全集》（第21卷），人民出版社1965年版，第570页。
⑤〔美〕约翰·罗尔斯：《正义论》，何怀宏等译，中国社会科学出版社1988年版，第292页。

员命运由他人来决定以及先赋性的获得，认可的是社会成员的自主意识、自致性的努力和差异化的追求，力主社会应该包容各种差异因素。三是社会各个群体和各个成员的生存与发展离不开相互间的社会合作。社会是各个群体的利益共同体、命运共同体，相互间的互惠互利、合作共赢方是解决相互间矛盾纠纷的最佳途径。“正是通过建立在社会成员们的需要和潜在性基础上的社会联合，每一个人才能分享其他人表现出来的天赋才能的总和。我们达到了一种人类共同体的概念。”①基于社会公正所形成的社会共识，不仅有利于整个社会活力和创造力的激发，而且有利于催生普遍的社会归属感和社会共同体意识，有利于提高社会整合与社会团结程度，有利于使得社会各个群体认同某种重要的一致性目标。

显然，基于社会公正理念所形成的社会共识的基础之上，人们在解决相互间矛盾纠纷时，容易形成某种重要的相向而行的行为取向，容易倾向于遵循社会公正的理念和公正的程序，进而倾向于以协商妥协、互惠互利的温和方式而不是激烈冲突的方式来进行。如是，进而从内容和形式两个方面有利于社会各个群体相互间利益让渡行为的形成，或者说进而有利于利益让渡现象大面积地出现，使得利益让渡成为一件大概率的事情。

另外需要注意的是，基于社会公正的基本理念，不仅应当注重利益让渡的内容和原则问题，还应当注重按照合理比例对利益相关方分别予以恰如其分的对应的利益让渡问题。“社会交换的公平比率和现行比率之间的关系有点类似于经济市场中的正常价格和平均价格之间的关系。”“许多群体中的现行比率背离了公平比率，这使得某些人实现以他们投入为基础的公平回报成为不可能的事情。”②这一问题虽然属于利益让渡操作层面上的问题，但同样十分重要，事关利益让渡直接效果的好坏。利益相关方各自的利益让渡，既不能出现“该得到的没有恰如其分得到”的情形，也不能出现另一个极端，即“不该得到的却过分地得到不少”的情形。利益相关方之间的利益让渡一旦出现这

①〔美〕约翰·罗尔斯：《正义论》，何怀宏等译，中国社会科学出版社 1988 年版，第 510 页。

②〔美〕彼德·M. 布劳：《社会生活中的交换与权力》，李国武译，商务印书馆 2012 年版，第 241 页。

样或那样的“过分”“过度”或“不足”的片面情形，便会造成新的不公现象，损害某一方的利益以及相互间的信任，引发新的社会矛盾纠纷。如是，利益让渡的初衷难以实现，合作共赢局面难以实现。比如，作为普惠性公正的重要内容，覆盖性利益让渡包括社会保障、义务教育以及公共卫生等等原本是一个社会必须做的事情。但是，一旦投入过度，就会超出甚至是远远超出这个国家的实际财政承受能力。其结果是，不但使这个国家不堪重负，程度不同地陷入高福利陷阱，而且更为重要的是，会使这个国家程度不同地丧失社会活力和创造力，进而程度不同地减弱这个国家的可持续发展能力。

总之，社会公正基本理念有利于社会共同体意识和社会归属感的普遍形成，有利于社会整合与社会团结程度的提高，并容易形成某种重要的、为社会各个群体普遍认同的一致性目标，形成某种重要的相向而行的行为取向。

在现代社会中，社会公正基本价值理念一旦普遍为人们所接受而成为一种社会共识，那么，与之相关的一些利益让渡行为便容易发生。英国前首相丘吉尔曾经是英国早期原始资本积累时期资本人格化的典型代表，素以其典型的“自由派”观点而著称。即便如此，随着包括平等理念在内的社会公正基本价值理念在英国的逐渐普及，丘吉尔也能够在一定程度上逐渐予以接受认同，与时俱进，并基于这样一种平等、公正的现代理念，从政策方面对弱势群体进行必要的利益让渡。1925 年，丘吉尔开始“致力于社会改革这项‘伟大的事业’”。由其推动出台的社会政策（养老金方案）内容包括，“寡妇和孤儿能够从亲人亡故之刻起领取养老金，20 万妇女和 35 万儿童将成为直接受益者。其他人的养老金将从 65 岁开始领取”。再者，“对低收入群体将降低 10% 的收入税”。[①] 不能否认，丘吉尔力推的这些利益让渡政策在一定程度上推动了英国的社会进步。

（二）普遍具有世俗化行为取向

世俗化行为取向对于防范、抑制极端的精神因素亦即极端的非理性因素也具有不可替代的作用，从而有利于利益让渡的实现。现代社会的一个重要特征便是社会成员普遍的世俗化价值行为取向。世俗化表现为人们对于事情

---

①〔英〕马丁·吉尔伯特：《丘吉尔传》，马昕译，长江文艺出版社 2013 年版，第 185 页。

的理性判断和行为的现实取向。只有在世俗化的基础之上,社会各个群体之间方能形成真正的共同体意识,相互间方谈得上进行必要的利益让渡。而与之形成鲜明对比的是,极端的宗教意识、极端的民族主义等极端的精神因素则会严重妨碍社会群体之间利益让渡的实现。极端的精神因素是一种拒斥人们现实取向和理性判断的事情。极端的精神因素,强调的不是现实取向,而是一种唯我独尊的非理性目标;强调的不是合作,而是以消灭对方为己任,为此甚至"同归于尽"也在所不惜。重要的是,极端的精神因素必然会催生相应的激烈的行为取向。所以,一个社会一旦充斥着极端的精神因素,那么社会各个群体之间就不可能形成共同体意识,就必然形成冲突对抗的激烈行为,就难以实现利益让渡,就很难出现社会团结、社会合作的局面。相反,一个社会如果普遍认同现代基本价值观,就会普遍强调平等、包容,强调世俗化取向和理性精神,进而就会挤压极端精神因素的生存空间,并为相互间的利益让渡留下可能的巨大空间。

（三）大多数社会群体和大多数社会成员对未来发展前景抱有信心和希望

在现代社会和市场经济条件下,一个社会中的大多数社会群体和社会成员如果对未来发展前景抱有信心和希望,那就意味着该社会的大多数社会成员能够比较普遍积极地认同这个社会,进而重视相互间的合作和团结。在这样的情形下,人们更倾向用温和的、协商妥协的方式来解决相互间的矛盾纠纷,以此维护互惠互利、合作共赢的局面,保证其较好前景的实现。如是,利益让渡行为的大面积出现便会成为一件大概率的事情。相反,在一个社会当中,一旦"富裕群体利益增进同社会弱势群体基本生活的改善两者之间是相互脱节的,而不是同步的。这就必定会造成社会各个群体之间的隔阂和抵触。当社会各个群体之间的隔阂和抵触积累到一定程度时,必定会进一步损害社会各个群体之间的团结与合作,引发或加重其他一系列的社会问题,造成社会的不安甚至是社会的动荡"①。在这样的情形下,一个社会当中的大多数群体或大多数社会成员对未来前景就必然会缺少信心和希望,进而不仅对整个社会

---

① 吴忠民:《中国社会主要群体弱势化趋向问题研究》,《东岳论丛》2006 年第 2 期。

难以产生认同的态度，还会对利益相关方产生种种不满，甚至产生种种怨恨以及敌对态度。于是，协商妥协的意识及行为便会趋于淡漠，而冲突的意识及行为却会加重。进一步看，该社会当中的利益让渡现象就难以大范围地有效生成，社会团结和社会合作的局面便难以出现。

一个社会当中的大多数群体和大多数社会成员对未来是否抱有信心和希望，取决于经济层面、政治层面以及社会层面等多个方面的情状。从社会层面上看，至少有这样几件事情直接影响着大多数社会群体和大多数社会成员对未来的信心和希望：其一，共享的情形。“发展应当是以人为本的发展”，“这里所说的‘人’又是由全体社会成员组成，所以，发展应当是以绝大多数人为本的发展。社会发展的成果对于绝大多数社会成员来说应当具有共享的性质”。[①] 换言之，民生状况以及绝大多数社会成员的尊严底线应当随着社会经济发展水平的提高而得到相应的提高。只有这样，绝大多数社会成员对于社会方能予以普遍认同。相反，如果随着社会经济的发展，只是少数人少数群体得到益处，而绝大多数社会成员的生活水准以及尊严底线却没有得到相应提高，那么，这样的社会就很难得到绝大多数社会成员的认同。其二，社会流动状况。在市场经济条件下，适应着市场对生产要素最佳配置的需要，社会流动范围在扩展，社会流动速率在提高。社会流动既包括垂直流动，也包括水平流动和结构性流动。大多数社会成员正是通过社会流动来进行其自身的自致性努力和差异性追求的。畅通的社会流动不仅能给社会带来活力，也是人们的希望所在。而且，通过必要的社会流动，还有助于消除社会当中的许多矛盾纠纷。“一种减少冲突的流动类型是群体流动。在一个社会当中，一个不断扩张的经济使得不同社会经济阶层的向上流动成为可能，这种流动减轻了经济利益冲突的严重性。”“一旦各族群已经改善了他们的社会经济地位……他们之间的冲突就缓和了。”[②]其三，劳资关系状况。在现代社会中，劳资关系是最为基本的社会关系之一。劳资关系状况的如何，大致能够反映出这个社会基本

---

① 吴忠民：《以人为本理念的基本涵义及实践意义》，《江苏社会科学》2008 年第 1 期。

②〔美〕彼德·M. 布劳：《社会生活中的交换与权力》，李国武译，商务印书馆2012 年版，第 250—251 页。

关系状况的如何。而劳资关系协调与否的关键在于能否处理好“强资本弱劳工”的现象，取决于能否使劳资双方实现互惠互利。其四，中等收入群体的发育状况。一个健康的社会结构的重要表现之一就是要形成一个两头小中间大、以中等收入群体为主的橄榄型社会结构。习近平指出，“中等收入群体作为经济发展的稳定受益者，他们对社会秩序和主流价值观认同感较强，比较理性务实，一般不希望看到既定社会秩序受到破坏，对社会能起到稳定器作用”①。另外，中等收入群体还能够为经济发展提供最为重要的消费内需拉动力量。正因为中等收入群体如此之重要，所以，在现代社会和市场经济条件下，“要扩大中等收入阶层，逐步形成橄榄型分配格局”②。

从历史演进的角度看，随着现代化进程的推进，社会层面上的上述四种事情一般来说是趋于向好。这样看来，就一般情形而言，在现代社会当中，大多数社会群体和大多数社会成员都对未来抱有信心和希望，持有相对积极的态度。在此基础之上，社会各个群体相互间进而也就容易认可必要的利益让渡，以实现合作共赢、互惠互利的前景目标。

在中国现阶段，大多数社会群体和大多数社会成员对未来抱有较高的希望和较强的信心。中国调查与数据中心发布的中国发展指数(2017)显示：“2017 年民众给中国未来发展信心打出 85.8 的高分，不仅高于 2016 年的82.8 分，而且是调查开展 6 年以来信心增长最快的一年。在中国发展信心的四个分指数上，民众信心较 2017 年均有不同程度的上升……表明了民众在主观心理上对 2017 年中国发展状况满意，对于未来的中国发展也保持较高信心。”③之所以如此，从社会层面上看，其关键就在于中国这些年在上述四个方面做得比较成功。其一，重视共享。自 21 世纪之初，中国开始改变以往过度追求 GDP 的做法，开始注重改善民生，建立起较为健全的社会保障体系。其力度之

① 中共中央文献研究室编：《习近平关于社会主义社会建设论述摘编》，中央文献出版社 2017 年版，第 40—41 页。

② 中共中央文献研究室编：《习近平关于社会主义社会建设论述摘编》，中央文献出版社 2017 年版，第 40 页。

③ 中国人民大学中国调查与数据中心：《2017 年中国发展指数正式发布》，中国人民大学中国调查与数据中心网站 2018 年 1 月 23 日。网址：http://nsrc.ruc.edu.cn/news/1267。

大、范围之广，均是前所未有。2010 年前后，中国在义务教育、公共医疗方面的财政支出常常以超出百分比的两位数字进行投入。其二，畅通社会流动渠道。十几年来，中国在消除户籍制度和市场壁垒、鼓励社会成员自主创业等方面做了大量的事情，大量阻碍社会流动的因素被消除。其三，劳资关系得到极大改善。近年来，“强资本弱劳工”的现象得到明显改变，工人特别是农民工的劳动条件得到大幅度改善。这里，有两组关于农民工劳动条件的数字能够说明问题。2004 年，农民工月均收入为 780 元；79.3% 的外出农民工没有与用工单位签订劳动合同；农民工人均每周工作 6.4 天，每天工作 9.4 小时；外出农民工中，有 6.1% 的农民工工资被拖欠。[①] 到 2016 年，农民工月均收入增至 3275 元；与雇主或单位签订了劳动合同的农民工比重增至 35.1%；日从业时间超过 8 小时的农民工降至 64.4%，周从业时间超过 44 小时的农民工降至 78.4%；被拖欠工资的农民工比重降至 0.84%。[②] 其四，中等收入群体得到稳步的发展。有调查数字显示，1999 年，中国中等收入者所占比重只有 15% 左右。[③] 2007 年中国的中等收入人群人数比例上升到 23%。[④] 2014 年，中等收入群体所占比重为 37.4%。[⑤] 凡此种种，使得中国现阶段的大多数社会群体和大多数社会成员对未来抱有较高的希望和较强的信心。而中国民众这种较高的希望和较强的信心，又进一步为实现社会团结和社会合作所必需的利益让渡提供了比较扎实的基础。

二、拥有多样化的利益让渡方式

对于有效的利益让渡而言，多样化的利益让渡方式能够为之提供必不可

---

① 国务院研究室课题组：《中国农民工调研报告》，中国言实出版社 2006 年版，第 105、107、203、107、248 页。

② 国家统计局：《2016 年农民工监测调查报告》，国家统计局网站 2017 年 4 月 28 日。http://www.stats.gov.cn/tjsj/zxfb/201704/t20170428_1489334.html。

③ 陆学艺主编：《当代中国社会阶层研究报告》，社会科学文献出版社 2002 年版，第 73 页。

④ 陆学艺主编：《当代中国社会结构》，社会科学文献出版社 2010 年版，第 23 页。

⑤ 李培林等主编：《2017 年中国社会形势分析与预测》，社会科学文献出版社 2016 年版，第 7 页。

少的实现路径。从历史发展进程的角度看,人们对利益让渡的需求程度以及利益让渡方式本身发生了很大的变化。随着现代生产力的发展,社会各个群体在物质财富方面可供利益让渡的弹性空间在增大;随着社会各个群体利益诉求日益趋于多样化、交错化以及复杂化,人们相互间利益让渡的种类相应地也在增多,即便同一群体,往往会有种类不同、权重不一的多种类型的利益诉求;随着社会文明的进步以及相伴而来的民众理性程度的提高,社会各个群体对相互间利益让渡方式的选择意识和成本意识也在增强,愈益倾向于选择成本及代价较小的利益让渡方式;随着社会各个群体相互间依赖程度的提高,随着社会发展速率的加快以及社会各个群体共同面对的社会风险的增多和加剧,人们对通过必要的利益让渡以换取必需的相互之间的社会合作、社会团结以及社会安全的需求程度也在提高。凡此种种,不仅使得利益让渡的必要性随着现代化进程的推进而日益增加,而且使得利益让渡可供选择的方式日益多样化。进一步看,这就为利益让渡提供了有效的实现路径。

人们在解决社会矛盾纠纷时,选择怎样的利益让渡方式十分重要。利益让渡方式并非单一的,而是有多种类型。而在众多类型的利益让渡方式当中,人们的选择一旦得当,便能够使得利益让渡拥有了可行和可及的路径,从而有效地实现利益让渡,化解至少是能够有效地缓解社会矛盾纠纷,减小社会为之付出的成本,防止可能的社会动荡。相反,人们对利益让渡方式的选择一旦不当,则难以成功实现利益让渡,或者是产生一种成本较大而收效较小的事倍功半的效应。

在现代社会和市场经济条件下,大致存在以下几种利益让渡的方式。

(一)直接的利益让渡

这里所说的利益直接相关者主要是指具有"一对一"的直接利益互动关系的社会矛盾相关方。利益直接相关者行为主体的数量较少,一般只有利益直接相关者的两个当事者,不过有时也会有作为第三方的公共权力的介入。"一对一"的社会矛盾相关方虽说看似是社会中的某种具体现象,但相互间的利益让渡问题却具有重要的基础性社会意义。在现代社会和市场经济条件下,最为典型的利益直接相关者是劳资双方之间的矛盾纠纷。由于劳资关系是现代社会最为基本的社会关系之一,所以,劳资双方之间的利益让渡问题对于整个社会矛盾纠纷的解决以及社会合作局面的形成具有十分广泛的基础性影响。

劳资之间的直接利益让渡能否得以较为普遍的实现，虽然要取决于很多因素，但其中最为重要的一点，便是直接地取决于一个社会的物质财富状况。且不说以自然经济为基础的传统社会，就是在早期大工业阶段，虽然生产力已经得到大幅度发展，但可供让渡的物质财富相对来说还不是很充裕。于是，劳资双方围绕着利润分配问题产生了激烈的冲突。雇主一方最主要的利益诉求是利润的最大化，而受雇者最主要的利益诉求却是最为基本的生存性收入。两者的主要利益诉求一是相差过大，二是利润的分配此消彼长，因而很难进行相互间的利益让渡。其结果是，“在早期大工业时代，工人及其家庭的基本生存资源十分有限，有时甚至会难以为继，资方对获取超额利润的欲求却是极为强烈而且是有增无减，因而工人对于自身必需的基本生存资源的捍卫有时容易采取十分激烈的手段，而不可能考虑采取互惠互利、相互合作、共赢的方式进行”[①]。两者一旦出现激烈的对抗，所带来的常常是零和及负和博弈效应，劳资双方均没有长期的赢家，由此，整个社会的安全运行和健康发展也受到不利的影响。

当现代化进程步入较为成型阶段时，在生产率得到极大提高以及社会文明得以长足进步等多种因素的影响下，上述情形发生了很大的变化。从可供劳资双方利益让渡的物质财富来看，生产率的大幅度提高，使得企业主有可能拿出相对更多的利润进行必要的利益让渡，以此保证受雇者最低限度的生活收入，“使工人可获得‘合理的’工资，使资本家可获得合理的利润”[②]。而且有一个重要因素需要考虑进去，这就是对于财富愈益不成问题的企业主来说，“边际效用原理也有助于产生让步的愿望。这一原理提醒人们，开头的100万美元对一个人来说，一般要比后来他可能获得的任何百万美元要具有更大的价值。在经济十分富足的社会中，精英中的许多成员可能倾向于做出一些经济上的让步，以便尽可能增大其他方面的报偿，如安全、尊敬和闲暇等。……

① 吴忠民：《从基本生存诉求到基本权利诉求——转型期社会矛盾基本根源的演化逻辑》，《当代世界与社会主义》2015年第2期。

②〔英〕约翰·穆勒：《政治经济学原理》上卷，赵荣潜等译，商务印书馆1991年版，第401页。

精英们具有多重目标，并非只关注物质报酬的增大，所以，在一个高度富足和不断扩大的经济中他们可能愿意做出一定的经济让步”①。在这样的情形下，劳资双方之间利益让渡的可能性便大为提高。只要我们环顾一下各个发达国家的现状，就不难发现，这些国家经过一个时期各种各样的努力，几乎都实现了劳资双方之间必要的利益让渡，受雇者的收入及劳动条件均获得了普遍提高和大面积改善。这种利益让渡现象可以说已经成为一种趋势，虽然各个国家在其实现的程度上还或多或少有些差别。

在现代社会和市场经济条件下，其他“一对一”的社会矛盾相关方之间的利益让渡也大都呈现出与劳资关系之间利益让渡情形相似的情形。

（二）交叉性的利益让渡

如果说上述社会矛盾直接相关方的利益让渡是“一对一”的利益让渡的话，那么，这里所说的交叉性利益让渡则是指多个利益关联群体之间“多对多”的利益让渡；如果说“一对一”的直接利益让渡主要是指同一层面的利益让渡的话，“多对多”的交叉性利益让渡则包括多个层面的利益让渡。与“一对一”的利益让渡有所不同，交叉性利益让渡的行为主体有多个，亦即利益诉求相关方的各个群体共同介入，包括公共权力有时也会介入。交叉性的利益让渡经常出现在多个利益群体皆有所卷入的、涉面较广的社会利益结构调整的时期，或者经常出现在大的“社会变革”的时期。

诚如前面所提及的，随着现代化进程的推进，社会各个群体的利益诉求愈益多样化、复杂化。但就某个群体多样化的利益诉求而言，并非每一种利益诉求同等重要，而是各自有核心利益与非核心利益之分，有迫切利益与非迫切利益之分，换言之，其不同类型利益诉求的“权重”大小有所不同。

如果恰逢某个特定的重要时期，特别是涉及面广泛的社会利益结构大幅度调整时期，那么社会各个群体之间不同类型的千差万别的利益诉求便凸显出来，整个社会便会不可避免地面临多种多样、极为复杂的社会矛盾，社会处在较为紧张的状态当中。不过，应当看到，在现代化和市场经济程度愈益提高

①〔美〕格尔哈斯·伦斯基：《权力与特权：社会分层的理论》，关信平等译，浙江人民出版社 1988 年版，第 328—329 页。

的情形下，这些利益相关的各个社会群体经常会达成某种平稳推进改革发展这样一个对各方都有利的最为重要的基础性社会共识。为了实现这样一个重要的基础性社会共识，为了避免两败俱伤的社会动荡，理性的做法是：社会各个群体具体的利益诉求虽然千差万别，但相互间必须进行必要的、类型不同的利益让渡，进行利益互换，求同存异，交互得益，各取所需，各得其所。交叉性利益让渡的操作难度虽然较大，但是相关的群体能够通过必要的利益让渡，以较小的社会成本换取较大的社会进步。对“权势”群体和富裕群体而言，在这样一个特殊时期，就其各种利益的权重而言，财富往往已经不是排在第一位的重要事情。因为对他们来说，“‘从交换中得到的利润随着交换次数的增多而下降’，用技术性术语来说，就是随着利益数量的增加，边际效用最终下降”①。目前最为重要、排名第一的是安全需求，没有了安全就没有了一切，其次是尊严需求，所以他们宁愿以自己部分财富和部分权力的让渡来换取自身的安全和尊严。而对于正在奋力争取平等权利和经济利益的贫困群体或弱势群体而言，如果放弃某种激烈的行为而能够得到某种平等的社会地位和某种经济利益，同时还能够避免社会动荡的话，那么，他们也容易接受这种对己对他人皆有益无害的利益让渡。

显然，交叉性的利益让渡对于各个群体来说虽然并非最佳选择，因为各自毕竟都放弃了一些利益，但交叉性利益让渡毕竟能够避免社会动荡这样一种两败俱伤的最不好的结果，因而是一种较好的选择。这种做法，“不一定是不同利益主体的各自最想实施的‘最优’方案，却往往是不同利益主体都能接受的‘满意’方案。它不一定能够实现‘最好’，却一般都可避免‘最坏’”②。应当说，这是较为成功的妥协。“真正的妥协是综合对立的势力，并把双方（或几种）观点中的精彩部分以不完整的形式保留下来。”“只有各方准备把自己要求中的各个部分区别开来，在某些部分让步，以换取另一部分上的满足，才有可能达成彼此满意的协议。”③

---

①〔美〕彼德·M. 布劳：《社会生活中的交换与权力》，李国武译，商务印书馆2012年版，第154页。

② 吕元礼：《现代民主社会的政治共识》，《江苏社会科学》2005年第3期。

③〔美〕科恩：《论民主》，聂崇信等译，商务印书馆1988年版，第186—187页。

西班牙自20世纪70年代后期开始的社会转型堪称成功运用交叉性利益让渡方式的典型。独裁多年的佛朗哥于1975年去世,西班牙出现巨大的权力真空。当时西班牙面对的,是自20世纪30年代以来所形成的激烈对峙的种种社会力量,激进的左翼力量,保守的官员群体、军人集团以及其他右翼力量,而且相互间的历史积怨十分深厚。“在形形色色的政治力量组成的谱系中,还存在着强有力的极端分子。”当时大规模内战有一触即发之势。在这样的情形下,国王胡安·卡洛斯一世委托当时的首相苏亚雷兹同各派力量经过反复谈判协商,协调各方利益关系,终于成功地实现了相互间的利益让渡:国王获得了尊崇的地位,官员和军人获得了安全和生活的保障,激进的左翼力量获得了合法的地位。“阿道夫·苏亚雷斯、胡安·卡洛斯国王和反对派的主要领导人,以其灵活的政治技巧和坚定的态度,确保了一次相对平静的过渡。”①总体来看,西班牙当时的这样一种涉及面广泛的利益让渡,所带来的是西班牙以较小的社会成本成功地开启了由传统社会向现代社会的转型,避免了可能的社会激烈动荡,使西班牙社会各个主要群体从长远看皆成为受益者。

成功实现交叉性利益让渡的重要意义在于:在重要的历史节点,通过寻找社会各个群体利益之间的最大公约数,相互进行有效的利益让渡,以此逐渐化解或缓解社会各个群体相互间的矛盾冲突,减少不必要的社会成本,拓展、增进社会共同体长远的共同利益,最终实现合作共赢,有效推动社会进步。

(三)普惠性的利益让渡

普惠性的利益让渡主要是指社会共同体基于自身整体利益考虑,以公共财政为主要杠杆,通过社会、经济、政治等方面的系统政策和措施,如社会福利制度等,提升全体社会成员的基本生活水准,推动社会各个群体的合作共赢、共同进步。其行为主体主要是公共权力。与其他利益让渡类型相比,普惠性利益让渡的社会阻力较小。

在现代社会和市场经济条件下,普惠性的利益让渡是一个社会共同体必须做的事情。从社会发展的基本宗旨看,发展的根本目的是要让全体社会成

①〔英〕保罗·普雷斯顿:《民主的胜利——西班牙政治变革的进程》,李永学译,上海社会科学院出版社2017年版,第1—2页。

员共享社会发展成果，让每一个社会成员的基础性基本权利能够得到有效的保护。“我们追求的发展是造福人民的发展，我们追求的富裕是全体人民共同富裕。改革发展搞得成功不成功，最终的判断标准是人民是不是共同享受到了改革发展成果。”①而要做到这一点，就必须进行必要的普惠性利益让渡。从社会安全的角度看，也只有进行必要的利益让渡，方能使社会各个群体都能有一个相对安全的社会环境。原因很简单。面对着市场经济等种种社会风险，“有些人并非由于他们自己的过错，结果他们生命中的主要投入却不能获得一种公平的回报。作为超出他们控制的竞争过程的受害者，他们所受到的不公平对待可能使他们疏远他们的社会并敌视他们的社会。在一定程度上补偿了他们损失的社会福利立法被用来防止他们的潜在反抗”②。

普惠性利益让渡的主要内容包括：其一，全覆盖性的利益让渡。从社会领域看，一个社会需要通过在社会保障、义务教育、公共卫生、住房保障、就业保障等方面的努力，建立全覆盖的社会福利制度，以此保障并不断提升全体社会成员基本的生活水准和生活质量。其二，补偿性利益让渡。在任何一个社会中，总有一部分人的生存和发展能力十分脆弱，他们不仅会陷入十分困窘的生存状态，而且更加难以抵御各种社会风险。像是经济危机一类的风险，“不是由全部人口平均分担，而是主要压在最贫困的那一部分人身上”，“像饥荒一样，这样的经济总危机在‘魔鬼袭击落在最后的人’的基础上展开。这部分地说明了为什么以社会安全网为形式的‘防护性保障’安排是如此重要”。③ 所以，一个社会有必要专门制定某种社会政策，对这一群体进行专门化的保护，用以确保这一群体的基本生活水准得到保障，并且随着社会的发展而相应得以提高。中国目前正在实施的“精准扶贫”政策当属此列。其三，代际追加性的利益让渡。这一点有时容易被人们忽视。实际上，社会合作包括两个方面

---

①《征求对中共中央关于制定国民经济和社会发展第十三个五年规划的建议的意见——习近平主持中共中央召开党外人士座谈会并发表重要讲话》，《人民日报》2015 年 10 月 31 日。

②〔美〕彼德·M. 布劳：《社会生活中的交换与权力》，李国武译，商务印书馆 2012 年版，第 257 页。

③〔印〕阿马蒂亚·森：《以自由看待发展》，任赜等译，中国人民大学出版社 2002 年版，第 182 页。

的合作：一是“横向的”合作，即目前各个领域从业者相互间的合作；二是“纵向的”合作，即每一代相互间的合作。对于后者，是不应当被忽视的。以中国为例，“从某种意义上讲，现在的老年人在其中青年时代只有贡献，没有索取；他们对社会直接与间接的贡献极大，而自己获得的却极少，两者不成比例。正是通过这批人的艰苦奋斗和巨大付出，新中国才得以建立，中国自主的现代化进程才得以启动，中国社会才得以延续，而且，为下一个阶段的现代化建设奠定了一个初具规模的物质与社会的基础。”①中国经过40多年的改革开放，获得了巨大的经济财富，有能力也理应对目前的老年人进行追加性利益让渡，使之共享改革发展成果。

另外，还有一种普惠性利益让渡的做法也值得关注。尽管这种做法与公共财政没有多大相关性，但毕竟也是一种事关可供社会进行普惠性利益让渡的资源——政策性的机会资源。这种普惠性的利益让渡如果做好，同样能够形成一种“共享”的效果，能够提高社会团结和社会整合程度。1862年，美国总统林肯签署《宅地法》，规定每人只要缴纳10美元登记费，便可在美国西部尚未开发的区域得到160英亩土地，而且购买者在这些土地上连续耕种并住满5年之后，便可成为这些土地的合法主人。《宅地法》的颁布，让大量农民拥有了赖以为生的土地财产，而且增强了社会团结，“不仅得到了西北部德裔美国人和其他移民集团的支持，更得到了东部工人和农民的支持”②。这些，为美国取得旨在反分裂的南北战争的胜利，提供了十分重要的社会支持力量。

最后需要特别提及的是，应当多维度地促成利益让渡的复合效应。在现实社会中，由于社会各个群体本身以及所面临环境的极端复杂化，因而在实施利益让渡时，可以将多种利益让渡方式复合、交织使用，进而使得利益让渡实现路径所产生的积极效应最大化。

随着现代化和市场经济进程的推进，社会结构愈益复杂化。在这样的情

---

① 吴忠民：《社会公正论（第二版）》上卷，山东人民出版社2012年版，第234页。

② 洪朝辉：《经济转型时期的政治冲突与妥协——关于美国〈宅地法〉立法进程的历史思考（1785—1862）》，《世界历史》1990年第6期。

形下，社会各个群体各个成员的利益诉求趋于多样化、复杂化以及多层面化，各个利益相关方之间利益让渡所涉及的领域也趋于多样化、复杂化以及多层面化。社会各个群体利益让渡所涉及的同一层面的利益点、不同层面的利益点以及不同领域的利益点也常常交织在一起；而且，从整个社会范围看，各种利益让渡方式如直接利益让渡、交叉性利益让渡以及普惠性利益让渡也往往是交织在一起的。凡此种种，难免造成社会各个群体的某种“复合型”利益让渡的诉求，而且这种“复合型”利益让渡诉求随着现代化和市场经济进程的推进而日益增多。这就要求人们在促进利益让渡时，不能从单一的维度进行，而应当从多维的角度来整体化地同步推进。就此而言，应当多维度促成各个利益相关方利益让渡的复合效应亦即同一类型和不同类型的利益让渡以及直接和间接的利益让渡叠加的复合效应，而不是只着眼于某个利益相关方利益让渡某一方面的效应。比如，我们在考虑与工人群体利益让渡的相关问题时，不应仅仅只是考虑他们同企业主群体之间“一对一”利益让渡状况的如何，还应当考虑他们与利益让渡相关的复合效应状况，包括工人群体在整个社会的、全覆盖的普惠性利益让渡中的所得等等。

三、存在公正有效的协调方

对于利益让渡的有效实现来说，公正有效的协调方的存在是必不可少的保障。否则，即便整个社会拥有的可供再分配的资源量越来越大，必要的社会共识业已形成，种种利益让渡方式业已存在，但是，社会群体自身“囚徒困境”自利倾向顽疾等种种不利因素的存在，也会使得前述有利于利益让渡实现的条件无法兑现为实际的有益结果。显然，在一个社会当中，只有形成一个公正有效的协调方，方能将各种有利于利益让渡的因素进行有效整合，从而促成利益让渡活动的出现。

（一）公正有效的公共权力最为重要

就公正有效的协调方而言，虽然存在多方面的社会力量，但其中最为重要的便是公正有效的公共权力。公正有效的公共权力对于利益让渡的实现具有直接的促成作用。

公正有效的公共权力能够基于公正、客观的立足点将社会各个群体的利益诉求纳入整体化利益平衡的格局，从而直接促成利益让渡的实现。其一，能够有效解决社会各个群体在利益博弈中的“囚徒困境”现象。从人的趋利避害本能行为取向的角度讲，社会各个群体均希望自身利益得以最大化。即便在某种重要的社会共识具备的条件下，相关群体在进行必要的利益让渡时，各自也难免或多或少地想多留一块利益，所以“囚徒困境”现象同样在所难免。况且，有的群体自身力量较强，拥有较大的话语权，因而更想据此多留一块利益。于是，利益相关方相互间常常难以达成一致，有效的利益让渡难以顺利实现。在这样的情形下，公正有效的公共权力便可以站在相对超脱的“第三方”的立场上，以众多群体利益诉求的最大公约数为基准，以这些群体整体利益的“帕累托效应”为目标，积极促成其相互间利益让渡的形成。在解决这一问题时，有一个必要前提，这就是要使各个群体相互间得以充分沟通、协商妥协。习近平指出，“涉及全国各族人民利益的事情，要在全体人民和全社会中广泛商量；涉及一个地方人民群众利益的事情，要在这个地方的人民群众中广泛商量；涉及一部分群众利益、特定群众利益的事情，要在这部分群众中广泛商量；涉及基层群众利益的事情，要在基层群众中广泛商量”。如是，便“可以广泛达成决策和工作的最大共识，有效克服党派和利益集团为自己的利益相互竞争甚至相互倾轧的弊端”。[①] 其二，在一定程度上能够弥补市场经济客观上对部分社会群体社会成员所造成的利益损害。毫无疑问，市场经济是现代社会的基石。“市场决定资源配置是市场经济的一般规律，市场经济本质上就是市场决定资源配置的经济。”[②]但同时需要看到，市场经济并不能够解决现代社会的所有问题。在市场经济条件下，由于人们信息的不对称以及各自能力大小的不同，一部分社会群体社会成员的利益会受到某种损害。诚如阿马蒂亚·森所说，市场机制“是人们通过它能够相互交往并从事互利活动的一种基本安排”。问题在于，“对运用市场交易准备不足，毫无约束的信息藏匿和缺乏法规管制，使

---

① 习近平：《在庆祝中国人民政治协商会议成立65周年大会上的讲话》，《人民日报》2014年9月21日。

② 习近平：《关于〈中共中央关于全面深化改革若干重大问题的决定〉的说明》，《人民日报》2013年11月16日。

得强势者能够利用非对称的优势来牟利。对这些情况的处理，不是压制市场，而是让市场更好地运作，具有更高的公平性，而且得到适当的补充。市场的整体成就深深地依赖于政治和社会安排”①。这种政治和社会安排的重要内容就是必须进行必要的利益让渡，实现相互间的利益平衡。而这一切，必须通过公正有效的公共权力方能实现。习近平指出，“政府要从宏观层次和全局发展上配置重要资源，以保障基本公共服务为重点，组织提供社会和市民需要的公共产品和公共服务，弥补市场缺陷”②。其三，对弱势群体中“沉默的人”进行必要的利益让渡。弱势群体中存在这样一种成员：由于长期处在一种贫困当中，没有文化，没有参与能力，甚至没有参与意识。从一定意义上讲，这些人属于“沉默的人”。且不说这些人缺乏起码的谈判沟通能力，就是不满的声音都难以发出，他们难以参与到必要的利益让渡活动中。所以，公正有效的公共权力有责任对这些人进行必要的利益让渡，维护其基础性的基本权利，改善其基本的生活处境。

（二）需要做好的几件事情

问题在于，并非所有公共权力的所有做法都能有效地促成利益让渡。围绕着公共权力，人们只有做好这样几件事情，方能有效促成社会各个群体之间的利益让渡：

第一，规范公共权力。公共权力是公共服务机构，应当具有的起码的公正性。公共权力“为了制定公共政策，重要的是，不仅要在选择公共政策的目标和优先主次时判断正义所提出的要求以及价值标准的作用范围，而且要理解普通民众的价值观，包括他们的正义感”③。但是，还应看到，由于公共权力具有国家为实现公共目标所赋予的某种强制性能力，因而从一定意义上讲，公共权力具有某种自我扩张、越界的可能性。而公共权力一旦越出合理边界，就会

①〔印〕阿马蒂亚·森：《以自由看待发展》，任赜等译，中国人民大学出版社 2002 年版，第 135 页。

② 中共中央文献研究室：《习近平关于社会主义社会建设论述摘编》，中央文献出版社 2017 年版，第 133 页。

③〔印〕阿马蒂亚·森：《以自由看待发展》，任赜等译，中国人民大学出版社 2002 年版，第 271 页。

失去公正性，就有可能按照拥有者某种利益偏好扩张自己的利益，而程度不同地损害公众利益。如是，社会各个群体之间公正合理的利益让渡就不可能实现。鉴于此，一个社会必须将公共权力规范化，将其活动严格限制在法律框架中。正如习近平指出的那样，“任何组织或者个人，都不得有超越宪法和法律的特权。一切违反宪法和法律的行为，都必须予以追究”①。

第二，推动与利益让渡相关的制度建设。“人们在机构和制度组成的世界中生活和行动。我们的机会和前途严重依赖于存在哪些机构和制度以及它们如何运行。”②与人治社会不同，现代社会是一个强调法治、强调制度的社会。“一个社会要有制度，更要有一个好的制度。如果缺乏必要的制度，而仅仅是停留在随机性的政策导向层面，那么，这个社会就必然会面临一种不确定性的前景，使人们缺少一种可以预期的长远目标，存在着诸如随意性、多变性以及成本过大、风险过多等种种不利的因素。”③只有将以社会公正为依据的利益让渡活动制度化、法治化，方能使社会各个群体在解决相互间矛盾纠纷、进行必要的利益让渡时有章可循，具有一种可预期性。“人类社会发展的事实证明，依法治理是最可靠、最稳定的治理。”④以中国现阶段解决劳资矛盾的基本制度为例。中国自改革开放以来逐渐形成了政府劳动行政部门、同级工会和企业三方面代表联合组成的“三方协商机制”，用以解决劳资矛盾纠纷，实现劳资双方之间的利益让渡。事实证明，这种“三方协商机制”是劳资双方的一种有效的利益让渡的制度安排，产生了越来越大的积极作用。“三方协商机制为政府、雇主和工人构筑了一个对话的平台，它有利于三方沟通情况、了解和协商彼此不同的观点，有利于对经济社会和劳动方面的重大问题取得某种程度的共识，有利于有关劳动问题的决策能够比较符合实际，并在一定程度上比较

① 习近平：《在首都各界纪念现行宪法公布施行30周年大会上的讲话》，《人民日报》2012年12月5日。

②〔印〕阿马蒂亚·森：《以自由看待发展》，任赜等译，中国人民大学出版社2002年版，第135页。

③ 吴忠民：《走向公正的中国社会》，山东人民出版社2008年版，第34页。

④ 习近平：《在庆祝澳门回归祖国15周年大会暨澳门特别行政区第四届政府就职典礼上的讲话》，《人民日报》2014年12月22日。

兼顾各方的利益。”①

第三,推动与利益让渡活动相关的谈判协商组织的发育。社会各个群体之间矛盾纠纷的解决,在很大程度上依靠相互间的谈判协商,进行必要的利益让渡。而对于这些巨量的谈判协商及利益让渡活动,不可能一切都依靠政府来解决。政府对于社会各个群体巨量的、而且是千差万别的利益诉求,一是不可能有足够的精力,二是不可能有足够的、方方面面的专业知识,因而根本不可能一切都亲力亲为地予以解决。政府只能主要是从宏观层面,通过制定必要的制度和政策予以协调,通过必要的法律程序予以解决。如果政府过多地介入社会各个群体之间矛盾纠纷的谈判协商及相应的利益让渡活动的话,那么其结果是力不胜任,而且由于越俎代庖,一旦解决得不成功,难免会代人受过,并使自身的公信力受到损害。同样,社会各个群体之间的谈判协商和必需的利益让渡,也不可能依靠势孤力单的单个社会成员或少数几个社会成员来解决。显然,谈判协商以及相应的利益让渡活动需要更多地依托于相关群体的利益代言机构来解决。比如,企业受雇一方亦即工人的利益诉求,必须依靠专门化的机构——工会来进行。原因很简单。个体化的工人既没有力量,也没有必要的专业知识同企业主进行协商谈判。工人只能依靠工会,方能将大量个体的力量汇聚成集体的力量,据此同雇主方进行谈判协商和相应的利益让渡活动。诚如有学者指出的那样,“工会的力量在于集体行动。当工人们用工会的形式联系在一起时,他们不再像一个个孤立的个人那样进行谈判。与单个雇员辞职去寻找更好的工作这种威胁相比,罢工(或怠工)的威胁给雇主造成更多的困难”②。这样看来,政府应当大力推动与利益让渡相关的社会组织的发育,以此形成社会各个群体之间进行谈判协商、利益让渡的必不可少的基础性平台。比起政府直接介入社会各个群体之间的谈判协商及相关的利益让渡来说,如是做法更为现实,具有基础和广泛的意义。

---

① 常凯主编:《劳动关系学》,中国劳动社会保障出版社 2005 年版,第 123 页。

②〔美〕斯蒂格利茨:《经济学》上册,姚开建等译,中国人民大学出版社 1997 年版,第 440 页。

四、有效整合利益让渡的基本要件

（一）有效整合利益让渡基本要件的重要性

由上可见，在现代社会和市场经济条件下，就利益让渡的实现而言，必要的社会共识、多样化的利益让渡方式以及公正有效的协调方这三个基本构成要件缺一不可。必要的社会共识有助于催生利益相关方在行为目标取向、协商谈判的“平等资格”以及必要的制度安排政策制定等方面的一致性，同时还有助于排除一些极端的非理性因素的不利影响，从而为利益相关方相互间提供了较大的利益让渡的可能性空间。多样化的利益让渡方式则为利益相关方相互间的利益让渡提供了多种可供选择的现实途径，使得其相互间的利益让渡具有了必需的可行性及可及性，有助于利益相关群体相互间协商谈判和利益让渡的顺利进行。而公正有效的协调方则有助于利益相关方之间的利益让渡活动逐渐具有一定的稳定性，久而久之，甚至会有助于逐渐形成一种可持续性的制度化安排，并由此使利益让渡更具有一种普遍的意义，而逐渐摆脱人治性、偶然性以及随机性因素的影响。可见，必要的社会共识、多样化的利益让渡方式以及公正有效的协调方三者的同时存在，使得利益相关方或是社会矛盾相关方相互间利益让渡的出现、利益协调局面的形成以及合作共赢局面的实现成为一件大概率的事情。

历史上的一些重大事件说明，当一个国家面临众多激烈的社会矛盾纠纷需要解决时，如果同时具备这三个基本要件，社会矛盾相关方之间的谈判协商就容易进行，利益让渡就容易实现，社会矛盾纠纷就容易化解，整个社会就能够以较小的代价取得较大的进步。相反，如果没有这三个基本要件，相互间的谈判协商就难以进行，相互间的利益让渡就难以实现，而且整个社会会付出巨大的代价，社会动荡会成为一件大概率的事情。从西班牙 20 世纪 70 年代后期开始的社会转型中，我们可以看到，当时西班牙社会各主要群体的利益诉求虽然千差万别，但形成了一个重要的社会共识，这就是国家应当在社会稳定的条件下进行社会变革。同时，国王胡安·卡洛斯拥有合法的权威性和一定的实权，能够扮演公正有效的协调方的角色，而阿道夫·苏亚雷斯等人能够运用多种谈判协商手段以及多种利益让渡方式进行相对充分的斡旋。在利益让渡三个基本要件都具备的情形下，西班牙社会各个主要群体之间成功地实现了利益让渡，开启了社会转型之路。

与西班牙形成鲜明对比的是2011年“茉莉花革命”当中的利比亚。当时，利比亚各个宗教派别、族群派别以及政治派别林立，与国家强力领导人卡扎菲形成严重对峙，而且各个派别之间也是严重对峙。当时的利比亚各种派别之间缺乏起码的社会共识，同时也缺少一个公正有效的协调方，并且各个派别之间没有可能选择谈判协商方式来实现相互间的利益让渡，而最终直接诉诸暴力冲突。换言之，利益让渡的三个基本要件在当时的利比亚都不具备。其结果是，国家旧的政权被推翻，却没有一个有效的新政权予以替代，整个国家陷入分裂，社会动荡不安，社会各个群体均为之付出了巨大的代价。“卡扎菲倒台后，一些推翻他的民兵武装拒绝缴械，公开挑战新政府的合法性。利比亚被分割成多个半独立的区域，并分别被几百个武装组织控制。2012年7月国民议会选举后建立的政府十分脆弱，国家武装力量无法维护社会秩序。这种状况导致各个地区进一步走向分裂。”①“物价飞涨，经常性断水断电。”“除了武装冲突，利比亚绑架勒索、暗杀活动不断，无论普通民众，还是政府官员的人身安全都很难得到保障。”“政府对边境缺乏有效管理，利比亚成为主要偷渡起点，涌向利比亚的非法移民人数剧增。”②无独有偶，“茉莉花革命”的肇始国家突尼斯也是如此。“（‘茉莉花革命’）5年过去了，突尼斯似乎重新回到原点。”“民众要求工作和改善经济的诉求与5年前一样，5年来国家的社会经济状况并没有改善。”“过去5年国家在经济、安全、社会层面发生倒退。”③

既然利益让渡至关重要，同时利益让渡的三个基本构成要件缺一不可，所以，在现代社会和市场经济条件下，社会共同体只有将这三个基本构成要件予以有效整合，方能实现有效的利益让渡，并进而实现合作共赢的局面。

---

① 刘学：《后卡扎菲时代为何越来越乱》，《南方日报》2014年7月29日。

② 李远：《“后卡扎菲时代”的利比亚，陷入分裂泥潭难自拔》，《参考消息》2018年1月23日。

③《5年后，突尼斯为何再陷入危机》，新华网2016年1月26日。ttp://news.xinhuanet.com/world/2016-01/26/c_128670496.htm。

（二）立足于社会公正实现利益让渡

社会公正既是现代社会的基本价值理念，也是社会各个群体各个成员利益诉求的最大公约数。所以，应当以社会公正为基本出发点推动并实现利益让渡。立足于社会公正推动利益让渡有两层含义。一层含义是，社会公正的基本内容理应成为利益让渡的基本内容。社会公正包括普惠性公正和差异性公正两个方面的基本内容。普惠性公正“主要是指围绕基本的‘平等对待’问题，每个社会成员的基本尊严以及基本生活底线都能够得到保证，并随着社会的不断发展而得以不断提高”。差异性公正“主要是指围绕基本的‘自由发展’问题，社会成员多样化的需求以及多样化的自由发展空间能够得到保护”①，并随着社会发展水准而不断提升。另一层含义是，社会公正的基本精神理应成为利益让渡的基本原则。社会公正的基本精神是客观中立，不偏不倚。社会公正强调的是，以维护每一个社会成员的基本权利为基本出发点，即不管一个人来自哪个群体，不管是穷人还是富人，是男性还是女性，是“平民”还是官员，只要是属于基本权利方面的事情，都应当得到一视同仁的保护。唯有如此，方能形成有效的机制，使利益让渡有效而持续地进行。

专论7　社会公正是全体人民意愿的最大公约数

经过40多年的改革开放，中国的发展取得了举世公认的巨大成就。这种巨大成就在人类历史上是罕见的。同时我们还必须看到，改革已进入深水区，中国面临着大量的前所未有的新问题新挑战：经济出现了大量新常态现象，社会阶层结构发生了深刻变化，各种利益诉求呈现出多样化复杂化的情状，各种观点迥异的思潮纷纷出现，社会焦虑现象弥漫着整个社会，由此引发的各种各样的社会矛盾冲突日益凸显，并对中国社会的安全运行和健康发展形成了越来越大的压力。

社会矛盾之所以日益凸显，其中的一个重要原因在于，全体人民亦即社会各个群体意愿的最大公约数尚未真正形成，整个社会普遍接受的社会共识没

① 吴忠民：《普惠性公正与差异性公正的平衡发展逻辑》，《中国社会科学》2017年第9期。

有达成，致使社会内部出现一些离心的因素。在这样的背景下，积极寻求并形成全体人民意愿的最大公约数，以此形成社会共识，凝聚全体人民，实现改革发展新的重大突破，是中国社会的一项重大历史性任务。

全体人民意愿的最大公约数，是指全体人民共同意愿的基准线，是指社会各个群体都能够接受认同的不同群体利益诉求和行为取向的边界底线。

毫无疑问，在现代社会和市场经济条件下，社会公正（公平正义）是全体人民意愿的最大公约数。我们知道，民众普遍最在意最关注的大事情，无非是其基本生活、社会交往以及相应的制度保障的具体状况。而社会公正作为现代社会最为重要的基本价值理念，其中所蕴含的基本精神，恰恰能够从这样几个最为重要的关键部位顺应并满足全体人民的意愿，成为全体人民意愿的最大公约数。

第一，社会成员的基本生活目标与社会公正的基本价值取向两者高度契合。

对每一个社会成员来说，其主要生活目标无非有两个：一是好好生活，二是自由的生活和发展。而社会公正的基本价值取向与之呈现一种高度契合的情状。

社会公正有两个相辅相成的基本价值取向。第一个基本价值取向是，要让全体人民共享社会发展成果。其主要功能在于“保底”，确保并不断提升全体社会成员生存、发展及尊严的底线，以此最大限度地消除社会成员之间的隔离因素，增进社会团结和社会整合，使发展成为全体人民的共同事业。第二个基本价值取向是，要为每一个社会成员的自由发展提供充分的空间。其主要功能在于“不限高”，为每一个社会成员的自由发展提供充分的空间，充分激发整个社会的创造活力。社会公正的这两项基本价值取向缺一不可，缺少其中的任何一项，都会走向不公正。

社会成员基本生活目标与社会公正基本价值取向这样一种高度契合的状况，使得全体人民能够普遍接受认同社会公正，尽管不同的社会群体在接受认同的侧重点上有些差别。

第二，社会各个群体只有基于社会公正方能实现良性互动的局面。

社会共同体是由不同的群体所构成的。随着现代化和市场经济进程的推进，专业化和职业化分工越来越复杂化，社会的各种行业、各种职业日益增多，同时,社会各个群体之间越来越具有一种高度的依赖性和合作性。任何一个群体要想生存和发展,就必须进行社会合作和社会交往。

以往比较容易出现的一种现象是,位置较高的群体会利用种种资源优势,造成一种使位置较低的群体利益受损而使自己获益的局面。一旦如此,那么对于合作的另一方亦即位置较低的群体来说是十分不公的,必定会使之产生诸如不满、抵触甚至是反抗的情形,以致造成社会各个群体之间的恶性互动。恶性互动所带来的,不仅是较低位置群体的利益损失,还会造成位置较高群体的不安全。

时至今日,丛林法则的弊端已经充分显露。人们普遍期望的是,社会各个群体能够通过合作取得一种共赢的局面。而这恰恰是社会公正的要义所在。社会公正强调:处在较高位置群体利益增进不能以损伤处在较低位置群体的利益为必要的前提条件,相反,在较高位置群体的利益增进的同时,较低位置群体的处境应当随之得到改善。唯有如此,社会各个群体之间方能形成良性互动,各个群体方能得到有所差别的并且是恰如其分的回报,各个群体方能实现互惠互利的良性互动局面。

第三,法律制度的保证只有基于社会公正方能实现。

在现代社会和市场经济条件下,民众普遍希望能够在一种可预期的、稳定的社会生活环境中生活和发展。这样一种社会生活环境需要法律制度予以保证。而良好的法律制度离不开社会公正。良好的法律制度与社会公正基本理念是“表”与“里”的关系。

现代法律制度的形成离不开社会公正。并非所有的法律都是“良法”,法律有“良法”与“恶法”之分。民众普遍认同的显然是良法。而良法的理念依据只能是社会公正。只有基于社会公正的两个基本价值取向亦即社会成员共享社会发展成果和为每个人的自由发展提供充分空间的基础所制定的法律制度,才会成为被全体人民普遍认同和遵守的良法。否则,便有可能是“恶法”,而不被民众所认同。

现代法律制度的实施也离不开社会公正。一个社会,即便有了“良法”,也不见得就一定是真正的法治社会。即便是良法,也存在着一个能否予以有效实施的问题,存在着一个法律是否被某些群体左右的问题。这就需要站在社会公正的基本立足点上解决法律的有效实施问题。就社会公正的基本立足点而言,应当是法律面前人人平等,任何人任何群体都不能跃居法律之上。国家对于社会各个群体的基本态度应当是,以维护每一个社会成员的合理利益为基本出发点,不管这个人是穷人还是富人、是少数人群体成员还是多数人群体成员,只要属于基本权利范围内的事情,都应当得到一视同仁的保护,而不能厚此薄彼。

由上可见,既然社会公正与民众最在意最关注的事情息息相关,既然社会各个群体都能够从社会公正那里找到适合于自己的位置,既然全体人民都能够认同接受社会公正,那么,不难得出如是判断:社会公正是全体人民意愿的最大公约数。

明确地将社会公正(公平正义)作为全体人民意愿的最大公约数,对于中国的发展全局具有极为重大的意义。

首先,能够占据道义的制高点(高地)。社会公正是现代社会最高层面的价值观。高扬社会公正的旗帜,就会对全体人民产生巨大的号召力。

其次,能够形成广泛而有生命力的社会共识。在中国转型期,发展不平衡,人们利益诉求及价值观呈现多样化情状,社会矛盾纠纷日益凸显。在这样的背景下,社会共识的形成至关重要。社会公正恰恰是社会共识的基本依据。由于社会公正是全体人民意愿的最大公约数,这就能够为社会共识提供最为广泛的基础;而社会公正本身所具有的现代性,则能够为社会共识提供巨大的生长空间,使之具有生命力。所以,只有基于社会公正,方能形成广泛而有生命力的社会共识,进而形成有效的社会整合和社会团结。

再次,能够超越并矫正极端化平等和极端化自由的观念。从世界范围看,受种种因素的影响,几乎在所有国家和地区的现代化进程中,各式各样的极端“平等”和极端“自由”的思潮几乎不可避免地都会出现,并引发其他形形色色的思潮和行为,为所在国家和地区带来十分复杂的影响。严重者,会使所在国家和地区的现代化变形走样。本来,平等和自由都是现代社会中重要的价值理念,但侧重点有所不同。平等侧重于人的种属尊严的保护,自由则侧重于人的差异性的维护,两者缺一不可。如果只是强调平等而忽略了自由,那就会流于绝对平均主义、民粹主义,使社会丧失活力和创造力。相反,如果只是强调自由而忽略了平等,那么,便会走入丛林法则、弱肉强食的境地,使社会丧失基本的团结和整合,陷入持续的纷争和冲突。显然,平等需要合理的限制,自由也需要合理的限制。而这种合理限制只能来自公正。公正是将平等和自由各自合理精神融为一体的价值理念。从这个意义上看,有"过度"的平等,也有"过度"的自由,但是,没有"过度"的公正。所以,只有依据社会公正的理念,方能够防止和矫正极端平等理念和极端自由理念对社会造成的负面效应。同理,对中国来说,依据社会公正的理念,还可有效防止和矫正延续已久的"极左"和"极右"的观念。

第十六章　中国社会矛盾日益凸显的原因

如果需要对当今中国社会的基本状况给出一个历史定位的话,我们几乎可以不假思索地判定,中国现在正处在两个同时并存的时期:一是发展的重要战略机遇期。换言之,自从鸦片战争到现在,没有哪个时期的发展像现在如此之好,而且如果不出意外的话,中国较好的发展势头还会保持一个较长的时期。二是社会矛盾凸显期。也就是说,自从新中国成立到现在,社会矛盾问题处在一个比较凸显的时期。

认真探讨中国现阶段社会矛盾凸显的主要原因,对于我们分析归纳现阶段社会矛盾的基本特征以及寻找应对社会矛盾的有效思路,对于确保中国社会的安全运行,均有着重要的意义。

一、巨量的事情被挤压在一个相对有限的时空当中

无论是同别的国家和地区相比,还是同中国历史不同时期相比,中国现阶段所面临的事情是最多的、是巨量的,而巨量的事情势必引发大量的社会矛盾。

第一,同几乎所有的先发国家以及大多数发展中国家和地区相比,中国要同时完成两个"转型"。

就一般情形而言,先发国家(以英国、美国、法国、德国等国为代表)以及大多数发展中国家和地区只是需要完成一个转型,即由传统社会走向现代社会。对于中国来说,则要同时完成两个转型,即不但要完成由传统社会向现代社会的转型,还面临着由计划经济体制向市场经济体制转型的艰巨任务。所以,中

国现阶段大量十分棘手、容易引发不少社会矛盾的事情有的是来自前一个转型，有的则是来自后一个转型。比如，为数2.6亿人之众的农民工所遇到的不公对待问题，一个重要根源就是计划经济时代的户籍制度。再比如，数千万国企职工身份置换问题，究其根源，也是来源于计划经济体制的终身用工制度。又比如，个人财产得不到有效的保护，国有企业和民营企业面临着明显的厚此薄彼的境遇等问题，其根源也在于计划经济体制的影响。对于没有经过计划经济时代的英国、美国、法国、德国、日本、韩国等国来说，前述问题是不存在的。重要的是，在先发国家那里，由传统社会向现代社会的转型是用了一个或两个世纪的时间才完成的。与之不同的是，中国社会要在一个较短的时间内完成这样两种转型。时间紧、任务重，巨量的历史任务就这样被挤压在中国数十年的时间当中，势必会造成多种多样的社会矛盾。

第二，同所有国家和地区相比，中国是规模最大的社会共同体（从最为重要的人口数量等角度看）。

客观上看，由于综合国力看重绝对量，因此，国家共同体规模大，容易使中国的综合国力迅速增强。而综合国力的增强对中国有着重要的积极意义，比如，可以为国家安全提供一种重要的保障，有利于本国的国际威望和信誉的提高，有利于本国在国际经济活动中主动能力的提高，有利于许多大型现代化工程建设等等。[①] 同时还应看到的是，国家共同体规模过大，也为必要的社会整合造成了某些不利影响。一个国家共同体，是由各种构成要素和变量共同组成的，各种构成要素和变量是相互关联甚至是高度关联的。其中的一项要素或变量一旦发生变化，其他相关者均会发生变化。同中小规模的国家共同体相比，甚至可以说同所有其他国家和地区共同体相比，作为一个超大规模的国家共同体，中国社会的各种构成要素最多，变量最多，其构成要素和变量之间有着更为复杂的“联动”和“连滞”的关系。这就意味着与其他国家和地区相比，中国在社会整合和社会安全方面面临着更多的不确定因素。尤其是，中国现在正处在一个快速发展的时期，并呈现一种发展极不平衡的现象。比如，社

① 吴忠民：《渐进模式与有效发展——中国现代化研究》，东方出版社1999年版，第156—159页。

会和经济之间、不同人群的利益之间、不同人群的思想观念之间、城乡之间、区域之间以及行业之间出现了一种十分明显的发展不平衡现象，有的因素发展较快，有的因素发展超快，有的因素发展缓慢，有的因素则基本没有变化。这就必然造成种种“联动”和“连滞”现象并存，不少要素和变量板块之间相互抵触的复杂多样情状。这就给必要的社会整合带来许多困难，进而容易形成大量的社会矛盾。

第三，同中国以往各个历史时期和发展阶段相比，中国现阶段的社会整体利益结构发生了前所未有的巨大变化。

早在19世纪后半叶，李鸿章就认为，中国正面临着“三千年未有之变局，三千年未有之强敌”的空前历史变局局面。不过，在1949年以前的100多年间，由于当时中国的时代主题是争取民族独立，是为自主的现代化建设奠定一个必不可少的前提，还不是现代化建设本身，因此，中国的社会经济利益结构尚未发生真正现代意义上的巨变。新中国成立以后的30年间，尽管中国也进行了艰苦的现代化建设，付出了巨大的努力，取得了长足的进步，初步奠定了现代化的物质基础，但是，“在我国社会主义改造基本完成以后，党在长时期内的重大失误，就是没有把工作重点转移到经济建设上来，仍然坚持以阶级斗争为纲，轻视教育科学文化建设，极端夸大意识形态领域的阶级斗争，直到发生‘文化大革命’那场内乱”①，因而社会经济利益结构也没有发生现代意义上的巨变。

改革开放以来，随着由传统社会向现代社会以及由计划经济向市场经济“双重变革”的推进，中国的社会整体利益结构发生了前所未有、现代意义上的巨大变革和调整。《中共中央关于构建社会主义和谐社会若干重大问题的决定》指出：“我国已进入改革发展的关键时期，经济体制深刻变革，社会结构深刻变动，利益格局深刻调整，思想观念深刻变化。这种空前的社会变革，给我国发展进步带来巨大活力，也必然带来这样那样的矛盾和问题。”②中国改革

① 《中共中央关于社会主义精神文明建设指导方针的决议》，载中共中央文献研究室编：《十二大以来重要文献选编》（下），人民出版社1988年版，第1176页。

②《中共中央关于构建社会主义和谐社会若干重大问题的决定》，《人民日报》2006年10月19日。

开放以来社会整体利益结构这种前所未有的变革和调整，一是大面积、几乎是全方位的，即几乎每一个社会群体都卷入到这场利益变革的过程当中。二是以往传统的社会阶层结构发生了巨大变化，农民阶层规模在大幅度缩小，同现代社会市场经济相适应的新的社会阶层出现，社会各个阶层在整个利益格局中重新找定各自的位置，现代的新型社会阶层结构正在形成当中；社会成员利益获取方式也发生了巨大变化，由以往“先赋性”获得、“平均主义”配给的方式，转变为“自致性”获得、按照贡献进行分配的方式。对于民众来说，最为看重的基础性事情就是利益问题。客观上看，围绕着社会整体利益结构全方位和大幅度的变革和调整，中国社会的各个群体之间必然会产生种种纠纷和矛盾，而且在某个时期当中，这些纠纷和矛盾会表现得比较突出。

二、巨大社会能量的激活与规则相对缺失现象并存

在中国现阶段，我们可以清晰地看到一种社会转型期所特有的现象，即巨大社会能量的激活与规则体系的缺失这样两种情形同时并存。这种情形势必造成众多的社会矛盾。

一方面，在中国现阶段，巨大的社会能量被激活释放。

在改革开放以前的30年间，就总体而言，社会能量被严重地抑制，难以得到有效激活和释放。受极端意识形态的影响，当时整个社会所提倡的人们的基本行为取向，实际上是两个“高于”，即“理想高于现实”，“长远目标高于近期目标”。人们不能谈利益，甚至不能多谈生活质量、生活方式。整个社会在鼓励类似于禁欲主义的生活模式。一旦有人重视生活质量、生活方式，常常会被冠以“资产阶级生活方式”而予以批判。这种做法尽管在某种历史条件下、在某个特殊的时段当中或许能起到一种激励的作用，但毕竟不符合人的正常需求，因而不可能长久。邓小平指出：“不重视物质利益，对少数先进分子可以，对广大群众不行，一段时间可以，长期不行。”①重要的是，当时的社会成员有着严重的人身依附性。在严格的户籍制度和档案制度的强力管理下，人们

①《邓小平文选》（第二卷），人民出版社2008年版，第146页。

往往依附于某个单位或某个公社，被当成被动的部件，被终其一生地禁锢在某个固定不变的位置点上，社会成员不可能具有自主性，社会成员不可能进行必要的流动，更不可能进行自由自主的创造。在前述情形下，整个社会的能量不可避免地被压抑禁锢。

改革开放以来，中国社会巨大的能量被激活释放。这突出地表现在：其一，民众对经济利益及富裕生活表现出一种前所未有的普遍热衷和追求。这种情形符合现代化的规律。因为现代社会的一个重要特征就是世俗化，即随着现代化和市场经济过程的推进，整个社会的民众必然越来越重视现实的生活问题，重视现实的经济利益问题。改革开放以后，中国民众的行为取向回归“正常”。执政党和政府也在鼓励中国民众实现“共同富裕”的目标，强调要“让一切劳动、知识、技术、管理和资本的活力竞相迸发，让一切创造社会财富的源泉充分涌流，以造福于人民”①。如今，人们追求经济利益已经成为一种为整个社会所认可的正当行为。对于经济利益的追求，是最能激发社会能量的基础性事情。这是历史唯物主义的基本原理。重要的是，中国民众对于经济利益和美好生活的普遍热衷和追求，成为经济发展的巨大动力来源。“在长期的和平建设环境中，人们对物质生活需要的要求增长得更为迅速，经济利益因素逐步成为经济生活中的主要动力。”②其二，社会流动趋于正常化。“1978年以后，在现代化进程和市场经济进程推进的影响之下，社会流动呈现出一种相对正常、有效、畅通的局面。”“社会成员从总体上讲开始摆脱过去那种身份隶属化、工作固定化、居住不变化的局面，获得了初步的却是大面积的自由，涉入垂直流动、水平流动、结构性流动以及自由流动的社会成员人数大幅度增加，社会流动整体呈立体状。”③在不小的程度上、在不小的范围内，中国民众如今已经可以按照自己的意愿，进行多种流动的选择。这就从基础的层面上激活并释放了巨大的社会能量。其三，民众的思想观念表现出多样化和包容性。改革开放以来，随着现代化和市场经济进程的推进，中国民众的思想观念

① 胡锦涛：《在省部级主要领导干部提高构建社会主义和谐社会能力专题研讨班上的讲话》，《人民日报》2005年6月27日。

② 刘国光主编：《中国经济体制改革的模式研究》，广东经济出版社1998年版，第183页。

③ 吴忠民：《走向公正的中国社会》，山东人民出版社2008年版，第75页。

也取得了长足的进步。同现代社会和市场经济相适应的以人为本、自由、平等、公平正义等基本理念深入人心，人们的独立意识、包容意识等等在普遍增强。这些，成为社会能量得以持续激活释放的重要源泉。

在看到巨量社会能量被激活释放的同时，我们还需要看到问题的另一方面，这就是，在中国现阶段，从某种意义上讲，规则体系处在一种缺失和紊乱的状态。

现阶段的中国社会正处在一个急剧转型的时期，这样一个时期是不可避免的。问题在于，在急剧转型的中国社会，原来许多同计划经济体制相适应的规则已经失效或是不大管用了，而新的能够同现代社会和市场经济体制相适应的规则体系还没有系统地建立起来，换言之，能够同市场经济和现代社会相适应的规则体系正处在一个重建的时期。正是从这个意义上讲，在中国现阶段，规则体系处在某种缺失（空档）和紊乱的状态当中。这种现象并非中国现阶段所独有。纵观各个国家和地区现代化建设的历史，我们可以发现，这几乎是所有的发达国家和地区在其早期现代化阶段都曾遇到的问题，像英国、美国、法国等国现代化早期阶段，这种规则相对缺失的现象也是十分明显的。

在中国现阶段，规则体系的某种缺失和紊乱这一现象主要表现在这样几个方面：其一，在一些重要领域当中，法治社会的基本要件——法律制度还没有完整地建立起来。改革开放以来，随着市场经济的迅速发展，同市场经济相适应，中国经济领域中的大量法律法规相对来说建设得较为完整。但是，同经济发展相比，社会等领域的发展则相对滞后，这些领域的法律法规建设也相应有些滞后，特别是一些相应配套的法律还没有制定出来。比如，虽说已经有了“公务员法”，但与之配套的“公务员财产公示法”以及“反贪污法”还没有出台。即便是有些法律已经制定出来，但仍然不够健全。其二，有法不依现象较为明显。不少法律制定出来了，但是缺乏应有的权威性，没有得到有效的执行和实施。正如习近平所指出的那样，“保证宪法实施的监督机制和具体制度还不健全，有法不依、执法不严、违法不究现象在一些地方和部门依然存在”①。

① 习近平：《在首都各界纪念现行宪法公布施行30周年大会上的讲话》，《人民日报》2012年12月5日。

比如，我们国家虽然已经有了“反垄断法”，但是仍然没有有效遏制住垄断现象，相反，垄断现象有着进一步扩张的趋向。就中国的现实而言，在一定程度上仍然没有摆脱人治社会的影响。其三，规则意识相对缺失。在一个健全的法治社会当中，不但有着完整的法律制度体系，还需要民众具有普遍的规则意识，否则，无论多么系统和周全的法律制度都将流于一纸空文。而就中国目前的实际状况来看，民众的规则意识不容乐观。

由上可见，在中国现阶段，一方面是巨量社会能量的激活和释放，另一方面则是规则体系的相对缺失。这样两种情形同时并存而且交织在一起，势必会对社会的整合进而对社会的安全产生不利的影响。

巨大社会能量的激活释放同规则体系相对缺失两者之间的反差越大，一个社会当中各个群体之间相互抵触和冲突的行为就越多，由此所引发的社会矛盾也就越多。巨量社会能量的激活和释放，对于现代化过程的推动本来是一件十分有利的事情。但是，这种情形有一个必要前提，即该社会存在着一个有效合理的规则体系。只有基于一整套规则体系，被激活和释放出来的社会能量才能成为社会发展的正向推动力量。而在中国现阶段，恰恰是在某种意义上缺少这样一整套的规则体系，所以，被激活和释放的巨量社会能量在某种条件下有时得不到有效的整合，有时无法形成正面积极的推动力量。由于整个社会缺少规则体系，社会各个群体有时会无章可循，各行其是。在这样的情形下，社会成员常常会采取一些对个人短期来说是最为有利的，因而或许是某种理性选择，而对整个社会乃至对于个人的长远而言却是不利的短期行为。正如有学者所指出的那样，“从事长期行为的人，只承担长期行为的成本，而得不到长期行为的收益。其结果，只能是短期行为的普遍化”①。这就是中国社会目前短期行为比较普遍存在的重要原因。值得指出的是，种种短期行为必然是相互抵触甚至是冲突的，难免会成为一种负面的离心力量，因而必然会引发大量的、形形色色的社会矛盾。

---

① 孙立平：《“短期行为症”——非理性机制中的合理选择》，《东方》1994 年第 1 期。

三、社会不公现象比较明显

不能否认的是，社会不公现象的明显存在，是导致中国现阶段社会矛盾日益凸显的一个重要原因。

在中国现阶段，社会不公现象已经是一个公认的比较明显的现象。社会不公现象表现在多个方面，最为突出地表现在贫富差距方面。中国现阶段的贫富差距问题是比较突出的，这主要表现在：其一，基尼系数居高不下。根据国家统计局公布的数据，中国10年来的基尼系数分别为：2003年是0.479，2004年是0.473，2005年是0.485，2006年是0.487，2007年是0.484，2008年是0.491，2009年是0.490，2010年是0.481，2011年是0.477，2012年是0.474，2013年是0.473，2014年是0.469，2015年是0.462，2016年是0.465。[①] 而按照许多学者的测算，中国现在实际的基尼系数已经达到0.496，甚至超过了0.5。[②] 应当说，中国现阶段的基尼系数在亚洲居于前列。其二，城乡差距位居世界前列。按照国际一般的情况，在一个国家当中，城镇居民的人均收入大体上是农村居民人均收入的1.7倍以内，世界上只有少数国家超过了两倍。中国的这一比例远远高于其他国家。从改革开放以来的一组具体数据看，1978、1980、1985、1990、1998、1999、2000年中国城镇居民人均可支配收入分别是农村居民人均收入的2.58倍、2.5倍、1.86倍、2.2倍、2.52倍、2.66倍和2.80倍，2002年达到3.1倍，2006年达到3.28倍，2009年为3.33倍，2011年为3.13倍。[③] 其三，富裕群体所占社会财富比例过高。有调查统计显示，中国

---

① 人民网北京1月18日电（记者杨文彦）：《国家统计局首次公布2003至2012年中国基尼系数》，人民网2013年1月18日。http://politics.people.com.cn/n/2013/0118/c1001－20253603.html；国家统计局：《国家统计局局长就2016年全年国民经济运行情况答记者问》，国家统计局网站2017年1月20日，http://www.stats.gov.cn/tjsj/sjjd/201701/t20170120_1456268.html。

② 汝信等主编：《2007年：中国社会形势分析与预测》，社会科学文献出版社2006年版，第8页；刘国光：《进一步重视社会公平问题》，《经济学动态》2005年第4期；李实等：《中国城乡居民收入差距的重新估计》，《北京大学学报（哲学社会科学版）》2007年第2期。

③ 国家统计局：《中国统计年鉴2010》，中国统计出版社2010年版，第342页；国家统计局：《中国统计年鉴2012》，中国统计出版社2012年版，第342页。

1%的家庭掌握了全国41.4%的财富，财富集中度远远超过了美国，成为全球两极分化最严重的国家之一。[①] 西南财经大学中国家庭金融调查与研究中心（由西南财经大学与中国人民银行总行金融研究所共同成立）发布的全国首份《中国家庭金融调查报告》指出，截至2011年8月，资产最多的10%家庭占全部家庭总资产的比例高达84.6%，其金融资产占家庭金融资产总额的比例也有61.01%，非金融资产占家庭非金融资产总额的比例更高达88.7%。[②]

几乎所有有过现代化经历的国家和地区，在其早期现代化阶段，都曾出现社会不公现象比较严重，特别是贫富差距较大的现象。就此而言，中国并不例外。不过，中国只用了30多年的时间，就从一个平均主义严重的社会变成社会不公现象比较明显、贫富差距过大的社会。这样快的速度，却是世所罕见。

社会不公现象势必会引发大量的社会矛盾。对此，可以从以下两个方面来理解：

第一，社会公正事关一个社会基本制度的安排。"正义的主要问题是社会的基本结构，或更准确地说，是社会主要制度分配基本权利和义务，决定由社会合作产生的利益之划分方式。所谓主要制度，我的理解是政治结构和主要的经济和社会安排。"[③]社会公正一旦出现问题，就意味着制度安排出现了问题。社会不公现象一旦比较明显，就意味着人们在利益及权利维护、利益的分配方面出现了比较明显的问题。而目前中国民众十分看重物质利益，越来越重视维权问题。在这样的情形下，利益受损的一方以及没有得到应得利益的一方，自然会对与之相对应的一方产生不满，会采取多种方式来表达自己的利益关切，甚至会产生种种社会抗争行为。

第二，涉及面广泛的社会不公现象还会导致大面积的社会不满情绪。社会心理学发现，处境好的人和处境不好的人在进行自我归因的时候，常常有着明显的差别。处境好的人在进行自我归因时，往往会表现出一种"内向性"取

① 夏业良：《中国财富集中度超过美国》，《21世纪》2010年第8期。

② 西南财经大学中国家庭金融调查与研究中心：《中国家庭金融调查报告精选》，搜狐理财网站，http://money.sohu.com/s2012/jrdcbg2012/。

③〔美〕约翰·罗尔斯：《正义论》，何怀宏等译，中国社会科学出版社1988年版，第5页。

向的特征，即容易将成功的主要原因归于自身的能力、勇气、意志等等。而处境不好的人在进行自我归因的时候，则容易表现出一种同处境好的人不相同的“外向性”取向的特征，即容易将自己不成功的主要原因归于自身以外也就是社会上的原因。以此道理来观察中国现阶段的社会不公现象，我们可以发现，由于社会不公现象所涉及的社会成员数量比较大，就难免出现这样一种现象：不少由于社会不公问题而陷入不利处境的社会成员很难认同社会，相反，却有可能对社会产生一种不满情绪，严重者甚至会对处境较好的群体乃至对社会产生一种对立的心理。“缺乏互惠和公平交换的指南”①，大量社会紧张的状态就会存在。进一步看，社会各个群体之间就难免产生种种纠纷、矛盾和冲突。

需要特别指出的是，如果说任何一个国家和地区的民众都难以容忍社会不公现象的话，那么对于中国民众来说，就更加难以容忍社会不公现象，特别是难以容忍生存基准线层面上的社会不公现象。现代意义上的社会公正的一个重要的基本价值取向就是要让全体人民共享社会发展成果，即要让全体人民的生活和尊严底线（基准线）随着经济发展水准的提高而相应地不断得以提高。这一点，不但已经成为中国社会的“法定”导向，而且已经被中国民众所广泛认同。而与之形成鲜明对比的现实状况却是，中国现阶段的社会不公现象比较突出地表现在民众基本生存底线方面的问题。这不仅表现在民生问题没有得到应有的改善，比如，社会保障制度不够健全，力度也偏小；还表现在，民众一些基础性的基本权利没有得到应有的保护，比如，许多劳动者的劳动投入没有得到相应的回报，许多劳动者的劳动条件比较恶劣，许多劳动者面临着有所差别的、不平等的福利待遇，许多社会成员自由流动、自主就业、自主创业的机会被阻隔等等。重要的是，民众的基本生存底线一旦出现问题，这就意味着：一是社会不公现象触及对民众来说最为重要也是最为在意的部位，二是社会不公现象所涉及的人数肯定不在少数。既然中国民众目前最为在意的是“共享”，中国民众在社会公正的共享方面自然也就容易产生普遍的诉求，而

---

①〔美〕乔纳森·H. 特纳：《社会学理论的结构》，吴曲辉等译，浙江人民出版社 1987 年版，第 324 页。

中国社会却是在“共享”方面出现了明显的问题，那么就容易形成较大面积的社会矛盾。

四、社会风险的增大

从世界范围的角度看，如今各个国家和地区所面临的社会风险前所未有地增大。

人类文明的迅速进步，社会各种能量的空前蓄积，社会的日益复杂化，特别是全球化进程的迅速推进以及高科技的高速发展，给人类社会带来了一种不断扩散的不确定性，一种前所未有的风险。乌尔里希·贝克指出：“在发达的现代性中，财富的社会生产系统地伴随着风险的社会再生产。”“在现代化进程中，生产力的指数式增长，使危险和潜在威胁的释放达到了一个我们前所未知的程度。”“风险社会从这个意义上是世界性的风险社会。”[①]类似的风险既包括经济的畸形发展、社会结构的失衡、贫富差距的过大、民主化进程的偏激推进、极端文化对现代文明的抗拒等社会共同体层面的风险，也包括自然灾难、公共卫生危机、环境生态、技术发展的不可控等技术层面的风险。社会风险有时会引发社会危机甚至是社会动荡。

更为重要的是，全球经济一体化程度的不断提高，使得各个国家和地区的多种利益捆绑在一起，即一方面是利益共享，另一方面则是风险共担。从某种意义上讲，各个国家和地区之间出现了一荣俱荣、一损俱损的情形，虽然各个国家和地区具体的“荣”“损”程度不尽相同。一个国家和地区一旦出现某种积极的发展迹象，往往会带动其他国家和地区的发展；相反，一个国家和地区一旦出现某种危机，比如金融危机、恐怖主义活动、公共卫生危机或是环境生态危机，就会迅速对其他国家和地区产生连锁性的负面影响。正是从这个意义上讲，现代化的发展既给人类社会提供了无数的机会、无尽的创造力，同时也给人类社会制造了无数的社会风险，增加了人类社会发展前景的不确定性。

---

① 〔德〕乌尔里希·贝克：《风险社会》，何博闻译，译林出版社 2004 年版，第 15、21 页。

社会风险的增大对于人类社会的影响是巨大和多方面的。我们这里所关注的，是社会风险对于现阶段的中国社会有着巨大的影响，社会风险的增大对于中国现阶段的社会矛盾会起到加剧的作用。

第一，使中国社会面临国外大面积不确定因素的影响。

随着中国逐渐走入全球化，来自国内外的影响因素迅速而且是大面积增多。中国进入全球化进程，这是历史发展的必然趋势。但同时需要看到的是，中国是以一个发展中国家的身份加入全球化进程的，中国的经济实力以及国际市场经验严重不足。这就使得中国面临着发达国家高度发达经济的巨大压力，换言之，面临大量的国际经济风险，如国际金融风险、公共危机风险等等。“金融一体化是经济全球化的重要内容。在参与经济全球化的过程中，金融一体化面临的风险最大，可能诱发一国国内的金融危机，以至整个国民经济危机，其危害极大。这已被各国不断出现的金融危机造成的后果所证实。”①国际金融的波动，必然会迅速引发中国金融市场的波动。一旦这种波动引发中国严重的通货膨胀，则会进一步引发中国社会的波动。不仅如此，国际上的公共危机事件也会对中国造成程度不同的影响。比如，就是别的国家的一个禽流感，所造成的紧张，也会传递给包括中国在内的许多国家。别的国家和地区像是政治领域的严重问题、社会领域的严重问题以及环境领域的严重问题，都会对中国社会产生程度不同的影响。

在中国现阶段，来自国际上的种种不确定因素，特别是经济领域的不确定因素所产生的影响，几乎成为常态。而且，这种常态常常表现在事情不确定性和时间不确定性这样两个方面。这就增大了中国社会发展的不确定性，使得中国现阶段社会矛盾发生的概率明显增大。

第二，容易造成事件迅速传递及社会成员迅速介入的效应。

中国社会正在以罕见的高速度步入信息社会。中国虽然从时间上讲是较晚地介入信息时代的，但中国在走进信息社会的速度方面却是极快的。可见，时至今日，互联网已经影响到中国社会的方方面面，成为中国民众日常生活中一个重要的有机组成部分。

---

① 李京文：《经济全球化影响与挑战》，《经济学家》2000 年第 6 期。

在中国现阶段，在互联网迅速普及的情形下，从理论上讲，几乎每个人都可以成为信息发布的主体，几乎对每一件事情都可以进行现场的即时直播。一旦出现人们所关注的某种负面事情，那么，同以往相比，一是同事情本身相关信息的传递速度空前加快，二是关注该事情并且对此事进行各种评论的人肯定大幅度增多，三是以各种方式卷入该事情的社会成员也必然会大幅度增多。这样一来，潜在的社会矛盾变为现实的社会矛盾的概率增大，同时原本必然会出现的社会矛盾就其程度而言有可能会加重，而且加重的速度很快。

第三，有时容易使社会矛盾出现一种“晕轮效应”。

在中国现阶段，社会风险的增大有时会使社会矛盾呈现出一种“晕轮效应”，即从外观上看社会矛盾比起实际的社会矛盾要严重得多。社会风险的增大，导致社会经济的未来发展充满了变数，使得不少社会成员对于未来不可预期，容易形成人生的不确定性，容易对社会问题特别是同自身有些关联的社会问题过于敏感，进而容易将负面的社会问题看得过重、过大，对社会矛盾在心理上容易产生某种恐惧的聚合效应。加之在中国现阶段，“大批社会成员为家庭基本生活计，为自己前程计，往往表现出一种焦虑不安、浮躁不定的情形，致使社会焦虑现象成为当今中国一个比较明显的时代标志”。而“社会焦虑容易使一些社会成员失去理性的约束”。[①] 在人们对社会矛盾过于敏感，社会矛盾具有一种巨大的暗示效应，同时整个社会又弥漫着大面积焦虑的情形下，社会矛盾就很容易出现一种“晕轮效应”。社会矛盾的这种“晕轮效应”容易形成较大的负面心理势能，从而对实际的社会矛盾起到一种推波助澜的作用。

五、启示

从以上对中国现阶段社会矛盾凸显的主要原因分析中，我们不难得出这样两点启示：

第一，在现代化和市场经济进程不断推进的情况下，在中国现阶段，社会

---

① 吴忠民：《社会焦虑的成因与缓解之策》，《河北学刊》2012 年第 1 期。

矛盾的凸显是不可避免的，具有历史的必然性。

对于世界上所有经历过较长现代化建设历史的国家和地区来说，在其现代化的早期阶段，都曾经有过相似的社会矛盾凸显的经历。显然，是否出现社会矛盾，同哪个执政党执政无关，只跟现代化过程有关。绝大多数国家和地区比如英国、美国、法国等在经历中国同等发展阶段时，所遇到的社会矛盾要比中国严重得多。对于比较严重的社会矛盾，这些国家和地区都予以了有效的化解和解决。同绝大多数国家和地区同等发展阶段相比，中国目前所面临的社会矛盾就其程度而言，属于中等偏下。对于这些社会矛盾，我们既不应故意回避、视而不见，也不应惊慌失措，而是应当将之视为一件正常的事情。重要的是，凡是现代化建设成功的国家和地区无不印证了一个规律，即现代化建设不断推进、现代社会的建设过程，同时就是一个社会矛盾不断化解的过程。科塞指出："一个灵活的社会通过冲突受益，因为这种冲突行为通过规范的改进和改造，保证它们在变化的条件下延续下去。换句话说，一个僵化的社会制度，不允许冲突发生，它会极力阻止必要的调整（也消除了一个有用的警报），而把灾难性的崩溃的危险增大到极限。"①

第二，在中国现阶段，应对社会矛盾的关键在于大力改善民生和推进法治建设。

在中国现阶段，社会矛盾问题千头万绪，涉及方方面面。面对如此复杂的情势，从长远看，只要基于社会公正的基本原则来进行基本制度的安排和基本政策的制定，就能够有效地应对社会矛盾，并有效地推动中国社会持续健康地发展。从近期看，只要以社会公正为依据，重点抓好改善民生和法治建设这两件事情，就能够成功应对目前的社会矛盾。

大力改善民生，对应对社会矛盾至关重要。在未来一个时段中，中国社会矛盾的基本根源是民生，而不是别的方面。无论是从中国社会目前面临着巨量事情、巨量社会能量激活释放与规则体系缺失并存、社会不公现象明显的角度看，还是从社会风险增大的角度看，中国的社会矛盾均直接涉及民生问题，特别是基础性民生问题。中国民众基本生存的基准线能否得到保障，中国民

---

①〔美〕L. 科塞：《社会冲突的功能》，孙立平等译，华夏出版社 1989 年版，第 114 页。

众基本生活预期能否得到保障，是事关中国现阶段社会矛盾能否恶性扩张、社会安全能否得到保障的大问题。重要的是，改善民生已经成为民心所向。只要我们真正做到"人民对美好生活的向往，就是我们的奋斗目标"[①]，只要基于"尽力而为"和"量力而行"这两项行动准则，建立起一个初级的民生保障体系，就能够大面积大幅度地化解社会矛盾，有效防止社会矛盾的恶性扩张，维护好社会安全的基本面。

法治建设同样也是事关有效化解社会矛盾的大事情。只要有效地推动法治社会的建设，就能够有效解决规则体系缺失的问题，就能够有效防止社会各个群体无章可循、各行其是的现象，进而有效协调社会各个群体之间的利益关系。再者，通过法治建设，还能够有效巩固已有的改革成果，有效推动现有的改革。这一切，对于有效化解社会矛盾是行之有效的。

专论8　社会焦虑为何弥漫于整个社会

在中国现阶段，出现了一种比较普遍的社会焦虑现象。所谓社会焦虑，是指在社会成员当中普遍存在着一种紧张的心理状态。[②]

在中国社会急剧转型的时期，大批社会成员为家庭基本生活计，为自己前程计，往往表现出一种焦虑不安、浮躁不定的情形，致使社会焦虑现象成为当今中国一个比较明显的时代标识。中国现阶段社会焦虑的表现程度和波及范围几乎可以说是空前绝后的。在这之前，除了战争战乱等非正常时期，中国民众从来没有如此焦虑过；在这之后也许会出现社会焦虑现象，但其强度不会像现在这么大。根据杭州市政府卫生部门5万多份调查表的统计，"从性别来看，男人比女人更加焦虑。男人的无焦虑人群为21%，女人为22%，男人的重度焦虑人群为3%，女人为2%"。"从婚姻状态来看，已婚的比未婚的过得舒

① 新华社北京11月15日电：《人民对美好生活的向往就是我们的奋斗目标》，《人民日报》2012年11月16日。

② 笔者从1993年开始注意社会焦虑问题。详见吴忠民：《应重视社会焦虑问题的研究》，《福建论坛（经济社会版）》1993年第2期；吴忠民：《社会的急剧转型与社会焦虑》，《科学中国人》2002年第2期。

坦，已婚人群和未婚人群无焦虑的比例分别是22%、19%；中度焦虑的比例分别是15%、17%，重度焦虑的比例分别是2%、4%。”“从收入情况来看，随着收入增长，无焦虑比例逐级递增；年收入10万元以下人群中度和重度焦虑比例较高，而年收入70万元以上人群呈现两头多趋势，无焦虑和重度焦虑的人也最多。”[①] 据《人民论坛》杂志的相关调查显示，“住房（82.34%）、工作（80.96%）、养老（包括个人及父母养老，79.11%）、子女教育（79.04%）以及社会交往障碍（72.69%）是困扰白领的五大焦虑”[②]。“高达85.3%的受访者认为当前社会上弥漫着较为严重的暴戾狂躁症（选择“严重”和“比较严重”的分别占比39.8%、45.5%）。”[③]据中华英才网对全国15个行业（IT、金融、制造业等）的1500余名企事业职员进行的调查报告显示，超过90%的受访者都有不同程度的焦虑症状。[④] 如今，社会焦虑现象几乎弥漫在整个中国社会的方方面面：社会焦虑现象既存在于几乎所有社会群体当中，如公务员群体、企业家群体、白领群体、工人群体和农民群体，也存在于各个地区当中，如东部和西部地区以及城市和农村地区。

社会焦虑有其自身的一些规律。比如，社会焦虑本身是由酝酿、形成到呈指数扩张这样三个阶段所组成的一个过程；社会焦虑与社会成员各层次需要的满足度之间有着确定的关系；社会焦虑分为显性焦虑与隐形焦虑两种类型；社会焦虑的具体表现形式多种多样，不尽相同。

中国之所以弥漫着社会焦虑，究其原因，大致有这样几个：

第一，社会经济整体利益结构正在发生全方位、大幅度而且是急剧的调整。中国的改革正处在一个不断深化的时期。这种不断深化的改革意味着以往利益结构要发生全方位和大幅度的调整，要重构新的利益格局，换言之，许多社会群体和大量社会成员的社会位置和经济位置面临着重新洗牌。而且，同大多数国家和地区相比，这种经济利益结构的大幅度调整在较短的时间内

---

①《你焦虑了吗？ 杭州开展5万多人焦虑程度调查》，《健康杭州》2018年第1期。

② 刘赫：《城市白领焦虑什么？为何焦虑？——白领群体焦虑状况调查》，《人民论坛》2013年第28期。

③ 徐艳红等：《当前社会病态调查分析报告》，《人民论坛》2014年第25期。

④ 王宝红等：《焦虑的时代：〈不焦虑〉的智慧》，《华商报》2011年9月20日。

就要完成。毋庸讳言，经济利益对于每一个群体和社会成员来说是至关重要的，正如马克思所指出的那样，“人们奋斗所争取的一切，都同他们的利益有关”①。于是，在中国社会急剧转型时期，“一夜暴富”和“一夜下岗”这样两种截然相反的现象同时大面积地存在。再者，改革开放以来，同经济发展相比，社会发展明显滞后，民生没有得到应有的改善，社会保障制度明显缺位。不少社会成员在失去了以往习以为常的单位福利和单位保障之后，却没有被纳入新的社会保障体系当中。这些人由于缺少基本生存底线的“兜底”，因而对未来可能的不利处境产生了程度不同的担忧甚至恐慌。凡此种种，必然使得中国现阶段大批社会成员存在着一种人生的不确定性，人们对于自己的未来前景往往不可预期，唯恐一步赶不上、步步赶不上。而人的正常心态是建立在稳定的、可预期的正常生活基础之上的。在大批社会成员人生不确定性和对未来不可预期的基础之上，必定会形成大面积的社会焦虑现象。

第二，社会风险因素的空前增加。同传统社会不同的是，任何一个国家，只要进入现代社会，就会面临着空前的社会风险。现代化的发展，既给人类社会提供了无数的机会，也给人类社会制造了无数的社会风险。现代社会的高速发展、社会能量的空前积累以及社会的日益复杂化，特别是全球化进程和信息化过程的发展，给人类社会带来了一种前所未有的、不断扩散的不确定性。重要的是，从一定意义上讲，现代社会意味着各个国家经济的一体化，而经济的一体化则意味着各个国家经济之间的开放性、相互依赖性和联动性，即一个国家经济的变化势必会影响到另一个国家的经济状况，任何一个国家想要完全不受别的国家经济的影响已经几乎不可能做到。重要的是，一个国家特别是经济影响力比较大的国家，其经济一旦出现问题，便会不可避免地蔓延至其他国家。比如，从问题产生的根源来看，2006 年美国发生的次贷危机问题原本同中国经济几乎不搭界，但是一旦出现了危机，便不可避免地波及中国，对中国造成了大面积的不利影响，使中国经济陷入困境当中。另外，中国是世界上最大的人口共同体，其构成因素和变数之繁杂，恐怕也是全世界之最，其中的任何一项因素或是变数发生了变化，其他相关的因素或变数也都会相应地发

---

①《马克思恩格斯全集》第 1 卷，人民出版社 1956 年版，第 82 页。

生变化。中国经济和社会在未来还会遇到哪些不可预期的风险因素,现在很难判定。显然,社会风险因素的增加,势必会给中国的发展和民众的基本生存状况带来空前的变数,进而加重社会焦虑。

第三,许多社会成员信仰的丢失。虽说信仰不是万能的,但信仰是一个社会共同体所必不可缺少的构成要素。一个民族的民众普遍具有信仰是一件十分重要的甚至是必需的事情(极端化的信仰除外)。信仰是事关社会共同体的基本观念、整合、心理状况、长远目标以及民众基本行为方式的重大问题。民众如果普遍具有一种信仰,那么这个民族的民众会比较踏实,民众的内心会比较强大,其行为会由于有着一种坚定的信念、长远的目标和坚实的底力而能够经得起许多事情的诱惑,能够经得起许多挫折,其抗打击力就会十分强大,进而就会减少社会焦虑的困扰。不能否认的是,在中国社会急剧转型的时期,由于种种原因,为数众多的社会成员丢失了信仰。在这样的情形下,中国现阶段许多社会成员的心灵或心宅往往缺少一种坚守和定力。进一步看,由于心灵或心宅缺少坚守和定力,因而不少社会成员在面对大量诱惑尤其是经济利益诱惑时,其行为往往会缺少坚定的信念、长远的目标取向和执着的精神,难免随波逐流、飘忽不定,心里很不踏实,进而容易陷入某种焦虑不安的状态当中。重要的是,由于心灵、心宅缺少坚守和定力,所以,人们的行为一旦受挫,其抗挫折抗打击能力必定十分有限,这就会不断加重人们的失落心理,进而深陷社会焦虑现象的困扰当中。

第四,社会往往缺乏正常的秩序和规则体系。目前中国社会正处在急剧转型的时期。在社会急剧转型的时期,原来的许多规则不管用了,而能够同现代社会和市场经济相适应的新的规则体系还没有系统地建立起来。中国目前正处在规则的重建时期;或者从一定意义上讲,中国社会目前处在规则的真空时期。在此条件下,社会往往缺乏规则体系,许多社会成员往往缺乏规则意识。这就使得许多社会成员无章可循,不知所措,进而使得社会焦虑现象更加突出。这一点,中国跟一些同样处在社会转型时期的国家如俄罗斯相比,有着较大的差别。有人发现,在俄罗斯社会急剧转型时期,按理说俄罗斯的"社会秩序要重新开始,一切法规也要重新拟定,可是决定政策容易,要实行则不是短时间之内就可以做成的,而中间这段青黄不接的时期是最危险的。可是他们有一个优点，当新法规尚未建立之前，还继续遵守旧的规定，如果发现不对，宁可等待，并遵守从前的规定，所以现在还不至于乱”。俄罗斯的这种情形，“固然不能立即解除贫穷问题，但是至少社会不会有乱象”。俄罗斯之所以“还能维持一个秩序，这是一个非常重要的因素”。[①]

专论9 社会焦虑的负面效应及应对

现在，社会焦虑对中国社会造成了种种广泛而复杂的影响。不能否认，客观上讲，社会焦虑有着某种积极作用。比如，社会焦虑在某种程度上、某种范围内有助于激发社会成员的潜能和动力。但同样不能否认的是，社会焦虑的积极意义是次要的，更为重要的是，社会焦虑会造成大面积的社会负面效应。

第一，社会焦虑会引发不少越轨行为。

正如前面所提及的那样，从某种意义上讲，中国正处在一个规则真空的时期。中国社会的急剧转型，意味着新旧观念并存，意味着同原有的计划经济体制和同新的市场经济体制相适应的不同性质、不同类型规则的并存。对于原有的一些规则，不少人自然缺少认同性；而对于新的规则，不少人则缺少敬畏感。于是，不少社会成员便缺少了规则意识。在这样的情形下，身处社会焦虑状态中的不少社会成员，无暇也不愿去考虑自身行为是否一定要符合某种规则，而更倾向于考虑某种行为对自己是否有利，这就加重了不少人的无规则意识。从现实社会的角度看，不少社会成员无章可循，各行其是，甚至是随心所欲，这就必然会导致种种越轨行为的出现。

第二，社会焦虑会加重人们不切实际的高期望心理和相应的短期化行为。

随着社会环境的急剧变化，社会焦虑使得不少社会成员缺乏一种应对社会的从容心态，缺乏从长计议的理性安排。因此，社会焦虑很容易加重人们不切实际的高期望心理和相应的短期化行为。其一，从人们所追求目标的角度看，社会焦虑容易引发人们较高的期望值。客观地讲，在急剧变化的现实社会中，会出现许多机会，甚至是一些意想不到的机会。比如，种种暴富的神话般

---

① 蒋纬国：《蒋纬国口述自传》，中国大百科全书出版社2008年版，第293页。

故事相继出现,而且一些人在暴富之后喜欢炫富。这就不可避免地会产生种种示范效应,致使不少人大幅度提升了自己具体目标的高期望值。重要的是,这种高期望值极有可能呈高指数增长态势。相比之下,人们对于这些高期望的兑现能力则是较低的,至多只能是呈正常指数增长态势。其二,从人们所选择行为方式的角度看,社会焦虑容易引发急于求成的短、平、快的行为方式。人们的“长期行为”是一种不确定的、难以预知的、成本投入较高的行为,人们长期的成本投入往往难以得到相应的回报。对于身处社会焦虑状态并且有着较高期望值的人们来说,与其选择不确定的、成本过大的“长期行为”,倒不如采取“短期行为”方式更为实际和简单易行。这种行为方式短期看来似乎是理性的,成本小、见效快,“性价比”似乎比较高,但长期看来却是非理性、成本过大的选择。原因很简单,短期行为具有利己性和短视性,这种行为一旦盛行,那么从长远的眼光来看,绝大多数的短期行为终将成为损害短期行为者自身的举动。“各个部分之间的猜忌与隔阂,极大地妨碍着社会信任的确立,刺激着各种纯粹自利的短期行为。很明显,这种情形是非常不利于防范社会风险或控制风险危害的。”①

由社会焦虑所引致的高期望值和短期化行为,在民间和政府两个层面都有明显的表现。在民间层面,试图迅速致富的例子比比皆是。比如,一窝蜂似的抢购并囤积某种商品,一窝蜂似的杀入股市、基金市场和房地产市场,一窝蜂似的购进各种彩票,等等。在一些地方政府层面,大跃进式的城市化建设、大规模的豪华工程形象工程建设的现象大量存在,其结果是政府财力力不胜任,形成了巨额的地方政府债务,并进而挤占了改善民生的资金。比如,“截止到 2017 年末,我国政府债务余额为 29.95 万亿元,其中中央财政国债余额 13.48万亿元,地方政府债务余额 16.47 万亿元”②。

第三,社会焦虑会催生某些有害的集群行为。

所谓集群行为,也称“聚合行为”“集体行为”等,主要是指在某些特定的

---

① 郑杭生、洪大用:《中国转型期的社会安全隐患与对策》,《中国人民大学学报》2004 年第 2 期。

②《肖捷:截至 2017 年末中国政府债务余额 29.95 万亿元》,中国新闻网,2018 年 3 月 7 日。http://www.chinanews.com/gn/2018/03-07/8461595.shtml。

场所，人们的行为失去了日常行为规范的约束，而变为无组织、无结构同时也难以预料的群体行为。某些社会骚乱、宗教狂热、恐慌现象、成群结队的抢购活动以及群体性事件等就属于集群行为。

作为一种背景性的时代条件，社会焦虑容易催生某些有害的集群行为。对此，可作如是理解：其一，社会焦虑容易使一些社会成员失去理性的约束。而人们的行为一旦失去理性约束，即失去内在约束和外在约束，当社会焦虑增强到一定程度时，人们就容易处在一种失控的状态，容易接受种种暗示，容易进行种种模仿，产生某些非理性的冲动行为，从而演化成有害的集群行为。在这样的情形下，加之社会转型时期大量社会失范现象的存在，社会焦虑现象更加容易使一些人的行为方式失去约束而演化成集群行为。其二，社会焦虑现象会程度不同地降低人们对生活的满意度。客观地看，同改革开放以前相比，大多数社会成员目前的"绝对"生活水准已经高出一个重量级。但是，由于社会焦虑现象的存在，一部分社会成员往往无暇做出理性的判断，而热衷于同左邻右舍当中更高水准者相比，甚至同全社会当中那些公认的生活水准很高者相比，因而对自己的生活水准不够满意，进而会程度不同地产生对社会的不满心理。这就为一些集群行为的出现准备了一定的心理基础。其三，社会焦虑现象会加重或放大人们对于社会矛盾问题的不满情绪。如今中国社会出现了不少社会矛盾问题，这是一个客观现实。问题在于，其中的一些社会矛盾问题可能没有那么严重。但是，由于目前人们普遍存在着一种心理焦虑，由于社会不公现象的存在，致使不少社会成员存在着一些不公正的心理感受，同时又由于网络社会的发展，使得不少网民能够方便地将心理焦虑以及不公正的心理感受广为传播和放大，这样一来，不少社会成员就容易把本来不是很严重的社会矛盾问题看得十分严重，容易迁怒于他人他事，容易借题发挥、借机宣泄，进而催生出一些有害的集群行为。进一步看，凡此种种，势必会增大社会动荡的潜在能量。这对社会的安全运行极为不利。现在中国社会出现的一些"无直接利益冲突"现象当属此类现象。

由上可见，既然社会焦虑会引发不少越轨行为，会加重人们不切实际的高期望值心理和相应的短期化行为，会催生某些有害的集群行为，那么，社会焦虑对社会矛盾问题必定会起着加重的作用。显然，尽管社会焦虑本身并不是社会矛盾问题,但是,作为一种特殊的时代背景性条件,它对社会矛盾问题的生成和加重无疑会起着推波助澜的作用。

中国社会正处在一个急剧转型的时期。在这样一个时期,要想彻底消除社会焦虑现象是不现实的。但是,缓解社会焦虑现象则是能够做到的。就社会焦虑现象的缓解而言,至少需要做好以下几个方面的事情:

第一,打造公正合理的规则体系。社会成员的各种行为以及社会群体之间的互动,必须按照一定的规则进行。如果缺少了规则体系,那么这个社会必然会面临着一种不确定性的前景,使人们的行为缺少一种可以预期的长远目标,存在着诸如随意性、多变性、相互抵触甚至是冲突以及成本过大、风险过多等种种不利的情形。通过建立规则和信任体系,能够使人们的行为有章可循,而且对未来的长期行为和目标可以预期,进而有助于缓解社会焦虑现象。

第二,建立一个中初级的民生保障体系。我们现在提建立一个高级的或中级的民生保障体系还不够现实,但是提建立一个中初级的民生保障体系是现实可行的。中初级民生保障体系的基本特征是低水准、广覆盖、有实效。其基本内容是:初步做到“使全体人民幼有所育、学有所教、劳有所得、病有所医、老有所养、住有所居、弱有所扶”。通过中初级民生保障体系的建立,可以让绝大多数社会成员基本的生活尊严底线得到保障,使社会成员正常生存与发展的后顾之忧明显减少,而且对未来也可以有一个大致的预期。如是,则能够有效地缓解社会焦虑现象。

第三,尽可能地实现充分就业。就业是民生之本,这一个公认的道理。充分就业应成为社会的优先目标。充分就业是指,任何一位愿意参加工作、具有必要能力并且年龄合适的社会成员都应当获得一份有经济报酬的职位。在现代社会和市场经济条件下,获得一种职业,对于社会成员来说,就意味着拥有了相对稳定的经济收入主要来源,意味着拥有了一个可预期的发展平台,意味着能够平等地在社会中生活。可见,充分就业是缓解社会焦虑现象的基础性的必要条件。

总之,一旦做好上述几件事情,那么,中国的社会焦虑现象便可以得到大幅度的缓解,社会焦虑的负面影响也可以降至最低限度,相应地,社会矛盾问题也能够得到一定的缓解。

第十七章　中国现阶段社会矛盾的主要特征及化解

一、中国现阶段社会矛盾的主要特征

同其他大多数发展中国家和地区不同的是,中国是在一种比较特殊的条件下进行改革开放和现代化建设的。其一,巨量的事情被挤压在一个相对有限的时空当中。与先发国家和地区相比,中国社会要在一个较短的时间内完成由传统社会经济结构向现代社会经济结构的转型;与其他大部分后发国家和地区相比,中国社会还面临着由计划经济体制向市场经济体制转变的独特的艰巨任务。巨量的事情,必然会造成更为广泛、复杂和突出的种种社会问题。其二,发展极不平衡。在中国社会急剧转型时期,社会和经济之间、城乡之间、区域之间以及行业之间出现了一种十分明显的不平衡现象。这就使得各种矛盾错综复杂地交织在一起,必然导致大量社会问题的出现。其三,以人为本的基本理念深入人心。近年来,以人为本的基本理念迅速被中国各个阶层广泛接受和认同。这对民众影响巨大:一是民众空前重视现实生活尤其是物质生活,二是民众空前重视自身权益的维护。虽然这是一种历史的趋势,但在近期内客观上势必会对一些有碍于以人为本理念实现的现实问题提出质疑、形成不满,进而造成某些纠纷和抗争的行为。其四,政府推动型现代化模式的两重性。中国的现代化建设必然是政府推动型的,这是历史的必然选择。

还应看到的是，政府推动型的现代化建设具有两重属性：除其积极作用外，还有一定的负面隐患，这就是公权容易扩张、腐败容易形成等等。这些隐患进而会使民众形成抵触。

特殊的时代背景条件，使得中国现阶段的社会矛盾呈现一些明显的特征。

（一）基础民生需求甚于政治诉求

虽然中国现阶段的社会矛盾涉及面广泛、种类齐全，但是，从社会矛盾形成部位的角度看，中国现阶段社会矛盾的形成多集中在与基础民生或民众切身物质利益直接相关的部位，更多的是一种“民生”方面的利益诉求，而不是“民主化”方面的诉求。同中国改革开放以前的30年、改革开放初期以及别的国家和地区相比，这一点是很不相同的。中国改革开放以前的30年，民生问题亦即民众的基本生计问题不被重视，禁欲主义的生活方式盛行。当时的时代中心是阶级斗争，围绕着绝对的、整齐划一的意识形态问题，基于特定的阶级观念和政治路线，产生或人为制造出了许多社会矛盾。在改革开放初期，社会矛盾多为浅层次的问题，多表现为社会治安方面的问题。对于大多数发展中国家和地区来说，围绕着民主化，民众的政治诉求往往是整个社会所关注的主要问题，由此会产生大量的社会矛盾。而对于许多发达国家来说，改善环境生态、维持较高的社会福利水准以及有效妥善地处理好种族纠纷等是公众关注的重点事情，这一类问题如处理不好，往往成为引发社会矛盾的根源，甚至会引发这样或那样的社会骚乱。

在中国现阶段，民众对于基础民生问题表现出一种前所未有的重视。市场经济体制的逐渐形成以及以人为本基本理念的扩散，导致社会成员个性意识、财产意识和维权意识的觉醒，又使人们十分看重自身的经济利益，这就造就了一种普遍的现实感，社会成员注重现实的日常生活，注重现实生活的质量问题，而摈弃以往禁欲主义以及过于理想化如乌托邦式的行为取向。但是，与之形成鲜明对比的是，民生问题在改革开放以前就没有得到应有的重视，以至于出现严重欠账的情形，而且，改革开放以后一段比较长的时间当中，由于过于追求GDP、过于重视经济发展而轻视了社会发展和民生改善。凡此种种，致使民生问题没有得到应有的改善。这突出表现在最终消费率逐年走低。最终消费率是一个能够反映民生总体状况的重要指标。2010年，中国的消费率创下了自1978年以来的最低点48.2%，而投资率却达到了自1978年以来的最高点48.1%，2011年投资率更是达到了48.3%。[①] 大量社会调查几乎都一致地显示出这样一种情况，民众关注的主要问题多集中在同民众日常生活有直接关系的部位，如就业难问题、收入差距过大问题、社会保障滞后问题、教育问题、住房问题等等。这些问题直接大面积地影响到民众的生存状态。而被人们比喻成“新的三座大山”亦即“买不起房、看不起病、上不起学”的问题，更是对工薪阶层和农民阶层的生存状态和发展前景产生了十分广泛的不利影响。[②]

一方面是对于基础民生问题表现出一种前所未有的重视，另一方面却是民生问题没有得到应有的改善，明显滞后于经济发展。在这样的情形下，源自民生方面的社会矛盾必然会大量出现。相比之下，政治方面的诉求尚未引起民众的足够重视，相应地，由政治诉求所引发的社会矛盾不可能成为数量居多的社会矛盾。

（二）官民之间的矛盾比较突出

从社会矛盾对应群体的角度来看，官民（干群）之间的矛盾比较突出。据中国社会科学院社会学研究所2006年进行的中国社会状况综合调查，对“您认为哪两类人之间最容易出现矛盾和冲突”问题，回答“干部与群众之间”的比例为28.26%，居第一位；回答“穷人和富人”的比例为24.02%，居第二位；回答“管理者与被管理者”的比例为13.40%，居第三位；回答“雇主与雇员之间”的比例为11.98%，居第四位。[③] 类似的调查说明，在目前的中国社会，“官”与“民”之间的关系已经出现了某种紧张的状况。

与许多国家和地区现代化和市场经济进程中起飞阶段的社会矛盾状况相比，中国现阶段官民之间矛盾比较突出这一现象是很不相同的。在先发国家和地区以及后发国家和地区现代化和市场经济进程中的起飞阶段，一般来说，劳资之间的矛盾十分突显，劳资冲突在某个特定的时段甚至会成为

---

① 国家统计局：《中国统计年鉴2014》，中国统计出版社2014年版，第68页。

② 吴忠民：《走向公正的中国社会》，山东人民出版社2008年版，第232页。

③ 李培林等：《中国社会和谐稳定报告》，社会科学文献出版社2008年版，第325页。

影响社会是否能够安全运行的关键因素。比如,在19世纪西方早期工业社会,正如马克思所描述的那样,“阶级对立简单化了。整个社会日益分裂为两大敌对的阵营,分裂为两大相互直接对立的阶级:资产阶级和无产阶级”[①]。韩国也是如此。在20世纪60至70年代经济起飞时期,劳资矛盾逐渐积累并成为影响整个社会的重要因素,以至于到1987年劳资冲突引发了整个韩国社会的动荡。

中国现阶段官民之间的矛盾之所以比较突出,是由中国特定的社会转型背景条件所决定的。一方面,民众对于政府有着一种心理和行为的惯性依赖。应当承认,在中国现阶段,法律制度的建设比较滞后,民众的法治意识比较淡漠,而且社会组织的发展也比较滞后。在这样的情形下,作为一种没有办法的理性选择,也是作为民众传统心理的一种延续或者是一种路径依赖,民众自然就会向政府表达大量的甚至是各种各样的利益诉求。实际上,这是民众对政府的一种错位行为,即该找的事情去找政府,不该找的事情也去找政府。2006年全国综合社会调查数据显示,当问及被调查者在遭遇不公平对待时最想上诉的部门,前三位的选择分别是:49.2%的人选择了本地政府,16.0%的人选择了法院,14.6%的人选择了本单位领导。[②] 另一方面,政府对于民众承担了大量的、几乎可以说是难以胜任的无限责任。本来,现代社会中政府的合理定位应当是公共服务型政府,但是由于中国的现代化进程是政府推动型的,政府对于整个现代化进程起着别的国家和地区所没有的巨大作用,对于社会的方方面面有着力度较大的干预力。这些干预力有的是十分必要的,有的是特定时期不得已而为之的,有的则是越过了公共利益的边界而成为一种有害的行为。基于前述两个方面的分析,可以看到:民众对于政府有着一种过度的依赖,依靠政府解决问题的期望值很高,同时政府在法理的框架内难以有效、全面地解决民众的各方面要求,而且政府不恰当的干预力会直接损害民众的合理利益,在这样的情形下,官民之间的矛盾

---

①《马克思恩格斯选集》(第一卷),人民出版社2012年版,第401页。

② 中国人民大学中国调查与数据中心等:《中国综合社会调查报告(2003—2008)》,中国社会出版社2009年版,第190页。

必然会突显。

（三）个案问题容易演化成整体化矛盾

从社会矛盾激化的角度看，中国现阶段的社会矛盾往往表现出一种连带性的、迅速扩张的特征，即个案问题容易演化成整体化矛盾的现象。比如，2004 年，重庆市万州区一名临时工冒充公务员，殴打搬运工，本来是一起问题不大的治安事件，却引起了一场规模不小的群体性事件。[①] 再比如，2005 年 6 月，安徽池州发生了一个普通交通事件，就是因为传言政府袒护“老板”，进而引发了一起规模较大的群体性事件。[②] 又如，江苏金坛曾经因集资案纠纷引起冲突，事后调查发现，80% 参与围堵的群众没有任何集资款，他们大都是借题发挥。[③] 在改革开放以前的 30 年和改革开放的初期，这样的现象是十分罕见的。

之所以会出现个案问题容易演化成整体化矛盾的现象，主要原因在于：其一，中国现阶段的社会矛盾有着广泛的民众基础。由于基本民生问题没有得到应有的改善，因而为数不少的社会成员尤其是工人群体和农民群体中的一些成员产生一些积怨，难以对社会形成一种积极的认同。因而其中的一些人作为当事人很容易卷入社会纠纷和冲突事件当中，而且是较大规模的卷入。其二，社会焦虑现象推波助澜。在急剧转型的中国社会，整个社会迷漫着一种焦虑不安的情绪和浮躁的社会氛围，使社会焦虑成为一个比较明显的时代特征。[④] 有些社会矛盾虽然具有一些负面的意义，但尚未达到十分严重的地步。但是，社会成员一旦具有了某种焦虑的心态，就往往容易加重对这些问题的不满情绪，有时甚至会出现迁怒于其他人或其他事情的现象。社会焦虑使人们缺乏一种应对社会问题的从容心态，缺乏从长计议的理性安排。缺乏理性的约束，人们相对来说就容易卷入某些自己本来或许所没有料想的纠纷或冲突

---

① 范伟国：《重庆万州临时工冒充公务员打人引发群体事件》，《北京青年报》2004 年 10 月 20 日。

② 本书编写组：《预防和处置群体性事件党政干部读本》，人民日报出版社 2009 年版，第 114 页。

③ 钟玉明、郭奔胜：《社会矛盾新警号》，《瞭望》2006 年第 42 期。

④ 吴忠民：《社会的急剧转型与社会焦虑》，《科学中国人》2002 年第 4 期。

当中,从而加重了某些社会矛盾的严重性。其三,互联网等先进信息传播手段的扩散与放大作用。近年来,中国的信息传播手段呈现出突飞猛进的发展态势。截至2021年12月,"我国网民规模达10.32亿,全年共计新增网民4296万人。互联网普及率为73%"①。互联网等先进信息传播手段对于中国社会的方方面面都产生了广泛而深远的影响,对社会矛盾的形成和扩散自然也产生了不小的影响。在先进信息传播手段越来越普及的条件下,至少出现了两种情形。一种情形是,关注某个社会矛盾的某些社会成员,随时使用网络或短信发表看法。由于大量网络帖子和短信采取匿名的方式发布,发表者所承担的风险和责任都很小,进而使得一些社会成员借题发挥、借机宣泄,大量未经证实或认真分析的看法甚至是非理性的看法纷纷出现。另一种情形是,越是激烈的言论,越容易引人注意,传播的范围就越广。如果说看法发表者缺乏理性的话,那么受众同样缺乏理性至少是来不及进行必要的分析。在这样的情形之下,与之相关的社会矛盾由于引起了公众的普遍关注,因而一些社会成员会以不同的方式介入进去,相应地,社会矛盾很有可能会迅速加重。总之,基于前述分析可以发现,正是在社会矛盾空前的联动性、蔓延性和迅速扩散的背景之下,中国现阶段的社会矛盾表现出个案问题容易演化成整体化矛盾的特征。

(四)诉求方式相对温和

相对来说,在中国现阶段,除去少数与极端民族主义及极端宗教派别合流者外,除去个别地区曾经出现的类似"翁安事件""陇南事件""石首事件""通钢事件"等暴力冲突外,就总体而言,大多数民众的利益诉求方式仍然是以温和的方式为主,激烈的利益诉求方式只是少见的现象。这些温和的利益诉求方式多表现为和平请愿,如上访现象,如河北工人和一些广州人的"散步"现象,如广州某地民众的"静坐"现象,如北京某些出租车司机的"休息"(而不说"罢运")现象等等。类似的现象,虽然对整个社会的民众心理会有一些影响,但对社会的运行而言,并没有形成全局性的动荡,仍然属于可控的范围之内。

① 中国互联网络信息中心(CNNIC):《第49次中国互联网络发展状况统计报告》,中国互联网络信息中心网站,2022年2月25日。

这种现象,同先发国家以及一些后发国家和地区的现代化起飞阶段相比较而言,是有不小差别的。比如,在法国现代化起飞阶段,工人群体蒙受着巨大的苦难。作为一种强烈的利益诉求,工人们采用了暴力的行动,一度推翻了现有政权而成立了自己的政府组织——巴黎公社。韩国在现代化起飞阶段时,也曾出现过类似的情形。当时,韩国工人的罢工不断。“韩国劳工战斗性和工人高度政治意识的最终根源是工厂中极度滥施权威和专制霸道的工作关系。工厂工人体验到了强烈的不公正感觉,对于管理方的专制主义积蓄了强烈的愤恨。”“在卢泰愚宣布政治自由化之后的两周内,爆发了一波劳工暴力冲突浪潮。劳工骚动以前所未有的激烈和愤怒程度像草原野火一样横扫全国。它从制造行业开始,蔓延到采矿、运输、码头和一些服务部门。”①

中国社会特有的历史和现实条件,使得中国现阶段民众利益诉求总体上以一种相对温和的方式表现出来。其一,人心思定已经成为中国社会各个阶层的共识。中国近现代的历史和当代的历史,特别是改革开放 40 多年的发展实践已经反复证明,社会稳定是现代化进程得以顺利推进的基本前提条件。如果没有社会的稳定,那就意味着社会动荡。社会动荡意味着一个社会丧失了最为起码的社会秩序、经济秩序和规则体系,进而使整个社会和经济陷入一种混乱无序的动荡状态之中,1949 年以前的多年战乱以及“文化大革命”的惨痛教训已经明白无误地说明了这一道理。这一点,已经为中国社会各个阶层所广泛认同,人心思定已经成为大势所趋。② 显然,在人心思定这样一种较为普遍的社会心理背景下,民众在表达利益诉求时,更容易倾向于以温和的方式来进行。其二,利益诉求一方行为方式的理性选择。中国民众是十分理性的,在考虑一些重要问题时,实现目的和成本付出是一件必须考虑的事情。在利益诉求方式的选择方面,就明显地表现出这一点。受历史传统因素的影响,民众当中的一部分成员仍然存在着“怕官”的心理,同时,现实的状况是,民众大量的利益诉求必须通过官方介入才能得到有效解决。如何一方面使自身的利

① 〔韩〕具海根:《韩国工人——阶级形成的文化与政治》,梁光严等译,社会科学文献出版社 2004 年版,第 20、197 页。

② 吴忠民:《充分发挥优势　努力实现社会和谐》,《科学社会主义》2006 年第 5 期。

益诉求得到表达，而且通过某种压力使问题的影响增大，让政府知道此事的重要性并认真介入加以妥善解决，另一方面，又能够小心翼翼躲开“违法”嫌疑，以不被界定为违法行为为出发点，减小自身的风险，达到自我保护的目的，便成为许多社会成员考虑的问题。就此而言，各种各样温和的利益诉求方式便成为当事人的现实选择。

（五）解决社会矛盾易陷入两难境地

在中国现阶段，人们在解决社会矛盾时，往往容易陷入一种两难的境地，即在解决此种社会矛盾的同时，却往往加重了彼种社会矛盾。这在一些事关社会成员基本权利保护的政策和发展经济方面表现得比较明显。比如，劳动保护政策的落实同一些企业可持续发展能力之间有时出现两难的情形。劳动政策的制定和实施是大势所趋，同时还要看到，劳动保护政策的落实，意味着企业要支付较之以往更多的成本。于是，劳动政策的充分落实同一些企业发展的后劲两者之间有时会难以避免地出现此消彼长的情形。就是在同样都是事关民生方面的政策当中，这种两难现象也是比较常见的。比如，劳动保护政策的落实同就业率的提高这样两种同样都是有助于改善民生的举动却有可能会出现某种相互抵触的情形。大幅度提升劳动保护的强度，就意味着企业要增加员工工资支付的力度。不仅要完全按照工资标准支付员工现有的工资，还要随着企业利润的逐年提高而逐年增加员工工资额度。于是，在一个时期里，一些企业本身赢利的空间就会相对缩小，持续投资的热情就会降低，相应的就不愿多招收员工，甚至还会最大限度地减少本企业的雇佣人员，从而降低了整个社会的就业率。[①] 再比如，同样是降低房价，对于不同的社会群体有着不同的意义。任由房价迅速上涨，对于无房户特别是低收入群体当中的无房户来说是十分不利的，意味着这些人安居乐业的可能性越来越小，从而会加重这些社会成员对于社会的不满情绪。相反，如果走向另一个极端，想方设法打压房价，造成房价的暴跌，那么，除去对经济发展的不利影响不谈，就是对已经拥有房产的中产阶级来说，意味着其已有的家庭财产会大幅度地缩水，特别是对于已经通过贷款购买到房产并且尚未还清住房贷款的社会成员来说，不仅

---

① 吴忠民：《中国现阶段劳动政策的主要特征》，《中国人民大学学报》2009 年第 4 期。

意味着他们在房产方面的投入远远低于现在的市面价格，还意味着这些人要按照原先的契约在未来用大量收入还清住房贷款，因而其对社会的不满情绪也会明显加重。像是解决社会矛盾容易陷入两难境地这样一种现象，在别的国家和地区的现代化起飞阶段以及中国改革开放初期阶段也曾有过，但不像中国现阶段这么突出。

对于中国现阶段社会矛盾的这样一种特征，是不难理解的。现今中国的发展是十分不平衡的。这种不平衡，既表现在社会经济文化之间、城乡之间以及区域之间发展水准的不平衡，也表现在社会成员包括政府官员在观念以及行为准则方面发展水准的不平衡。这种不平衡现象，导致社会成员利益诉求的内容和方式的多样化，也导致政府对于社会矛盾的多样化认识以及千差万别的解决方式。同时需要注意的是，中国现阶段法治建设明显滞后，各种各样的正式法律、潜规则以及无规则现象各有各的生存空间，这就使得人们在判断或解决社会矛盾时往往缺乏一整套统一的标准。基于前述分析，既然社会成员包括政府官员在观念以及行为准则方面的差别非常大，既然人们在判断或解决社会矛盾时往往缺乏一整套统一的标准，因而不同的社会群体往往是各取所需，从自身不同的并且是差别很大的利益角度去提出利益诉求问题和认知同一社会矛盾。在这样的情形下，众多社会矛盾的解决就难免会出现此起彼伏的状况，从而陷入一种两难的境地。

这些社会矛盾对于中国社会经济的安全运行和健康发展势必产生多方面的有害影响。这就要求政府在制定和实施相应对策时，既要考虑到应对措施的可行性，又要加大应对措施的力度。

二、积极有效地化解社会矛盾

如果我们把视野放得更开阔一些，就会发现，几乎所有的国家和地区在经历类似于中国目前发展的同等发展阶段时，都遇到过类似的社会矛盾，之后大都予以解决了。显然，只要历史发展到这一步，无论哪个国家和地区，甚至无论是哪个执政党和政府执政，都会遇到类似的事情。这是一个带有普遍性的历史规律，带有历史的必然性。与绝大多数国家相比，中国目前所面临的社会矛盾属于中等偏下的程度。

如何才能积极而有效地应对中国现阶段的社会矛盾？这几乎是一个全方位的问题，涉及多个方面的事情。这里不拟面面俱到，只是重点论及以下几个方面的事情。

（一）维护和促进社会公正

社会公正是社会安全的基础。为了确保中国社会的安全运行和健康发展，必须高度重视维护和促进社会公正，以社会公正奠定社会安全的基础。对此，可以从以下几个方面来理解。

第一，社会公正是制度安排的基本依据。

对于一个社会的安全运行来说，制度尤其是规范、合理、公正的制度是必要前提。一个社会如果缺少基本制度，而仅仅是停留在随机性的政策导向层面，那么社会各个群体便会无章可循，各行其是，相互间难免产生种种纠纷、矛盾和冲突，进而使社会陷入某种无序及不安全的状态。

制度的设计和安排需要根据一种基本的理念来进行。更为重要的是，一个社会不仅要有制度，而且应当有"良性的"制度。换言之，一个社会不仅要有规则体系，而且这个规则体系必须由"良法""良规""良俗"构成，而不能由"恶法""恶规""恶俗"构成。

而这个"良性的"制度的形成必须基于社会公正才能形成。这主要表现在两个方面：

一方面，社会公正使得现代制度在价值观层面上具有了"良性的"意义。社会公正是人类社会具有永恒价值的基本理念和基本行为准则。现代意义上的社会公正基本理念集中体现了以人为本、自由、平等等基本理念，是现代社会最为重要的基本价值理念。作为现代意义上的社会公正，其基本价值取向在于：一是要让全体社会成员共享社会发展成果，二是要为每个社会成员的自由发展提供充分的空间。社会公正的基本规则包括：社会成员基本权利的保证，机会平等，按照贡献进行分配以及社会调剂。社会公正的基本立足点在于：以维护每个社会成员的基本权利为出发点，不管这个人是穷人还是富人，只要属于社会成员基本权利范围内的事情，都应当得到充分的保护。正因为社会公正如此之重要，社会公正理应成为现代社会基本制度设计和安排的基本理念依据。罗尔斯认为:“正义是社会制度的首要价值,正像真理是思想体系的首要价值一样。”①可见,只有基于社会公正基本理念所设计的制度,方具有稳定和可持续的积极意义。如果对社会公正的理解仅仅限于社会再分配领域的“福利”政策层面,那么,由于缺乏基本制度的保障,这样的“福利”政策一是影响力有限,二是随机性过强而难以持续。

另一方面,社会公正使得公平合理的基本制度的制定程序成为可能之事。基本制度的制定程序十分重要。如果基本制度的制定程序不公平不合理,那么在此基础之上所制定的基本制度就不可能具有正向的意义。只有基于社会公正理念,制度的制定程序才成为可能之事。其一,公平对待。制度制定程序的公平对待至少有两层含义:一是在处理社会成员利益关系时,应当按照同一尺度一视同仁地进行;二是应当采取必要的措施,建立必要的规则体系,使制定制度的直接当事人不能将自己的利益倾向和偏好体现在相关的制度当中,简而言之,就是不能“夹带私货”。其二,多方成员参与。在现代社会,随着民主化进程的推进,社会成员参与社会事务的意识普遍形成,他们有责任、有能力也有愿望参与重要社会事务的讨论和制定。因此,在制定法律和重要公共政策时,应当也必须让多方人员参与,即不仅需要公共权力部门成员参与,也应当让社会成员参与,以获得必要的民意基础和起到有效监督的作用,尤其是要允许相关社会利益群体成员有充分的参与和表意的机会,以维护自己的利益。其三,信息公开。信息占有的对称性对于制度制定程序十分重要,是制度制定程序具有公平性的必要条件。同某项制度制定与实施的相关信息如果出现不对称性的情形,即一方是对相关信息相对充足的占有,而另一方则是相关信息的匮乏,那么社会成员就难以做到有效参与,无法得到公平对待,进而使公平的制度制定程序无从谈起。况且,一方通过垄断信息可以在制定和实施制度的过程中进行种种舞弊活动,比如,可以通过信息的不对称对其他社会群体进行各种类型的欺骗和误导。因此,为了防止信息的不对称,一个行之有效的方法就是将相关的信息向全社会充分公开。

第二,维护社会公正是缓解贫富差距的重要杠杆。

---

①〔美〕约翰·罗尔斯:《正义论》,何怀宏等译,中国社会科学出版社 1988 年版,第 1 页。

虽然还不能说贫富差距过小的社会就一定是一个稳定的社会，但是可以肯定地说，一个贫富差距过大的社会必定是一个不稳定的社会。“所有这些内讧，都常常以‘不平等’为发难的原因。”“内讧总是由要求‘平等’的愿望这一根苗生长起来的。”[①]如果随着社会发展进程的推进，社会财富越来越集中在少数社会群体、少数社会成员一方，那么说明社会发展的成果只是为少数社会群体、少数人所享用。这样的发展不可能是真正的发展，而只能是畸形化的发展。就一般情形而言，一个社会的贫富差距越大，社会问题就越多，社会就越不稳定、越动荡，甚至存在着很大的被倾覆的可能性。如果我们观察一下大多数发展中国家的贫富差距状况，就会发现，凡是基尼系数过高的发展中国家往往存在着社会不稳定甚至是社会动荡的情状。

社会公正的一项重要内容就是强调共享社会发展成果。发展应当是以人为本的发展，而这里所说的“人”是由全体社会成员所组成的，所以，发展应当是以全体人民为本的发展，全体社会成员应当共享社会发展成果。随着社会发展进程的推进，每个社会成员的基本生活水准应当相应地不断得以提高，每个社会成员的尊严应当相应地得到保证。正如恩格斯所说的那样，应当“结束牺牲一些人的利益来满足另一些人的需要的情况”，使“所有人共同享受大家创造出来的福利”，“使社会全体成员的才能得到全面的发展”。[②] 社会成员共享社会经济发展的成果，既是现代社会文明的标志，也是现代社会的客观需要。

在中国现阶段，为了逐渐实现共享社会发展成果这一重要目标，需要做的事情有很多，其中最为重要的事情当属大力改善民生。[③]

从最为基础的意义上讲，只要注重社会公正，大力改善民生，就能够在不小的程度上满足民众的基本需求，满足其对日常消费品的需求，保证其基本生活水准的持续提高，从而有效缩小贫富差距。民众基本生存尊严底线一旦得到有效保证，贫富差距一旦被有效地缩小，就能够使民众认同社会，就可以在

---

①〔古希腊〕亚里士多德：《政治学》，吴寿彭译，商务印书馆 1965 年版，第 234 页。

②《马克思恩格斯选集》（第一卷），人民出版社 2012 年版，第 308—309 页。

③ 参见吴忠民：《走向公正的中国社会》，山东人民出版社 2008 年版，第 319—322 页。

很大程度上稳住社会的基本面，并且可以使执政党和政府建立起必不可少的公信力，从而增强执政的基础。这些，就能够为社会安全提供一个基本的前提条件。

第三，社会公正有利于形成良性互动的社会结构。

社会是由众多群体共同组成的利益共同体。在这样一个共同体中，每个群体都是不可或缺的。在现代社会和市场经济条件下，社会共同体的正常运行和健康发展有赖于各个群体之间的良性互动。从社会公正的角度看，社会群体之间的良性互动表现为社会各个群体之间的互惠互利，即处在较高位置群体的利益增加不能以损害处在较低位置的群体的合理利益为必要条件，同样，处在较低位置群体的利益增加也不能以损害较高位置群体的合理利益为必要条件。社会各个群体应当进行有效的社会合作，互惠互利、相互促进，获得一种共赢的结果。

虽说社会矛盾十分复杂，但我们可以发现，大比例的社会纠纷、矛盾和冲突常常是由某一群体试图侵占或损害另一群体的合理利益或基本权利，而另一群体要维护自身的合理利益和基本权利的行为所引发的。比如，有的企业主为了获取高额利润而有意压低工人的工资，由此引发了工人的抗争活动；有的房地产开发商为了巨大的商业利润强行征地拆迁，由此引发了许多城乡居民激烈的抗争活动。显而易见的是，社会群体之间非互惠互利的行为是一种恶性互动，有损中国社会的安全大局。

只有基于社会公正，才能形成互惠互利的社会互动结构，进而有效地维护社会安全。就此而言，社会公正的意义在于：其一，有利于形成各尽所能各得其所的局面。应当承认，在现实社会中，社会各个群体的具体位置不可能完全一致，是有差别的。问题在于，这种有所差别的位置，应当依据社会公正中的按照贡献进行分配的规则而获得。如果某个群体对于社会的贡献较大，而只是获得了较低的经济收入，处在较低收入阶层的位置，那么这是不公正的，需要予以矫正。其二，有利于进行社会再分配。由于种种原因，社会中会有一部分群体处在困境当中，甚至失去了某种能力。如果由之演化下去，既不利于社会合作以及社会潜能的开发，也不利于社会安全，所以，社会有责任对之进行援助，使之渡过难关并恢复必要的合作能力。其三，有利于形成社会阶层之间相互开放和平等进入的局面。在现代社会和市场经济条件下，自致性因素成为影响一个人发展前景的最为重要的因素。基于社会公正当中机会平等的规则，一个人只要具备了某种能力，就应当有机会按照自己的意愿和实际努力状况得到相应的社会位置。任何阶层特别是具有较高社会位置的阶层都不应以任何理由人为地设置障碍和壁垒，来排斥其他阶层的社会成员进入本阶层，以达到维护本阶层特有利益的目的。

第四，维护社会公正是形成橄榄形社会结构的主要途径。

社会结构的具体状况对于社会安全有着重要的影响。社会结构是社会构成的基本框架，反映了各种社会力量对社会安全的支撑状况。在现代社会和市场经济条件下，“两头小，中间大”、以中等收入人群为主的橄榄形社会结构是最有利于社会安全的。之所以这样说，其主要理由在于：

首先，橄榄形社会结构有助于减少社会各个群体之间的矛盾。就一般情形而言，社会群体之间的矛盾是最不利于社会安全的。社会群体之间的矛盾最为常见的是劳资矛盾、官民矛盾以及贫富矛盾。而橄榄形社会结构意味着劳资矛盾已经被缓解到了一定程度之内，劳动者的基本权益得到了比较好的保护，劳资双方能够进行较好的互动；意味着政府能够有效履行公共服务型政府的职能，能够提供较为充分的公共服务产品；意味着社会总体上的贫富差距已经明显缩小。这一切，使社会矛盾、社会纠纷和社会冲突的根源性因素已被大幅度消解至少是缓解。

其次，橄榄形社会结构有助于消除或减缓社会成员的生存危机以及相对剥夺感。一个社会的民众如果普遍陷入一种绝对的贫困状态，那么这个社会实际上存在着一种生存性的危机。在一定的条件下，这种生存性的危机容易诱发某种形式的社会动荡。另外，还有一种情形值得注意，这就是相对剥夺感所引发的社会不安。相对剥夺感根源于相对贫困。同绝对贫困不同，一些社会成员的基本生活水准已经没有问题，已经摆脱了绝对贫困的状况，但是同别的群体相比，其相对生活水准没有得到相应的提高，出现了一种相对贫困的情形。在相对贫困的基础上，很容易造成一种相对剥夺感，而且，相对剥夺感往往会表现出一种晕轮效应，即具有相对剥夺感的人数往往会超过实际的相对贫困人数。相对剥夺感会使一些社会成员对社会产生明显的不满，这同样不利于社会安全。而橄榄形社会结构不仅意味着社会已经从总体上解决了绝对贫困问题,而且在很大程度上也已经解决至少是缓解了相对贫困问题,因而对社会安全有着十分有利的积极作用。

再次,橄榄型社会结构有助于使社会成员普遍形成一种社会认同感。中国目前离橄榄型社会结构还有不小的距离。学者们估计,中国现在中等收入者只有30%左右。换言之,中国现在的中低收入者、低收入者相加超过了60%。这样的一个社会结构,抗风险能力较低,不利于社会的安全运行。所以,从长远战略的角度看,为了有效地维护社会安全,中国必须建立一个以中等收入人群为主的橄榄型的社会结构。

只有基于社会公正,才能建立一个橄榄形的社会结构。就此而言,至少需要做好这样几个方面的事情。其一,保护社会成员的财产权。在社会成员诸项基本权利当中,财产权当属基础性的基本权利。私有财产(包括个人的生活资料和生产资料)是大多数社会成员基本生计的必要屏障,是其安身立命的基础条件;同时,社会成员的私有财产状况同其发展前景密切相连。这不仅仅是因为积累财富是大多数社会成员的一个重要目标,而且还因为社会成员的财富是其赖以发展的基本平台。将宪法有关保护私有财产的规定以及物权法予以有效实施,有助于社会成员财富的可预见积累,进而排除大多数社会成员发展过程中的许多不确定因素。其二,扩大社会成员的财产性收入。一个规律性的事情是,随着现代化和市场经济进程的推进,社会成员的财产性收入在其总收入总财富当中所占的比重越来越大。长期以来,中国城市居民的收入主要来源于工资收入。从财富积累的角度看,这种收入方式一是过于单调,二是财富积累速度过于缓慢。所以,现在应当结束股市、房地产市场成为公权和少数人群体大幅度敛财的情形,应当将藏富于民作为重要国策,采取种种有效措施,鼓励居民拓展财产性收入的渠道,如投资安全稳定的股市、投资债券、投资安全稳定的房地产市场等等。其三,大面积减税。中国现在的税负过重。沉重的税负负担,增加了民众的额外支出成本,严重妨碍着社会成员收入的正常提高,进而妨碍橄榄形社会结构的形成。所以,现在必须大幅度减税,为橄榄形社会结构的形成创造必要的条件。

（二）积极维护每一个社会成员的基本权利

中国改革开放以来的一个重大进步就是：随着现代化和市场经济进程的深入推进，中国社会成员的自由、平等、独立、维权的意识在增强，并且得到了国家层面上的认同。2004 年，“国家尊重和保障人权”和“公民的合法的私有财产不受侵犯”的条款被列入《中华人民共和国宪法》。

“维权”与“维稳”有着必然的联系。只有普遍维护好社会成员的基本权利，社会安全才能得到保障。社会成员的基本权利如果被损害，社会安全就会出现大问题。所以，应当以“维权”促“维稳”。

第一，维护社会成员的基础性基本权利，有助于民众认同社会。

应当看到，在中国现阶段，对于人们的基础性基本权利如生存权、财产权、劳动权以及社会保障权等等的维护是能够做到而且是必须做到的，否则，便会直接影响到社会的安全。原因很简单，社会成员基础性基本权利能否得到有效维护，事关基本民生问题，而人们对基本民生问题是极为看重的。所以，在中国现阶段，从最为基础的意义上讲，只要维护好社会成员基础性的基本权利，保证其基本生活水准的持续提高，就可以在很大程度上使民众积极认同社会、认同政府，进而稳住社会的基础层面，确保社会的安全运行。相反，如果人们基础性的基本权利得不到应有的保障，民生问题得不到应有的改善，那么便会引致大量社会矛盾问题的出现，造成社会纠纷和冲突的种种“燃点”。

第二，维护社会成员的基本权利，能够有效防止公权的扩张。

公权的扩张，对中国来说是一个事关社会安全的、理应引起重视的大问题。同其他国家相比，中国的公权往往会陷入两难的境地。一方面，中国采取的是渐进型的现代化模式，这一模式的重要特征在于政府主导推动，强调政府的权威和干预能力。公权运用得当，就能有力地推动中国的现代化进程，有效地进行社会管理进而维护社会的安全。另一方面，客观上讲，政府在特殊转型时期负有的重责为公权的扩张提供了很大的可能空间。公权一旦失去必要的限制和制约，就会出现越来越强的自我扩张的趋势，就会产生越来越大的负面效应，损害社会的安全局面。在中国现阶段，前述两个方面的情形都已清晰地表现出来：中国发展得以持续进行，社会秩序得以有效维护，同时，公权扩张的趋势在加重。值得人们注意的是，后一方面的问题越来越明显。比如，由公权扩张所引致的腐败现象越来越严重，已经严重损害了政府的公信力，损害了社会经济秩序；公权与民争利的现象愈益凸显，政府财政收入的增幅远远超过居民收入的增幅；一些地方官员滥用公权，强行征地拆迁的事情屡屡发生；有的地方官员忽视社会成员的自主意愿，形成了为民做主的习惯，甚至有些地方的居民出现“被福利”“被幸福”“被上楼”“被精神病”等情形。这一切，致使官民矛盾成为中国社会当中一个比较突出的矛盾问题。突出的官民矛盾，必然会对社会安全形成十分不利的影响。

公权需要被监督和限制，需要规范。而规范公权的一个重要基点就是维护每一个社会成员的基本权利。公权的活动边界，就在于不能侵害社会成员的基本权利。一个社会，应当强调公权是为所有社会成员服务的，公共权力的基本宗旨是维护每一个社会成员的基本权利，而不是相反；应当将公权的活动范围严格限制在公共事务之内，公权不得以任何理由比如以国家或集体的名义损害社会成员的基本权利；对任何侵害社会成员基本权利的公权扩张现象，必须进行严厉惩处。唯有如此，社会管理才有可能不仅是有效而且是有益的。

（三）大力发展社会组织

社会组织对于有效维护社会安全有着十分重要的作用。

第一，能够有效化解新时代条件下的大量社会纠纷和矛盾。

随着现代化和市场经济进程的推进，社会分化程度必然愈益加深，相应地，社会的各种行业和专门化领域的数量愈益庞大，复杂程度愈益提高，形成了一种政府管辖“失灵”的新型“基础社会”。对于这样一种日益庞大、日益复杂的新型“基础社会”，政府没有能力进行直接的、一一对应的管理。而作为不同类型行业、领域的民间自愿结合的机构，各种不同类型的社会组织最贴近、最了解社会各个行业和领域的实际情况，同时也相对具有行业内、领域内的公信力。这样看来，只有通过社会组织，才能有效协调整合新型的“基础社会”。社会组织不仅弥合了政府、企业、家庭之间的社会空间，而且推进了新型社会结构的转变。[①] 社会组织可以通过行内规定或业内约定，使同一群体内部能有一种人们能够自愿遵守的约束。这样，就能够有效化解或缓解同一群体内部或同一领域中的许多纠纷和矛盾，避免将一些行业或领域中的纠纷和矛盾上升为社会层面上的矛盾问题。再者，这一社会组织还可以将某个行业某个领域社会成员的利益诉求集中起来，同另外的社会组织在相关问题上进行谈判、协商和协调，从而有效解决或缓解不同群体之间的一些矛盾纠纷。比如，工会可以将工人的主要利益诉求进行集中归纳，然后同雇主组织进行协调谈判。如是，能够增大工人同雇主平等谈判的力量，从而减少或缓解劳资矛盾纠纷。可见，如果缺少社会组织体系，那么源自日益庞大、日益复杂的基础社会的各种流向不同的社会力量就得不到有效的整合和疏导，就有可能成为不利于社会安全的因素。

第二，能够使民众同政府之间具有一个缓冲带，避免两者直接对立。

一个社会如果缺少社会组织，那么来自各种行业、领域的社会成员的利益诉求以及矛盾问题难免过于繁多、庞杂，并且会由于缺少一个缓冲带而直接诉诸政府。在这样的情形下，政府不可能有足够的精力来了解民众各种各样的利益诉求及其生成背景，也没有足够的职业能力予以有效处理，而只能是拖延或是大而化之地进行应付。问题在于，这些得不到有效处理的利益诉求便会转化成官民之间的矛盾，而且这些矛盾问题会日积月累，形成数量更多、强度更大的社会矛盾问题，进而影响整个社会的安全局面。20 世纪 90 年代以来，中国新的社会组织的数量大幅度增加。截至 2010 年年底，全国共有社会组织 44.6 万个，这些社会组织业务范围涉及科技、教育、文化、卫生、劳动、民政、体育、环境保护、法律服务、社会中介服务、工商服务、农村及农业发展等社会生活的各个领域。其中，社会团体 24.5 万个，民办非企业单位 19.8 万个，基金会 2200 个。[②] 社会组织在中国已经初步扮演着不可或缺的协调大量社会纠纷和矛盾的角色。试想一下，假如没有这些社会组织，而是让政府负担起这些社

① 扶松茂：《社会组织的实践基础及其社会建设功能研究》，《社团管理研究》2011 年第 10 期。

② 中华人民共和国民政部：《2010 年社会服务发展统计报告》，民政部门户网站，2011 年 6 月 16 日，http://www.mca.gov.cn/article/zwgk/mzyw/201106/20110600161364.shtml。

会组织所承担的所有事务，那么可以想象，官民之间的矛盾将会更加严重，社会的安全将会受到影响。

在中国现阶段，就有效推动社会组织的发展而言，至少要做好两个方面的工作：其一，有效推动社会组织的形成和发展。法国每万人拥有110个民间组织，日本是97个，美国是52个，而中国仅为3个。① 中国目前的社会组织数量过少，理应大幅度增加，但建立社会组织的各种限制仍然过多。为了社会组织的健康发展，有必要降低社会组织成立的门槛。其二，有效推动原有准社会组织进行转型。总工会、共青团、妇女联合会、残联以及老龄委等现成准社会组织多年来在我国的社会经济生活中扮演着比较重要的角色，而且覆盖面极大。虽然这些准社会组织带有明显的政府机关色彩，但是换个角度来看，这些准社会组织已经被公众广泛认同，并具有完整的组织体系。在现代社会和市场经济条件下，这些准社会组织如能顺应社会发展趋势，进行必要的专业化和职业化转换，就可以承担起社会组织的重要职责，进而有效地化解或缓解社会矛盾问题。

（四）积极开发中国应对社会矛盾的独特优势

显然，中国存在着许多能够有效应对社会矛盾问题的优势。这些优势主要表现在两个方面。一是基本发展面的优势，即中国经济的强劲发展，使得民众的生活水准不断提高，这就为社会安全提供了必不可少的物质基础的支持；法治社会的逐渐形成，使得社会成员在解决社会矛盾问题时逐渐地能够有章可循；近年来以人为本理念的提出和实施、和谐社会理论的形成和实施以及改善民生政策取向的形成和实践，更是直接有效地解决或缓解了许多社会矛盾问题。二是同其他国家和地区同期发展阶段相比，中国社会具有一些应对社会矛盾问题的独特优势。这些独特优势，尽管在很大程度上属于技术层面上的优势，但如果得以充分开发，将会有助于不少社会矛盾问题的解决至少是缓解。而这样一些独特的优势，却常常被人们忽略或重视不够。

就中国应对社会矛盾问题的独特优势而言，主要表现在以下几个方面：

第一，人心普遍思定。

---

① 林衍：《“让社会自己管好自己”》，《中国青年报》2012年3月28日。

社会稳定是现代化进程得以顺利推进以及民生不断得以改善的基本前提条件。如果没有社会的稳定,那就意味着社会动荡。社会动荡意味着一个社会丧失了最为起码的社会秩序、经济秩序和规则体系,进而使整个社会和经济陷入一种混乱无序的动荡状态之中,使民众生活陷入苦难状态。1949 年以前 100 多年的外患和战乱以及改革开放以前 30 年间国内此起彼伏的政治斗争的惨痛教训已经明白无误地说明了这一道理。在 1949 年以前的 100 多年间,中国主要是面临外国列强的种种打压。外国人直接把持着海关,实行低税率,致使中国的民族工业失去了必要的保护,根本无法同外国商品竞争。外国人控制着中国的金融业,使中国民族工业缺乏必要的金融支持。巨额的战争赔款,使中国失掉了大量的、对于现代化来说是至为重要的资金。仅《马关条约》就规定赔款 2.3 亿两白银,《辛丑条约》规定赔款 4.5 亿两白银,而在 1894 年,中国官僚资本与民族资本的总额仅为 3560 万元。[①] 外国侵略者还在中国投资工业、矿山,修建铁路,大量倾销商品等等。20 世纪 30 至 40 年代日本军国主义对中国的入侵,更是给中国带来了空前的灾难。而在改革开放以前的 30 年,中国主要是面临着内部的政治运动。在当时,中国的现代化并没有占据时代的中心位置,而政治运动却在逐渐频繁、升级和强化,以至逐渐成为实际上的中心任务,亦即"以阶级斗争为纲"。政治运动的结果,是国民经济几乎达到了崩溃的边缘,是人民生活长期得不到应有的改善。

正是基于上述惨痛的历史教训,实际上也是基于某种意义上的种种"试错"举动,中国现在社会的各个阶层已经形成了一个普遍的共识,这就是:无论何种类型的"折腾",对中国社会各个阶层而言,几乎没有赢家,几乎全部都是输家;社会稳定、社会的安全运行,是经济发展、民生改善以及国家长治久安的前提条件。世界上恐怕没有哪一个国家像中国这样如此珍惜社会稳定。人心普遍思定已经成为大势所趋。

从应对社会矛盾问题的角度看,人心普遍思定这一情形有着十分重要的积极意义,能够为社会的安全运行奠定一个很好的社会心理基础。在人心普遍思定这样一种较为普遍的社会心理背景下,民众在表达利益诉求、解决社会

---

① 祝慈寿:《中国近代工业史》,重庆出版社 1989 年版,第 414 页。

矛盾问题时,更容易倾向于以温和的方式来进行,而不是倾向于采取激烈的方式来进行。换言之,社会各个阶层都会程度不同地防范和警惕可能的社会动荡;是否会影响到社会的安全运行,往往会成为社会成员采取各种行为的基准线。如是,客观上有助于大面积地减少社会矛盾问题加剧甚至是演化成社会动荡的可能性。

第二,强大的举国动员能力。

在中国的近现代,由于种种历史原因,出现了前所未有的社会动员现象。这种社会动员曾经极为有力地推动了民族解放运动的高涨直至民族获得了独立,并对改革开放以前30年的中国社会造成了广泛而复杂的影响。如今这种社会动员传统更多地演变成为举国动员体制和能力。举国动员与社会动员两者间有相同之处,均是通过自上而下的动员,将社会各个方面各个阶层特别是民众的能量充分地聚集起来,尔后朝向一个方向或目标释放。同时,两者也有一定的差别。这种差别表现为:社会动员更多地是以意识形态为纽带,以民众热情为基础,以"民族独立"和"不断革命"为目标,而举国动员则更多地是以较为规范的行政体制为途径,以解决影响民众的切身利益问题或国家所面临的重大问题为目标取向。举国动员体制和能力对于现今中国社会有着极为重要的作用。

强大的举国动员体制和能力,能够有效地化解一些严重的社会矛盾问题。比如,在改革开放初期,中国正是运用了举国动员体制,成功地实施了人类历史上规模空前的计划生育政策,解决了难度极大的中国人口迅速膨胀的问题。举国动员体制对于应对由灾难引发的公共危机,更是有着明显的作用。从中国以往的历史以及许多发展中国家和地区来看,一些由自然灾难所引发的公共危机,往往会激化社会矛盾问题,并最终演变成为大规模社会冲突的导火索。而中国所具有的强大的举国动员体制和能力,恰恰能够有效地化解类似的公共危机,防止其演化成大规模的社会冲突。在这方面,2003年中国抗击"非典"的行动就是一个典型的案例。2003年,中国遭遇"非典"之初,其反应相对迟缓,但一旦缓过神来,启动了举国动员体制,则显示出了超乎寻常的解决难题的能力。抗击"非典"过程启动之后,中国的举国动员组织得十分严密、高效,几乎落实到每一个同疫情有关的村庄和居委会,形成了万众一心、齐心协力共同抗击“非典”的局面。从全国的情况来看,“非典”临床病例从2003年4月底的三位数字降到2003年6月中旬的个位数字。中国通过举国动员体制对于“非典”难题的解决,几乎可以说是创造了世界奇迹,令人叹为观止。2008年汶川大地震的救灾行动,在很大程度上也是成功运用了举国动员体制。再如,出于反恐的需要,2014年,北京市有“85万名平安志愿者走上街头,配合公安、武警等专业部门开展治安巡逻、隐患排查”。“全市社区(村)也已建立起一支近10万人的涉恐涉暴情报信息搜集队伍。”信息员包括“修鞋匠、菜摊主、报刊亭主、停车管理员等”。[①] 这种情况在别的国家恐怕是很难想象的。

同时需要清醒地看到,举国动员体制有它的两面性,如果使用不当,则会产生一些负面作用。以下列举两种举国动员。其一,频度过高的举国动员。有时人们对于举国动员体制和能力的使用,往往缺乏一个通盘性的考虑,事无巨细地反复使用举国动员这种方式。举国动员有着一定的周期性,任何一种举国动员都不可能无休止地进行下去。这是因为社会成员的承受能力是有一定限度的,不可能长时期处在兴奋状态中。如果不间断地反复进行举国动员,久而久之,就极有可能使社会成员对于举国动员形成一种麻木的心理,甚至是一种逆反心理,从而阻碍以后举国动员的有效形成与启动。[②] 其二,滥用公权的举国动员。在改革开放以后的一段时间,由于目标取向的片面,由于公共政策的重大决策过程往往缺乏科学化、民主化和透明化,一些地方政府官员热衷于形象工程和豪华工程的建设,并使用了类似于举国动员的方式进行。其结果是负面影响巨大,既打压了一些民营企业的成长,损害了市场经济平等竞争的规则,也浪费了公共财力,延误了民生的改善,损害了民众利益。这些教训,值得我们汲取。

第三,务实平和宽容精神的传统。

纵观不少国家,常常存在着三种极端化的精神因素,即绝对化的意识形

---

① 刘洋:《北京10万“小人物”潜伏反恐　包括送水工保洁员》,《新京报》2014年7月28日。

② 吴忠民:《渐进模式与有效发展——中国现代化研究》,东方出版社1999年版,第185—186页。

态、极端化的民族中心主义以及极端化的宗教意识。这三种极端化的精神因素都有一个共性的东西，就是以自己的意志为整个社会的意志，将那些不认同自己意志的行为取向或社会成员都视为异端邪说或异类，而对于异端邪说或是异类，应当予以铲除。由于不拿对方当人，而且是理直气壮，因此，一旦这三种极端的基本精神取向左右了国家、占据了主导位置，就必定会进一步产生出许多激烈、残暴的行为，从而大面积地人为激化整个社会的矛盾冲突。

幸运的是，对于中国社会来说，上述三种极端的基本精神取向就总体而言是不存在的或者是已经失去了起码的生存土壤。从中国历史上看，除了极为短暂的个别时期，极端化的民族中心主义和极端化的宗教意识一直没有出现过，没有成为能够左右整个中国社会的行为方式。绝对化的意识形态曾经出现于改革开放以前的中国社会，并对中国产生了极为有害的影响。但是，随着现代化和市场经济进程的推进，其起码的生存土壤已经消失，类似于“文化大革命”当中所出现的那种绝对化的意识形态已经一去不复返了。

中国社会具有一种强烈的务实平和宽容的基本精神传统。几千年来，中国人一直极为注重现实生活，具有一种明显的务实精神。而且，由于中华民族来源于多个民族，是多个民族融合而成的，因此中华民族含有多个民族的基因，具有一种平和宽容的精神。中国的这种务实平和宽容的基本精神取向主要表现在：其一，黜玄想而务实际。几千年来，中国人一直极为注重现实生活，具有一种明显的务实精神。无论是从民众的实用理性、不走极端的社会态度，还是统治者经世致用的理想抱负来看，都浸透着这种务实的精神。总的来看，世俗的力量在中国历史上一直占有压倒优势，而宗教的力量是从属于世俗力量的。因此，宗教所强调的那种远离现实而追求彼岸世界的精神，没能成为中国民众的主要价值取向。其二，中庸平和。中国传统社会是一个典型的人伦型社会。要适应复杂的人际关系以及众多的人伦规范，就必须采取中庸平和的行为方式。如果采取稍加“过激”的行为方式，就容易与社会整体、与他人产生隔阂，因而难以持久。其三，兼容并蓄。中国文化当中“和而不同”的传统，强调多种文化类型的共存共生以及相互之间的自然融通和互补，而不是以某种偏狭的文化类型为尺度来划界，强行排斥、强行改变或是强行摧毁别的文化形态。

显然，这种务实平和宽容的基本精神取向有助于缓解而不是加重社会矛盾。其一，有助于减少社会矛盾产生的根源。这种基本精神取向倾向于以相对温和的、渐进型的方式，而不是以激烈的方式推动改革和现代化进程。客观上看，这种做法可以在一定程度上缓和社会各个阶层之间的敌对态度和情绪，从而减少一些可能发生的社会矛盾问题，并防止一些可能发生的激烈的社会冲突与动荡。其二，有助于减少解决社会矛盾所付出的成本。在解决已经出现的社会矛盾问题时，务实平和宽容的基本精神取向更容易倾向于采取调解协商的方式来进行，而不是依靠激烈行为，甚至也不是仅仅依靠法律。这就在很大程度上可以使一些相关的社会群体避免一些无谓的争斗，避免付出一些无谓的人力和时间成本。

第四，家庭的重要缓冲作用。

同其他国家相比，文化传统使得中国人更加重视家庭。终极关怀事关人生的基本价值和意义，是大多数社会成员自觉或不自觉都要考虑的重要事情。不同的文化传统对终极关怀有着不同的做法。世界上大多数国家如西方的各个国家，主要是靠宗教实现终极关怀，因而这些国家极为重视宗教。与之不同的是，在中国文化传统中，过去主要是试图通过宗族家族、通过血缘的代代延续来实现终极关怀，所以中国过去极为重视宗族家族、重视血缘。随着宗族家族的逐渐淡化，随着小型化家庭的普及，取而代之的，是中国人对于家庭的极端重视，这具体表现为中国人对于家人几乎是负有无限责任。

特别重视家庭这一传统观念，对于社会矛盾问题客观上起着一种缓冲作用。其一，可以在一定程度上缓解一些社会成员所面临的生活困境。比如，根据20世纪90年代上海的一项调查，在所调查的294名下岗职工中，有173名回答说其家庭目前生活主要来源是依靠配偶的收入，有47名回答说是依靠父母、子女、亲友的接济。另据20世纪90年代某省的部门调查，停产企业中有20%的职工靠亲友接济。[①] 再如，21世纪之初，中国的房价飞涨，大批年轻人依靠自己的收入根本买不起住房，其中的许多人是依靠父母和祖父祖母的帮

① 陈学明：《社会转型期的困惑——上海部分下岗、在职职工心态调查》，《探索与争鸣》1997年第1期；樊平：《中国城镇的低收入群体》，《中国社会科学》1996年第4期。

助购买住房。类似生活困境的缓解，能够使受到家人帮助的社会成员不至于产生过多的社会怨恨，从而在一定程度上防止社会矛盾问题的加剧。其二，可以在一定程度上避免较为激烈的抗争活动。一般来说，较之年长者而言，年轻人由于容易冲动、心理负担轻以及精力充沛等等，更容易卷入社会冲突当中，而且相对来说更容易采取较为激烈的抗争方式。对于年轻者的这种可能行为，中国目前的家庭会起着明显的缓冲作用。本来家庭中的年长者就会基于家庭安宁和睦的考虑，担心年轻者介入风险较大的活动。加之30年来计划生育政策的实施，使得中国社会现在开始呈现出某种“四二一”的家庭人口结构，家庭中的年长者一是增多，二是更加担心子女介入风险活动当中，于是，劝阻的人在增多，劝阻的力量在增大。在这样的情形下，客观上就会使得一些可能发生的较为激烈的社会冲突明显减少。

专论10　应矫正对社会矛盾的几个误判

改革开放以来，中国出现了两个同时并存的“始料不及”的现象。第一个“始料不及”的现象是中国的发展取得了举世公认的巨大成就，中国已经成为世界第二大经济体，中国的现代化建设呈全方位推进之势，并对整个世界产生日益广泛和深远的影响。第二个“始料不及”的现象是中国现阶段的社会矛盾日益凸显，已经影响到中国发展的全局。对社会矛盾应对、化解得如何，直接影响到中国现代化整个进程的成功与否。对社会矛盾的应对如若失当，必然会造成众多的社会负面效应，会延缓甚至中断中国的现代化进程。

正因为社会矛盾问题如此之重要，所以我们应当将之放到一个战略的高度予以重视和有效应对。就此而言，一件必须做的事情就是，应当对中国现阶段大量社会矛盾出现的原因、功能、程度及其演化前景做出科学合理的基本判断，矫正人们有关中国现阶段社会矛盾存在的一些重要误判。这些误判如若不予以矫正，人们就无法有效地应对社会矛盾。

1. 误判一：社会矛盾大量出现这一现象本可避免

一种看法认为，从原因的角度看，中国现阶段社会矛盾大量出现这一现象本可避免。

合理的解释应当是：应当承认，从某种范围讲，在中国现代化进程中，一些政策的失误、一些规划的不到位以及人们一些行为的失当固然会催生或加重社会矛盾，甚至会引发某些本应可以避免的社会矛盾的出现。但更应注意的是，就总体而言，在任何一个社会当中，社会矛盾都是一种普遍存在的现象，这是规律。特别是在社会转型期，大量社会矛盾的集中出现更是一种不可避免的现象，具有某种历史的必然性。

只要有人群的地方，就必然存在社会矛盾。在一个社会当中，社会矛盾无处不在、无处不有，是一种普遍的现象。在中国的转型期，社会矛盾更是会集中地大量出现。对此，至少可以从三个方面来理解。

第一，巨量的事情被挤压在一个相对有限的时空当中。同现代化建设起步较早、现代化建设持续一二百年的国家和地区相比，中国的现代化建设面临的任务更加繁重：在相对有限的时间当中，中国除了要完成由传统社会向现代社会转型这样一个"一般性"任务之外，还要完成由计划经济体制向市场经济体制转型这样一个"特殊性"的任务。而且，中国的体量巨大，其规模堪称世界第一，而巨大的体量意味着巨大变量变数的存在。凡此种种，使得转型期的中国拥有着远大于其他国家和地区的社会矛盾存在和扩张的可能空间。

第二，利益结构面临大面积、大幅度的调整。在中国转型期，现代化进程迅速推进，市场经济体制逐渐形成。与之相适应，中国社会的整体利益结构也必然发生大面积、大幅度的调整，并且社会成员的自由、平等意识开始普遍形成，维权意识普遍增强。进一步看，围绕着利益结构巨大调整这一现实情形，社会各个群体必然会形成各自不同的、多样化的利益诉求并予以充分的表达，相互间势必会形成各种各样的纠纷和矛盾。

第三，发展的极不平衡。任何一个国家的发展都不可能采取"齐步走"的方式予以启动，各个国家或地区的发展在始初阶段都是不平衡的。无论是英国、美国等早发国家，还是巴西、印度等后发国家，在其发展的初始阶段，均表现出一种明显的不平衡情状。改革开放以来，中国的发展也表现出不平衡的情状。如果说有什么不同的话，那就是，中国的不平衡发展情状更加明显，其不平衡程度位居世界前列。在中国社会的急剧转型时期，社会和经济之间、不同人群的利益诉求之间、不同人群的思想观念之间、城乡之间、区域之间、行业之间以及改革在各个领域的推进之间均出现了一种十分明显的不平衡现象。这就使得各种问题错综复杂地交织在一起，进而导致大量社会矛盾的出现。

如果我们把视野放得更开阔一些，可以发现，几乎所有进行现代化建设的国家和地区，凡是在中国目前这样一个相同的时期，都曾集中地出现过大量的社会矛盾，概莫能外。

2. 误判二：社会矛盾对中国发展主要是起着一种负面的作用

有观点认为，从功能的角度看，社会矛盾对中国发展有害无利，或弊大于利，主要是起着一种负面的作用。

合理的解释应当是：社会矛盾对于社会发展往往具有消极和积极的双重功能。一方面，社会矛盾如果长期得不到有效化解，则会成为消极的力量，阻碍社会的安全运行和健康发展。严重者，如果任由社会矛盾负面消极的能量长期蓄积挤压，以至于扩张到严重地步，就会对社会产生十分不利的破坏性影响。另一方面，在一定条件下，社会矛盾的倒逼往往成为社会发展的推动力量。一个社会如若能够有效地化解社会矛盾，则会使社会矛盾产生一种倒逼社会发展的积极效应。在转型期，这种情形表现得尤为明显。纵观世界现代化历史不难发现，凡是现代化建设比较成功的国家和地区，均是在成功应对解决社会矛盾的同时，自身也成功实现了发展，换言之，均是社会矛盾倒逼了社会发展。这是现代化建设的一个规律。

社会矛盾倒逼改革发展的积极作用主要表现在：

第一，社会矛盾能够推动社会公正程度的不断提高。在社会转型早期，许多国家尤其是19世纪的工业化国家，其基本制度明显是基于“丛林法则”安排设计的，因而引发了大量的社会矛盾冲突。在社会矛盾的倒逼下，加之随着经济的发展以及人类文明的进步，这些国家出现了重大的政策调整，人们的具体生存问题发生了很大的变化。以“二战”结束为标志，许多工业化国家开始建立较为完整的社会福利制度，用以保障人们最为基本的生活需求。可以说，正是在社会矛盾的推动下，社会公正得到了明显改善。人们的基本生存问题在很大程度上得到了解决，人们开始形成更高层面上如基本权利的利益诉求。

第二，社会矛盾能够有效促进制度的发展和完善。制度并非凭空形成和发展的。制度往往是在解决或缓解社会矛盾的过程中，在进行种种尝试和选择的过程中，逐步形成、发展和完善的。“在解决社会矛盾的过程中，制度的发展与社会矛盾的解决两者实为良性循环的关系。制度建设是制度设计、制度执行并在实践中检验和完善制度有效性的动态过程，制度功效越好，越有利于社会矛盾的解决，反过来，社会矛盾的有效解决又会促进制度的发展和完善。”①

第三，社会矛盾的凸显，往往能够表明一个社会运行的故障或短板之所在。哪个方面社会矛盾的凸显，就往往成为这个社会安全运行和健康发展在哪个方面已经受到严重阻碍或严重挑战的信号，而且社会矛盾的严重程度往往表明了某个阻碍部位或短板的严重程度。于是，日益凸显的社会矛盾对于社会的安全运行和健康发展便具有了某种指示器的意义，发挥着警示的作用。通过这些警示，有助于社会消除弊端、清除障碍，从而实现自身的健康发展。

反思中国改革开放40多年的历程，我们可以发现，一部中国改革发展的历史，就是一部中国不断应对社会矛盾甚至是不断应对越来越艰巨的社会矛盾、并予以有效化解的历史。虽然中国的改革发展会遇到新的、更为复杂的社会矛盾，但是，只要我们将之视为前行的一种必要压力，并基于对社会矛盾客观、理性的判断，制定科学、可行的行动方案，就能持续、有效地推进中国的改革发展。“这说明，面对‘倒逼’的客观现实，唯有变压力为动力，深刻认识，尽早觉悟，抓紧行动，才能从‘倒逼’走向主动，形成可持续的发展机制。”②

3. 误判三：如今中国的社会矛盾已经到了十分严重的地步

一种看法认为，从严重性程度的角度看，如今中国的社会矛盾已经到了十分严重的地步。

合理的解释应当是：毋庸讳言，无论从数量、种类、程度的角度，还是从影响面特别是对人们心理影响的角度来看，中国现阶段的社会矛盾是自改革开

---

① 吴忠民：《社会矛盾倒逼改革发展的机制分析》，《中国社会科学》2015年第5期。

② 习近平：《之江新语》，浙江人民出版社2007年版，第133页。

放以来最为凸显的时期。另外需要注意的是，“社会矛盾问题的势能越来越强，惯性越来越大，越来越会按照自我演化的逻辑加速度扩张。从社会矛盾问题演化的可能空间来看，现在只能说是开始不久，远没有到达峰值”①。社会矛盾这种“凸显”程度的具体状况，在一定程度上可以从国家公共安全开支数量大小状况的这样重要侧面反映出来。2017 年，中国在公共安全上的一般公共预算支出高达 1.25 万亿元，而国防上的一般公共预算支出为 1.04 万亿元。② 虽然如此，但是，如果同其他不少国家和地区的同等阶段做一对比的话，我们可以发现，中国现阶段社会矛盾的严重性程度属于中等偏下的地步，远远没达到严重或比较严重的地步。

欧洲许多国家、美国以及拉美许多国家在经历类似于中国目前的同等发展阶段时，都曾出现过严重的或比较严重的社会矛盾。特别是，美国在富兰克林·罗斯福当选总统以前的 30 年社会矛盾的情形，对于我们理解什么是严重的社会矛盾具有较为重要的参考意义。

20 世纪之初至 20 世纪 20 年代，美国便已存在着较为严重的社会矛盾：政府官员与企业主两者相互勾结，相互利益输送普遍化，腐败现象十分严重；工人群体的基本生存权利得不到起码的保障，严重的工人遇难事故频发，童工现象严重，如，1900 年，美国“至少有 170 万 16 岁以下的儿童在工厂和农场做工，比 30 年前增加了一倍以上。全国 10% 的 10—15 岁的女孩和 20% 的男孩都在做工”③。工人罢工所引发的流血事件时有发生。1929 年开始了美国的经济大萧条时期。与 1929 年相比，1932 年美国的 GDP 总量减少 50% 左右。④ 更为重要的是，经济大萧条严重激化了美国业已存在的社会矛盾，使之达到十分严重的地步：工人发生多起拼死斗争式的罢工；大量农民开始使用武力造反，并阻塞了多个城市的交通；大批退伍军人到政府门口和国会门口请愿；社会骚乱此起彼伏，成群的人抢劫商店，动辄就是数以千计的人占领州议会大楼和市

---

① 吴忠民：《社会矛盾倒逼型改革的来临及去向》，《中国党政干部论坛》2012 年第 4 期。

② 国家统计局：《中国统计年鉴 2018》，中国统计出版社 2018 年版，第 219 页。

③〔美〕艾伦·布林克利：《美国史（1492—1997）》，邵旭东译，海南出版社 2009 年版，第 514 页。

④ 董登新：《当年美国“大萧条”》，《中国中小企业》2009 年第 2 期。

政府。

可见,与美国等国家和地区发展的相同阶段的情形相比,中国现阶段的社会矛盾无论是就其规模,还是就其烈度而言,均远远没有达到严重或比较严重的地步,尚属于相对“温和”和“可控”的程度。

4. 误判四：中国现阶段社会矛盾的困局难以破解

有看法认为,从未来演化前景的角度看,中国现阶段的社会矛盾已经固化,其困局难以破解。

合理的解释应当是:一个不争的事实是,中国现阶段社会矛盾日益凸显,而且如若再不予以认真对待、有效应对的话,这些社会矛盾很有可能呈加速度扩张的态势,对中国发展全局形成愈益严重的负面效应。但是同时更应看到的是,中国现阶段社会矛盾这一难题并非“无解”,而是“有解”的。只要认清社会矛盾的症结所在,形成合理思路,充分发挥应对社会矛盾问题的优势,中国目前的社会矛盾必定会得到有效的解决或缓解。

客观地看,中国现在有着解决社会矛盾的巨大优势。这主要表现在:

第一,经济发展的向好趋势依然没变。1979—2017 年,中国的 GDP 平均每年以 9.5% 的速度递增。① 这在各个国家的现代化历史上都是一个十分罕见的现象。中国的经济发展速度近年来尽管有所放缓,但仍然保持着一个相对较快的速度。这对一个连续多年以年均两位数字高速经济增长的大国来说,实属不易。而且,从中长期看,中国消费内需以及民众创造财富的活力仍然有着巨大的空间可供拓展。只要经济结构成功实现转型,市场经济得以规范化,中国经济就能够持续不断地向前推进。经济的向好趋势能够为社会矛盾的解决提供基础性的物质基础。

第二,社会公正已经成为中国社会各个群体包括执政党的共识。应当看到,在现代社会和市场经济条件下,社会公正是全体人民利益诉求的最大公约数。如今,社会公正已经为整个中国社会所认可。中国已基本扭转“唯 GDP 导向”的做法,对改善民生问题越来越重视,公共服务方面的投入越来越大,服务型政府建设正在有效推进当中,公共权力日益趋于规范化,同时政府对社会

① 国家统计局:《中国统计年鉴－2021》,中国统计出版社 2021 年版,第 5 页。

矛盾状况及根源也有着清醒的认识。这些都为社会矛盾的有效解决提供了坚实的思想基础。

第三,中国目前的公共财力十分雄厚。2021 年,中国的一般公共预算收入 202539 亿元,这还不包括大量的土地出让金收入。2021 年末,国家外汇储备 325023 亿美元。①此外,中国大量的国有资产以及历年财政结余也是一个巨大的数额。有研究报告显示,“2007—2013 年,国家总资产从 284.7 万亿元增加到 691.3 万亿元,增长 406.6 万亿元,年均增长 67.8 万亿元”。“2007—2013 年,中国的净资产从 165.8 万亿元增加到 352.2 万亿元,增长 186.4 万亿元,年均增长 31.1 万亿元;净金融资产从 7.4 万亿元提高到 16 万亿元,增长 8.6 万亿元,年均增长 1.4 万亿元。”②另有研究报告显示,截止到 2015 年 9 月底,政府机关团体存款接近 21 万亿元。③对社会矛盾的解决来说,雄厚的公共财力极为重要。以雄厚的公共财力为后盾,不仅能够有效地改善民生,从主要源头上减小社会矛盾生成的数量、减缓社会矛盾的强度,而且能够有效地解决现有的社会矛盾问题,有效地抵御可能的经济风险和社会风险。

相比之下,20 世纪初至 20 世纪 30 年代初期,美国所遇到的社会矛盾要比中国现阶段的社会矛盾严重得多。当时其经济处在极度萧条的状态当中,整个社会被严重撕裂,社会骚乱连绵不断,公共财力又是极度薄弱。即便在这样的情形下,美国尚且能够在罗斯福的带领下,成功地走出了极为严重的社会矛盾困局。当年美国能够做到的事情,如今拥有应对社会矛盾强大优势的中国必定能做到更好。

总之,虽然在中国现阶段出现了大量的社会矛盾,但是完全没有必要惊慌失措,怨天尤人,丧失对中国未来的信心。

综上所述,如果要对中国现阶段的社会矛盾问题做一个简单归纳的话,那就是:从原因上看,中国现阶段社会矛盾的出现是必然的、正常的;从功能的角

---

① 国家统计局:《中国统计年鉴 -2018》,中国统计出版社 2018 年版,第 605 页。

②《中国国家资产负债表 2015 发布 国家总资产达 691.3 万亿元》,网易网站,2015 年 7 月 24 日。http://news.163.com/15/0724/18/AVAF0TOR00014JB5_all.html。

③《政府机关团体存款近 21 万亿 积极财政存想象空间》,《21 世纪经济报道》2015 年 10 月 29 日。

度看,我们完全可以将社会矛盾的压力变为化解社会矛盾的契机和动力,并进而推动整个社会的进步;从严重性的角度看,中国现阶段的社会矛盾属于“温和”和“可控”的,远远没有达到“严重”的地步;从演化前景看,中国目前所面临的社会矛盾的“困局”完全能够得到有效破解。

主要参考书目

《马克思恩格斯全集》(第 1 卷),人民出版社 1956 年版。

《马克思恩格斯全集》(第 2 卷),人民出版社 1957 年版。

《马克思恩格斯全集》(第 3 卷),人民出版社 1960 年版。

《马克思恩格斯全集》(第 8 卷),人民出版社 1961 年版。

《马克思恩格斯全集》(第 18 卷),人民出版社 1964 年版。

《马克思恩格斯全集》(第 20 卷),人民出版社 1971 年版。

《马克思恩格斯全集》(第 23 卷),人民出版社 1972 年版。

《马克思恩格斯全集》(第 25 卷),人民出版社 1972 年版。

《马克思恩格斯全集》(第 46 卷上册),人民出版社 1979 年版。

《马克思恩格斯全集》(第 49 卷),人民出版社 1982 年版。

《马克思恩格斯选集》(第一卷),人民出版社 2012 年版。

《马克思恩格斯选集》(第二卷),人民出版社 2012 年版。

《马克思恩格斯选集》(第三卷),人民出版社 2012 年版。

《马克思恩格斯选集》(第四卷),人民出版社 2012 年版。

马克思:《资本论》(第三卷),人民出版社 2004 年版。

《列宁选集》(第四卷),人民出版社 1972 年版。

《毛泽东文集》(第一卷),人民出版社 1991 年版。

《毛泽东文集》(第六卷),人民出版社 1999 年版。

《毛泽东文集》(第七卷),人民出版社 1999 年版。

《毛泽东选集》(第一卷),人民出版社 1991 年版。

《毛泽东选集》(第二卷),人民出版社 1991 年版。

《毛泽东在七大的报告和讲话集》,中央文献出版社 1995 年版。

《邓小平文选》(第二卷),人民出版社 1994 年版。

《邓小平文选》(第三卷),人民出版社 1993 年版。

中共中央文献研究室编:《建国以来重要文献选编》(第九册),中央文献出版社 1994 年版。

中共中央文献研究室编:《三中全会以来重要文献选编》(下),人民出版社 1982 年版。

中共中央文献研究室编:《十二大以来重要文献选编》(下),人民出版社 1988 年版。

艾思奇:《艾思奇文集》(第二卷),人民出版社 1983 年版。

白寿彝总主编:《中国通史》(5),上海人民出版社 1995 年版。

白寿彝总主编:《中国通史》(15),上海人民出版社 1999 年版。

北京师范大学经济与资源管理研究所:《2005 年中国市场经济发展报告》,中国商务出版社 2005 年版。

本书编写组:《预防和处置群体性事件党政干部读本》,人民日报出版社 2009 年版。

常凯主编:《劳动关系学》,中国劳动社会保障出版社 2005 年版。

常凯主编:《中国劳动关系报告——当代中国劳动关系的特点和趋向》,中国劳动社会保障出版社 2009 年版。

陈吉元等主编:《中国农村社会经济变迁》,山西经济出版社 1993 年版。

陈旭麓:《近代中国社会的新陈代谢》,中国人民大学出版社 2012 年版。

陈晓律等:《当代英国》,贵州人民出版社 2001 年版。

陈志楣:《税收制度国际比较研究》,经济科学出版社 2000 年版。

戴季陶:《日本论——了解日本的文化读本》,九州出版社 2005 年版。

邓云特:《中国救荒史》,上海书店 1984 年版。

房宁主编:《中国政治参与报告(2011)》,社会科学文献出版社 2011 年版。

费孝通:《费孝通文集》(第五卷),群言出版社 1999 年版。

《反腐倡廉法制教育丛书》编写组:《怎一个悔字了得》,中国人事出版社

2007 年版。

冯仕政:《西方社会运动理论研究》,中国人民大学出版社 2013 年版。

国务院研究室课题组:《中国农民工调研报告》,中国言实出版社 2006 年版。

郭成康等主编:《中国历史·元明清卷》,高等教育出版社 2001 年版。

国家统计局:《中国劳动工资统计资料 1949—1985》,中国统计出版社 1987 年版。

国家统计局国民经济综合统计司:《新中国五十五年统计资料汇编》,中国统计出版社 2005 年版。

国家统计局人口和就业统计司、人力资源和社会保障部规划财务司:《中国劳动统计年鉴 2010》,中国统计出版社 2010 年版。

国家统计局人口和就业统计司等:《中国劳动统计年鉴 2009》,中国统计出版社 2009 年版。

国家统计局人口和就业统计司等:《中国劳动统计年鉴 2013》,中国统计出版社 2014 年版。

国家统计局:《奋进的四十年》,中国统计出版社 1989 年版。

国家统计局工业交通物资统计司:《中国工业经济统计资料》,中国统计出版社 1985 年版。

国家统计局社会统计司:《中国社会统计资料》,中国统计出版社 1985 年版。

国家统计局社会统计司等:《中国社会发展资料——主观、客观、国际比较》,中国统计出版社 1992 年版。

国家统计局社会和科技统计局:《中国社会统计年鉴 2006》,中国统计出版社 2006 年版。

何显明:《群体性事件的发生机理及其应急处理》,学林出版社 2010 年版。

黄孟复主编:《中国民营企业劳动关系状况调查》,中国财政出版社 2008 年版。

黄苇町:《苏共亡党十年祭》,江西高校出版社 2003 年版。

黄越钦:《劳动法新论》,中国政法大学出版社 2003 年版。

李达:《唯物辩证法大纲》,人民出版社 1978 年版。

李国庆:《日本社会——结构性特征与变迁轨迹》,高等教育出版社 2001 年版。

李培林等:《中国社会和谐稳定报告》,社会科学文献出版社 2008 年版。

李培林等主编:《2014 年中国社会形势分析与预测》,社会科学文献出版社 2013 年版。

李延寿:《南史》(第 5 册),中华书局 1975 年版。

廉思主编:《青年蓝皮书:中国青年发展报告(2014)No. 2——流动时代下的安居》,社会科学文献出版社 2014 年版。

刘国光:《中国经济体制改革的模式研究》,广东经济出版社 1998 年版。

刘少杰:《中国网络社会研究报告 2014》,中国人民大学出版社 2014 年版。

陆学艺:《当代中国社会建设》,社会科学文献出版社 2013 年版。

陆学艺主编:《当代中国社会流动》,社会科学文献出版社 2004 年版。

陆学艺等主编:《2013 年:中国社会形势分析与预测》,社会科学文献出版社 2012 年版。

吕一民:《法国通史》,上海社会科学院出版社 2002 年版。

马凯主编:《"十一五"规划战略研究》,北京科学技术出版社 2005 年版。

茅于轼:《一个经济学家的良知与思考》,陕西师范大学出版社 2008 年版。

任东来等:《美国宪政历程:影响美国的 25 个司法大案》,中国法制出版社 2004 年版。

汝信等主编:《2004 年:中国社会形势分析与预测》,社会科学文献出版社 2004 年版。

汝信等主编:《2007 年:中国社会形势分析与预测》,社会科学文献出版社 2006 年版。

汝信等主编:《2008 年:中国社会形势分析与预测》,社会科学文献出版社 2008 年版。

汝信等主编:《2009 年:中国社会形势分析与预测》,社会科学文献出版社 2008 年版。

汝信等主编:《2010 年:中国社会形势分析与预测》,社会科学文献出版社 2009 年版。

汝信等主编:《2011 年:中国社会形势分析与预测》,社会科学文献出版社 2011 年版。

世界银行:《2006 年世界发展报告》,清华大学出版社 2006 年版。

世界银行:《2010 年世界发展指标》,中国财政经济出版社 2010 年版。

世界银行:《2012 年世界发展指标》,中国财政经济出版社 2013 年版。

宋鸿兵:《货币战争》,中信出版社 2007 年版。

苏联科学院世界历史研究所:《1872 年巴黎公社史》(下册),马龙闪等译,重庆出版社 1982 年版。

王俊秀、杨宜音主编:《2011 年中国社会心态研究报告》,社会科学文献出版社 2011 年版。

王绍光:《安邦之道——国家转型的目标与途径》,生活·读书·新知三联书店 2007 年版。

王学辉等:《群发性事件防范机制研究》,科学出版社 2010 年版。

王祖强:《劳资关系与员工权益——基于浙江私营企业的调查与分析》,中国经济出版社 2007 年版。

汪海波主编:《新中国工业经济史》,经济管理出版社 1986 年版。

吴敬琏:《当代中国经济改革》,上海远东出版社 2003 年版。

徐大同主编:《西方政治思想史》(第五卷),天津人民出版社 2005 年版。

徐勇:《乡村治理与中国政治》,中国社会科学出版社 2003 年版。

吴潜寿等:《当代中国公民道德调查》,人民出版社 2010 年版。

吴忠民:《历史原脉与现实走向——历史社会学研究》,河南大学出版社 1992 年版。

吴忠民:《渐进模式与有效发展——中国现代化研究》,东方出版社 1999 年版。

吴忠民:《社会公正论》,山东人民出版社 2004 年版。

吴忠民:《社会公正论》(第二版),山东人民出版社 2012 年版。

吴忠民:《中国社会发展论》,湖南出版社 1995 年版。

吴忠民:《走向公正的中国社会》,山东人民出版社 2008 年版。

吴忠民主编:《中国改革进程中的重大社会矛盾问题》,中共中央党校出版社 2011 年版。

肖前、李秀林、汪永祥主编:《历史唯物主义原理》,人民出版社 1983 年版。

宣兆凯等:《中国社会价值观现状及演变趋势》,人民出版社 2011 年版。

杨东平主编:《中国教育发展报告(2014)》,社会科学文献出版社 2014 年版。

尹保云:《现代化通病——二十多个国家和地区的经验与教训》,天津人民出版社 1999 年版。

应克复等:《西方民主史》(第三版),中国社会科学出版社 2012 年版。

于建嵘:《抗争性政治:中国政治社会学基本问题》,人民出版社 2010 年版。

张彦宁等:《中国企业劳动关系状况报告 2005》,企业管理出版社 2005 年版。

张宗和:《中国民营企业的群体性劳资冲突》,中国社会科学出版社 2009 年版。

赵鼎新:《社会与政治运动讲义》,社会科学文献出版社 2006 年版。

赵秉志等编:《〈联合国反腐败公约〉暨相关重要文献资料》,中国人民公安大学出版社 2004 年版。

郑杭生等:《当代中国社会结构和社会关系研究》,首都师范大学出版社 1997 年版。

郑杭生主编:《中国人民大学中国社会发展报告 2007》,中国人民大学出版社 2007 年版。

周鹤龄主编:《世界各国发展中的社会冲突》,上海文化出版社 2011 年版。

中共中央党史研究室:《中共党史大事年表》,人民出版社 1987 年版。

中国法制出版社编:《最新劳动法律政策全书》,中国法制出版社 2007 年版。

中国人民大学中国调查与数据中心等:《中国综合社会调查报告(2003—2008)》,中国社会出版社 2009 年版。

中国人事科学研究院:《中国人才报告(2005 年)》,中国人事出版社 2005 年版。

中华工商业联合会编:《中国私营企业大型调查》,中华工商联合出版社 2007 年版。

国家统计局:《国际统计年鉴 2011》,中国统计出版社 2011 年版。

国家统计局:《国际统计年鉴 2012》,中国统计出版社 2012 年版。

国家统计局:《新中国五十五年统计资料汇编》,中国统计出版社 2005 年版。

国家统计局:《中国统计年鉴 2008》,中国统计出版社 2008 年版。

国家统计局:《中国统计年鉴 2009》,中国统计出版社 2009 年版。

国家统计局:《中国统计年鉴 2010》,中国统计出版社 2010 年版。

国家统计局:《中国统计年鉴 2012》,中国统计出版社 2012 年版。

国家统计局:《中国统计年鉴 2013》,中国统计出版社 2013 年版。

国家统计局:《中国统计年鉴 2014》,中国统计出版社 2014 年版。

国家统计局:《中国统计年鉴 2018》,中国统计出版社 2018 年版。

祝慈寿:《中国近代工业史》,重庆出版社 1989 年版。

雷蒙德·A. 诺伊等:《人力资源管理:赢得竞争优势》,刘昕等译,中国人民大学出版社 2001 年版。

《马布里选集》,何清新译,商务印书馆 1960 年版。

〔澳〕朱利安·阿桑奇:《阿桑奇自传:不能不说的秘密》,任海龙、常江译,译林出版社 2013 年版。

〔比〕亨利·皮雷纳:《中世纪的城市》,陈国樑译,商务印书馆 2006 年版。

〔德〕卡尔·曼海姆:《重建时代的人与社会:现代社会结构的研究》,张旅平译,生活·读书·新知三联书店 2002 年版。

〔德〕赫尔穆特·施密特等:《理解中国——对话德国前总理施密特》,梅兆容等译,海南出版社 2009 年版。

〔德〕柯武刚、史漫飞:《制度经济学:社会秩序与公共政策》,韩朝华译,商务印书馆 2000 年版。

〔德〕马克斯·韦伯:《经济与社会》(上下卷),林荣远译,商务印书馆1997年版。

〔德〕韦伯:《学术与政治》,钱永祥等译,广西师范大学出版社2004年版。

〔德〕乌尔里希·贝克:《风险社会》,何博闻译,译林出版社2004年版。

〔俄〕鲍里斯·叶利钦:《午夜日记》,曹漫西等译,译林出版社2001年版。

〔法〕E. 迪尔凯姆:《社会学方法的准则》,狄玉明译,商务印书馆1995年版。

〔法〕古斯塔夫·勒庞:《乌合之众》,冯克利译,中央编译出版社2005年版。

〔法〕雷蒙·阿隆:《阶级斗争——工业社会新讲》,周以光译,译林出版社2003年版。

〔法〕马迪厄:《法国革命史》,杨人楩译,商务印书馆2011年版。

〔法〕让·雅克·卢梭:《社会契约论》,何兆武译,商务印书馆2003年版。

〔法〕托克维尔:《旧制度与大革命》,冯棠译,商务印书馆2017年版。

〔古希腊〕亚里士多德:《政治学》,吴寿彭译,商务印书馆1965年版。

〔韩〕具海根:《韩国工人——阶级形成的文化与政治》,梁光严等译,社会科学文献出版社2004年版。

〔荷〕M. 爱纳汉德等:《欧洲七国失业救济与社会援助制度》,陈绵水等译,中国财政经济出版社1999年版。

〔荷〕简·梵·迪科:《网络社会——新媒体的社会层面》(第二版),蔡静译,清华大学出版社2014年版。

〔加〕梁鹤年:《西方文明的文化基因》,生活·读书·新知三联书店2014年版。

〔美〕E. 博登海默:《法理学——法哲学及其方法》,邓正来、姬敬武译,华夏出版社1987年版。

〔美〕L. 科塞:《社会冲突的功能》,孙立平等译,华夏出版社1989年版。

〔美〕埃德温·赖肖尔:《日本人》,孟胜德、刘文涛译,上海译文出版社1980年版。

〔美〕艾伦·布林克利:《美国史(1492—1997)》,邵旭东译,海南出版社

2009 年版。

〔美〕巴林顿·摩尔:《民主和专制的社会起源》,拓夫等译,华夏出版社 1987 年版。

〔美〕彼德·布劳:《社会生活中的交换与权力》,孙非等译,华夏出版社 1988 年版。

〔美〕彼德·布劳:《社会生活中的交换与权力》,李国武译,商务印书馆 2012 年版。

〔美〕彼特·布劳:《不平等和异质性》,王春光等译,中国社会科学出版社 1991 年版。

〔美〕查尔斯·蒂利:《社会运动:1768—2004》,胡位钧译,上海人民出版社 2009 年版。

〔美〕道格·麦克亚当、西德尼·塔罗、查尔斯·蒂利:《斗争的动力》,李义中等译,译林出版社 2001 年版。

〔美〕道格拉斯·C. 诺斯:《制度、制度变迁与经济绩效》,刘守英译,上海三联书店 1994 年版。

〔美〕弗朗西斯·福山:《大分裂:人类本性与社会秩序的重建》,刘榜离等译,中国社会科学出版社 2002 年版。

〔美〕弗朗西斯·福山:《政治秩序的起源——从前人类到法国大革命》,毛俊杰译,广西师范大学出版社 2012 年版。

〔美〕丹尼尔·贝尔:《后工业社会的来临——对社会预测的一项探索》,高铦等译,商务印书馆 1984 年版。

〔美〕菲利克斯·格罗斯:《公民与国家:民族、部族和族属身份》,王建娥等译,新华出版社 2003 年版。

〔美〕格尔哈斯·伦斯基:《权力与特权:社会分层的理论》,关信平等译,浙江人民出版社 1988 年版。

〔美〕格林斯坦、波尔斯比:《政治学手册精选》(上卷),竺乾威等译,商务印书馆 1996 年版。

〔美〕汉密尔顿、杰伊、麦迪逊:《联邦党人文集》,程逢如等译,商务印书馆 1980 年版。

〔美〕吉尔伯特·罗兹曼主编:《中国的现代化》,国家社会科学基金"比较现代化"课题组译,上海人民出版社 1989 年版。

〔美〕基思·格里芬:《可供选择的经济发展战略》,倪吉祥等译,经济科学出版社 1992 年版。

〔美〕劳伦·勃兰特:《伟大的中国经济转型》,方颖等译,格致出版社、上海人民出版社 2009 年版。

〔美〕劳伦斯·莱斯格:《代码:塑造网络空间的法律》,李旭等译,中信出版社 2004 年版。

〔美〕李侃如:《治理中国:从革命到改革》,胡国成等译,中国社会科学出版社 2010 年版。

〔美〕马斯洛等:《人的潜能和价值》,林方主编,华夏出版社 1987 年版。

〔美〕罗伯特·劳伦斯·库恩:《中国 30 年——人类社会的一次伟大变迁》,吕鹏等译,世纪出版集团、上海人民出版社 2008 年版。

〔美〕罗伯特·诺齐克:《无政府、国家与乌托邦》,何怀宏等译,中国社会科学出版社 1991 年版。

〔美〕尼古拉·尼葛洛庞蒂:《数字化生存》,胡泳、范海燕译,海南出版社 1997 年版。

〔美〕乔纳森·H. 特纳:《社会学理论的结构》,吴曲辉等译,浙江人民出版社 1987 年版。

〔美〕乔治·布朗·廷德尔、大卫·埃默里·施:《美国史》,宫齐等译,南方日报出版社 2009 年版。

〔美〕塞缪尔·亨廷顿:《文明的冲突与世界秩序的重建》,周琪等译,新华出版社 1999 年版。

〔美〕塞缪尔·P. 亨廷顿:《变化社会中的政治秩序》,王冠华等译,上海人民出版社 2021 年版。

〔美〕斯塔夫里阿诺斯:《全球通史——1500 年以后的世界》,吴象婴等译,上海社会科学院出版社 1999 年版。

〔美〕威廉·夏伊勒:《第三帝国的兴亡》,董乐山等译,世界知识出版社 1996 年版。

〔美〕西德尼·塔罗:《运动中的力量——社会运动与斗争政治》,吴庆宏译,凤凰出版传媒集团、译林出版社2005年版。

〔美〕西摩·马丁·李普塞特:《共识与冲突》(增订版),张华青等译,上海人民出版社2011年版。

〔美〕西摩·马丁·李普塞特:《政治人——政治的社会基础》,张绍宗译,上海人民出版社2011年版。

〔美〕亚伯拉罕·马斯洛:《动机与人格》(第三版),许金声等译,中国人民大学出版社2012年版。

〔美〕约翰·罗尔斯:《正义论》,何怀宏译,中国社会科学出版社1988年版。

〔美〕约翰·罗尔斯:《政治自由主义》,万俊人译,译林出版社2000年版。

〔美〕约翰·奈斯比特等:《中国大趋势——新社会的八大支柱》,魏平译,吉林出版集团、中华工商联合出版社2009年版。

〔美〕战略与国际研究中心等:《账簿中国——美国智库透视中国崛起》,隆国强等译,中国发展出版社2008年版。

〔美〕詹姆斯·C.斯科特:《农民的道义经济学:东南亚的反叛与生存》,程立显等译,译林出版社2001年版。

〔美〕詹姆斯·M.布坎南:《自由、市场和国家——80年代的政治经济》,吴良健等译,生活·读书·新知三联书店上海分店1989年版。

〔美〕詹姆斯·柯比·马丁等:《美国史》(下册),范道丰等译,商务印书馆2012年版。

〔叙利亚〕纳伊瓦·本·拉登等:《本·拉登传》,陈嘉宁译,金城出版社2010年版。

〔意〕加塔诺·莫斯卡:《统治阶级(〈政治科学原理〉)》,贾鹤鹏译,译林出版社2002年版。

〔英〕A.古德温编:《新编剑桥世界近代史》(第8卷),中国社会科学院世界历史研究所组译,中国社会科学出版社1999年版。

〔英〕C.W.克劳利等编:《新编剑桥世界近代史》(第9卷),中国社会科学院世界历史研究所组译,中国社会科学出版社1999年版。

〔英〕F. A. 哈耶克：《致命的自负》，冯克利等译，中国社会科学出版社 2000 年版。

〔英〕R. G. 甘米奇:《宪章运动史》,苏公隽译,商务印书馆 1979 年版。

〔英〕阿克顿:《法国大革命讲稿》,姚中秋译,商务印书馆 2012 年版。

〔英〕安东尼 · 吉登斯:《社会学》,赵旭东等译,北京大学出版社 2003 年版。

〔英〕弗里德里希 · 冯 · 哈耶克:《自由秩序原理》(上),邓正来译,生活 · 读书 · 新知三联书店 1997 年版。

〔英〕吉登斯:《失控的世界——全球化如何重塑我们的生活》,周红云译,江西人民出版社 2001 年版。

〔英〕拉尔夫 · 达仁道夫:《现代社会冲突》,林荣远译,中国社会科学出版社 2000 年版。

〔英〕弗兰西斯 · 培根:《培根论说文集》,水天同译,商务印书馆 1983 年版。

〔英〕乔恩 · 萨维奇:《青春无羁:狂飙时代的社会运动》,章艳等译,吉林出版集团有限责任公司 2010 年版。

〔英〕以赛亚 · 伯林:《自由论》,胡传胜译,译林出版社 2011 年版。

第一版后记

在关注社会矛盾问题之前较长的一段时间当中,我的学术兴趣一直放在社会公正问题上。由于对社会公正问题的长期关注,我不免开始对社会矛盾问题产生越来越浓厚的学术兴趣。可以说,对于社会公正问题的关注,必然会进一步延伸至对社会矛盾的探讨。原因很简单。虽然并非所有的社会矛盾都是由社会不公问题所引发的,社会矛盾的原因是多方面的,比如,一些同社会公正与否并无多少直接关系的非物质利益因素也会引发一些类型的社会矛盾问题,但是,社会不公现象同社会矛盾两者之间确乎有着必然的相关性。社会不公现象必然引发社会矛盾,而且,从时代趋势看,社会不公现象越来越成为社会矛盾的主要原因。

受多种因素的影响,同"常态"时期的社会不同,"转型期"社会的矛盾更加凸显。尤其是在转型期的中国社会中,复杂的时代背景、复杂的中国社会本身以及复杂的其他变数,使得社会矛盾成为一个影响中国发展全局的重大问题。

一方面,社会矛盾的影响越来越大;另一方面,相对来说,国内学术界对于社会矛盾这么重要的事情却不够重视。应当承认,近年来人们对社会矛盾的认识虽然已经开始超越以往简单的"斗争"问题的层面,却陷入了新的"简单化"和"表层化"的困境,亦即或者是从"群体性事件"的层面,或者是从简单的"社会骚乱"的层面来理解社会矛盾。而对于社会矛盾本身的规律、对于社会矛盾本身的学理,则缺少应有的深入研究。这种情形,无论是同学术界本身的需求相比,还是同现实社会的需求相比,都有较大的差距。社会矛盾研究的这种简单化情形不免让人产生一些感慨:中国学术界理应开始重视社会矛盾问题的研究。

在中国现阶段，社会矛盾日益凸显，这是一个事实。同时我们还应看到另一个事实，这就是，社会矛盾并不可怕。如果将视野放得开阔一些，不难发现，几乎所有现代化建设成功的国家和地区，在经历中国同等发展阶段时，都曾遇到过类似的社会矛盾，而且最终都予以成功化解。只要历史发展到这一步，无论哪个国家和地区，甚至无论是哪个执政党和政府执政，都会遇到类似的事情。显然，社会矛盾具有两重功能，社会矛盾既带来许多负面效应，也带来许多发展契机，换言之，社会矛盾不但具有延阻社会发展的负面功能，还具有倒逼社会发展的积极功能。而要兑现社会矛盾倒逼社会发展的积极功能，就需要学术界对社会矛盾的基本规律进行深入探讨，作出特有的贡献。正是从这个意义上讲，对社会矛盾进行系统而深入的研究，是国内学术界义不容辞的职责所在。

从 2007 年前后，我在关注社会公正问题的同时，也开始关注社会矛盾问题，在《中国人民大学学报》《教学与研究》《清华大学学报》等重要学术期刊上陆续发表了一些有关社会矛盾问题的文章。比如，2008 年，在《东岳论丛》杂志刊登了一篇 5 万多字的长篇论文《中国中期社会危机可能趋势分析》，后被《中国社会科学文摘》等重要刊物转载。2010 年，在《教学与研究》杂志发表了《中国现阶段社会矛盾特征分析》一文。该文发表后，被《新华文摘》《中国社会科学文摘》等重要刊物和报纸转载，还被《光明日报》理论部和《学术月刊》联合列为“2010 年度中国十大学术热点”代表作。特别是，2012 年获批国家社会科学基金重大项目“中国现阶段社会矛盾问题研究”（项目批准号：12&ZD039）。从此，我更是将主要的时间和精力集中在社会矛盾研究方面，在《中国社会科学》《社会学研究》《哲学研究》《马克思主义与现实》《中共党史研究》等重要学术期刊，以及《成果要报》等重要内参陆续发表了一些有关社会矛盾问题的文章。

经过前前后后 8 年的努力，终于完成了呈在大家眼前的这本《社会矛盾新论》，总算暂时松了口气。

在未来一段时间，我打算持续对社会矛盾进行探讨，特别是要深入探讨社会矛盾“本论”层面上的问题，如社会矛盾的演化规律等等。

感谢国家社会科学基金的支持，让我承担国家社会科学基金重大项目“中国现阶段社会矛盾问题研究”。这个重大项目既增强了我研究社会矛盾的责任感,也增强了我研究社会矛盾的信心和勇气。可以说,这本《社会矛盾新论》就是这个重大项目的主要成果。

感谢责任编辑王海玲女士。十几年来,海玲女士编辑了我几本书,而且都是我精力投入较大的几本书。海玲女士的敬业、细密、勤勉的职业精神,让人钦佩;其效率之高,有些让人吃惊。还要感谢姜峰、韩克庆两位先生,又是烦劳他们将书稿的目录译成英文。

吴忠民

谨识于 2015 年 4 月 3 日晚 11 时家中

第二版后记

无疑,社会矛盾研究具有十分重要的现实意义和学术价值。从现实的角度看,社会矛盾无处不在、无时不有。社会矛盾是一种普遍存在的现象。任何一个国家在其现代化过程中,都会不可避免地面临大量的社会矛盾。一个国家在急剧转型期中的社会矛盾尤其凸显。从某种意义上讲,一个国家的现代化建设能否成功,在很大程度上取决于对社会矛盾予以化解的具体状况。从一定意义上讲,现代化建设就是人们在应对和化解社会矛盾中不断前行的。换言之,社会矛盾倒逼现代化推进。凡是现代化建设取得成功的国家,无不印证了这一点。这是一个规律。同时需要注意的是,并非所有的社会矛盾都能够起到倒逼现代化建设的积极作用。在这里,问题的关键在于,对于社会矛盾,必须予以有效化解。否则,社会矛盾一旦累积演化到十分严重的地步,突破了一定的临界点,陷入不可控的状态,那么,社会危机和社会动荡的生成概率便会大增。如是,社会矛盾不仅难以起到倒逼现代化建设推进的作用,而且会严重损害社会的安全运行和健康发展。许多现代化建设不够成功的国家,如拉美和东南亚的许多国家都说明了这一点。而为了有效化解社会矛盾,就必须对社会矛盾问题有一个清醒的认识和判断。就此而言,必须对社会矛盾的基本根源、社会矛盾的影响因素、社会矛盾的类型以及社会矛盾的演化规律等一系列重要的有关社会矛盾的问题进行深入、系统的研究。

社会矛盾研究同样有着十分重要的学术价值。社会矛盾是一个综合性的研究领域。社会矛盾研究所涉及的学术议题十分广泛、丰富:既涉及社会哲学问题、社会公正问题、现代化问题、社会转型问题、社会阶层结构问题以及社会流动问题,也涉及现代社会和市场经济条件下的制度安排以及政策制定问题;既包括纯粹的理论研究,也包括必不可少的经验研究;既有纯粹的学理问题,也有十分现实的问题。所以，从“纯粹学理”的角度看，学术界对于社会矛盾进行深入研究，无疑会推动社会公正理论、现代化理论、社会变迁理论、社会转型理论、社会阶层理论、社会流动理论、社会合作理论、互联网理论、制度理论以及社会政策理论等多项重要研究的升级换代。在此基础之上，进一步看，社会矛盾研究的推进，对于社会理论的整体化推进乃至整个社会科学的发展繁荣，均具有重要的推动作用。

既然社会矛盾研究如此重要，中国学术界理应对这一研究做出重要贡献。中国是世界上体量最大的国家共同体。这意味着作为一个共同体的中国，其构成要素极为复杂、其变数繁复多样，其中的一个要素或变数发生变化，对于整个社会就会产生“联动”或“连滞”的效应。可以说，转型期中国所包含的不确定性因素在各个国家当中是最多、最复杂、最凸显的。这种情形，虽然加大了社会矛盾化解的难度，但为社会矛盾的研究提供了相对来说最为丰富的现实题材和议题。正是从这个角度说，中国学术界对于社会矛盾的研究具有得天独厚的“素材”优势，理应对社会矛盾研究做出更加重要的贡献。况且，中国学者具有深厚的关注现实社会的经世致用“传统”，“天生”具有应对和化解社会矛盾、推动社会进步的热情基因。再者，近年来，中国的社会科学研究队伍在迅速发展壮大。由是可见，社会矛盾研究在中国已经具备了成为“显学”的基础性条件。

不过，让人不免感慨的是，与现实需求形成明显对比的，却是中国学术界对社会矛盾的研究尚未引起足够的重视。这种情形不仅无法满足现实社会对于社会矛盾研究的迫切需要，也影响到现实社会当中社会矛盾的有效应对和化解，而且这对于学术界社会理论的正常发展以及社会科学自身各学科之间的均衡发展也十分不利。有鉴于此，中国的学术界亟须加强对社会矛盾的研究。

就社会矛盾的研究而言，中观理论层面的研究最为重要。这也是社会矛盾研究领域当中的薄弱之处。社会矛盾研究不能仅仅停留在宏观层面或是微观层面。社会矛盾研究如果过于宏观，理论过于宏大，那么对于具体社会矛盾的分析和解释则难以贴切，有时会出现“硬套”的情形，这样一来化解社会矛盾相应对策的有效度也就会相应降低。而社会矛盾研究如果过于微观，则难免陷入细碎化分析的境地，对具体社会矛盾前后左右的影响因素、变数之间的关联性以及社会矛盾的演化规律就难以进行有说服力的解释，同时，相应的对策容易陷入头痛医头脚痛医脚的境地。相比之下，对于社会矛盾进行中层理论的研究，其意义在于能够“上挂下连”，既能够同宏观理论实现有效的结合，使社会矛盾研究有个依据和归属，也能够相对贴切地分析解释具体的社会矛盾。

多年来，笔者在关注社会公正和现代化问题的同时，也拿出不少的时间探讨与这两个问题密切相关的社会矛盾问题，有时甚至拿出几年的大段时间投入进去。2015 年之前，笔者写了一系列社会矛盾研究的论文，陆续发表在《中国社会科学》《社会学研究》《马克思主义与现实》《中国人民大学学报》等学术期刊上。在此基础之上，我集中精力完成了《社会矛盾新论》一书。近些年，我对于社会矛盾又有了一些新的理解，觉得有必要深化《社会矛盾新论》一书。于是，经过一定的努力，便有了《社会矛盾新论》（第二版）。

关于《社会矛盾新论》（第二版）一书，需要做几点说明：其一，该书侧重于从中观理论层面上探讨社会矛盾问题，大幅度增加了这方面的篇幅，同时大幅度减少了有关中国具体社会矛盾探讨的篇幅。这一点，明显不同于《社会矛盾新论》的第一版。其二，该书还放进了几个访谈。试图通过这样几个访谈，从一个侧面为中国现阶段社会矛盾留下几张真实的“时代截图”，而且能够使读者对中国现阶段社会矛盾的实际状况及其得以产生的背景土壤形成一种带有“质感”色彩的直观感受。

非常感谢国家社科基金的支持。多年来，一直得到国家社科基金的大力帮助。迄今为止，我共计主持承担过 8 项国家社科基金项目。特别是，从 2010 年起，自己关于社会矛盾的研究很幸运地三次得到国家社科基金的持续支持。分别是：国家社科基金重点项目“中国转型期促进劳资关系和谐重大问题研究”（项目批准号：10ASH004）；国家社科基金重大项目“中国现阶段社会矛盾问题研究”（项目批准号：12&ZD039）；国家社科基金一般项目“现代化进程中的妥协与社会矛盾研究”（项目批准号：16BSH082）。国家社科基金的支持，对自己进行社会矛盾研究来说，既是一种鼓励、帮助，也是一种必不可少的督促。

十分感谢山东人民出版社马洁女士的鼎助，使得《社会矛盾新论》（第二版）能够出版。感谢我曾经的博士生彭红波协助完成了几个访谈。感谢我妻赵慧珠女士对该书初稿进行了文字核对和修改。

吴忠民

谨识于2022年6月16日　北京海淀大有北里小区寓所